Karl Bernhard Hundeshagen

Das Luthermonument zu Worms im Lichte der Wahrheit

Gedanken und Thatſachen zur Beantwortung der Frage: Kirche oder Protestantismus?

Karl Bernhard Hundeshagen

Das Luthermonument zu Worms im Lichte der Wahrheit
Gedanken und Thatlachen zur Beantwortung der Frage: Kirche oder Protestantismus?

ISBN/EAN: 9783743667945

Hergestellt in Europa, USA, Kanada, Australien, Japan

Cover: Foto ©Lupo / pixelio.de

Weitere Bücher finden Sie auf **www.hansebooks.com**

Das

Luthermonument zu Worms

im

Lichte der Wahrheit.

Gedanken und Thatsachen

zur Beantwortung der Frage:

Kirche oder Protestantismus?

Dem deutschen Volke

gewidmet

von einem deutschen Theologen.

Ηὐχόμην γὰρ αὐτὸς ἐγὼ ἀνάθεμα εἶναι ἀπὸ
τοῦ Χριστοῦ ὑπὲρ τῶν ἀδελφῶν μου.
Röm. 9, 3.

Mainz,

Verlag von Franz Kirchheim.

1868.

Mainz,
Druck von Franz Sausen.

1860

Inhalt.

Erste Abtheilung.
Das Luthermonument und seine Worte und Figuren.

Erstes Kapitel.

Seite

Die Hauptfiguren . . . . 1—76
   I. Der St. Petersdom zu Worms und das Luthermonument 2
   II. Die Lutherstatue 6
   III. Die Statuen Philipps von Hessen und Friedrichs von Sachsen. Lebende Bilder aus der Renaissancezeit des reinen Evangeliums. Die beiden Reformatoren Luther und Melanchthon und die beiden Nichtreformatoren Thomas Morus und John Fisher von Rochester. Heinrich VIII. und Thomas Cranmer auch Reformatoren und Wiederhersteller des reinen Evangeliums. Die beiden Förderer der neuen Lehre, Philipp von Hessen und Friedrich von Sachsen, und der fürstliche Vorkämpfer für den alten katholischen Glauben, Herzog Georg von Sachsen 11
   IV. Die Statuen Reuchlins und Melanchthons. — Vindiciae Reuchlini. — Melanchthon, das Vorbild der unwahren Unions- und Transactionstheologie. — Die theologischen Baumeister am Thurmbau von Babel. . . 16
   V. Die Statuen der vier sogenannten Vorreformatoren: Waldus, Wicliffe, Hus, Savonarola. — Vorreformatoren und Vorreformation, Nachreformatoren und Nachreformation 20
   VI. Petrus Waldus und der h. Franziscus und Dominicus. — Die Waldenser. — Die an's Licht gezogenen reformatorischen Fälschungen der vorreformatorischen Waldenserbekenntnisse 24
   VII. Wicliffe im Bilde und Wicliffe in der Wirklichkeit 28
   VIII. Leben und Tod des Johann Hus. — Religions- und Gewissenszwang und gewaltthätige und ungerechte Justiz der Reformatoren und ihrer Anhänger. — Unterschied zwischen der Strafgesetzgebung des Mittelalters gegen Häretiker und der reformatorischen Bekehrungs- und Strafjustiz im 16. und 17. Jahrhundert. Die Religion der freien Forschung und der Satz: cuius regio, illius religio. Das System der Fürstenherrschaft über Religion und Gewissen der Unterthanen 31
   IX. Vindiciae Savonarolae. Eine Parallele zwischen dem Dominicanermönch von Florenz und dem Augustinermönch von Wittenberg 51

Zweites Kapitel.

Die Basreliefs, Portraitmedaillons, Lutherworte und die drei Städtefiguren . . . . 76—110

   I. Stereoskopen zur Betrachtung der Basreliefs: Luthers Thesenanschlag, die Lutherpredigt, Luther vor dem Reichstag, Luthers Bibelübersetzung, Luthers Abendmahlsspendung und Luthers Verheirathung 76

   II. Physiognomische Studien und historische Federzeichnungen zu den acht Portraitmedaillons: Johann und Johann Friedrich von Sachsen, Justus Jonas und Johann Bugenhagen, Calvin und Zwingli, Ulrich von Hutten und Franz von Sickingen 88

   III. Obelisken und Asterisken zu den Lutherworten 94

   IV. Die drei Städtefiguren: das protestirende Speier, Augsburg mit der Friedenspalme und das trauernde Magdeburg. Protestantisch und Katholisch. Das Augsburgische und das Tridentinische Glaubensbekenntniß. Mater dolorosa 103

Zweite Abtheilung.
Die Kirche und Luthers Glaubensabfall.

Erstes Kapitel.
Die religiös-sittlichen Zustände in der Kirche am Ausgang des 15. und am Anfang des 16. Jahrhunderts . . . . 111—126

   Klage eines edlen Protestanten über den Abfall von der Kirche und die Trennung im Glauben. — Die Schuld dieser Trennung nicht allein auf Seite Luthers und der Reformatoren. Tiefgreifende kirchliche, politische und sociale Mißstände als Wegebereiter der Katastrophe des 16. Jahrhunderts. — Licht- und Schattenseiten des religiös-sittlichen Lebens im 15. und am Anfang des 16. Jahrhunderts. Das Papstthum. Einzelne unwürdige und eine Reihe würdiger Päpste. Bischöfe und Klerus, namentlich in Deutschland. Eine Gallerie deutscher Bischöfe. Adel, Bürgerthum und Volk. Unzählige Denkmale heiliger Gottes- und Nächstenliebe aus jener Zeit noch mitten unter uns. — Die Zustände vor 1517 und nach 1520. Homines per sacra immutari fas est, non sacra per homines.

Zweites Kapitel.
Luthers Leben und Lehre, Charakter und Wirken . . . . 126—181

   Luthers Jugend- und Klosterjahre. Psychologische Genesis von Luthers eigenthümlicher Rechtfertigungslehre. Diese Rechtfertigungslehre zunächst das Resultat seines verfehlten Ordensberufes und zugleich der Keim aller seiner späteren dogmatischen Verirrungen. Luther vor 1517 bereits innerlich mit der Lehre der Kirche zerfallen. Die Thesen über den Ablaß und der daran sich anschließende Streit. Das ungestüme und heftige Auftreten Luthers und das ruhige würdevolle und schonende Einschreiten Roms. Das Schreiben Kaiser Maximilians I. an Papst Leo X. Luthers sich überstürzende Appellationen und seine fanatische Sprache. Lichte

Momente in Luthers Geiste. Seine Niederlage auf der Leipziger Disputation. Censurirung der Schriften Luthers durch die theologischen Facultäten von Löwen und Cöln. Hohe Protectionen und niedere Bundesgenossen aller Art. Luthers revolutionäre Thätigkeit und aufreizende Schriften im Jahre 1520. Die Excommunication Luthers und Verbrennung der Excommunicationsbulle. Der Reichstag zu Worms. Widerlegung der Lehre Luthers durch die Sorbonne in Paris. Luther auf der Wartburg. Der edle deutsche Papst Hadrian VI. und die Weiterentwicklung der Glaubensspaltung. Luther in Wittenberg gegen seinen Freund Karlstadt und gegen die Stürmer und Wiedertäufer. Luthers gewaltsame Abschaffung der heiligen Messe. Luther im Streite mit Erasmus über die Freiheit des Willens. Der Bauernkrieg und Luthers Benehmen während desselben. Seine Verheirathung. Luther und König Heinrich VIII. von England. Gutachten Herzog Georgs von Sachsen über Luthers Reformation. Was für apodiktische Vorstellungen sich Luther von den Gegnern seiner Lehre zu machen pflegte. Der Abendmahlsstreit. Der Reichstag zu Augsburg und Luthers Benehmen während desselben. Differenzen zwischen Luther und Melanchthon. Die Rede des katholischen Kurfürsten Joachim von Brandenburg. Luther auf dem Protestantentag in Schmalkalden und seine 23 Schmalkaldener Artikel. Sein Paroxysmus gegen den Papst und ein allgemeines Concil. Luthers letzte Lebensjahre voll Aerger und Mißstimmung über die religiösen und sittlichen Zustände seiner Kirche. Argwohn und Mißtrauen gegen viele seiner früheren Kampfgenossen und Entzweiung mit denselben. Luthers letzte Schmähschriften gegen die Zwinglianer, gegen die Löwener Theologen, gegen die Juristen, gegen die Juden, gegen den Papst und die katholische Kirche. Sein Tod. Charakter des Mannes und sein reformatorischer Beruf.

Drittes Kapitel.
Die Einführung der neuen lutherischen Lehre in deutschen Territorien, in Schweden, Dänemark, Norwegen und Island . . 181—202

Die Haupttriebfedern bei dem großen Glaubensabfalle im sechzehnten Jahrhundert. — Die Einführung der neuen Lehre in Kursachsen, Hessen und Preußen. Sächsische Kirchenordnung und freie Schriftforschung. Luthers und Melanchthons Instructionen zur Täuschung des Volkes bei Abschaffung des katholischen Gottesdienstes. Der Deutschordensmeister Albrecht von Brandenburg und seine evangelischen Rathgeber. — Reformation und Reformatoren in den deutschen Reichs- und Landstädten, insbesondere in den Städten Magdeburg, Nürnberg, Ulm und Frankfurt. Magdeburgs erster Superintendent. Der letzte Probst von St. Sebaldus in Nürnberg und andere Vertreter des reinen Evangeliums. Osiander und seine Controversen. Wilibald Pirkheimer. Ein reformatorisches Dreigestirn über Ulm. Frankfurt und sein Reformator. — Das Reformationsdrama in Mecklenburg, Pommern und Würtemberg, in Kurbrandenburg, im Herzogthum Sachsen, in Naumburg, Braunschweig und Hildesheim. Gewaltsame Protestantisirung der Universität Tübingen. Der katholische Bischof Erasmus von Manteuffel. — Kurfürst Joachim I. und seine Söhne. Sein Testament. Der apostasirte Bischof Jagow und die katholischen Bischöfe Busso von Alvensleben und Georg von Blumenthal. Herzog Georg von Sachsen und sein Testament. Der katholische Bischof Johann von Schleinitz. Luther auf Pfingsten 1539 endlich in Leipzig. Widerwille der Stadt gegen Luthers Reformation. Gutachten der Wittenberger Theologen zur gewaltsamen Protestantisirung der Universität Leipzig. Gewaltthaten an Naumburg und Braunschweig. Luther consecrirt einen Bischof. Das heilige Cöln. — Gustav Wasa und seine Motive zur Reformation Schwedens. Die Reformatoren Lorenz Anderson, Olof und Lorenz Peterson und die katholischen Bischöfe Magnus Knut von Upsala, Peter Jacobson von Westeräs und Johann Brasse von Linköping. — Dänemark und seine reformatorischen Fürsten. Luthers Brief an Christian III. nach seiner Gefangennehmung der katholischen Bischöfe. Der katholische Bischof Rönnow von Roskild. — Reformation in Norwegen und Island. Jon Arasen, der letzte katholische Bischof von Island.

Viertes Kapitel.

Kirche und Protestantismus . . . . 202—267

Größe und Erhabenheit der katholischen Kirche. Urtheil Marheinekes und Fitz-Williams über die Kirche und Urtheil Lessings und Schellings über den Protestantismus. — Innere Unwahrheit und Inconsequenz des protestantischen Principes. Dorner's Geschichte der protestantischen Theologie. Luther durch sich selbst widerlegt. — Die Hauptphasen in der geschichtlichen Entwicklung des Protestantismus in Deutschland. Die Herrschaft der lutherischen Hyperorthodoxie. Die plötzliche Abkehr von derselben und das Umspringen in Hyperrationalismus. Die protestantischen Prediger in Deutschland und die katholischen Priester in Frankreich am Ausgang des vorigen Jahrhunderts. Protestantische Sehnsucht nach religiöser Vertiefung und unglückliche Art dieselbe zu befriedigen. Positivere Strebungen und Strömungen. Stand der Parteien und kirchliche Zustände auf protestantischem Gebiete in der Gegenwart. — Protestantische Lichtblicke. Leibnitz, Hugo Grotius, Lessing, Delbrück, Kahnis, Perthes u. A. über Schrift und Tradition. Kant vom Bibellesen. Protestantische Stimmen über Bibel und Volk. „Der Artikel der stehenden und fallenden Kirche." Clausen, Ammon, Billroth, Luthardt, Münscher, Calvin, Delbrück, Wiesinger, Beyschlag, die Berliner Evangelische Allianz über die Lehre von der Rechtfertigung, über Willensfreiheit, Glaube und gute Werke. — Die Lehre von den Sacramenten. Beschränkung der altchristlichen Sacramentenlehre durch die Solafideslehre. Anerkennung, daß die Sacramentenlehre wieder zu ihrem Rechte kommen müsse. Delitzsch, Thomasius, Hengstenberg u. A. hierüber. Leibnitz für die sieben Sakramente der katholischen Kirche. Protestantische Zeugnisse für das Sakrament der Firmung. Das Sacrament der Buße. Wiederanerkennung seines sacramentalen Charakters. Die neueren Bewegungen für die Wiedereinführung der Beichte. Pestalozzi, Hallam, Steffens, Wagner u. A. über die Beichte in der katholischen Kirche. Das heilige Abendmahl. Impanation und Transsubstantiation. Communion unter Einer Gestalt. Die Wiederanerkennung des Opfercharakters der heiligen Eucharistie. Thiersch, Rodatz, Olshausen, Kahnis u. A. hierüber. Protestantische Bestrebungen, die Abendmahlsfeier zum Mittelpunkt des Gottesdienstes zu machen und überhaupt den bisherigen Gottesdienst mehr zu einem Anbetungsgottesdienst zu erheben. Die neuen Liturgien. Pastor Löhe und seine Schule. v. Zezschwitz über die tägliche Messe. Protestantische Zeugnisse für die heilige Oelung, für die Priesterweihe und für den sacramentalen Charakter und die Unauflöslichkeit der Ehe. Göthe über die sieben Sacramente. — Protestantische Zeugnisse für Cölibat und Ordensleben, für die Lehre von einem Läuterungszustand im jenseitigen Leben und vom Gebet für die Verstorbenen, für Heiligen- und Reliquienverehrung und für die Lehre von der Gemeinschaft der Heiligen. Leo über die evangelische Unmittelbarkeit im katholischen Leben. v. Gerlach und Eilers über die Wirksamkeit der katholischen Kirche im Leben. — Die Christenheit in Folge der Glaubensspaltung innerlich krank. Nothwendigkeit der Rückkehr zur Kirche. Das apostolische Schreiben des heiligen Vaters Papst Pius IX. an die Protestanten. In der Kirche allein ist Heil, in ihr allein die Fülle aller Gnade und Wahrheit des Christenthumes.

Erste Abtheilung.
Das Luthermonument und seine Worte und Figuren.

Erstes Kapitel.
Die Hauptfiguren.

> Der Irrthum wiederholt sich immerfort in der That; deßhalb muß man das Wahre unermüdlich in Worten wiederholen.
> Göthe.

Vorüber sind die Tage, mit denen man in Worms die Enthüllung des Luthermonumentes gefeiert. Heimgekehrt sind die fürstlichen Gäste und die zahlreichen Festpilger alle, die während dieser Tage von nah und fern nach Worms gekommen waren. Die hochgehenden Wogen der Feststimmung haben allmälig sich gelegt. Die alte Nibelungenstadt hat ausgezogen das bunte Festgewand, in dem sie sich geschmückt, und wieder angelegt das bescheidene Werktagsgewand des alltäglichen Lebens. Ruhig und friedlich liegt es wieder da, das alte Worms im Wonnegau mit seinem schönen und herrlichen, weithin das Land überragenden und beherrschenden Dome. Jetzt wollen auch wir den Pilgerstab ergreifen und gen Worms ziehen, um nach allen jenen erregten Reden und Toasten, nach allen jenen emphatischen Phrasen und Declamationen, mit denen man in diesen Tagen in Wort und Schrift, in Poesie und Prosa, in gebundener und ungebundener Rede Luthern und das Luthermonument verherrlicht und zugleich vielfach in so unwahrer und ungerechter Weise das Christenthum und die Kirche angegriffen und herabzuwürdigen versucht hat, am Fuße des Luthermonumentes der Wahrheit Zeugniß zu geben und dieses Monument und die in ihm verherrlichten Personen, Ideen und Thatsachen im Lichte der Wahrheit zu betrachten und zu beleuchten.

I.

Der St. Petersdom zu Worms und das Luthermonument.

Das Luthermonument als Kunstwerk erscheint mehr als das Werk mühsamer und tendentiöser Reflexion, denn als das Werk eines schöpferischen, ächt künstlerischen Genius. Jene rhythmische Schönheit der Verhältnisse und jene einheitliche, lebensvolle, harmonische Gliederung und Gruppirung, die einem solchen Kunstwerke erst die wahre künstlerische Weihe und Vollendung verleihen, mangeln dem Luthermonumente in nicht geringem Grade. So schön und vollendet darum einzelne der Figuren an und für sich betrachtet auch sind, so ist doch das Monument als Ganzes vom Künstler sicher nicht glücklich gedacht, und der künstlerische Gesammteindruck ein wenig glücklicher und befriedigender[1]. Einförmig und monoton, wie große Aloevasen auf einer Gartenterrasse, stehen die einzelnen Figuren neben-, hinter- und übereinander und wollen sich in keiner Weise zu einem großen einheitlichen und harmonischen Ganzen gruppiren und gestalten. Es ist fast, als ob die Disharmonie des Protestantismus auch in diesem Monumente ihren Ausdruck und ihre Symbolik hätte finden sollen.

In den Tagen des Lutherfestes hat man so viel geredet und gesungen von Finsterniß und Barbarei, von Rohheit, Wahn und Verdummung, wie sie in den Zeiten des Mittelalters allüberall über den Geistern gelegen, und von geistigen Nibelungenzwergen, die sich bis auf Luthers Tage auf dem Boden von Worms herumgetrieben. Indeß genügt es solchen Anklagen gegenüber, einfach auf jenen in der nächsten Nähe des Luthermonumentes sich erhebenden mittelalterlichen Dom hinzuweisen, um sofort zur Einsicht zu gelangen, daß jene

---

[1] Vollkommen richtig bemerkt in dieser Beziehung Prof. Dr. Hengstenbergs Evangelische Kirchenzeitung in Berlin vom 22. August d. J. in einem längeren, der Sächsischen Zeitung entnommenen Artikel, welcher die charakteristische Aufschrift trägt: „Das Prophetengrab in Worms": „Die Künstler haben allesammt ihr Bestes gethan, und es soll ihnen an der wohlverdienten Ehre nichts abgebrochen werden, aber als echte Künstler werden sie es sich auch gern gefallen lassen, daß die Kritik ihr Recht an ihrem Werke übt, und die Fragen und Bedenken eines denkenden Beschauers müssen ihnen willkommener sein, als der hohle Beifallsruf einer gaffenden Menge. Diese Kritik wird nicht außen bleiben. Wir wollen ihr nicht vorgreifen, aber so viel wenigstens wollen wir als unsere Herzensmeinung jetzt schon aussprechen, daß alle unläugbaren Einzelschönheiten dieses Denkmals uns nicht verhindern können, das Ganze für einen Fehlgriff zu halten, der freilich nur zum Theil dem Künstler, am meisten dem Zeitalter zur Last fällt, das ja mehr und mehr den Sinn für das Einfach-Schöne und Erhabene verliert und nur in der Masse noch Befriedigung findet. Beim nächsten großen Denkmal wird man Rietschel zu übertreffen suchen, indem man ihn mit so und so viel multiplicirt."

Finsterniß des Mittelalters doch wohl nicht gar so groß, und jene mittelalterlichen Nibelungenzwerge nicht gar so klein gewesen sein müssen. Ja wir sind sogar der Ansicht, daß die großen und lichten Meister des neunzehnten Jahrhunderts, die den Plan zu dem Luthermonumente entworfen, von jenen Finsterlingen und Nibelungenzwergen, die den Dom zu Worms gebaut, noch manches hätten lernen können. Denn gerade das, was dem Luthermonumente in so hohem Grade abgeht, besitzt dieser Dom in so hoher Vollendung — die rhythmische Schönheit der Verhältnisse nämlich und die große, einheitliche Gliederung und Gruppirung. Gerade sie sind es, die den Dom so unvergleichlich schön machen, ohne sie wäre er nur ein unförmlicher und unschöner Steincoloß, eine rudis indigestaque moles. Man betrachte doch diesen majestätischen Dom — wie meisterhaft hat man es hier verstanden, jene colossalen Massen zu überwältigen und sie unterzuordnen den ewigen Gesetzen der Schönheit, wie meisterhaft hat man es verstanden, die einzelnen Theile untereinander und zum Ganzen zu gruppiren und zu gestalten! Diese beiden gewaltigen, himmelanstrebenden Thürme und diese Kuppel und dieser ganze Ost- und Westchor — ist nicht Alles an diesem Dome wie in Stein gehauene Musik und Harmonie? Und geht nicht Licht und Geist und Leben und vollendete harmonische Schönheit durch alle Formen dieses herrlichen Denkmales mittelalterlicher Kunst hindurch? O, man nenne die nicht Nibelungenzwerge und Barbaren, die ein so feines und tiefes Verständniß für die Gesetze architektonischer Schönheit gehabt haben wie es an diesem Dome uns entgegentritt; man nenne das Volk, das in idealer Begeisterung und von wahrhaft großen Ideen durchlebt, alle jene herrlichen Münster und Dome des Mittelalters gebaut, nicht ein der Geistesknechtschaft und Barbarei verfallenes, nicht ein geistig unmündiges und unfreies Volk! Hätten die Künstler des neunzehnten Jahrhunderts, die den Plan zu dem Luthermonumente entworfen und ausgeführt, jenes geniale und tiefe, zarte und feine Verständniß für die Gesetze der Schönheit gehabt, wie es jene mittelalterlichen Künstler besessen, dann hätten sie sicher eine andere und bessere Form[1]) für das Luthermonument gefunden, und eine ganze Reihe künstlerisch durchaus unschöner Contraste wären an dem Monumente sicher vermieden worden.

Doch wir dürfen uns nicht begnügen, das Luthermonument und den Dom zu Worms bloß vom Standpunkte der Kunst miteinander zu vergleichen. Es sei uns vergönnt, unsere Parallele etwas weiter fortzusetzen, und einige weitere Gedanken noch auszusprechen, die sich uns bei

---

[1]) Treffend verglich die „Frankfurter Zeitung" in ihren Berichten über das Wormser Lutherfest das Luthermonument in seiner Form und Aufstellung mit einer großen Kegelpartie.

Besichtigung des Luthermonuments und dem daran sich anschließenden Besuche des Domes gewissermaßen wie mit Gewalt aufgedrängt haben. Wunderbar wurden wir ergriffen, als wir eintraten in jenen herrlichen Dom. Geheimnißvolle Schauer des Ewigen und Göttlichen durchwehten unsere Seele und stimmten uns zum Gebete. Welcher Friede, welche Ruhe, welche Andacht wohnt in diesen heiligen Räumen. Von allem dem hatten und konnten wir dadraußen an dem Luthermonumente auch nicht das Mindeste in unserer Seele empfinden. Ja, sagen wir es offen heraus — unser religiöses und sittliches Gefühl wurde an dem Luthermonumente auf das Tiefste verletzt. Wir standen vor einem Denkmale, welches beansprucht, ein Denkmal der Wiedergeburt des reinen Evangeliums und des reinen Christenthums zu sein. Allein wohin unser Blick fiel, erblickten wir unter den an diesem Monumente uns entgegentretenden Portraits und Figuren eine nicht geringe Anzahl von Persönlichkeiten, deren ganzes Leben und Denken nach dem unwiderleglichen Zeugniß der Geschichte im grellsten Widerspruch gestanden mit den sittlichen Forderungen des Evangeliums und des Christenthums. Wir sahen Menschen, deren ganzes Leben ein wahrer Hohn auf Christenthum und Evangelium war, hier am Luthermonument im Nimbus der Verklärung als Förderer und Stützen des reinen Evangeliums prangen. Muß sich da nicht unser religiöses und sittliches Gefühl empören und mit Widerwillen wegwenden von solcher Verherrlichung der Unwahrheit und des Unchristenthums, wie sie uns hier entgegentritt? O man hätte im Interesse der eigenen Sache wohl daran gethan, wenn man so manche jener Persönlichkeiten, die nun hier am Luthermonumente im Nimbus des reinen Evangeliums strahlen, in den Gräbern wohlverdienter Vergessenheit hätte ruhen lassen. Einen Ulrich von Hutten[1]), diesen frivolen und ungläubigen Wüstling, und noch

---

1) Auch Rietschel, der Meister des Luthermonumentes, scheint es gefühlt zu haben, daß eine Persönlichkeit, wie Ulrich von Hutten, an ein Denkmal, das beansprucht, „ein christliches und religiöses Denkmal" zu sein, nicht gehört. Es war in dieser Beziehung für uns von Interesse, aus einem Artikel der Berliner „Nationalzeitung" vom 31. Mai d. J. zu ersehen, daß man ursprünglich beabsichtigt hatte, an die Stelle, wo jetzt Reuchlin steht, neben Melanchthon Ulrich von Hutten aufzustellen; daß jedoch dieser ursprüngliche Plan, wonach Ulrich von Hutten eine der vier großen im Umkreise des Monumentes stehenden Hauptfiguren geworden wäre, deßhalb nicht zur Ausführung kam, weil, wie die Berliner „Nationalzeitung" in ihrem offenbar aus sehr wohlunterrichteter Feder geflossenen Artikel berichtet, „Rietschel selbst für Hutten keine rechte Sympathie hatte und auch andere Autoritäten sich gegen ihn aussprachen." Ulrich von Hutten wurde darum, statt als Hauptfigur, nur als Portraitmedaillon am Monumente angebracht. Wir achten es an dem verewigten Meister Rietschel († 21. Februar 1861), daß er für Ulrich von Hutten „keine rechte Sympathie" hatte. Allein wir sind der Ansicht, daß Rietschel noch besser daran

so manche Andere, der Geschichte zum Trotz, in den Nimbus des reinen Evangeliums gekleidet und als deutsch-nationale Heroen des reinen Christenthums gefeiert zu sehen, that unserem deutschen und christlichen Herzen unaussprechlich weh, und wir beklagten das Volk, dem man einen solchen Heiligencultus zu bieten wagt, und das sich in seiner Verblendung und in seinen Vorurtheilen einen solchen Cultus gefallen läßt, ohne daß ihm die Augen aufgehen. Wir dankten Gott, daß wir über diesen Heiligencultus erhaben sind, und es war unserer Seele wahrhaft wohl, als wir dieser mannigfach so unreinen Atmosphäre des Luthermonumentes entronnen, in der reinen und heiligen Atmosphäre des Domes aufathmeten. Dabraußen am Luthermonumente hatten im Hinblick auf so manche der hier verherrlichten Persönlichkeiten alle edleren und besseren Seiten unserer Seele angefangen zu trauern, zu klagen und vor Schmerz zu verstummen; hier im Dom wurde unsere Seele mächtig erhoben und erbaut und zu Höherem emporgetragen, und eine höhere und übersinnliche, eine reine und heilige Welt erschloß sich vor den Blicken unseres Geistes. Hier im Dome wohnt der Geist Gottes; dabraußen am Luthermonument der Geist der Menschen und zwar, wie die Geschichte bezeugt, zum Theil sehr niedriger und sittlich sehr tief stehender Menschen.

Als wir nach wenigen Stunden Worms wieder verließen und in raschem Fluge mit dem Bahnzuge von dannen eilten, blickten wir unwillkürlich noch einmal zurück auf die Stadt, in der unsere Seele so verschiedenartige Eindrücke empfangen und von so verschiedenartigen Gefühlen bewegt worden war. Da lag noch einmal vor uns unnennbar schön in seiner stillen, ernsten Majestät und Pracht der Dom. Hoch ragte er empor über die Stadt und blickte nieder auf das Leben und Treiben der Menschen, mit seinen mächtigen Thürmen wies er zum Himmel empor. Vom Luther-

---

gethan hätte, wenn er Ulrich von Hutten überhaupt ganz von dem Monumente ausgeschlossen und ihn auch nicht als Portraitmedaillon aufgenommen hätte. Weiter aber glauben wir auch bemerken zu müssen, daß unter den am Luthermonument verherrlichten Persönlichkeiten Ulrich von Hutten wahrlich nicht der Einzige ist, für den man „keine rechte Sympathie" haben kann, sondern daß außer Hutten auch noch gar manche Andere hier am Luthermonumente figuriren, für die man vom Standpunkte der Geschichte und der christlichen Moral aus „keine rechte Sympathie" haben kann, und die schlechterdings nicht an ein „religiöses Denkmal" gehören. Es muß indeß überflüssig erscheinen, hier schon im Einzelnen auf diese zweibeutigen Persönlichkeiten hinzuweisen, da wir im weiteren Verlaufe unserer Schrift sämmtliche am Luthermonumente in Figur und Portraitmedaillon verherrlichte Persönlichkeiten im Lichte der Geschichte beleuchten werden. Unsere Leser mögen dann auf Grund der geschichtlichen Zeugnisse selbst urtheilen, wie viele unter den am Luthermonumente verherrlichten Persönlichkeiten würdig sind, als „Helden des reinen Evangeliums" zu figuriren und wie viele nicht!

monumente und seinen mannigfach zweideutigen Gestalten sah man Nichts. Der altehrwürdige Dom aber in seiner hehren Majestät und Pracht erschien uns wie ein Symbol der Kirche selbst; und es war uns, als ob der alte St. Petersdom jene Worte uns zuriefe, die der Herr einst zu Petrus gesprochen, jene mit unauslöschlichen Buchstaben in die Weltgeschichte eingegrabenen Worte der Verheißung: "Tu es Petrus, et super hanc petram aedificabo ecclesiam meam. Du bist Petrus, und auf diesen Felsen will ich meine Kirche bauen. Et portae inferi non praevalebunt adversus eam. Und die Pforten der Hölle werden sie nicht überwältigen."

II.
Die Lutherstatue.

Inmitten der übrigen zahlreichen Figuren des Luthermonumentes und über diese hinausragend steht die Kolossalstatue Luthers. Trotzig steht er da als der Mann der Opposition, der Feindschaft und des Hasses gegen die Kirche, mit dem einen Fuße vortretend, das Haupt stolz in den Nacken geworfen. Auf dem linken Arm trägt er die Bibel, mit der rechten Hand, zur Faust geballt, schlägt er auf dieselbe. Wir müssen Rietschel das Zeugniß geben, daß er Luther wahr und lebendig modellirt hat, und daß er, wohl als auf ein Ding der Unmöglichkeit, gänzlich darauf verzichtet hat, die derbe Gestalt und die derben Züge des Reformators irgendwie zu idealisiren. Wir haben hier den wirklichen Luther vor uns, wie er geleibt und gelebt. Aber gerade, weil hier der wirkliche Luther mit so großer Naturwahrheit wiedergegeben ist, darum ist diese ganze Luthergestalt auch so wenig erhaben, so wenig edel, so aller und jeglicher Idealität baar. Wir könnten den Mann, wie er hier steht, eher für alles Andere halten, als für den Wiederhersteller des reinen Evangeliums; denn vom Evangelium und seinen geheimnißvollen Höhen und Tiefen wissen diese Züge sehr wenig zu erzählen. Nicht der heilige Ernst und die himmlische Milde, nicht der hehre Friede und die innige Frömmigkeit, nicht jene innere Seelenwahrheit und Seelenklarheit des Evangeliums, sondern derbe Sinnlichkeit und stürmische Leidenschaft sprechen unverkennbar aus diesen Zügen. Wir erinnerten uns an das tiefsinnig-ernste und zugleich so himmlisch-milde Antlitz des hl. Bernard von Clairvaux, wie wir es so oft in den Gemäldegallerien von Paris und Versailles und im Dome zu Speier gesehen, und fanden, wie in jeder Beziehung so durchaus unähnlich das Bild Luthers dem Bilde jenes wahren und ächt christlichen Reformators ist. Betrachten wir etwas näher diesen Kopf Luthers! Das ist nicht der edle und schöne Kopf, das ist nicht die klare und tiefsinnige Stirne eines großen christlichen Denkers, dem es gegeben gewesen wäre, mit speculativem Sinne einzudringen in die Tiefen der christlichen Geheimnisse, das ist der Kopf und die Stirne eines gewaltigen, aber leidenschaftlichen Stürmers! Dieser vorgeschobene breite und plumpe Mund aber sieht so recht danach aus, als ob er im Leben viel, sehr viel geredet hätte, was er vor Gott und den Menschen nicht hat verantworten können, und als ob er gar oft früher geredet, ehe die Stirne klar gedacht und geschaut. Und wie viel prononcirte und derbe Sinnlichkeit liegt nicht erst ausgesprochen in allen diesen Zügen und in dieser ganzen Gestalt. Wahrlich, das Bild Luthers ist nichts weniger, als das Bild einer durch den Geist des Christenthums verklärten, geläuterten und geheiligten Persönlichkeit.

Wenn der Künstler Luther dargestellt hat, wie er mit geballter Faust, mit vortretendem Fuße, mit in den Nacken geworfenem Haupte Trotz bietet der Kirche, so ist diese Darstellung historisch vollkommen berechtigt; denn das ganze Leben Luthers von seinem Abfalle von der Kirche bis zu seinem Tode war dem Trotze, dem Hasse und der Zerstörung der Kirche geweiht; und wohl nie hat ein Häretiker mit solch' unausgesetzter und heftiger Leidenschaftlichkeit die Hand erhoben gegen seine Mutter, die Kirche, und mit geballter Faust ihr immer von Neuem wieder ins Angesicht geschlagen, als wie Luther es gethan. In historischer Beziehung ist darum diese dräuende und trotzige Darstellung Luthers vom Künstler durchaus richtig gewählt und treffend dargestellt. Im Lichte des 19. Jahrhunderts freilich muß dieser trotzige und dräuende Luther uns als Anachronismus erscheinen und vermag uns nur ein mitleidiges Lächeln abzunöthigen, wenn wir uns erinnern, wie einerseits alle die von Luther der Kirche ins Angesicht geschleuderten Drohungen und alle seine ihren unmittelbar bevorstehenden Untergang verkündenden Prophezeiungen bis heute noch der Erfüllung harren, und wie andererseits dagegen das von Luther als unfehlbare und unwandelbare Religion gestiftete Lutherthum heutzutage selbst unheilbarem Siechthum anheimgefallen und wie der Name „lutherisch" und „Lutheraner" unter den Protestanten selbst zum Sektenname geworden ist[1]). Luther wähnte die Kirche zerstören

---

[1]) Döllinger konnte im Jahre 1861 in seinem Buche: Kirche und Kirchen S. 403 schreiben: „Wenn Stahl jüngst über die immer näher drohende Auflösung der lutherischen Kirche in der Union geklagt hat, so darf wohl vielmehr gesagt werden, daß in Deutschland die lutherische Kirche nur noch in dem Wunsche und der Sehnsucht einiger Theologen, Pastoren und Juristen, keineswegs aber noch als Realität, als concretes Kircheninstitut besteht." Und S. 413. „Trauernd gestand kürzlich einer der weltlichen Führer des Lutherthums, Göschel (in Zeitschrift für luth Theol. 1860. S. 310): die lutherische Kirche sei in Deutschland eigentlich im

und an die Stelle der Kirche sein eigenes Glaubenssystem setzen zu können. Allein das Zerstörungswerk mißlang, und die Schleußen des Unglaubens, die Luther gegen die Kirche geöffnet, haben ihre Fluthen immer reichlicher ergossen und sich zu allererst auf sein eigenes Werk gestürzt und es weggeschwemmt, so daß gegenwärtig auf den hoch und immer höher gehenden Wogen des protestantischen Unglaubens nur noch einzelne Wracks des alten Lutherthums unstät hin- und herschwimmen. Während aber das Lutherthum im Protestantismus selbst zu einer kleinen Secte herabgesunken ist, steht der Gottesbau der katholischen Kirche unwandelbar und größer und imposanter noch, als zu Luthers Zeiten, da, und die Wogen des Unglaubens schäumen an seinen Felsenmauern hinauf und brechen sich an ihm.

Auch die Bibel, auf die Luther mit trotzig geballter Faust schlägt, fordert uns zur Betrachtung auf, und dieß um so mehr, da man ja auch in den Tagen des Lutherfestes wiederum in so unwahrer Weise der Kirche den Vorwurf gemacht, daß sie die Bibel und das Wort Gottes in ihr nicht zu schätzen und zu würdigen wisse. Wenn die katholische Kirche nicht, wie die protestantischen Bibelgesellschaften, Jedem ohne Unterschied die Bibel als Volksbuch in die Hand drückt und in dem todten Buchstaben der heil. Schrift nicht das Vehikel zur Ausbreitung und Begründung des christlichen Glaubens erblickt, so beweist sie darin wahrlich keine Mißachtung der heiligen Schrift, sondern vielmehr nur, daß sie die richtige Anschauung von der heil. Schrift hat, und daß sie die heilige Schrift nicht in verkehrter Weise zu etwas macht, was die heil. Schrift ihrer ganzen Form und Anlage nach, sowie dem ganzen Character des Christenthums nach weder sein kann, noch sein soll. So gewiß es aber ist, daß die ganze Stellung, welche die Reformatoren des 16. Jahrhunderts der heiligen Schrift ange-

---

Absterben begriffen; selbst ihren Namen habe sie schon größtentheils verloren, in manchen Ländern sei sie bereits zur Ruine geworden.... In ganz Deutschland ist, wie ein Württembergischer Theologe (in Schaff's Kirchenfreund 1857 S. 67) sagt, die lutherische Kirche beim Volke bis auf den Namen fast verschwunden, und bei den Gebildeten und Theologen bis auf die Wurzel abgethan. Sogar in Württemberg ist „Lutheraner" ein ganz übellautender Sekten- und Schimpfname geworden." Und erst jüngst wieder mit Beziehung auf das Wormser Lutherfest und Luthermonument klagt Hengstenbergs Evangelische Kirchenzeitung in dem oben S. 2 bereits von uns erwähnten, der Sächsischen Zeitung entnommenen Artikel: „Wie soll man es nennen, wenn man Luthern ein Denkmal bauen hilft, und sein Bild mit dem Schaumgold der Rhetorik überkleistert und doch gleichzeitig mit allen Waffen des Spottes diejenigen verfolgt, welche treu an Luthers Wort und Lehre festhalten? Heißt es Luther ehren, indem man das Lutherthum verhöhnt und „lutherisch" zu einem Ekelnamen macht?"

wiesen, eine durchaus einseitige und verkehrte und der ganzen Geschichte sowie dem ganzen Charakter der heiligen Schrift und des Christenthums zuwiderlaufende ist, so gewiß ist es auch, daß nie eine Häresie die heilige Schrift und das Wort Gottes in ihr mehr verkannt und tiefer herabgewürdigt hat, als wie gerade der Protestantismus dieß im Verlaufe seiner geschichtlichen Entwickelung gethan. Und im Hinblick auf den die Bibel tragenden und so kräftig auf die Bibel schlagenden Luther müssen wir vor Allem bemerken, daß es schlimm stünde um das Ansehen und die Autorität dieses himmlischen und göttlichen Buches, wenn dasselbe keine besseren Träger und Vertheidiger hätte, als Luther und die Protestanten. Schon Luther hat sich in seiner bekannten heftigen und voreiligen Weise über eine ganze Anzahl von heiligen Büchern des Alten und Neuen Bundes zum Theil höchst wegwerfende und verächtliche Urtheile erlaubt¹). Wie die Kirche selbst, so mußte auch der Pentateuch, dieses inhaltvollste und gewichtigste Buch des ganzen Alten Testamentes, die drei synoptischen Evangelien mit all' ihren unschätzbaren göttlichen Berichten über das Leben und Lehren und Wirken des Herrn, der für das christliche Leben so bedeutungsvolle Brief des hl. Jakobus, der so unvergleichlich schöne und herrliche Brief an die Hebräer, die Apokalypse, dieses tiefsinnigste und geheimnißvollste unter allen neutestamentlichen Büchern, und noch eine Reihe von anderen Büchern der heiligen Schrift den Zorn Luthers erfahren, weil sie mit seinem System so gar nicht harmoniren und sich trotz aller perversen Exegese so gar nicht in dasselbe wollten einschmelzen lassen. Es hat demnach schon Luther, der Vater des Protestantismus, schwer an der heiligen Schrift gesündigt, und seine Epigonen sind in dieser Beziehung wahrlich nicht hinter ihm zurückgeblieben. Oder zeigt uns nicht etwa die protestantische Bibelwissenschaft und Schriftauslegung von den Tagen Luthers bis auf Semler und Bahrdt, und von Semler und Bahrdt bis auf Baur und David Strauß und bis auf Volkmar und Hilgenfeld und den deutschen Protestantentag eine fortlaufende Kette von Versündigungen an der heiligen Schrift und an dem Worte Gottes in ihr? O was hat man auf protestantischem Gebiete nicht Alles geleistet in der willkürlichen und frivolen Verwerfung einzelner Theile und ganzer Bücher der heiligen Schrift, in glaubensloser, seichter und frivoler Auslegung vieler Stellen der heiligen Schrift, in gänzlicher Läugnung der Inspiration und des göttlichen Charakters der heiligen Schrift! Wie ganz anders steht in dieser Beziehung die katholische Kirche da! Seit achtzehn

---

1) Eine Anzahl solcher Schmähurtheile Luthers über eine Reihe ihm unangenehmer Bücher der heiligen Schrift sind zusammengestellt bei Alzog, Kirchengeschichte (8. Aufl.) Bd. 2. S. 274.

Jahrhunderten trägt sie die heilige Schrift als ein ihr anvertrautes himm= lisches Gut, als einen kostbaren himml'schen Schatz durch die Welt dahin, und mit unwandelbarer Treue hält sie an allen Büchern des Alten und Neuen Testamentes fest. Die Kirche lebt in der heiligen Schrift, und die heilige Schrift lebt in ihr. Die Kirche lebt in der heiligen Schrift, indem ihr Dogma, ihre Moral, ihre Liturgie, ihre ganze innere und äußere Verfassung, tief in der heiligen Schrift begründet ist; und die heilige Schrift lebt in der Kirche, indem alle die großen und ewigen Ge= danken und Wahrheiten der heiligen Schrift nur in der Kirche wahrhaft Geist und Leben haben und nur auf dem Boden der Kirche in ihrer ganzen Tiefe und Erhabenheit erfaßt und gewürdigt werden können. Und stünde die Kirche, die von Gott gesetzte Trägerin und Auslegerin der heiligen Schrift, nicht in der Welt da, dann wären auf protestantischem Gebiete der Abfall von der heiligen Schrift, die Verkennung ihrer Göttlichkeit und der Mangel am richtigem Verständniß derselben noch größer, als sie es leider wirklich schon sind. Wahrlich man hat von protestantischer Seite in keiner Weise das Recht, gegen die katholische Kirche den Vorwurf zu erheben, daß sie die heil. Schrift nicht zu schätzen und zu würdigen wisse; man würde weit besser daran thun, eingedenk zu sein aller der unzähligen Versün= digungen, welche man sich im Namen des Protestantismus an der heiligen Schrift und an dem Worte Gottes in ihr seit dreihundert Jahren hat zu Schulden kommen lassen, und im Hinblick auf alle die Fehlgeburten des protestantischen Schriftprincipes umzukehren zur Kirche, in der allein die wahre Anschauung und das richtige Verständniß der heil. Schrift zu finden ist. Denn die Tiefen Gottes ergründet nur der Geist Gottes; und der Geist Gottes, der die Tiefen der heiligen Schrift ergründet, wohnt, wie die Geschichte der protestantischen Bibelexegese mehr als zur Genüge bewiesen, weder in den Häuptern protestantischer Rationalisten, noch in den Häup= tern protestantischer Supernaturalisten, sondern einzig und allein in der Kirche, der Christus den heiligen Geist verheißen und gesandt hat.

Indem wir so zur Lutherstatue emporblickten und unsere Betrachtungen über dieselbe anstellten, kam uns unwillkürlich ein Wort des bekannten protestantischen Kirchenhistorikers Hase in den Sinn, wo er von Luther sagt: „Mit derber Sinnlichkeit stand Luther festgewurzelt an der Erde; aber sein Haupt ragte in den Himmel." Von dem „in den Himmel Ragen" vermochten wir freilich in dem Lutherbilde auch nicht die leiseste Spur zu entdecken; denn etwas Himmlisches, etwas Hehres und Heiliges sucht man in diesen Zügen vergebens. Um so treffender aber erschien es uns, wenn Hase von Luther sagt, daß er „mit derber Sinnlichkeit festgewurzelt gewesen an der Erde." Diesen Eindruck „derber und festgewurzelter Sinnlichkeit," wie er uns ja auch aus dem Leben und aus den Schriften Luthers so hundertfach entgegentritt, macht unverkennbar auf den ersten Blick dieses ganze hier vor uns stehende Lutherbild. Daß aber ein Mann, der in derber und unheiliger Sinnlichkeit festgewurzelt war, von Gott den Beruf gehabt, das Uebersinnlichste, das Idealste und Himmlischste, was es gibt, das Christenthum und seine Lehren, seine Gebote und Gnadenmittel umzugestalten und zu reformiren, erscheint uns sehr unwahrscheinlich. Wir sind vielmehr der Ansicht, daß Luther eben so wenig ein von Gott gesandter Reformator, als Mahomet ein von Gott erleuchteter Prophet war, und meinen, daß Luther bei seiner derben und festgewurzelten Sinnlichkeit weit besser daran gethan hätte, sich zuerst selbst an Haupt und Gliedern gründlich zu reformiren, ehe er es unternommen, in solch' unglücklicher Weise die Kirche zu reformiren.

III.

Die Statuen Philipps von Hessen und Friedrichs von Sachsen. Lebende Bilder aus der Renaissancezeit des reinen Evangeliums. Die beiden Reformatoren Luther und Melanchthon und die beiden Nichtreformatoren Thomas Morus und John Fisher von Rochester. Heinrich VIII. und Thomas Cranmer auch Reformatoren und Wiederhersteller des reinen Evangeliums. Die beiden Förderer der neuen Lehre, Philipp von Hessen und Friedrich von Sachsen, und der fürstliche Vorkämpfer für den alten katholischen Glauben, Herzog Georg von Sachsen.

Gleich an die erste Gestalt, die am Luthermonumente uns entgegentritt, knüpfen sich Erinnerungen aus Luthers reformatorischer Thätigkeit, die vollkommen genügen würden, uns, wenn wir je in dem Irrthume befangen gewesen wären, daß Luther ein wahrer Reformator im Geiste des Christenthums sei, für immer von diesem Irrthum zu heilen. Es ist die Gestalt des Landgrafen Philipp von Hessen, welchem die beiden Reformatoren Luther und Melanchthon in unerhörter Verkennung der Heiligkeit der christlichen Ehe die Doppelehe gestatteten und dem sie zu dieser Bigamie ein förmliches Gutachten ausstellten. Schon frühe hatte Luther in Bezug auf die Ehe sehr leichtfertige und verwerfliche Ansichten ausgesprochen [1]), und bereits auf dem Reichstage zu Worms hatte Philipp, wie Luther es uns selbst erzählt [2]),

---

[1]) Schon Luthers Schrift über „die babylonische Gefangenschaft" vom Jahre 1520 spricht solche Ansichten und Grundsätze aus. „Die erste Ausgabe derselben enthält," wie Professor Jarcke bemerkt, „in Betreff der Heiligkeit der Ehe Grundsätze des Reformators, die, seiner Zeit vorauseilend, selbst heute und sogar an der „jungen Literatur" auffallen würden." Vgl. Jarcke's Abhandlung über „Luthers Eherecht" in den Historisch-politischen Blättern Bd. 11, S. 410—435; dieselbe ist auch abgedruckt in den Studien und Skizzen zur Geschichte der Reformation, Schaffhausen 1846, Bd. 1, S. 83—111.

[2]) Vgl. Historisch-politische Blätter Bd. 14, S. 844.

in frivoler und scherzender Weise eine auf diese seine Ansichten bezügliche Frage an Luthern gerichtet. Daß der Landgraf mit dieser seiner Frage den sittlichen Anschauungen Luthers nicht zu nahe getreten war, das bewies Luther bald darauf in einer im Jahre 1522 gehaltenen Predigt über die Ehe, in der, wie Döllinger mit Recht bemerkt, „in Bezug auf die Ehe und das eheliche Leben Dinge vorkommen und Rechte gestattet werden, von denen das natürliche Gewissen eines Heiden sich abwenden würde¹).“ Mittlerweile war der Landgraf Philipp von der Kirche abgefallen, hatte die Kloster- und Kirchengüter eingezogen, und war die Hauptsäule und Stütze der neuen Lehre geworden. Seinem sittlichen Leben nach zu urtheilen, muß er von dem Satze, daß der Glaube allein selig mache und daß auf die Werke zum Heile nichts ankomme, tief durchdrungen gewesen sein. Denn er begnügte sich in der That mit dem Glauben allein, und die Gebote Gottes und das christliche Sittengesetz schienen für ihn vorwiegend nur da zu sein, um von ihm übertreten zu werden. Wie er selbst in seinem unten zu erwähnendem Schreiben an Luther und Melanchthon von sich berichtet, lebte er fortwährend im Ehebruche. Um das Jahr 1539 fiel die ungezügelte sinnliche Neigung des Fürsten auf das Ehrenfräulein seiner Schwester Elisabeth, die sechzehnjährige Margaretha von der Saal. Da aber die Mutter derselben ihre Tochter nicht zu einer Concubine des Landgrafen herabwürdigen lassen wollte, gerieth der Landgraf auf den abenteuerlichen Plan, zu seiner noch lebenden Gemahlin die Margaretha von der Saal förmlich hinzu zu heirathen. Durch seinen geistlichen Vertrauensmann, den aalglatten und charakterlosen Straßburger Reformator Bucer, der selbst mit einer entlaufenen Nonne zusammenlebte, wandte er sich in einem langen, höchst charakteristischen Schreiben²) an Luther und Melanchthon in Wittenberg und begehrte von ihnen eine schriftliche Erklärung, daß die von ihm beabsichtigte Bigamie rechtmäßig und dem göttlichen Gesetze nicht zuwider sei, wobei Philipp ihnen zugleich zu verstehen gab, daß die Verweigerung seines Begehrens nachtheilige Folgen haben könnte für die bisher von ihm beschützte Sache des Protestantismus. Und was thaten die beiden großen Wiederhersteller des reinen Evangeliums? Nach einigen vorübergehenden Bedenken willigten sie ein in das Begehren des Landgrafen und ermächtigten ihn in einem langen theologischen Gutachten³) zur Eingehung dieser Doppelehe, da, wie es in dieser Entscheidung

---

1) Döllinger, Luther, eine Skizze. Freiburg 1851, S. 60.
2) Dasselbe ist abgedruckt in den historisch-politischen Blättern, Bd. 18, S. 225. ff.
3) Dieses Actenstück ist vollständig abgedruckt in den historisch-politischen Blättern Bd. 18, S. 237—243, desgleichen bei Bossuet, Geschichte der Veränder-

heißt „ihre Kirche tugendhafter Fürsten bedürfe," und „um hierdurch für das Heil seines Leibes und seiner Seele zu sorgen, und Gottes Ehre dadurch zu befördern"; nur solle er die Sache geheim halten. Unterzeichnet wurde diese Entscheidung von Luther, Melanchthon, Bucer und von fünf hessischen Theologen. Darauf hin wurde die Trauung am 4. März 1540 zu Rotenburg an der Fulda vollzogen. Melanchthon hielt es nicht unter seiner Würde, derselben beizuwohnen. Die Trauung selbst wurde vorgenommen durch den Hofprediger des Landgrafen Dionysius Melander, den Reformator der Stadt Frankfurt, einen aus dem Dominikanerkloster von Ulm entlaufenen Mönch, selbst Ehemann von drei noch lebenden Weibern, von denen er die zwei ersten, weil sie ihm nicht mehr gefielen, ohne alles Weitere fortgejagt hatte. Als aber die Doppelehe des Landgrafen ungeachtet der von den Reformatoren anbefohlenen Geheimhaltung dennoch sehr bald ruchbar wurde und Luther und die lutherische Partei in Deutschland vielfach verächtlich und verhaßt machte, da setzte sich Luther in leichtfertiger Weise darüber hinweg und meinte: „Die Sache ließe sich nicht vertheidigen; er wolle daher die Genehmigung der Doppelehe entweder abläugnen (was er wohl könne, da sie nur ins Geheime ertheilt worden und durch die Veröffentlichung nichtig werde), oder im Falle dieß nicht angehe, um Gnade bitten und bekennen, daß er geirrt und genarrt habe [1])." Also der große Reformator! Wir meinen — diese historischen Thatsachen, die sich gleich an die erste Gestalt des Luthermonumentes anknüpfen, dürften vollkommen genügen, um ein vorurtheilsfreies Gemüth davon zu überzeugen, daß wir in Luther und Melanchthon weder große sittliche Charaktere, noch in der Reformation die Wiederherstellung des reinen Evangeliums zu begrüßen haben.

In welch' ganz anderem Lichte, als Luther und Melanchthon in der Eheangelegenheit des Landgrafen Philipp von Hessen, erscheinen uns in demselben Jahrzehnt die beiden Katholiken Thomas Morus und John Fisher von Rochester in der bekannten Eheangelegenheit Königs Heinrichs VIII. von England. Beide Männer, Thomas Morus, der Minister Heinrichs VIII. und der größte Rechtsgelehrte seiner Zeit, und der ehrwürdige Bischof, John Fisher von Rochester, der wissenschaftliche und gelehrte Gegner Luthers, waren eher bereit ihr Haupt unter das Beil zu legen und für ihren Glauben, für ihre Ehre und für ihr Gewissen zu sterben, als daß sie dem Willen des grausamen Wüstlings und Refor-

---

ungen des Protestantismus, Bd. I. S. 286—310, wo auch die übrigen Actenstücke in Sachen dieser Doppelehe vollständig mitgetheilt sind; ebenso bei Ulenberg, Geschichte der lutherischen Reformatoren Bd. II. S. 468—484.

1) Vergl. Alzog, Kirchengeschichte Bd. 2 S. 312. —

mators Heinrichs VIII. sich gebeugt und ihm das Recht zuerkannt hätten, seine rechtmäßige Gemahlin zu verstoßen und deren Hoffräulein zu heirathen. In welch' kläglichem Lichte aber erscheint auch hier wieder der geistliche Reformator Englands, der willige Helfershelfer Heinrichs VIII, der apostasirte Priester Thomas Cranmer, der, nachdem er als Gesandter Heinrichs VIII. auf dem Continente heimlich die Nichte des bekannten lutherischen Reformators Osiander geheirathet und mit ihr die lutherischen Grundsätze eingesogen hatte, sich nunmehr, nach England zurückgekehrt, als dienstfertiges Werkzeug des königlichen Willens gebrauchen ließ und dafür zur Würde des Primas von England erhoben wurde —, eine Würde, die sich dieser Glaubensreiniger und Wiederhersteller des reinen Evangeliums mit einem Meineid erkaufte, und in der er sich durch Lüge, Heuchelei und Niederträchtigkeit zu erhalten wußte, bis endlich über sein mit Sünden belastetes Haupt die wohlverdiente Strafe hereinbrach. Doch vielleicht ist nicht mehr ferne die Zeit, wo die in solch unevangelischer Weise entstandene Staatskirche von England nach dreihundertjährigem Bestande endlich in Trümmer gehen wird! Und dann werden Tausende und Abertausende in England es erkennen, wo die wahre Kirche des Welterlösers ist, und wo sie nicht war! All' das Blut und all' die Thränen, die in England für den katholischen Glauben geflossen sind, sind nicht umsonst geflossen! Auch an England hat sich in den letzten Jahrzehnten in solch' herrlicher Weise bewährt und wird sich immer mehr bewähren das uralte Wort Tertullians: „Sanguis martyrum est semen Christianorum! Das Blut der Martyrer ist der Samen neuer Bekenner!" Wahrlich, es ist nicht umsonst geflossen, das Blut jener katholischen Martyrer in England, denn reicher und immer reicher und schöner und immer schöner erhebt sich wie ein wogendes Aehrenfeld, auf englischem Boden die Saat der Bekenner in allen jenen edlen Seelen Englands, die, von heiligem Durste nach Wahrheit getrieben, die öden und durch den Rationalismus verwüsteten Steppen des Protestantismus verlassen und zurückkehren zu den ewig grünenden Auen und zu den ewig fließenden Quellen des Heiles in der katholischen Kirche. Wer vermag sie zu zählen die Tausende von Protestanten alle, die in den letzten dreißig Jahren in England in den Schooß der katholischen Kirche zurückgekehrt sind, und darunter Männer von der hervorragendsten Gelehrsamkeit und von der feinsten und umfassendsten Bildung, berühmte Theologen, Staatsmänner, Mediciner und Juristen, Männer, die oft die größten irdischen Opfer gebracht, um zur Gnade und Wahrheit der katholischen Kirche einzugehen[1]).

---

1) Vgl. Rosenthal, Convertitenbilder aus dem 19. Jahrhundert, Bd. 2. Die englischen Convertiten. 1867.

Neben Philipp von Hessen steht gleichfalls „Wache haltend vor dem Luthermonumente" ein anderer „Wächter und Kämpfer der Reformation," der Churfürst Friedrich von Sachsen. Auch dieser evangelische Glaubensheld war kein großer Sittenheld. Wohl war er in seinen früheren Lebensjahren fromm und christlich gesinnt. Allein gewisse unsittliche Verhältnisse, in welche der Fürst gerieth und in welchen er lebte, mögen das Ihrige dazu beigetragen haben, ihn in seiner christlichen Gesinnung und seinem religiösem Eifer erkalten zu lassen. Warum die protestantische Geschichtschreibung ihm den Beinamen „der Weise" beigelegt, ist schwer einzusehen; denn von besonderer „Weisheit" ist in dem ganzen Leben des Churfürsten nicht viel zu finden. Dieses Epitheton, sowie überhaupt alle die überschwänglichen Epitheta, mit welchen die protestantische Geschichtschreibung die im 16. Jahrhundert von der Kirche abgefallenen Fürsten auszuzeichnen pflegt, sind historisch einfach unwahr. Friedrich war eine ziemlich gutmüthige und dabei wenig energische Natur, ohne besondere geistige Begabung. Von Begeisterungsfähigkeit für irgend eine Idee, von tiefen religiösen oder politischen Anschauungen und kühnen Entwürfen ist bei ihm, namentlich in seinen späteren Jahren nirgend etwas zu entdecken. Er war weder begeistert für den alten katholischen Glauben, noch begeistert für die Lehre Luthers. In Luther schützte er zunächst den berühmten Professor seiner Landesuniversität, dessen Name so viele Studenten nach Wittenberg geführt, im Uebrigen ließ er die Dinge in Sachsen gehen, wie sie eben gingen, bis sie auch ihm über den Kopf wuchsen, und die grausigen und entsetzlichen Töne des durch Luther und die Reformatoren herbeigeführten Bauernkrieges an seine Ohren schlugen und ihm so kurz vor seinem Tode noch die Früchte der neuen Lehre im rechten Lichte zeigten. Er starb kurz vor der Schlacht bei Frankenhausen am 5. Mai 1525 im 63. Lebensjahre Wie wenig übrigens dieser angebliche „Held der Reformation" von der Wahrheit der Lehre Luthers überzeugt war und wie wenig eigentliche Begeisterung er für dieselbe hatte, geht zur Genüge daraus hervor, daß er während seines Lebens niemals förmlich zum Lutherthum übertrat. Daß er es auf seinem Todesbett noch gethan, wird behauptet, ist aber historisch nicht erwiesen.

Wie viel edler und imponirender als die beiden hier am Luthermonument verewigten „Wächter und Kämpfer der Reformation" erscheint uns der fürstliche Vorkämpfer für den alten katholischen Glauben, Herzog Georg von Sachsen. Er war für die damals bestehenden und namentlich gerade auch im Lande Sachsen unter Geistlichkeit und Volk tief eingerissenen Mißbräuche nichts weniger als blind. Hatte ja doch gerade er auf dem Reichstage zu Worms noch zwölf besondere Beschwerdepunkte vorgelegt und zur

Steuerung derselben auf ein allgemeines Concil gedrungen. Aber mit demselben klaren Blicke hatte er auch bereits zwei Jahre vorher auf der Leipziger Disputation, die zwischen Luther und Karlstadt einerseits und dem Prokanzler Eck andererseits geführt wurde, Luther und seine Lehre klar durchschaut, und war zur Einsicht gelangt, daß von dieser Lehre kein Heil zu erwarten sei. Je mehr er darum zu seinem tiefsten Schmerze die unreinen Elemente sich entfesseln und in immer größeren Dimensionen Propaganda für Luthers Lehre machen sah, um so unerschütterlicher fest stand bei ihm der Grundsatz, „wenigstens selbst dem Irrthum zu widerstehen mit allen Kräften, allem Vermögen, aller Macht bis in den Tod." Es möge uns der bekannte protestantische Geschichtschreiber Ranke, ein in dieser Beziehung gewiß unverdächtiger Zeuge, in wenigen Zügen ein Bild entwerfen von diesem edlen katholischen Fürsten. Ranke sagt von ihm: „Herzog Georg war in allen Dingen pflichttreu; die Vormundschaft über Anhalt führte er, nachdem er sie einmal übernommen, mit musterhafter Sorgfalt; auf die Erfüllung dessen, was er versprach, konnte man allezeit zählen. Vergnügen kannte er kaum, geschweige, daß er sich Ausschweifungen hingegeben hätte .... Er wollte „des Glaubens, den er einst von seinem Vater und seiner herzlieben Mutter gelernt, leben und sterben." Die Lehre Luthers von der alleinseligmachenden Kraft des Glaubens schien ihm ohnehin verderblich, denn sie mache ruchlose Leute. Er kam nie darüber weg, daß Luther ein ausgetretener unkeuscher Mönch sei." So weit Ranke[1]). Herzog Georg hat freilich darauf verzichten müssen, von der traditionellen protestantischen Geschichtschreibung einen ehrenden Beinamen zu erhalten; er ist weder „weise," wie Friedrich, noch „großmüthig," wie Philipp, noch „beständig," wie Johann. Allein nichtsdestoweniger steht dieser edle katholische Fürst, der in jenen Zeiten des Abfalles seiner Kirche und seinem Glauben treu blieb, als ein Mann von Geist, von Charakter und reinen Sitten unaussprechlich viel höher da, als alle die „weisen," „großmüthigen" und „beständigen" „Schützer und Förderer, Wächter und Kämpfer der Reformation" im 16. Jahrhundert.

IV.

Die Statuen Reuchlins und Melanchthons. — Vindiciae Reuchlini. — Melanchthon, das Vorbild der unwahren Unions- und Transactionstheologie. — Die theologischen Baumeister am Thurmbau von Babel.

Im Rücken der Lutherstatue, parallel den beiden Figuren Philipps von Hessen und Friedrichs von Sachsen, stehen die Figuren Reuchlins

---

1) Ranke, Deutsche Geschichte im Zeitalter der Reformation, Bd. 4. S. 136 u. 137.

und **Melanchthons**. Reuchlin trägt das lange faltenreiche Gelehrtengewand jener Zeit, auf dem Haupte das Barett, in den Händen eine Rolle. Um seinen Mund spielt ein ironisches Lächeln, das nach der Absicht des Künstlers wohl den sarkastischen Spott des Humanismus über die alte Kirche und den alten Glauben ausdrücken soll. Auf uns jedoch hat dieses Lächeln ganz unwillkürlich den Eindruck gemacht, als ob der alte Vater Reuchlin sich schüchtern und freundlich beklage über die Gesellschaft, in die er als Katholik hier am Luthermonument so ganz contre coeur gerathen ist. Denn daß sein in die Jahre 1510—1519 fallender Streit mit dem getauften Juden Pfefferkorn und den Kölner Dominikanern von vielen Humanisten, namentlich von dem frivolen Ulrich von Hutten gegen die Kirche und zu Gunsten der Sache Luthers ausgebeutet wurde, gibt noch durchaus kein Recht, den Reuchlin zu einem Geisteigenen Luthers zu machen[1]), und dies um so weniger, da Reuchlin der Sache Luthers nie beigetreten und vor seinem Tode noch mit aller Entschiedenheit sich gegen dieselbe ausgesprochen hat. Reuchlin wollte, wie alle wohldenkenden Männer der damaligen Zeit, eine Reformation in der Kirche, eine Trennung von der Kirche verabscheute er. Als er darum klar einsah, wohin die Sache Luthers führe und welche Früchte sie im Leben hervorbringe, da wandte er sich ganz von derselben ab. Daß sein Vetter, der junge Melanchthon,

---

[1]) Mit Recht sagt die bereits oben von uns erwähnte Berliner Nationalzeitung vom 31. Mai d. J. über diesen Streit Reuchlins: „Sein Streit mit den Kölnern wurde zu einem Vorspiel von Luthers Streit eigentlich erst **durch das, was seine Anhänger daraus machten.**" Zugleich ersehen wir aus jenem Artikel, daß nach dem ursprünglichen Plane des Luthermonumentes Reuchlin nicht als Mitreformator neben Melanchthon sondern vielmehr statt Savonarolas als **Vorreformator** am Luthermonumente angebracht werden sollte. Die Berliner Nationalzeitung sagt hierüber: „Ursprünglich hatte Reuchlin an **Savonarola's Stelle** unter den Vorläufern sitzen sollen, und an dem Platz, den er jetzt einnimmt, sollte Ulrich von Hutten stehen. Rietschel selbst hatte für Hutten keine rechte Sympathie, auch andere Autoritäten sprachen sich gegen ihn aus, und so ward die jetzige Anordnung getroffen." Freilich wäre es auch sehr ungeschickt und unhistorisch gewesen, wenn man Reuchlin als Vorreformator am Luthermonumente angebracht hätte. Reuchlin gehört eben einfach gar nicht an's Luthermonument; er war weder Vorreformator, noch Mitreformator, sondern Katholik. Wir vermögen in diesem Annexionsbestreben, mit welchem manche protestantische Geschichtschreiber und Künstler stets darauf ausgehen, hervorragende Katholiken unter die Reihe der Ihrigen zu zählen, nur ein Armuthszeugniß zu erblicken. Es scheint in der That unter den **wirklichen** Protestanten des sechzehnten Jahrhunderts großer Mangel an Koryphäen zu sein, wenn man sich immer wieder veranlaßt sieht, auf katholisches Gebiet herüberzugreifen und sich bald diesen, bald jenen hervorragenden Mann zu annectiren und ihn der Geschichte zum Trotz zum Protestanten zu machen. Was hat in dieser Beziehung **Kaulbach** auf seinem Reformationsbilde bekanntlich nicht Alles geleistet!

den er erzogen und herangebildet, als Professor zu Wittenberg, trotz der ihm ertheilten Warnung, dennoch so entschieden auf Luthers Seite trat und mit allem Eifer der Sache Luthers sich hingab, das betrübte und verstimmte den greisen Reuchlin so sehr, daß er seine kostbare Bibliothek, die er vormals feierlich und vor Zeugen seinem geliebten Vetter Melanchthon zugesagt, nun nicht mehr nach seinem Tode in dessen Händen wissen wollte und dieselbe dem St. Michaelsstifte in Pforzheim vermachte. Melanchthon selbst gestand, sein Ruf als Hauptlutheraner habe ihm das Herz des alten „Vaters" entfremdet[1]). Um aber das Unrecht, welches man dem großen Gelehrten dadurch angethan, daß man ihn hier am Luthermonumente so ohne Weiteres zu einem Genossen Luthers gemacht, in etwas zu sühnen, legen wir im Geiste am Fuße des Luthermonumentes als Vindiciae Reuchlini nieder den ersten Band von Döllingers classischem Werke über die Reformation. Hier begegnen uns eine ganze Reihe der berühmtesten Gelehrten der damaligen Zeit, die alle, ähnlich wie Reuchlin, anfangs der Sache Luthers mehr oder minder günstig waren, weil sie in ihr die Anfänge einer wahren Reformation zu erblicken glaubten, denen aber gar bald über Luther und seine Lehre die Augen aufgingen, und die sodann vielfach in ihren Schriften Luther und dem Lutherthum ein wahrlich nichts weniger als ehrenvolles Monument gesetzt haben.

Wenden wir uns nun zu Melanchthon. In kleinem Hütchen und mit pelzverbrämtem Doctorrock steht er da, in der Linken die Bibel haltend, während die Rechte eine lehrende Bewegung macht. Seine Gesichtszüge scheinen uns vortrefflich individualisirt; denn es spricht sich in ihnen so recht aus jene Verschlossenheit und jener Mangel an Offenheit und Aufrichtigkeit, der durch den ganzen Charakter des Mannes hindurchgeht, und nicht minder ein gewisser Zug bitterer, in sich gekehrter Leidenschaftlichkeit, der ja auch im Leben und im Auftreten Melanchthons so mannigfach zum Vorschein kommt. Als Gelehrter war Melanchthon ein tüchtiger Philologe, aber ein sehr wenig tüchtiger Theologe. In seiner Lehre von der absoluten Unfreiheit des menschlichen Willens verirrte er sich bis zu dem crassen, die Heiligkeit Gottes gänzlich verkennenden und jedes wahrhaft christliche Gemüth tief verletzenden Satze: „wie die Berufung Pauli, so sei auch der Ehebruch des David und des Judas Verrath das Werk Gottes[2])." Zu einem kirchlichen Reformator fehlte es ihm durchaus an Charakterstärke

---

1) Döllinger, die Reformation Bd. I. S. 569 ff. — Vgl. auch den Artikel von Jörg über Reuchlin in Wetzer und Welte, Kirchenlexikon Bd. 9. S. 233 ff.

2) Die ganze Stelle Melanchthons aus seinem Commentar zum Römerbrief ist abgedruckt bei Alzog, Kirchengeschichte Bd. 2. S. 278. In den späteren Ausgaben des Commentars wurde die Stelle ausgemerzt!

und an jenem reinen, klaren und offenen Sinn für die objective Wahrheit. Melanchthon ist so recht zum Typus geworden für alle jene auf protestantischem Gebiet so häufigen Transactions- und Unions-Theologen, bei denen Ja und Nein gleiche Berechtigung haben, und die es verstehen, die verschiedensten und entgegengesetztesten Standpunkte in einer höheren Einheit und zugleich höheren Unwahrheit mit einander zu vereinen. Und dennoch, trotz seines vielfachen Transigirens, oder vielmehr gerade wegen dieses seines Transigirens, sah sich Melanchthon in den letzten Jahren seines Lebens im Kampfe mit fast allen jenen Männern, mit denen er und Luther einst das Werk der angeblichen Glaubensreinigung unternommen hatte, er sah sich im Kampfe und zum Theil in offener und sehr gehässiger Feindschaft mit Amsdorf, Wenzeslaus Link, Osiander, Agricola, Gabriel Didymus, Brenz, Schnepf, und trug kein Bedenken, seine lutherischen Gegner für abgöttische und sophistische Bluthunde zu erklären[1]). Vor seinem Tode noch sah er auf dem Gebiete der neuen Kirche Streit und Hader aller Art in voller Blüthe stehen. Jener Streit und Hader aber ist seit den Tagen Luthers und Melanchthons nicht ausgestorben, er ist vielmehr so recht eigentlich zur Signatur des Protestantismus geworden. Zum Lohne dafür, daß sie einst gegen die Kirche Gottes gestritten und gegen die Kirche Gottes protestirt, streiten und protestiren sie nun seit dreihundert Jahren fort und fort untereinander; und zum Lohne dafür, daß sie einst in stolzer Verblendung den Gottesbau der Kirche verlassen, hat ihre Sprache sich verwirrt, und seit dreihundert Jahren nun bauen ihre theologischen Baumeister in immer größer werdender Sprachverwirrung am babylonischen Thurmbau der protestantischen Theologie. Wie groß und imposant, wie heilig und ehrwürdig muß uns dieser auf protestantischem Gebiete herrschenden Verwirrung und Uneinigkeit gegenüber die katholische Kirche erscheinen in ihrer großartigen, auf der ganzen Welt sich manifestirenden Einheit. So gewiß aber diese wunderbare Einheit der katholischen Kirche ein Zeichen ihrer Göttlichkeit ist, so gewiß ist auch jene auf protestantischem Gebiete in die allerentgegengesetztesten Richtungen auseinandergehende Uneinigkeit und nimmerendenden Verwirrung ein Zeichen, daß der Protestantismus nicht aus Gott ist.

---

[1]) Döllinger a. a. O. S. 406 ff.

V.

Die Statuen der vier sogenannten Vorreformatoren: Waldus, Wicliffe, Hus, Savonarola. — Vorreformatoren und Vorreformation, Nachreformatoren und Nachreformation.

Auf den vier vorspringenden Sockelpfeilern des Hauptpostamentes, welches die Lutherstatue trägt, erblicken wir in sitzender Stellung die Figuren vier sogenannter Vorreformatoren, nämlich des Petrus Waldus († um 1197), Johann Wicliffe († 1384), Johann Hus († 1415) und Hieronymus Savonarola († 1492). Ehe wir zur Betrachtung der einzelnen Figuren übergehen, wollen wir zuerst den Begriff „Vorreformatoren" und „Vorreformation" etwas näher ins Auge fassen, und daran zugleich einige sehr zeitgemäße Betrachtungen anschließen über den nicht minder wichtigen Begriff „Nachreformatoren" und „Nachreformation."

Vor Allem können wir uns nicht damit einverstanden erklären, daß man am Luthermonumente die Reihe der Vorreformatoren erst mit Petrus Waldus im zwölften Jahrhundert begonnen und nicht vielmehr weiter in die Jahrhunderte zurückgeführt hat. Hat ja doch der berühmte protestantische Kirchenhistoriker Neander bereits schon den Gnostiker des zweiten Jahrhunderts Marcion einen „ächten Protestanten" genannt [1]). Und wurden ja doch bereits schon Marcion und seine Anhänger von dem christlichen Kirchenschriftsteller Tertullian im zweiten Jahrhundert als ächte und eifrige Reformatoren bezeichnet, wenn er von ihnen sagt: „nam et quotidie *reformant* illud i. e. Evangolium [2])." „Täglich und immer von Neuem wieder reformiren sie das Evangelium." Und gibt es ja doch auch, wie Möhler mit Recht bemerkt [3]), „keine religiöse Erscheinung, mit der das System der Reformatoren mehr Aehnlichkeit darböte, als den Gnosticismus." Allein auch ganz abgesehen von allen den speciellen inneren und äußeren Berührungspunkten zwischen dem falschen Gnosticismus der ersten drei christlichen Jahrhunderte und dem Protestantismus der letzten drei Jahrhunderte, müssen wir schon einfach auf Grund der beiden in den heiligen Schriften des neuen Testamentes niedergelegten Begriffe Kirche und Häresie als „Vorreformatoren" d. i. als Vorläufer Luthers be-

---

1) Neander, Kirchengeschichte Bd. I. S. 782. — Der Apostelschüler Polycarp freilich nannte den Marcion, dessen Abfall von der Kirche mit der Verführung einer gottgeweihten Jungfrau begann, und der so viele Seelen in die Bande seiner Häresie mithereingezogen, etwas anders; er nannte ihn den „Erstgeborenen des Satans." (S. Irenaeus adv. haeres. lib. III. c. 3. n. 4. Eusebius H. E. l. IV. c. 14. S. Hieronym. de viris illustr. c. IV.)

2) Tertullian. adv. Marcion. lib. IV. c. 5.

3) Möhler, Symbolik S. 243 ff.

zeichnen — alle Irrlehrer von den Tagen der Apostel an bis auf Luther. Jene gnostischen Irrlehrer, gegen welche einst die heiligen Apostel, der hl. Petrus, der hl. Paulus, der hl. Johannes in ihren Briefen gekämpft, sind uns eben so gut „Vorreformatoren," als Wicliffe und Hus. Und Luther selbst ist und kann uns auf Grund der heiligen Schrift und der Grundprincipien des Christenthums eben auch nichts Anderes sein, als einer von jenen, auf welche die beiden Apostelfürsten hinweisen, der heilige Petrus, wenn er in seinem zweiten Briefe (2, 1.) mit ebenso klaren als warnenden Worten sagt: „Es werden auch Irrlehrer unter euch sein, welche Häresien des Verderbens einführen" und der hl. Paulus, wenn er am Schlusse seines Briefes an die Römer (16, 17.) schreibt: „Ich ermahne euch aber, Brüder, Obacht zu haben auf diejenigen, welche die Spaltungen und Anstöße wider die Lehre, die ihr gelernt habet, machen, und weichet aus vor ihnen." „Reformation" im protestantischen Sinne kann uns vom Standpunkte des positiven Christenthums aus nichts anders sein, als Häresie; und „Reformator" im protestantischen Sinne nichts anderes, als Häretiker. Es wäre darum historisch auch ganz in der Ordnung gewesen, wenn man irgend einen der großen Häresiarchen der ersten christlichen Jahrhunderte, etwa den Marcion, den Manes oder den Barbesanes als einen Vorreformator und Vorläufer Luthers am Luthermonumente angebracht hätte. Wir zweifeln keinen Augenblick, daß der katholische Dominikanermönch Sabonarola, den man mit so großem Unrechte hier am Luthermonumente zum Vorläufer Luthers gemacht und zu Luthers Füßen gesetzt, diesen seinen unverdienten und zweifelhaften Ehrenplatz herzlich gerne dem „ächten Protestanten" Marcion hätte zukommen lassen.

Auch damit können wir uns nicht einverstanden erklären, daß man am Luthermonumente blos der Vorreformatoren und der Vorreformation und nicht auch der Nachreformatoren und der Nachreformation in gebührender Weise gedacht hat. Wenn man das Luthermonument betrachtet, den colossalen Luther in der Mitte, dann könnte man ja meinen, daß das Reformationswerk Luthers etwas in sich Fertiges und Vollendetes gewesen wäre. Und doch wäre das ein Irrthum, wie er größer kaum gedacht werden kann! Denn das Reformationswerk Luthers war so wenig etwas in sich Fertiges und Vollendetes, daß zu Lebzeiten Luthers schon und weit mehr noch nach seinem Tode seine Anhänger sich veranlaßt sahen, Luthers Werk Stück für Stück umzugestalten und anders zu machen. So ist es denn gekommen, daß von dem Werke Luthers, von der alten lutherischen Kirche mit ihren Dogmen und Anschauungen und Institutionen nur noch höchst spärliche Fragmente übrig geblieben sind. Das Lutherthum wird von der weitaus größten Mehrzahl der heutigen Protestanten perhorrescirt. Ist es doch so weit gekommen, daß vor wenigen Jahrzehnten diejenigen protestantischen Prediger und Gläubigen, welche ehrlich und treu am Lutherthum festhalten wollten, im protestantischen Staate Preußen unter König Friedrich Wilhelm III. als „gefährliche Sektirer" abgesetzt, eingekerkert und mit dem ganzen Apparate bureaukratischer Zwangsmittel gequält und sogar mit militärischen Executionen verfolgt wurden. Und das Alles mit vollkommener Approbation der bekannten protestantischen Bischöfe Eylert und Neander und des damaligen Berliner Generalsuperintendenten Hahn, der an der Spitze des Militärs ausrückte gegen jene Prediger und Gemeinden, die an Luther und dem Lutherthum treu festhalten wollten¹). Und ist es ja doch in der Gegenwart so weit gekommen, daß die verhältnißmäßig kleine Anzahl protestantischer Geistlichen, welche die Lehre Luthers zur Norm ihres Bekenntnisses und ihrer Predigt macht, fortwährend von dem Zorne ihrer vorgesetzten geistlichen Behörden und Oberconsistorien, ihrer geistlichen Mitbrüder und eigenen Gemeinden, sowie von dem Zorne der meisten protestantisch=theologischen Zeitschriften Deutschlands verfolgt und nicht selten mit den gehässigsten Schmähungen und Beschimpfungen überhäuft werden. So gründlich haben die Epigonen Luthers das Reformationswerk Luthers nachreformirt, daß von dem alten Lutherthum nur noch wenige Spuren und Reste übrig geblieben sind²), und daß man heutzutage als Protestant sich gar nicht einmal mehr zur Lehre Luthers bekennen darf, ohne sofort auf protestantischem Gebiet selbst förmlich desavouirt und verfehmt zu werden.

Da nun aber die Reformation des sechzehnten Jahrhunderts durch die radicale Nachreformation des achtzehnten und neunzehnten Jahrhunderts lange zu Grab getragen worden ist, so wäre es sicher historisch sehr berechtigt gewesen, wenn man am Luthermonumente auch jener die Reformation Luthers so vollkommen umreformirenden Nachreformation gedacht und auch den Nachreformatoren an dem Monumente ihre Plätze angewiesen hätte. Als solche vier nachreformatorische Gestalten würden sich

---

1) Döllinger, Kirche und Kirchen S. 405.

2) Das alte Lutherthum zu repristiniren, „erwies sich sehr bald als reine Unmöglichkeit für wissenschaftlich gebildete und exegetisch geschulte Männer. Man überließ das unerquickliche Geschäft einigen Pastoren, an deren Spitze Rudelbach sich stellte, und denen nun der Ruhm blieb, als „Altlutheraner" die einzig ächte lutherische Theologie zu cultiviren, so daß, wenn Luther wieder käme, er nur die Mitarbeiter der „Zeitschrift für lutherische Theologie" als seine wahren Söhne und Geisteserben erkennen würde" — konnte Döllinger a. a. O. S. 407 im Jahre 1861 schreiben.

namentlich empfohlen haben Socin, der Läugner des Geheimnisses der allerheiligsten Dreifaltigkeit, Schleiermacher, der dem Uebernatürlichen völlig entfremdete pantheistische Gefühls= und Unionstheologe, Baur, der alles christlichen Glaubens baare Bekämpfer fast aller heiligen Schriften des Alten und neuen Testamentes, und David Strauß, der in wunderlicher Verblendung und pantheistischer Begriffsverwirrung Christus und das Christenthum in einen großen Mythus aufzulösen und zu verflüchtigen sich bemüht hat.

Diese vier nachreformatorischen Gestalten aber wären in hohem Grade lehrreich gewesen für alle jene edlen und christlichen Seelen im Protestantismus, die an Christus, dem Sohne Gottes und Welterlöser, und am Christenthum voll der Gnade und Wahrheit treu festhalten und im Glauben an Christus leben und sterben wollen. Diesen Seelen, deren es so viele gibt unter den Protestanten und die weit besser sind und weit höher stehen als der Protestantismus, dem sie ja nur durch Geburt und durch Vorurtheil angehören, würden jene nachreformatorische Gestalten zwei große Wahrheiten verkünden und an's Herz legen, nämlich: Erstens, daß das von Luther und Melanchthon, von Zwingli und Calvin aufgeführte Kirchengebäude doch wohl nur ein sehr mangelhafter und unsolider Bau gewesen sein muß. Denn ein Bau, an dem von Menschenhänden seit drei Jahrhunderten so viel und immer von Neuem wieder geändert und reparirt worden ist, und der es sich schließlich gefallen lassen mußte, Stück für Stück bis auf die Fundamente herab abgetragen zu werden, kann doch unmöglich der wahre Gottesbau der wahren Kirche Christi sein. Zweitens, daß der moderne Protestantismus in seinen eigentlichen Repräsentanten im völligen Nihilismus, in Gottes= und Christusläugnung, angekommen ist, und daß derselbe trotz der unter protestantischen Geistlichen und Laien mannigfach noch vorhandenen besseren und christlichen Elemente, seinem innersten Principe nach in sich nicht die Kraft besitzt, diese ungläubigen Elemente, von denen er ganz inficirt ist, auszuscheiden und zu überwinden, und daß es darum hoch an der Zeit wäre, sich nach dreihundertjähriger Trennung wieder umzuschauen nach der alten Kirche, welche die Väter der heutigen Protestanten vor dreihundert Jahren einst verlassen haben, und die heute, nachdem das Lutherthum, der Calvinismus und der Zwinglianismus des sechszehnten Jahrhunderts in sich zerfallen sind, noch ganz in derselben Kraft und Klarheit, und in derselben inneren Schönheit und Herrlichkeit dasteht, wie in allen christlichen Jahrhunderten, und die, unbeirrt um alle die unchristlichen und antichristlichen Richtungen und Strömungen der Zeit, mit unerschütterlicher Treue festhält an Christus und dem Christenthum, und in all' den großen Kämpfen der Zeit sich stets bewährt hat und stets bewähren wird als „die Kirche des lebendigen Gottes, als die Säule und Grundveste der Wahrheit." (1. Timoth. 3, 13.)

VI.

Petrus Waldus und der h. Franziscus und Dominicus. — Die Waldenser. — Die an's Licht gezogenen reformatorischen Fälschungen der vorreformatorischen Waldenserbekenntnisse.

Als der erste der vier sogenannten Vorreformatoren tritt uns entgegen die wahrhaft monumentale und lebensvolle Gestalt des Petrus Waldus, unstreitig eine der schönsten und gelungensten Figuren des Luthermonumentes. Waldus erscheint als der freiwillig Arme um Christi willen in härenem Gewand, mit Holzsandalen und Wanderstab. Auf seinem Schooße hat er die offene Bibel und weist mit dem Finger wohl hin auf seine freilich von ihm mißverstandene Lieblingsstelle des Evangeliums Matth. 19, 23, in welcher gesagt wird, wie schwer es dem Reichen werde, einzugehen in das Himmelreich. Waldus lebte in der Mitte des 12. Jahrhunderts und war ein reicher Kaufmann in Lyon. Durch den plötzlichen Tod eines Verwandten wurde er so erschüttert, daß er all' sein Vermögen den Armen gab und nun selbst von Almosen lebte. Er war fromm, in Folge der Bewunderung aber, welche seine freiwillige Armuth und Weltentsagung bei dem Volke fand, verfiel er bei der Beschränktheit seines Geistes bald in Eitelkeit und Hochmuth und hielt sich für berufen, öffentlich dem Volke zu predigen. Einzelne Bücher der heiligen Schrift und einzelne Sentenzen der Kirchenväter ließ er sich aus dem Lateinischen in die romanische Volkssprache übersetzen, und auf Grund mißverstandener Bibelstellen predigte er nun, daß die Kirche wieder zur apostolischen Armuth und Einfachheit zurückkehren müsse. Er gewann eine Anzahl von Anhängern, die, ohne von der Kirche auszuscheiden, ihre religiösen Conventikel hielten, und von denen manche gleich Waldus unter dem Volke die Nothwendigkeit der absoluten Armuth zu predigen begannen. Sie wurden „die Armen von Lyon" (pauperes de Lugduno), auch „Leonisten" und „Humiliaten" genannt. Als der Erzbischof von Lyon ihnen das Predigen untersagte, wandten sie sich an den Papst Alexander III. um die Erlaubniß, predigen zu dürfen. Mit Recht wies der Papst dieses Gesuch zurück, worauf sie jedoch nichtsdestoweniger zu predigen fortfuhren und in Frankreich, wie in Italien zahlreiche Anhänger fanden. Papst Lucius III., an den sie sich wieder wandten, sprach auf der Synode zu Verona im Jahre 1184 den Bann über sie aus. Wenn Petrus Waldus und seine Anhänger die freiwillige Armuth um Christi willen hochschätzten und in ihr ein Mittel zu höherer Vollkommenheit erblickten, so war diese Anschauung eine vollkommen berechtigte und dem Geiste der Kirche ganz entsprechende: wenn sie aber meinten, die ganze Kirche und alle Christen müßten nach dem Vorbild der apostolischen Gemeinde von Jerusalem dem irdischen Besitze entsagen und zur evangelischen Armuth sich verpflichten, so war das ein verkehrter, schwärmerischer und unausführbarer Gedanke; denn die apostolische Armuth ist und kann nicht sein ein Gebot für alle Christen, sie ist vielmehr nur einer der drei großen evangelischen Räthe, deren Erfüllung nicht für alle Christen, sondern nur für Diejenigen ist, welche einen besonderen Beruf dazu in sich fühlen. In diesem Sinne als einen evangelischen Rath für Einzelne, und nicht als ein Gebot für alle Christen erfaßten beinahe um dieselbe Zeit, wo Petrus Waldus und seine Anhänger ihre falschen und excentrischen Ideen von der apostolischen Armuth verbreiteten, den erhabenen Gedanken der freiwilligen Armüth um Christi willen der h. Franziskus und Dominicus und wurden dadurch jene großen und segensreichen Ordensstifter, denen Dante im elften und zwölften Gesange seines Paradieses voll heiliger Bewunderung ein so herrliches Ehrendenkmal gesetzt hat und die er in wenigen Worten so schön schildert, wenn er von ihnen singt:

> L'un fu tutto Serafico in ardore
> L'altro per sapienza in terra fue
> Di cherubica luce uno splendore.
> Der eine war seraphisch ganz an Gluthen,
> Durch Weisheit war der andere auf Erden
> Ein Schimmer von dem Licht der Cherubinen[1].

Im Vergleiche zu dem seraphischen h. Franziskus und dem im Lichte der Cherubinen strahlenden h. Dominicus, die fern von aller krankhaften Einseitigkeit und Schwärmerei die erhabene Idee der evangelischen Armuth vollkommen klar und wahr im Geiste des Evangeliums erfaßten und in den großen von ihnen gestifteten und rasch über die ganze Kirche sich ausbreitenden Orden verwirklichten, und die sich mit der größten Heiligkeit des Lebens zugleich solch wunderbare Demuth und Geistestiefe und solch' himmlische Gottes- und Menschenliebe verbanden, muß uns der geistig beschränkte und in Schwärmerei und geistlichem Hochmuth befangene Vorreformator Petrus Waldus als eine sehr mittelmäßige und unbedeutende Persönlichkeit erscheinen.

Ein eigentlicher Häretiker scheint übrigens Waldus nicht gewesen zu sein; erst seine Anhänger geriethen in Folge ihrer Opposition gegen die Autorität der Kirche sowie insbesondere durch ihre Verbindung mit den

---

1) Dante, Paradiso, Canto XI, 37—40.

manichäischen Katharern, und später mit dem husitischen Sectenkreise und den schweizerischen und englischen Protestanten immer mehr auf häretische Bahnen und in mannigfache dogmatische Irrthümer. Durch ihre Berührung mit der Reformation des sechzehnten Jahrhunderts aber, sowie durch ihre daran sich anschließenden Beziehungen zu den schweizerischen und englischen Protestanten haben die Waldenser in religiöser Beziehung nicht gewonnen, sondern nur verloren. Es existiren gegenwärtig noch ungefähr 20,000 Waldenser, welche in drei Thälern der Diöcese Pignerol in 15 Gemeinden zusammen wohnen und die, wie der protestantische Kirchenhistoriker Guerike schreibt, „an alter glaubensreiner Energie gebrochen, im reinen Lehrbegriff, sowie in ihrem früheren patriarchalischen Sinne sichtlich verlaut und ermattet sind." In Turin haben die Engländer den 280 daselbst sich aufhaltenden Waldensern in den Jahren 1848—53 eine prächtige Kirche erbaut, um durch diese Waldensergemeinde in der italienischen Hauptstadt Propaganda zu machen für den Protestantismus in Italien. Großen Erfolg scheint übrigens bis jetzt diese englisch-waldensische Propaganda unter den Italienern nicht gehabt zu haben. Um zum Protestantismus überzutreten, dazu ist der Italiener in seinem Denken und in allen seinen Anschauungen zu klar und consequent. Er bleibt entweder seiner Kirche und seinem Glauben und damit dem Christenthum treu, oder aber, wenn er der Kirche untreu wird, dann stellt er sich gleich auf den Standpunkt des consequenten und vollendeten Unglaubens und Antichristenthums. Der Italiener ist kein Freund von Halbheiten; für ihn gibt es nur zwei Standpunkte, entweder den Standpunkt der Kirche oder den des vollendeten Unglaubens und Abfalles vom Christenthum.

Was aber das angeblich „Urapostolische" und „Vorreformatorische" der Waldenser betrifft, so gründet sich dasselbe nicht sowohl auf geschichtliche Thatsachen, als vielmehr auf unhistorische Fictionen und unredliche Fälschungen. Die Waldensergemeinden sollten um jeden Preis zu der ursprünglichen apostolischen Kirche gestempelt werden, während die ganze übrige Kirche von der apostolischen Lehre abgewichen sei, sollten sie allein von den Apostelzeiten an das ursprüngliche apostolische Christenthum unter sich rein bewahrt haben. Englische und waldensische Schriftsteller, wie Brez, Gilly, Jones, Peyrun, Monastier haben mitunter in der lächerlichsten Weise zu beweisen versucht, daß der Ursprung der Waldenser bis in das apostolische Zeitalter hinaufreiche, daß sie so alt seien, wie das Christenthum, ja daß ihr eigentlicher Stifter der Apostel Paulus sei. Alle diese Träumereien hat neuerdings der protestantische Theologe Professor Dr. Herzog in Halle, wie auch schon andere protestantische Schriftsteller vor ihm, in seinem gründlichen Quellenwerke über die Waldenser¹) auf ihren wahren Werth zurückgeführt und nachgewiesen, wie die Waldenser nicht älter sind, als Petrus Waldus und mit früheren christlichen Jahrhunderten nichts zu schaffen haben, sondern erst im zwölften und dreizehnten Jahrhundert durch Trennung und Abfall von der Kirche entstanden sind. Zugleich weist er nach, daß jene Waldenser des Mittelalters, wie sie wirklich sind und nicht „wie eine romanhafte Geschichte sie uns öfter abgeschildert hat," „noch ziemlich tief im Katholicismus stecken" und „sich in ihren Schriften sogar katholischer aussprechen, als man nach den meisten Berichten der katholischen Schriftsteller des Mittelalters erwarten sollte"²). Insbesondere aber gebührt Professor Herzog das Verdienst, in gründlicher Weise jene zahlreichen Fälschungen ans Licht gezogen zu haben, die man im sechszehnten und siebenzehnten Jahrhundert an den Manuscripten, Katechismen, Glaubensbekenntnissen und Andachtsschriften der Waldenser vorgenommen, und aus denen man dann den Beweis zu führen versuchte, daß die alten Waldenser ganz dieselbe Lehre gehabt hätten, wie die Reformatoren des sechszehnten Jahrhunderts, um so der protestantischen Doctrin ein höheres Alterthum zu vindiciren und zu zeigen, daß die Lehre Calvins, Zwingli's und Luthers nicht eine neue, sondern vielmehr die ursprüngliche alte apostolische Lehre sei. Allein wie die Behauptung, daß die Waldenser ihren Ursprung aus den Apostelzeiten herleiten, eine durchaus falsche ist, so ist auch die Behauptung, daß die Lehre der mittelalterlichen Waldenser identisch gewesen sei mit der der Reformatoren des sechszehnten Jahrhunderts eine durchaus irrige und auf lauter gefälschte Beweismittel sich stützende. Mit Bezug auf diese Fälschungen sagt Professor Herzog in seiner Vorrede: „Wohl mag es manchen Freund der Waldenser schmerzen, den Proceß dieser Umwandlung (wodurch nämlich „seit dem Jahre 1532 die vorreformatorischen waldensischen Zustände und Lehren im Sinne der Reformation transformirt und umgewandelt wurden") zu verfolgen und besonders die Akten desselben vor das große Publikum gebracht zu sehen. Denn, daß nicht bloß eine Art von optischer Täuschung, sondern auch frommer Betrug mitgewirkt, ist außer allem Zweifel³)." Was namentlich auch die von prote-

---

1) Herzog, die romanischen Waldenser, Halle 1853.
2) A. a. O. S. VIII. und IX.
3) Solche gefälschte Actenstücke sind, wie Herzog a. a. O. S. 397—433 nachweist: 1. Memoiren oder der Bericht G. Morels über seine Verhandlungen mit Oecolampadius und Bucer. 2. Das Glaubensbekenntniß der Waldenser, Confession de foy des Vaudois, das zum Theil ein Auszug aus den ebenerwähnten Memoiren G. Morels ist, und dem man nachher die Jahrzahl 1120 beigefügt und es so in's zwölfte Jahrhundert zurückdatirt hat. 3. Der Katechismus der Waldenser oder die Interrogacions menors. 4. Der Tractat von den Sakramenten, welcher hussitischen

stantischer Seite öfter vorgebrachte Behauptung betrifft, die Waldenser hätten von jeher nur zwei Sakramente, die Taufe und das Abendmahl, gehabt und seien demnach alte Zeugen für die protestantische Lehre von den zwei und gegen die katholische Lehre von den sieben Sakramenten, so hat Professor Herzog klar nachgewiesen, wie diese Behauptung, welche „in die Werke von Perrin, Leger, Brez, Hahn, Muston, Monastier und unzählige andere übergegangen ist," und durch welche man, wie er sagt, „die protestantische Welt Jahrhunderte lang mystifizirt hat" auf einer plumpen Fälschung der confession de foy des Vaudois beruht, und meint: „Selten wohl hat eine fraus pia so viel Glück gemacht [1])."

Sicher war der alte Petrus Waldus und die alten Waldenser ehrlicher und gewissenhafter, als manche nachreformatorischen Waldenser und manche ihrer protestantischer Gönner und Freunde in der Schweiz und in England im sechzehnten und im neunzehnten Jahrhundert.

VII.
Wicliffe im Bilde und Wicliffe in der Wirklichkeit.

Eine minder harmlose Erscheinung, als Petrus Waldus, ist der neben ihm am Fuße des Luthermonumentes sitzende Engländer John Wicliffe, Pfarrer zu Lutterworth und Professor der Theologie zu Oxford † 1384. In der malerischen Gelehrtentracht des Mittelalters sitzt Wicliffe da mit majestätisch wallendem Barte, auf seinen Stab gelehnt und vor sich hin nachsinnend über die auf seinem Schooße aufgeschlagene Bibel. Das Bild ist schön. In seinem Leben und Lehren freilich war der Mann minder schön. Vielmehr ist der Charakter Wicliffe's ebenso häßlich, als viele der zahlreichen Irrthümer, die er gelehrt. Stolz und gewaltthätig und voll eitler Selbstüberschätzung, wie er war, drängte er sich, indem er den altersschwachen und kranken Erzbischof Islip von Canterbury für sich zu gewinnen wußte, im Jahre 1365 dem Gelehrtencolleg Canterbury-Hall wider die ausdrücklichen Bestimmungen der Stiftungsurkunde als Rector auf und verdrängte einen gelehrten Benedictinermönch, der bisher dieses Amt bekleidet, von seiner Stelle. Zwei Jahre darauf aber wurde er durch den Ausspruch des Erzbischofes Simon Langham und des Papstes Urban V. von seiner unrechtmäßig errungenen Stelle entsetzt. Nachdem er vorher schon überall Streitigkeiten gesucht und sich in seiner Gelehrteneitelkeit stets

---

Ursprungs ist. 5. Die Erklärung der zehn Gebote. 6. Die Schrift vom Antichrist. 7. Selbst die Beschlüsse der reformatorischen Waldensersynode von Angrogne von 1532 wurden nachträglich noch gefälscht. Vgl. a. a. O. S. 377 ff.

1) A. a. D. S. X.
2) A. a. D. S. 412.

darin gefallen, spitzfindige und anstößige Meinungen aufzustellen, wurde er nun von einem ebenso unchristlichen als unversöhnlichen Hasse gegen den Papst und die Cardinäle, gegen die Bischöfe und Mönche erfüllt und in seiner Verblendung von einem Irrthume zum andern fortgetrieben. Jenen Haß trägt er in seinen Schriften in der widerlichsten und nicht selten auch in einer wahrhaft lächerlichen Weise zur Schau. In eben dem Maße, als er den Papst, die Bischöfe und Mönche haßte und beschimpfte, suchte er den Fürsten und Großen zu schmeicheln und sie für sich zu gewinnen, namentlich auch dadurch, daß er lehrte, der zeitliche Besitz der Geistlichen verstoße gegen die heilige Schrift und die Fürsten seien in ihrem Gewissen verbunden, die geistlichen Güter zum Wohle des Staates, zur Erleichterung des Volkes und zur größeren Ehre Gottes einzuziehen.

Unter den übrigen Lehren Wicliffe's heben wir zur Charakteristik des Vorreformators in Kürze noch folgende hervor: Die ganze Natur ist Gott, und jedes Wesen ist Gott[1]). Alles, was geschieht, geschieht mit Nothwendigkeit und dieser Nothwendigkeit ist Gott selbst unterworfen. Die Lehre der Kirche ist zu verwerfen und die heilige Schrift die einzige Quelle und Norm des christlichen Glaubens und Jeder kann sich die heilige Schrift nach seinem eigenen Verstande auslegen. Der Papst ist der Antichrist und die römische Kirche die Synagoge des Satans. Die mündliche Beicht kann man dulden, aber nothwendig ist sie nicht; in der Eucharistie ist Christus nicht wirklich zugegen; die Ablässe des Papstes und der Bischöfe sind zu verwerfen. Ein weltlicher Fürst, Bischof oder Prälat, der im Zustande der Todsünde ist, hat dadurch alles Recht auf seine Herrschaft verloren, und seine Unterthanen können sich wider ihn erheben, ihn absetzen und strafen. Augustin, Benedict und Bernard sind verdammt, falls sie es nicht bereuet haben, daß sie etwas besessen, religiöse Orden gestiftet haben und in dieselben eingetreten sind; denn die Mönchsorden sind vom Teufel eingeführt und nützen der Kirche soviel als der Teufel[2]). Daß in allen diesen verkehrten Sätzen, aus denen die pantheistische, häretische und fanatische Geistesrichtung Wicliffe's mehr als zur Genüge hervorgeht, viel „Vorreformatorisches" liegt, ist klar, und daß Luthers Lehren und Anschauungen, nachdem man Wicliffe's Sätze kennen gelernt, an Originalität sehr verlieren, ist nicht minder klar. Uebrigens sind auch die meisten von Wicliffe's Sätzen nicht neu, sondern waren bereits geistiges Eigenthum früherer Häretiker.

---

1) Quaelibet creatura est Deus; quodlibet est Deus. Ubique omne ens est, cum omne ens sit Deus. Cf. *Harduin* T. VIII. p. 407.

2) Vgl. Denzinger, Enchiridion p. 185. sqq.

In der That ein merkwürdiger „Vorreformator," dieser Wicliffe! Ein Mann voll innerer und äußerer Widersprüche in seiner Lehre und in seinem Leben! Ein wunderlicher Mann, der, während er lehrte, der zeitliche Besitz der Geistlichen verstoße gegen die heilige Schrift, nicht bloß eine, sondern zwei der einträglichsten englischen Pfründen in großer Gemüthsruhe besaß und es sich darauf ganz wohl sein ließ; ein seltsamer Mann, der, während er lehrte, jeder Gewalthaber verliere durch eine Todsünde das Recht auf seine Herrschaft, nichtsdestoweniger während seines Lebens den weltlichen Großen, die ja doch oft mit mehr als einer Todsünde belastet waren und mannigfach in den ärgsten Sünden und Lastern dahinlebten, stets schmeichelte und sie in ihrer Herrschaft anerkannte und sich von ihnen als willfähriges Werkzeug gegen die Kirche und gegen den Papst, gegen die Bischöfe und Mönche gebrauchen ließ; ein krankhaft eitler Mann, der, während es ihm in hohem Grade an geistiger Tiefe und Klarheit gebrach[1]) und während er sich selber über seine eigenen Gedanken nicht klar war und in seinen Schriften den unverständlichsten und verworrensten Styl schrieb, nichtsdestoweniger stets sich geberdete, als ob er das Monopol aller Weisheit im Himmel und auf Erden für sich allein besäße, und als ob er der Meister sei und die ganze Kirche als Schülerin zu seinen Füßen sitzen müsse[2]); ein trauriger und bemitleidenswerther Mann, der, während er an das Geheimniß der Messe nicht glaubte und es läugnete, dennoch als Pfarrer von Lutterworth an den Altar trat und das Geheimniß der Messe feierte. Wie wenig Sinn für Wahrheit und wie wenig Achtung vor der Wahrheit Wicliffe besaß, das zeigt sich auch

---

1) So urtheilt auch der bekannte, oben S. 23 bereits von uns erwähnte Professor Baur in Tübingen, wenn er in Bezug auf Wicliffe's Hauptschrift Trialogus sagt: „Es ist im Ganzen ein unklares, zusammenhangsloses, zu keinem bestimmten Resultat führendes Hin- und Herreden der drei Personen (Alithia, Pseudis, Phronesis, letztere gibt die Entscheidung), in deren Wechselgespräch der Trialogus sich fortbewegt. Wicliffe hat zu wenig speculatives Element in sich." (Lehre von der Dreieinigkeit II. 899.) Und zum Beweise, wie sehr Wicliffe die Anlage zur Speculation gefehlt, verweist Baur namentlich auch auf die in den grabsten Widersprüchen sich bewegende Incarnationslehre Wicliffe's.

2) Treffend bemerkt Kerler in Wetzer und Welte Kirchenlexicon Bd. 11. S. 940 in Bezug auf Wicliffe: „Man kann sich des Gedankens nicht erwehren, daß hier ein Spleen hartnäckigster und vielfach höchst lächerlicher Art auf's religiöse Gebiet sich geworfen." Und über die Sprache Wicliffe's sagt er: „Seine lateinische Ausdrucksweise, Satzverbindung u. s. w. ist in so hohem Grade abenteuerlich, unverständlich, barbarisch, daß sich kaum ein ähnliches literarisches Produkt jener Zeit vorfinden dürfte, das sich in der Ungeheuerlichkeit der Schreibweise mit seinem Trialogus und anderen Schriften messen könnte."

so recht deutlich in seinem Vertheidigungsschreiben ¹), welches er im Jahre 1378 den mit der Untersuchung seiner Irrlehre beauftragten englischen Bischöfen einreichte — ein wahres Musterstück feiger und nichtswürdiger Sophistik und grober Falschheit! Eigenthümlich ist auch der Tod dieses Mannes! Er, der das Geheimniß der Wandlung in der heiligen Messe geleugnet und dennoch die heilige Messe feierte, wurde am 28. December des Jahres 1384 in seiner Hauscapelle zu Lutterworth, da er eben der Messe seines von ihm zur selben Irrlehre verführten Caplanes beiwohnte, im Augenblicke der heiligen Wandlung von einem Schlagflusse getroffen und verlor die Sprache; nach zwei Tagen war er todt. So endete der unwürdige und verkehrte Pfarrer von Lutterworth, den wir heute in sehr idealer und darum aber auch sehr unwahrer Gestalt als Vorreformator am Luthermonumente erblicken.

VIII.

Leben und Tod des Johann Hus. — Religions- und Gewissenszwang und gewaltthätige und ungerechte Justiz der Reformatoren und ihrer Anhänger. — Unterschied zwischen der Strafgesetzgebung des Mittelalters gegen Häretiker und der reformatorischen Bekehrungs- und Strafjustiz im 16. und 17. Jahrhundert. Die Religion der freien Forschung und der Satz: cujus regio, illius religio. Das System der Fürstenherrschaft über Religion und Gewissen der Unterthanen.

An Wicliffe schließt sich an der böhmische Priester Johann Hus, der als Professor an der Universität Prag durch zwei englische Studenten mit den wicliffitischen Irrthümern näher bekannt wurde, und sich den größten Theil derselben zu eigen machte. Als Charakter steht Hus über Wicliffe und auch über Luther. Vergleichen wir Hus mit Luther, so hat er mit ihm gemein jene fanatische Leidenschaftlichkeit und jene Unklarheit und Verworrenheit des philosophischen und theologischen Denkens. Dagegen steht Hus Luthern nach an Geist, Witz und Beredtsamkeit, zeichnet sich aber vortheilhaft vor ihm aus durch seinen heroischen Muth und namentlich auch dadurch, daß er als ein sittenreiner Priester lebte und starb. Als Charakter steht uns Hus ungeachtet seiner mannigfachen Fehler höher als Luther! Betrachten wir das Bild des Hus am Luthermonumente, so erblicken wir ihn, wie er dasitzt im priesterlichem Gewande, völlig versunken in dem Anblick des Crucifixes, welches er mit beiden Händen hält! Hus erscheint hier in ganz ähnlicher Weise, wie auf den bekannten tendenziösen und gehässigen Husbildern

---

1) Dasselbe ist uns aufbewahrt bei *Walsingham*, Historia Anglica major ed Francof. 1602 p. 206.

des Düsseldorfer Malers Lessing, überaus weich und mild, und fast ohne alle Kraft und Energie. Wer sich nun freilich nach diesem Hus, wie er aus den Bildern Lessings uns entgegentritt und wie er hier am Luthermonumente sitzt, seine Vorstellungen von dem wirklichen Hus machen wollte, der würde sich sehr täuschen. Denn der wirkliche Hus, der Hus der Geschichte, ist das gerade Gegentheil von jenem Hus, wie ihn Lessing und Rietschel in ihren Bildern uns vorzuführen beliehen. Der wirkliche Hus war nichts weniger als eine milde, weiche und contemplative, sondern vielmehr eine feurige, energische, leidenschaftlich heftige, durchaus revolutionäre Natur, ein Mann, in dessen Brust das Zornfeuer und der ganze Ingrimm, dessen der Czeche in der Empörung seiner Leidenschaften fähig ist, glühte. Hus ist so recht das Bild des fanatischen Czechen, der in seinem blindem, bald wild auflodernden, bald stille glühenden Fanatismus Vernunft und Wahrheit und Alles vergißt und Alles zum Opfer bringt.

Geboren wurde dieser merkwürdige Mann, der mit so manchen guten zugleich auch so schlimme und für ihn verhängnißvolle Eigenschaften in seiner Seele vereinigte, im Jahre 1369 in Husinec, einem böhmischen Flecken. Er studirte zu Prag, wurde 1393 Baccalaureus, 1396 Magister der freien Künste, 1398 Professor an der Universität, 1401 Dekan der philosophischen Facultät, 1402 zugleich Prediger an der ausschließlich für die Predigt in böhmischer Sprache gestiftete Bethlehemscapelle zu Prag, auch Beichtvater von König Wenzels zweiter Gemahlin Sophia. Als die Universität Prag am 28. Mai 1403 45 Sätze aus Wicliffe's Schriften censurirte, erklärte Hus in der ihm eigenthümlichen fanatischen Weise die über Wicliffe ergangene Censur ohne Weiteres für unwahr und ungerecht. In Verbindung mit zwei böhmischen Edelleuten Niklas Faulfisch und Hieronymus von Prag trat er nunmehr als heftiger Vertheidiger der wicliffitischen Irrthümer auf, und suchte dieselben sowohl in seinen Vorträgen an der Universität, sowie in seinen Predigten zu verbreiten. Zugleich hetzte er in seinen Predigten in unwürdiger Weise das Volk gegen die Geistlichkeit auf, und nach Art Wicliffe's tobte und schimpfte er Jahr aus Jahr ein in unwürdiger und übertriebener Weise gegen Rom und den Papst. Einmal trieb er es so arg und erging sich in seiner Heftigkeit in so unwahren und übertriebenen Schilderungen, daß einer seiner Zuhörer, ein ehrwürdiger Greis, ihm zurief: „Magister, ich war zu Rom, habe den Papst und die Cardinäle oft gesehen, aber so arg, als ihr es macht, ist es nicht." Als Hus ihm darauf erwiederte: „Wenn dir der Papst so wohl gefällt, so gehe wieder nach Rom und bleibe dort," erwiederte dieser: „Ich bin schon zu alt dazu; gehe du hin, der du jünger bist, und du wirst finden, daß es nicht so arg ist, es du uns vormachst¹)."

Am 20. Mai 1408 hatte die Universität Prag die 45 Sätze Wicliffes auf's Neue censurirt und verworfen. Nun aber wußten Hus und seine adeligen Freunde durch Intriguen allerlei Art es dahin zu bringen, daß König Wenzel, der namentlich wegen seiner Absetzung voll Mißstimmung gegen die Deutschen war, durch Decret vom 18. Januar 1409 die bisherige Organisation der Universität über den Haufen warf, den Deutschen ihr bisheriges Uebergewicht nahm und es den Böhmen einräumte. Die Deutschen, in ihren drei Abtheilungen: Bayern, Polen und Sachsen hatten bisher drei Stimmen im Pleno gehabt, die Böhmen nur e i n e; jetzt erhielten die Böhmen drei, die Deutschen nur e i n e. Schwer gekränkt in ihren guten Rechten, verließen darauf fast alle deutschen Professoren und Studenten, mindestens 5000 an der Zahl, die Universität Prag, gründeten die Universität Leipzig und vergrößerten Ingolstadt, Rostock und Krakau. Mit dieser Entfernung der Deutschen war aber auch der Hauptdamm gebrochen, den diese bisher der Ausbreitung des Wicliffitismus entgegengestellt hatten, und der Sieg der Irrlehre erhielt zugleich eine stark nationale Färbung als Sieg der Czechen über die Deutschen. Durch diesen ungerechten Sieg nur noch kühner gemacht, übersandte Hus nun die von ihm in's Böhmische übersetzte Schrift Wicliff's, „Trialogus," sowie auch andere wicliffitische Schriften sehr vielen vornehmen Laien in Böhmen und Mähren, um so immer mehr Propaganda zu machen für die wicliffitischen Irrlehren. Zugleich wandte er und seine Freunde sich an den neuerwählten Papst Alexander V., um die Orthodoxie des Erzbischofes von Prag zu verdächtigen. Allein dieser bewirkte durch einen Bericht über das Gebahren der böhmischen Wicliffiten, daß ihm von Rom aus der Auftrag wurde, gegen dieselben einzuschreiten. Hus lieferte nun zwar seine wicliffitischen Schriften dem Erzbischofe aus, fuhr aber nichts destoweniger fort, gegen das ihm gewordene Verbot in seiner Kapelle nach wie vor zu predigen; und als der Erzbischof die wicliffitischen Bücher verbrennen ließ, appellirte er gegen den Erzbischof und hielt öffentlich Vorträge über Wicliff's Schriften. Auf Grund dieser Appellation ward Hus zur Verantwortung nach Rom gezogen, und als er unter nichtigen Ausflüchten keine Folge leistete, excommunicirt (1411). Hus legte nun zwar vor dem Erzbischof ein orthodoxes Glaubensbekennt-

---

1) Pelzel's Wenceslaus Thl. 2. S. 619, citirt in Ritter's Kirchengeschichte Bd. 2. S. 554.

niß ab, veröffentlichte aber zu gleicher Zeit eine Reihe von Schriften, in denen er wiederum nach wie vor für Wicliffe und dessen Irrlehren auftrat. Als nun aber Hus in der Vertheidigung Wicliffes so weit ging, der Autorität der Kirche zu trotzen, da trennten sich auch fast alle seine früheren Kampfgenossen von ihm. Dadurch nur noch mehr erbittert, ließ er nunmehr mit seinem fanatischen Freunde Hieronymus von Prag jede Rücksicht fallen, und der von P. Johannes XXIII. für die Theilnahme am Kreuzzug gegen den kirchenräuberischen König Ladislaus von Neapel ausgeschriebene Ablaß bot ihnen den willkommenen Vorwand, die päpstliche Autorität in aller Weise zu schmähen und zu verhöhnen. Hieronymus veranstaltete zunächst eine Disputation zur Verhöhnung des Ablasses, worauf Beide einen schmachvollen Unfug mit der Ablaßbulle trieben und sie verbrannten. Die Gährung und die Unruhen wurden in Prag immer größer, und König Wenzel fand es für nöthig den Hus aus Prag zu vertreiben, so sehr auch eine Hofpartei den Agitator zu schützen suchte.

Hus ging nun hinaus auf das Land, wo er bei befreundeten Edelleuten Aufnahme fand und seine Schrift „von der Kirche" verfaßte, die zeigt, wie tief er mit der Kirche zerfallen war. Seine Briefe, die er in dieser Zeit an seine Freunde nach Prag schrieb, athmen den furchtbarsten Haß gegen den Papst und gegen die Geistlichkeit. Zugleich predigte er draußen auf offenem Felde und verbreitete so unter dem Landvolke seine, die ganze kirchliche und staatliche Ordnung untergrabenden revolutionären Grundsätze und Lehren. Nur allzubald setzte das durch seine Predigten fanatisirte Volk diese revolutionären Grundsätze in's praktische Leben über. Kirchen und Klöster wurden geplündert, das Heilige wurde verhöhnt und immer mehr loderte unter dem Volke empor die Flamme eines vor keiner Gewaltthat zurückschreckenden Fanatismus. Mittlerweile hatte auch im Jahre 1413 die Universität Paris in der Angelegenheit Husens ihre gewichtige Stimme erhoben und darauf hingewiesen, wie seine verkehrten Lehren und Grundsätze die ganze kirchliche und sociale Ordnung untergraben. Auch von Rom gelangten sehr eindringliche Aufforderungen an den König Wenzel und den Erzbischof von Prag, daß sie dem Unwesen, welches Hus und seine Anhänger trieben, energisch entgegentreten sollten.

Als inzwischen das Concil zu Constanz ausgeschrieben war, bestimmten König Wenzel und sein Bruder Kaiser Sigismund den Hus, sich zu seiner Rechtfertigung nach Constanz zu begeben, da er ja selbst seiner Zeit an ein allgemeines Concil appellirt habe. In Begleitung böhmischer Edelleute begab sich darauf Hus nach Constanz und gelangte am 3. November 1514 daselbst an. Obgleich excommunicirter Häretiker, wurde er nichts=

destoweniger mit der größten Milde und Schonung behandelt. Er wohnte in einem Privathause, konnte frei umhergehen und Besuche empfangen; nur mußte er versprechen, nicht Messe zu lesen und zu predigen. Allein Hus kehrte sich nicht an dieses sein Versprechen, las doch in seiner Privatwohnung sehr häufig Messe, hielt Vorträge und verbreitete so seine Irrlehre unter den Augen des Concils. Die Mahnungen des Bischofes von Constanz, in dieser Weise nicht weiter fortzufahren, wies er zurück. Ganz mit Recht wurde er darum in Gewahrsam gebracht und zwar zuerst in das Haus eines Constanzer Domherrn, dann im Januar 1415 in das Dominikanerkloster und am 22. März d. J. auf das Schloß Gottlieben. Die Haft war überall eine anständige, wie man sie einem Priester zu geben gewohnt war. Alles, was tendenziöse Geschichtschreiber von Mißhandlungen Husens und von einer Art „Hundeloch" erzählen, worin er bei den Dominikanern gesessen haben soll, gehört in das Reich der Fabel. Die Haft war so wenig eine harte, daß er nicht nur verschiedene theologische Tractate schreiben, sondern auch mit seinen Anhängern eine lebhafte Correspondenz führen konnte. Ebenso ward der Proceß in der herkömmlichen Form in der mildesten und schonendsten Weise geführt. Zur Untersuchung der von dem Prager Professor Palec, einem früheren langjährigen Freunde Husens und dem edlen Kanzler Gerson eingereichten Klagepunkte wurden Sachverständige in zwei Commissionen aufgestellt, worunter Männer wie Pierre d'Ailly und Zabarella waren, und ein umfassendes Zeugenverhör angestellt[1]). Die Zeugen wurden in Gegenwart des Angeklagten beeidigt,

---

[1]) Solche Männer haben es in der That nicht verdient, als frivole Sybariten dargestellt zu werden, wie Lessing auf seinen Husbildern ließ in ebenso unwahrer, als tendentiöser und gehässiger Weise gethan. Gerson, der berühmte Kanzler von Paris, war einer der edelsten, gelehrtesten und frömmsten Männer seiner Zeit, und nicht mit Unrecht hat man ihm den Ehrennamen Doctor christianissimus gegeben. Weil er auf dem Concil von Constanz gegen den Herzog von Burgund wegen des von diesem an dem Herzog von Orleans verübten Mordes sich in gebührender Weise aussprach, durfte er nicht mehr nach Frankreich zurückkehren und zog sich in die Einsamkeit in's bayerische Gebirge zurück, wo er zu seiner Selbsttröstung das erbauliche Buch schrieb: de consolatione theologiae. Später verlebte er noch zehn Jahre im Cölestinerkloster zu Lyon, wo er alle seine Zeit der Betrachtung und dem Studium widmete und in seinem 66. Lebensjahre in größter Abgeschiedenheit und Armuth starb. — Der Cardinal Pierre d'Ailly, der Lehrer Gersons und vor ihm Kanzler der Universität Paris, war einer der klarsten und scharfsinnigsten Denker seiner Zeit, und nimmt, wie unter den Theologen und Canonisten, so auch namentlich unter den Philosophen des Mittelalters eine hervorragende Stelle ein. Wie Gerson, war auch er ganz erfüllt von dem Verlangen, die gesunkenen kirchlichen Zustände zu bessern und zu heben. — Ein gleichfalls reformatorischer Charakter war der Cardinal und Erzbischof von Florenz, Zabarella, einer der größten Canonisten des vierzehnten

und ihre Aussagen bildeten in Verbindung mit den Auszügen aus den Schriften des Hus sammt den in dem früheren Processe erwachsenen Acten die Grundlage für das zu fällende Urtheil.

Nachdem das Concil in der achten Sitzung am 4. Mai die 45 Sätze Wicliff's verworfen hatte, beschied es Hus zu einem öffentlichen Verhöre, das in den drei Generalcongregationen am 5., 7. und 8. Juni stattfand. Hartnäckig verweigerte Hus den geforderten Widerruf, auch nachdem der Kaiser ihm in der zweiten Sitzung erklärt hatte, daß der ihm ertheilte Geleitsbrief ihn gegen den Ausspruch des Concils nicht schütze, indem er zu ihm sprach: „Mein Versprechen ist gelöst; wenn du deine Irrlehre beharrlich zu vertheidigen entschlossen bist, so hat das Concil seine Rechte und seine Gesetze, nach welchen es gegen dich verfahren muß. Ehe ich Irrthümer Jemandes unterstütze, will ich vielmehr selbst das Feuer anzünden, das ihn tödten soll. Darum rathe auch ich dir, dich je eher, desto besser, dem Concil zu unterwerfen [1])." Der Präsident des Concils, Cardinal Viviers, legte Hus eine sehr milde Widerrufsformel vor, und Andere machten ihn darauf aufmerksam, daß ja auch Origenes, Augustin und Petrus Lombardus geirrt, aber mit Freuden ihren Irrthum verbessert hätten. Man ließ ihm

---

und fünfzehnten Jahrhunderts. Ueber sein Leben und seinen Charakter sagt Hefele in Wetzer und Welte, Kirchenlexicon Bd. 11. S. 1231: „Zabarella war ein Mann von ausgezeichneter, allgemein anerkannter Tugend und Sittenreinheit, und darum ungemein hochgeachtet, ein Feind aller Verschwendung, ungemein thätig, so daß er nur wenige Stunden schlief, sehr sparsam an sich, sehr wohlthätig gegen Andere." Ebenso war der Präsident des Concils, Cardinal Viviers, oder, wie er eigentlich hieß, Johann Allermet von Brogny, ein durchaus würdiger, ein ebler und milder Mann, der sich als der Sohn eines armen savoyischen Viehhüters durch sein Talent und seine Tugend bis zur Würde eines Cardinals und Kanzlers der römischen Kirche erhoben, und der so fern von allem stolzen und hoffärtigen Wesen, daß er auch in seiner hohen Würde seiner geringen Herkunft stets eingedenk blieb und sich und Andere gerne daran erinnerte. (Vgl. über ihn *Feller*, Dictionnaire historique s. v. Brogny.) Wahrlich, diese Männer, die über Hus zu Gericht gesessen und in seinem Processe fungirt, waren keine stolzen, frivolen und gewissenlosen Sybariten, wie der Maler Lessing sie auf seinen Bildern dem großen und unwissenden Publikum vorzuführen beliebt hat. Diese Männer standen an Geist und Gelehrsamkeit, an Charakter und christlicher Gesinnung, hoch über dem leidenschaftlichen und fanatischen Hus, welchen bekanntlich Lessing, um auf seinem Gemälde die Contraste recht zu schärfen, in der unwahrsten Weise mit der Gestalt und dem Kopf eines leidenden Christus dem Publikum vorführt. Solch' unwahre Geschichtsgemälde sind in der That eine Sünde an der Wahrheit und wirken auf das große Publikum fast noch verderblicher, als die gedruckten Geschichtslügen, an denen bekanntlich die historische Literatur so reich und überreich ist!

1) Palacky, Geschichte von Böhmen, Bd. III. 1. S. 352.

darauf noch den ganzen Monat Juni und einen Theil des Juli zur Bedenk=
zeit, verurtheilte unterdessen, vielleicht um ihn zu erschüttern, am 24. Juni
seine Bücher zum Feuer, und machte wieder mehrere neue Versuche, um
ihn zur Nachgiebigkeit zu bewegen. Männer, wie d'Ailly beschäftigten sich
hiemit, und das Concil gab sich alle Mühe, es nicht zum Aeußersten kom=
men zu lassen. Auch der böhmische Professor Palec, einst Husens Jugend=
freund, kam zu ihm in das Gefängniß, um ihn umzustimmen und auf den
rechten Weg zu bringen: aber umsonst. Nachdem so alle Mittel der Güte
vergebens angewandt waren, wurde Hus vor die 15. allgemeine Sitzung
am 6. Juli 1415 gestellt.

Man verlas hier noch einmal alle bisher mit Hus geführten Ver=
handlungen, alle aus seinen Büchern ausgezogenen Artikel, und alle gegen
ihn vorgebrachten Klagepunkte mit Angabe, wie viele Zeugen für jeden
aufgetreten seien. Dreißig Sätze, die er als die seinen anerkannte, wurden
mit dem Anathem belegt[1]). Es sind im Wesentlichen die Irrthümer
Wicliff's; doch läugnete Hus nicht, wie Wicliffe, das Geheimniß der
Wandelung in der heiligen Messe, ebenso anerkannte er auch die sieben
Sacramente, hielt an der Verehrung der Mutter Gottes und der Heiligen
fest und vertheidigte den Cölibat. Da Hus auf seinen Irrthümern hart=
näckig beharrte, so erfolgte nach der Anathematisirung jener dreißig Sätze
zugleich auch die richterliche Sentenz gegen seine Person: „Die Synode
erkläre ihn für einen Häretiker und wolle, daß er als solcher verurtheilt
werde, und verurtheile durch Gegenwärtiges ihn und seine Appellation,
diese als ärgerlich und die Disciplin verhöhnend, ihn als Verführer der
Böhmen und Prediger eines falschen Evangeliums. Da er aber hartnäckig
sei, so erklären sie, daß er seiner priesterlichen Würde entsetzt und degradirt
werden solle, und beauftrage den Erzbischof von Mailand und fünf andere
Bischöfe, in Gegenwart der Synode diesen Act vorzunehmen[2]). Nachdem
die Sentenz verlesen war, wurde Hus mit den priesterlichen Insignien
bekleidet und noch einmal zur Abschwörung aufgefordert. Auf seine aber=
malige Weigerung nahm man ihm jene Insignien unter den darauf be=
züglichen ergreifenden Worten wieder ab und degradirte ihn. Sodann
übergab ihn die Synode dem weltlichen Arm zur Bestrafung, bat aber
dabei nach alter Kirchensitte um Schonung seines Lebens. Der Augenzeuge
Ulrich Reichenthal, damals Canonicus zu Constanz, erzählt uns dieß mit
den Worten: „sie baten unseren Herrn den König und das weltliche Recht,
daß man ihn nicht tödten und ihn sonst behielt und ihm einen ewigen

---

[1] Dieselben stehen bei *Denzinger*, Enchiridion p. 188 sqq.
[2] *Von der Hardt*, Concilium Constantiense T. IV. p. 408.

Kerker gebe¹)." Das Gleiche berichtet der spätere zwinglische Chronist Johann Stumpf²). Allein nach der **weltlichen Rechtspflege** jener Zeit stand auf der Häresie die Todesstrafe, und namentlich sprach der Schwaben- oder Kaiserspiegel³) aus, daß Ketzer, nachdem sie von dem geistlichen Richter überführt worden, dem weltlichen Arm überliefert und verbrannt werden sollten. Ebenso entscheidet der Sachsenspiegel⁴). Kaiser Sigismund übergab darum Husen dem Churfürsten von der Pfalz, dieser aber dem Magistrate von Constanz, damit die Strafe an ihm vollzogen werde. Hus wurde hinaus zum Scheiterhaufen geführt. Man bot ihm einen Beichtvater an und dieser bat ihn, seiner Häresie und seinem hartnäckigen Sinne zu entsagen. Allein Hus wies das Anerbieten zurück und sprach: „es ist nicht nöthig; denn ich bin kein Todsünder." Als er schon an den Pfahl gebunden war, bot ihm der Churfürst von der Pfalz zum letzten Male Verzeihung an. Hus beharrte und der Holzstoß wurde nun angezündet. Er betete, die auflodernden Flammen aber erstickten bald seine Stimme, so daß sein Todeskampf nur wenige Augenblicke dauerte. Er starb als ein Opfer seines revolutionären Starrsinns und seiner fanatischen Verblendung mit einer Ruhe und Standhaftigkeit, die einer edleren, einer gerechteren und besseren Sache würdig gewesen wäre. Der in seiner Seele wurzelnde nationale Stolz und seine fatalistischen Anschauungen mögen an dieser beklagenswerthen Standhaftigkeit nicht den geringsten Antheil gehabt haben. Hätte Hus mit klarem Blicke die gräuelvolle Saat geschaut, die während seiner Lebzeiten schon und in der furchtbarsten Weise nach seinem Tode aus den von ihm gepredigten Grundsätzen hervorging, dann wäre er vielleicht vor sich selbst und vor seinen Lehren zurückgeschreckt und wäre in sich gegangen und umgekehrt zum Rechte und zur Wahrheit. Denn nur allzusehr hat die Geschichte das Wort gerechtfertigt, welches Kaiser Sigismund auf dem Concile gesprochen, daß er bisher die hussitische Bewegung nicht vollständig zu beurtheilen vermocht; jetzt aber erkenne er, „**daß noch nie ein gefährlicherer Ketzer als Hus aufgetreten sei**⁵)." Treffend bemerkt in dieser Beziehung der bekannte Historiker Constantin Höfler: „Den beiden Böhmen (Johann Hus und Hieronymus von Prag) aber wäre ein längeres Leben schon deßhalb zu wünschen ge-

---

1) Reichenthal, das Concilium von Constanz. S. 214. Augsburg 1536.
2) In seiner Chronik fol. 113.
3) Schwabenspiegel, Ausg. von Laßberg, §. 313. S. 136.
4) Sachsenspiegel, Buch II. Art. 14, §. 7.
5) Höfler, Geschichtschreiber der hussitischen Bewegung in Böhmen, Bd. I. S. 257.

wesen, um den Gräuel der Verwüstung zu erblicken, welcher aus ihren Lehren hervorging. Die blutigsten Kriege, die schrecklichsten sittlichen Ausschweifungen, die ärgsten moralischen Ungethüme, Deutschlands Verheerung, Böhmens Zerrüttung, die Vernichtung der Religion, Wissenschaft, Kunst, des Wohlstandes und der Gesittung dieses Landes waren die natürlichen Folgen der von beiden gepredigten Umwälzung 1)."

Nichts ist darum auch ungerechter, als wenn man der Synode von Constanz einen Vorwurf daraus machen will, daß sie Hus als einen die ganze kirchliche und staatliche Ordnung untergrabenden Häretiker erklärt und von der Kirche ausgeschlossen hat. Die Synode hätte aller Wahrheit und aller Gerechtigkeit in's Angesicht schlagen müssen, wenn sie es nicht gethan. Sie hat Alles aufgeboten und kein Mittel unversucht gelassen, um den revolutionären Hus auf den rechten Weg zurückzuführen und das richterliche Urtheil von seinem Haupte abzuwenden. Allein nachdem alles fruchtlos geblieben, konnte die Synode nicht anders, als sie gethan. Sie mußte ihn als unverbesserlichen Häretiker erklären und der weltlichen Gerechtigkeit ihren freien Lauf lassen. Oder hätte die Synode etwa, um die Folgen der weltlichen Gesetzgebung von seinem Haupte abzuwenden und ihn vor seinem tragischen Ende zu bewahren, Recht und Wahrheit preisgeben und die verkehrten, zum Theile selbst dem Naturrechte zuwiderlaufenden und die ganze religiöse und sociale Ordnung untergrabenden Sätze des Hus für wahr und gut und gerecht erklären sollen? Hus hat als unverbesserlicher kirchlicher und politischer Revolutionär gelehrt und gelebt und ist, wie auch so viele andere Revolutionäre in alter und neuer und neuester Zeit, als ein unverbesserliches revolutionäres Parteihaupt gestorben. Mit vollem Recht sagt der berühmte protestantische Geschichtschreiber Leo: „Viele haben wahrhaft Freieres und Tieferes, als Hus, aber in angemessener Weise gelehrt, und haben ihrer Lehre gemäß gewirkt, und keiner von ihnen hat den Scheiterhaufen zu besteigen gehabt 2)." — „Die Folgen der niedrigen, der falschen Seiten von Husens Opposition brachen über ihm zusammen 3)."

Wahrlich, statt das gerechte und in jeder Beziehung zu rechtfertigende Urtheil der Synode von Constanz in tendentiöser und gehässiger Weise auszubeuten 4), wie namentlich neuere protestantische Geschichtschreiber, wie z. B.

---

1) Höfler, Geschichte des Mittelalters II. S. 290.
2) Siehe das Citat bei Alzog a. a. O. S. 205.
3) Leo, Universalgeschichte, Bd. 2, S. 702.
4) Namentlich hat man auch behauptet, dem Hus sei das kaiserliche Geleit gebrochen worden, und zur Rechtfertigung dieses Verfahrens habe das Concil den Grundsatz aufgestellt, daß „einem Ketzer keine Treue zu halten sei." Was zunächst die Behauptung hinsichtlich des gebrochenen Geleites betrifft, so konnte der Ge-

Gieseler und Neander es gethan, würde man von protestantischer Seite weit besser daran thun, sich zu erinnern an all' die ungerechten und grausamen Grundsätze, Urtheile und Thaten, welche die Reformatoren und viele

leitsbrief des Kaisers Sigismund Hus weder nach seiner eigenen Erwartung, noch nach der Ansicht seiner Freunde und Gönner gegen eine von dem höchsten Gerichtshofe der Kirche gefällte Verurtheilung schützen. Denn in dem Schreiben, welches die zu Constanz anwesenden böhmischen Edelleute nach Husens Verhaftung an das Concil richteten, begehrten sie nur, daß aus Rücksicht auf den kaiserlichen Geleitsbrief Hus öffentlich gehört, und ihm von seinem Glauben Rechenschaft abzulegen gestattet wurde. Sie erkannten zugleich an: „Sollte aber Hus mit Recht und gesetzlicher Beweisführung für schuldig befunden werden, dann geschehe auch mit ihm, was ihm geziemt." Ja, selbst nach seiner Hinrichtung gedenkt der husitisch gesinnte böhmische Adel in seinem bitteren und leidenschaftlichen Schreiben an das Concil nicht mit einer Sylbe einer Verletzung des Geleitbriefes, was derselbe, wofern ein Grund dazu vorhanden gewesen wäre, sicher gethan haben würde. „Gewöhnliche Geleitsbriefe," sagt der protestantische Geschichtschreiber Leo, Universalgeschichte, Bd. 2 S. 702 f. „enthalten nur eine Sicherheit gegen dritte, nicht aber gegen die verurtheilende Sentenz des Gerichtes, sind also das, was wir Reisepässe nennen, und namentlich der noch erhaltene Geleitsbrief Husens ist lediglich ein Reisepaß für den Weg zum Gerichte und von diesem zurück, aber keineswegs ein Sicherheitsbrief gegen das Gericht selbst." Und weiter: „Selbst wenn Hus ein freies Geleit als wirklichen Schutzbrief, nicht bloß als Reisepaß gehabt hätte, würde ihn das nicht berechtigt haben, dasselbe Verbrechen, wegen dessen er sich verantworten sollte, in Constanz unter den Augen des Conciles ungestraft zu wiederholen;" und nachdem Leo dann den vollständigen Text des Geleitsbriefes mitgetheilt, sagt er weiter: „Kann ein solcher Reisepaß auch Vergehen, die auf der Reise selbst verschuldet werden, decken? Hus beging aber auf der Reise, in Constanz, wie gesagt, dasselbe, was er früher begangen hatte. Wenn man hier noch von gebrochenem freiem Geleite reden will, macht man alle Obrigkeit zu einem Narrenwesen." — Nicht minder unwahr ist die Behauptung, das Concil habe den Beschluß erlassen, „daß einem Ketzer keine Treue zu halten sei." Namentlich hat gerade auch Gieseler (Kircheng. Bd. II. Abthlg. IV. S. 417 ff.) diese Behauptung ausgesprochen, und citirt dafür zwei Aktenstücke der Synode. Allein das eine dieser beiden Aktenstücke ist gar kein Decret der Synode. Es hat nicht bei den anderen Decreten beigefügten Unterschriften und ist aus äußeren und inneren Gründen offenbar unächt. Alle älteren Ausgaben der Concilien kennen es nicht; der protestantische Gelehrte von der Hardt fand es am Anfange des vorigen Jahrhunderts zu Wien in einer von ihm als Codex Dorrianus bezeichneten Handschrift und hat es willkürlich und aufs Gerathewohl den Acten der 19. Session des Concils eingereiht. Bei dem andern ächten Canon des Concils aber (bei v. d. Hardt T. IV. p. 521. Mansi T. XXVII. 1799) hat Gieseler sich „des zwar plumpen aber bequemen Kunstgriffes" bedient, den Canon zu verstümmeln und die entscheidenden Schlußworte des Canon: „Nec sic promittentem, cum illas fecerit, quod in ipso est, ex hoc in aliqua re mansisse obligatum" wegzulassen. Denn weit entfernt, daß dieses Decret die Behauptung aufstellt, „man brauche einem Ketzer keine Treue zu halten," besagt dasselbe vielmehr nur: 1) daß die Gerichtsbarkeit der Kirche in

ihrer Anhänger in der maßlosesten und schroffsten Weise gelehrt und geübt haben. Oder war es nicht der in den Tagen des Lutherfestes als Heros der religiösen und socialen Freiheit so hochgepriesene Luther, der, in den Stürmen des Bauernkrieges, nachdem er zuerst durch seine Lehren die Bauern in Feuer und Flammen gesetzt, nunmehr, nachdem die Bauern seine Lehren in's praktische Leben umsetzten und so seine Sache in bedenklicher Weise zu compromittiren anfingen, die Fürsten gegen die armen Bauern aufhetzte und sie aufforderte: „keine Geduld und Barmherzigkeit weiter zu üben, sondern zuzuschlagen, so lange sie eine Ader regen könnten, die Bauern wie tolle Hunde todtzuschlagen, von denen jeder mit Leib und Seele verloren und ewig des Teufels sei[1])?" War es nicht Luther, der sich dieses seines Benehmens noch in einer wahrhaft schauerlichen Weise rühmte: „Ich Martin Luther habe im Aufruhr alle Bauern erschlagen; denn ich habe sie heißen todtschlagen. All' ihr Blut ist auf meinem Halse; aber ich weise es auf unsern Herrgott, der hat mir das zu reden befohlen[2])." War es nicht Luther, der in den letzten Jahren seines Lebens bis kurz vor seinem Tode noch seine häßlichen und intoleranten Schriften gegen die Juden schrieb, in welchen er die Juden für „junge zur Hölle verdammte Teufel" erklärte und die Christen förmlich auffor-

---

einer rein-kirchlichen Sache, wie hier bei Entscheidung über Häresie, eine selbstständige und unabhängige sei, daher in ihrer Ausübung weder durch die weltliche Macht überhaupt, noch insbesondere durch Ertheilung eines Geleitsbriefes gehemmt werden dürfe, 2) daß der Fürst, der Jemanden Sicherheit versprochen, das, was wirklich in seiner Gewalt steht, und was er ohne Beeinträchtigung fremder Rechte zu leisten vermag, zu erfüllen schuldig sei: und dann erst, wenn er auf solche Weise das Seinige gethan, als von aller Verpflichtung entbunden betrachtet werden könne So wenig enthält also dieser Canon die empörende Lehre, „daß einem Ketzer keine Treue zu halten sei," daß er vielmehr das Gegentheil ausspricht, indem er denjenigen, der einem solchen sein Wort verpfändet, nur dann von aller Verbindlichkeit für frei erklärt, wenn derselbe zur Erfüllung seines Wortes Alles geleistet, d. h. was er ohne Verletzung fremder Rechte und der bestehenden Gesetze thun kann. — Vgl. Historisch-politische Blätter Bd. 4, S. 402—425, „Johann Hus und sein Geleitsbrief," wo das Gebahren Gieselers in der rechten Weise gewürdigt wird; Hefele's Abhandlung über Hus, in Wetzer und Welte, Kirchenlexikon Bd. 5, S. 412 f.

1) So wörtlich in Luthers Schrift „wider die räuberischen und mörderischen Bauern," wo er noch weiter sagt: „Darum soll sie würgen und stechen heimlich oder öffentlich, wer da kann, und gedenken, daß nichts giftigeres, schädlicheres und teuflischeres sein kann, als ein aufrührerischer Mensch. Steche, schlage, würge sie, wer da kann. Bleibst du darüber todt, wohl dir, seliglichern Tod kannst du nimmermehr überkommen."

2) Luthers Tischreden, Eisleben, Ausg. S. 276.

derte, die Synagogen der Juden mit Feuer zu verbrennen und jeder, der könne, solle Schwefel und Pech zuwerfen, den Juden alle ihre Bücher, auch die Bibel, zu nehmen; ihnen allen Gottesdienst bei Todesstrafe zu verbieten, mit ihnen nach aller Unbarmherzigkeit zu verfahren und sie zuletzt aus dem Lande zu jagen[1]). War es nicht Melanchthon, welcher die Unterthanen der Obrigkeit gegenüber für völlig rechtlos erklärt[2]), welcher die Todesstrafe der „Ketzer" wissenschaftlich vertheidigte, und welcher verlangte, daß gegen die Katholiken mit Körperstrafen verfahren werde und daß die Wiedertäufer ihre Lehre mit dem Leben büßen sollten[3]). Im Hinblick auf die von Luther und Melanchthon in der Zeit des Bauernkrieges und anderweitig ausgesprochenen Grundsätze bemerkt darum mit Recht der protestantische Geschichtschreiber Bensen: „Während die alte katholische Kirche die Unterdrückungen der einzelnen geistlichen und weltlichen Fürsten, der Lehre wenigstens nach, niemals billigte, sondern die Rechte der Menschen und des Volkes, selbst den Kaisern gegenüber, kräftig und meist siegreich vertheidigte; haben sich die evangelischen Reformatoren den Vorwurf zugezogen, unter den Germanen zuerst den Knechtssinn und die Gewaltherrschaft förmlich gelehrt und gepredigt zu haben[4])."

Wie die deutschen, so haben auch die auf dem Luthermonumente gleichfalls verherrlichten schweizer Reformatoren gegen die von ihrer Lehre Abweichenden Gewissenszwang und ungerechte Gewaltthat mannigfach geübt und geübt wissen wollen. War es nicht Zwingli, auf dessen Rath und Veranlassung im Jahre 1526 der Wiedertäufer Felix Manz von dem Magistrate der Stadt Zürich nach dem Grundsatze: „qui mergunt,

---

1) Luthers Schriften gegen die Juden, namentlich die „vom Schem Hamphoras." Vgl. Döllinger, Luther, S. 48.

2) In seiner Schrift „wider die Artikel der Bauerschaft" aus dem Jahre 1525, in welcher er alle Rechtsansprüche der Bauern durch den Satz beseitigt: „Was die Obrigkeit thue, daran thue sie recht; wenn sie daher Gemeindegüter und Waldungen einzieht, so hat sich Niemand darwider zu setzen; wenn sie den Zehnten den Kirchen nimmt und Andern gibt, so müssen sich die Deutschen eben so gut darein finden, wie die Juden sich von den Römern die Tempelgüter nehmen lassen mußten u. A." Zugleich macht er in dieser Schrift der deutschen Nation ein hübsches Compliment, indem er wiederholt den Grundsatz aufstellt: „Es wäre von nöten, daß ein solch' wild ungezogenes Volk, als Teutschen sind, noch weniger Freiheit hätte, denn es hat." Also der am Luthermonumente und in den Tagen des Lutherfestes so hoch gefeierte „deutsch-nationale Freiheitsheld" Melanchthon!

3) Vgl. Corpus Ref. ed Bretschneider II, 18, 711, 713; IX, 77 und sonst. — Döllinger, Kirche und Kirchen, S. 69. Schröckh, Neuere Kirchengeschichte Theil V, S. 517. Alzog a. a. O. S. 877.

4) Bensen, Geschichte des Bauernkrieges in Ostfranken, a. d. Quellen bearbeitet. Erlang. 1840, § 19.

mergantur" „die wiedertaufen, sollen wiedergetauft d. i. ertränkt werden" in den Fluthen ertränkt und sein Gefährte Blaurock mit Ruthen gestrichen wurde[1]). Und war es nicht Calvin, der den schrankenlosesten und tyrannischsten Absolutismus lehrte und übte und mitunter, nur um seine persönliche Rache zu kühlen, die furchtbarsten Strafen verhängte? Der Arzt Bolsec wurde von Calvin aus Genf verbannt, weil er der Prädestinationslehre Calvins widersprach, der Rath Ameaux ins Gefängniß geworfen, weil er Calvin und die Reformation geschmäht haben sollte. Jacob Gruet wurde wiederholt auf die Folter gespannt und dann durch Henkers Hand enthauptet (26. Juli 1547), weil er Calvin, der ihn öffentlich von der Kanzel herabgeschimpft und „einen Hund" genannt hatte, Drohbriefe geschrieben und sein Consistorium eine Tyrannei genannt hatte. Gentilis wurde zum Tode verurtheilt, weil er Calvin eines Irrthums in der Trinitätslehre beschuldigt hatte, und er entging demselben vorläufig nur durch Abbitte, später aber (1566) wurde er wegen eigener Irrlehren zu Bern enthauptet[2]). Bis nach England richtete Calvin seine grausamen und tyrannischen Bestrebungen, indem er den Herzog von Somerset als Regenten von England aufforderte, er solle Alle, welche der neuen protestantischen Gestaltung des Kirchenwesens widerstrebten, namentlich die Katholiken mit dem Schwerte vertilgen[3]). Den spanischen Arzt Servede aber, mit welchem Calvin wegen dessen Buches „über die Dreieinigkeit" in Streit verwickelt war, ließ er bei seiner heimlichen Durchreise durch Genf auffangen, gab ihn zuerst drei Monate lang in einem scheußlichen Kerker dem furchtbarsten Elende Preis und ließ ihn dann am 27. Oct. 1553 an einem langsamen Feuer qualvoll verbrennen, den Kopf des Unglücklichen hatte man mit einer in Schwefel getränkten Krone bedeckt, und auf den Scheiterhaufen noch grünes Holz zugelegt, um die Schmerzen und Qualen des Unglücklichen zu erhöhen und zu verlängern. Calvin aber lag oben an seinem Fenster, um sich an den qualvollen Schmerzen seines Feindes zu weiden und bei dessen letztem Athemzuge gegenwärtig zu sein[4]). Zur Rechtfertigung dieser seiner ungerechten und nicht zum geringsten Theile aus persönlicher Rache hervorgegangenen Gräuelthat verfaßte der große Reformator seine Schrift:

---

1) Vgl. Alzog, a. a. O. Bd. 2, S. 299.
2) Vgl. Alzog, S. 324.
3) *Calvini* Epistolae, Genev. 1579, p. 40.
4) Vgl. Schröckh, Neuere Kirchengeschichte, Theil 5, S. 491 ff., und den gründlichen und ausführlichen Artikel über Servede von Düx in Wetzer und Welte, Kirchenl. Bd. 10, S. 91—98.

„Fidelis expositio errorum M. Serveti et brevis eorum refutatio, ubi docetur, jure gladii coercendos esse haereticos." Auf diese Schrift hin aber richtete der „milde und sanfte" Melanchthon ein Gratulationsschreiben an Calvin, in welchem es unter Anderem heißt: „Ich habe Deine Schrift gelesen, worin Du die schrecklichen Blasphemien Servets ausführlich widerlegt hast, und danke dafür dem Sohne Gottes, der in diesem Deinem Kampfe dir den Preis zuerkannt hat. Jetzt und in alle Zukunft ist Dir die Kirche zum größten Dank verpflichtet. Völlig stimme ich Deinem Urtheile bei und behaupte, Eure Obrigkeit habe ganz nach Gerechtigkeit gehandelt, daß sie einen blasphemischen Menschen nach ordnungsgemäßer Untersuchung hinrichten ließ [1]."

Wie die Reformatoren, so haben auch ihre Anhänger vielfach den schmachvollsten Gewissenszwang und die ungerechteste und gewaltthätigste Justiz gegen Andersgläubige geübt. „Historisch ist," wie Döllinger bemerkt, „nichts unrichtiger, als die Behauptung, die Reformation sei eine Bewegung für Gewissensfreiheit gewesen. Gerade das Gegentheil ist wahr. Für sich selbst freilich haben Lutheraner und Calvinisten, ebenso, wie alle Menschen zu allen Zeiten, Gewissensfreiheit begehrt, aber Anderen sie zu gewähren, fiel ihnen, wo sie die Stärkeren waren, nicht ein. Könige und Staatsmänner, Theologen und Philosophen, alle waren einig, daß weder Katholiken noch irgend einer von der zur Herrschaft gelangten abweichenden Kirche oder Partei Duldung gewährt werden dürfe. In England, Irland, Schottland, in Dänemark und Schweden ging man bis zur Anwendung der Todesstrafe gegen Ausübung der katholischen Religion. Gegen die gleichzeitig sich bildenden Secten verfuhr man mit nicht geringerer Schärfe [2]." So wurde z. B. auf Betrieb des Reformators Olevian am 23. Dec. 1572 der reformirte Inspector Sylvan zu Ladenburg wegen Läugnung der Trinität auf dem Marktplatz zu Heidelberg enthauptet [3]. Der Prediger Nicolaus Anthoine wurde als ein zum Judenthume Uebergetretener zu Genf verbrannt, der Osiandrist Funk hingerichtet (1601), der Kanzler Krell wegen Kryptocalvinismus zu Dresden enthauptet (1632) [4]. In Schweden wurde Banier aus Stargard, weil er in der Rechtfertigungslehre nicht rein

---

1) Dieser Brief Melanchthons steht inter Calvini Epistol. n. 187 — Vgl. Schröckh a. a. O. S. 517 und Alzog a. a. O. S. 324, wo der lateinische Text der obigen Stelle mitgetheilt ist.

2) Döllinger, Kirche und Kirchen, S. 68 und 69.

3) Häusser, Geschichte der rheinischen Pfalz, Bd. 3, S. 45 ff. — Freiburger kathol. Kirchenblatt 1864, Nr. 8 und 9.

4) Historisch-politische Blätter, Bd. 3, S. 528—545.

lutherisch dachte, hingerichtet. In Königsberg wurde Johann Abelgreiff 1636 enthauptet und verbrannt. In Lübeck wurde Günther wegen socinianischer Ansichten im Jahre 1687 auf das Gutachten der Juristenfacultät zu Kiel und der theologischen Facultät zu Wittenberg enthauptet¹). In dem kleinen Gebiete der Freien Reichsstadt Nürnberg wurden von 1577—1617 gegen 356 der Häresie und Zauberei verdächtige Personen hingerichtet und 345 gestäupt und verstümmelt²). Ueberhaupt war das grauenhafte Unwesen der Hexenprocesse und Hexenverbrennungen nirgends ärger, als im „Lande der Reformation," in Deutschland, und, wie der protestantische Geschichtsschreiber Ad. Menzel bemerkt, „mehr als in Spanien Ketzer wurden in Deutschland Hexen verbrannt." Und zwar war das Hexenverbrennen in den „vom Lichte der Reformation" erfüllten protestantischen Territorien in Teutschland ärger und forderte mehr Opfer, als in den mit „papistischer Finsterniß und Gräuel" bedeckten katholischen³). Gerade katholische Priester und Seelsorger waren es, die am frühesten und zwar mit Erfolg gegen das Unwesen der Hexenprocesse auftraten. Schon im 16. Jahrhundert eiferte gegen dasselbe der katholische Priester Cornelius Loos in Mainz († 1593). Und siebenzig Jahre früher, als der Protestant Thomasius hatte der Jesuit Friedrich Spee⁴) in seiner Cautio criminalis seu de processibus contra Sagas liber ad magistratus Germaniae hoc tempore necessarius Rinthelii 1632⁵) in der nachdrucksvollsten Weise gegen die Hexenprocesse seine Stimme erhoben. Und gleichzeitig mit ihm suchte sein Ordensgenosse, der Jesuit Adam Tauner († 1632) gegen die Hexenprocesse zu wirken. Noch im Jahre 1713 aber verurtheilte

---

1) Arnolds Kirchenhistorie II, 643 bei Döllinger a. a. O. S. 81.
2) Besnards Repertorium 1842, S. 301 bei Alzog S. 213.
3) In Bezug auf Frankreich machte der bekannte Reformator Beza, der Freund und Genosse Calvins den französischen Parlamenten den Vorwurf, sie seien in Verfolgung der Hexen zulässig, und Walter Scott gesteht, daß je stärker der Calvinismus in England wurde, desto zahlreicher seien auch daselbst die Hexenprocesse geworden. S. Soldan, Geschichte der Hexenprocesse S. 300 f.
4) Ein schönes Denkmal hat diesem edlen und glaubenseifrigen Priester des Jesuitenordens der große Leibnitz gesetzt in seiner Theodicee Theil 1, §. 96 u. 97.
5) In dieser Schrift deckt Spee die schrecklichen Gräuel, die raffinirte Ungesetzlichkeit und Unvernunft der Gerichte bei den Hexenprocessen in einer auch juristisch ausgezeichneten Weise auf. Spee widmete das Werk „den Obrigkeiten, die es nicht lesen würden," und „glücklicher" pries er „die Todten, als die Lebendigen, glücklicher als Beide die, welche nicht geboren und nicht Zeugen seien der Unthaten, die unter der Sonne sich zugetragen." Aus Kummer und Schmerz über diese Gräuel waren die Haare des noch jugendlichen Mannes vor der Zeit gebleicht und weiß geworden.

die Tübinger Juristenfacultät eine Hexe zum Tode¹); und im Jahre 1783 noch wurde in dem protestantischen Kanton Glarus ein Mädchen von einem reformirten Gerichte als Hexe verbrannt²). Und blicken wir nach England, welche unabsehbare Reihe von Opfern ungerechter, gewaltthätiger und grausamer Justiz hat dort die protestantische Hochkirche unter den Katholiken und Dissenters verlangt, welche Ungerechtigkeiten und Gewaltthaten wurden dort allein durch drei Jahrhunderte hindurch an den armen Irländern verübt. Cromwell setzte bekanntlich fünf Pfund auf den Kopf eines jeden katholischen Priesters, gerade soviel, wie auf den eines Wolfes³). Der Quäker William Penn rechnete, daß in kurzer Zeit gegen 5000 der Religion wegen eingekerkerte Personen in den Englischen Gefängnissen aufgerieben worden seien. Nach der Berechnung des englischen Geschichtsforschers Makintosh sind in England von 1660 bis 1685 gegen 25,000 Personen der Religion wegen eingekerkert und 15,000 Familien zu Grunde gerichtet worden⁴).

Dann aber sollte man doch auch nie übersehen, welch' große und mächtige Unterschiede obwalten zwischen jener Strafgesetzgebung des Mittelalters gegen Häretiker, welcher Hus verfallen ist, und jener gewaltsamen Bekehrungs= und Strafjustiz des Reformationszeitalters, welche im sechszehnten und siebenzehnten Jahrhundert so viele Opfer gefordert und welcher der Protestantismus bekanntlich zu einem nicht geringen Theile seine Ausbreitung verdankt — Unterschiede, die eben so sehr jener mittelalterlichen Strafgesetzgebung zur Entschuldigung und Vertheidigung, als jener Bekehrungs= und Strafjustiz der Reformatoren und ihrer Anhänger in mannigfacher Beziehung zur schweren Anklage gereichen. Vor Allem müssen wir darauf hinweisen, daß die ganze sociale Ordnung des Mittelalters auf den Glauben der Kirche gebaut war und den Glauben der Kirche zu ihrer Voraussetzung hatte, und daß dieser Glaube nicht, wie die Lehren der Reformatoren, etwas Subjectives, Wandelbares und Veränderliches, das heute so und morgen anders sich gestaltete, sondern ein objectiv gegebenes, unwandelbares und unveränderliches Princip war, das mit seiner Autorität über Allen stand und vor dessen Autorität sich

---

1) Soldan, Geschichte der Hexenprocesse. Stuttgart 1848, S. 300 ff.
2) Vgl. das gründliche und interessante Buch von Hefele: Der Cardinal Ximenes und die kirchlichen Zustände Spaniens am Ende des 15. und Anfange des 16. Jahrhunderts. Insbesondere ein Beitrag zur Geschichte und Würdigung der Inquisition. S. 312.
3) Vgl. Alzog a. a. O. S. 300.
4) *Makintosh*, history of the English revolution p. 158—60 bei Döllinger a. a. O. S. 75.

Alle beugten. Der Eine christliche Glaube mit seiner über Allem stehenden göttlichen Autorität war der Grundpfeiler der ganzen im staatlichen und socialen Leben bestehenden Ordnung, und wie der mittelalterliche Staat aus dem christlichen Glauben hervorgewachsen, so war er auch ganz von demselben getragen und in allen seinen Einrichtungen vom Größten bis zum Kleinsten auf das Innigste mit demselben verwachsen. Jedes Attentat auf den Glauben und die Kirche war darum auch naturnothwendig ein Attentat auf die bestehende staatliche und sociale Ordnung, jeder Häretiker zugleich auch ein politischer Revolutionär. „Jede häretische Lehre, die im Mittelalter hervorbrach," sagt Döllinger, „hatte klar ausgesprochen oder in nothwendiger Consequenz einen revolutionären Charakter, das heißt: sie mußte in dem Maße, als sie zur Herrschaft gelangte, eine Auflösung des bestehenden Staatswesens, eine politische und sociale Umwälzung herbeiführen. Jene gnostischen Secten, die Katharer und Albigenser, welche eigentlich die harte und unerbittliche Gesetzgebung des Mittelalters gegen Häresie hervorriefen und in blutigen Kriegen bekämpft werden mußten, waren die Socialisten und Communisten jener Zeit. Sie griffen Ehe, Familie und Eigenthum an. Hätten sie gesiegt, ein allgemeiner Umsturz, ein Zurücksinken in Barbarei und heidnische Zuchtlosigkeit wäre die Folge gewesen[1])." Unter diesen Gesichtspunkten muß es sehr natürlich erscheinen und verstand es sich eigentlich ganz von selbst, daß nach dem mittelalterlichen Staatsrechte die Häresie auch als Staatsverbrechen angesehen, geahndet und bestraft wurde, wie denn z. B. auch das keineswegs aus kirchlichem Geiste hervorgegangene sicilianische Gesetzbuch, des „aufgeklärten" und von der modernen kirchenfeindlichen Geschichtschreibung, freilich sehr mit Unrecht, so hochgefeierten „Hohenstaufenkaisers" Friedrichs II. in dieser Beziehung sehr strenge Strafgesetze wider die Häretiker enthält. Ein weiterer Gesichtspunkt aber, den wir namentlich auch hervorheben müssen, ist, daß im Mittelalter Recht und Gesetz in religiösen Dingen für Alle gleich waren, und daß Alle ohne Ausnahme, Kaiser und Könige, Fürsten und Unterthanen, Geistliche und Weltliche, Bischöfe und Priester jenen Strafgesetzen gegen Häresie unterworfen waren. Der Bischof und Priester mußte, wenn er in Häresie verfiel, abgesetzt und im Falle seines Beharrens gleich jedem Anderen gerichtet werden, wie wir dieß z. B. ja gerade auch an der Verurtheilung und Hinrichtung des böhmischen Priesters Hus sehen. Der Kaiser und König wußte, daß Häresie und Trennung von der Kirche ihm unfehlbar seine Krone kosten, daß er sofort aufhören würde, der Kaiser oder König eines katholischen Volkes zu sein. In

---

1) Döllinger, Kirche und Kirchen, S. 61.

dieser ganzen mittelalterlichen Gesetzgebung gegen Häresie und Häretiker liegt — und das müssen selbst die Gegner zugestehen — Vernunft, Gerechtigkeit, Princip und Consequenz. Von allem dem aber ist in der Bekehrungs- und Strafjustiz der Reformatoren und ihrer Anhänger das gerade Gegentheil der Fall. Hier vermögen wir in der That nur Unvernunft, Ungerechtigkeit, Principienlosigkeit und Inconsequenz zu erkennen. Vor Allem muß es als ein Nonsens erscheinen, wenn die Reformatoren und ihre Anhänger überhaupt nur von „Häresie" redeten, nachdem man den objectiven Glauben der Kirche preisgegeben und als Grundprincip der neuen Lehre aufgestellt hatte, daß Jeder durch Bibellesen den christlichen Glauben aus der heiligen Schrift schöpfen könne. Und die Reformatoren hätten sich um so mehr scheuen sollen, das Wort „Häresie" auch nur in den Mund zu nehmen, geschweige denn Andersdenkende als „Häretiker" zu verfolgen und „die Todesstrafe gegen Ketzerei" auszusprechen und zu verhängen, nachdem sie ja doch selbst gleich von Anfang an schon in Sachen des Glaubens in die verschiedensten Richtungen auseinander gegangen und alle objective Norm zur Beurtheilung dessen, was „Häresie" ist, verloren hatten. Während im Mittelalter die Einheit der Kirche und des Glaubens eine für Alle gegebene objective und sichere Norm zur Beurtheilung der „Häresie" bildete, war nunmehr im 16. Jahrhundert auf protestantischem Gebiete in Sachsen „Häresie," was Luther, in Zürich, was Zwingli, in Genf, was Calvin, in England, was Heinrich VIII. nicht gefiel und ihren subjectiven Anschauungen widersprach. Im Jahre 1526 schon standen die Lutheraner den Zwinglianern, und die Zwinglianer den Lutheranern als „Häretiker und Sectirer," als „verteufelte Rotten- und Sectengeister" einander gegenüber, und nicht lange darauf haben Lutheraner und Reformirte sich gegenseitig mit großem Ingrimm verfolgt und mitunter auch gegenseitig hingerichtet — Alles um der „Häresie" willen!

Die ganze reformatorische Verkehrtheit aber erreicht ihren Höhepunkt und gipfelt darin, daß nunmehr und zwar im flagrantesten Widerspruch mit der von den Reformatoren der alten Kirche gegenüber so hoch auf den Schild gehobenen und als das Grundprincip des Protestantismus erklärten Lehre von der „individuellen und freien Schriftforschung" — die Unterthanen in Sachen des Glaubens und der Religion völlig willenlos, wie eine unvernünftige Heerde, der Fürstengewalt und Fürstenwillkür ausgeliefert und preisgegeben wurden, indem den Fürsten und Obrigkeiten als „göttliches Recht" zugestanden wurde, die Religion ihrer Untergebenen nach Gutdünken zu ändern, sie aus Katholiken zu Protestanten, aus Lutheranern zu Calvinisten und umgekehrt zu machen. Denn das war die herrschende protestantische Doctrin, in welcher Lutheraner und Reformirte übereinstimmten, daß die Fürsten das höchste Richteramt über Religion, Lehre und Kirche hätten, und daß es ihr Recht und Beruf sei, jede von der ihrigen abweichende Glaubensmeinung zu unterdrücken. Luther rechnete es sich sogar zum besonderen Ruhme, daß er, indem er die Fürsten zu Herrn seiner Kirche gemacht, die weltlichen Machthaber, welche in der katholischen Kirche ihres guten Rechtes beraubt gewesen, in dasselbe eingesetzt und so den obrigkeitlichen Stand „sonderlich herfürgezogen, erleuchtet und geziert habe[1].“ Aus diesem von den Reformatoren erfundenen Systeme der Fürstenherrschaft über Religion und Gewissen aber und dem daran sich anschließenden und damit in der innigsten Verbindung stehenden Satze: „cuius est regio, illius est religio“, „Wem das Land gehört, dem gehört die Religion“ entstand, wie Döllinger sagt, ein Despotismus, dessen Gleichen bis dahin noch nicht gesehen worden war. Das neue System, wie es von Theologen und Juristen jetzt ausgebildet wurde, war schlimmer als die byzantinische Praxis, denn dort hatte man doch nie den Versuch gemacht, die Religion des Volkes zu ändern. Die protestantischen Fürsten aber waren nicht bloß Päpste in ihrem Lande, sie waren mehr, sie vermochten, was nie einem Papste eingefallen war. Denn jeder Papst wußte, daß seine Macht nur eine erhaltende, die überlieferte Lehre bewahrende sei, und daß ein Versuch von ihm, die Lehre der Kirche zu ändern, unfehlbar am allgemeinen Widerstande scheitern würde. Den protestantischen Fürsten aber wurde gesagt, und sie selber glaubten und erklärten, daß ihre Macht in religiösen Dingen eine völlig schrankenlose sei, daß sie im Gebrauche derselben ihr Gewissen zur einzigen Richtschnur zu nehmen hätten. Es versteht sich von selbst, daß sie immer dabei dem „Evangelium“ oder der heiligen Schrift unterworfen zu sein versicherten, aber eben nur der von ihnen oder dem Hofprediger ihrer Wahl ausgelegten Schrift[2]). Erkannte der katholische Fürst über sich und seinem Volke die feste, stets gleiche Autorität der Kirche, wollte er nur ein Glied, ein gläubiges und gehorchendes Glied in dem großen Organismus der Weltkirche sein, so war der protestantische Fürst nach vermeintlich göttlichem Auftrage oberster Richter in religiösen Dingen für sich und sämmtliche Untergebene und wußte von keiner Autorität, die höher stehe, als die seinige. So hatte man in England eine bischöfliche, aus katholischen und protestantischen Elementen unnatürlich gemischte Kirche, weil es die Könige so gewollt hatten. Dagegen mußten Dänemark,

---

1) Luthers Werke von Walch XIV, 520 ff. XIX, 2287.
2) Döllinger, Kirche und Kirchen, S. 63.

Schweden und Norwegen lutherisch werden und bleiben, weil die Könige diese Lehre für die bequemste und ihrer Machterweiterung günstigste hielten. In den deutschen Fürstenthümern konnte Niemand wissen, ob im nächsten Jahre das Land lutherisch oder calvinisch, oder halbcalvinisch (nach dem im Brandenburgischen eingeführten Muster) sein würde. Denn das hing von der Person des Landesherrn, von dessen wechselnden Ansichten oder von dem Tode des einen und der Succession eines andersgläubigen ab [1]. Das protestantische Volk wurde von seinen fürstlichen Oberbischöfen und deren Beamten zu einer nie früher dagewesenen Knechtschaft hinabgedrückt [2]."

Welch' eine schreiende Ironie und Persifflage bilden alle diese historischen Thatsachen zu den unwahren und überschwänglichen Reden, mit denen man auf dem Lutherfeste zu Worms und bei Enthüllung des Luthermonumentes Luther und die Reformatoren gefeiert hat als die „Heroen der Gewissens- und Geistes- und socialen Freiheit" und die Reformation als die große Befreiungsthat von „jeglicher Gewissenstyrannei!" Wahrlich, die Reformatoren und die reformatorischen Fürsten haben von Gewissensfreiheit und von socialer Freiheit unaussprechlich wenig wissen wollen, und nicht auf dem Wege der Gewissensfreiheit, sondern auf dem Wege des Gewissens- und Religionszwanges einerseits, und einer unchristlichen, dem Geiste des Evangeliums sehr wenig entsprechenden religiössittlichen Emancipation andererseits ist die angebliche „Religion der freien Forschung" im 16. Jahrhundert fast allenthalben eingeführt worden. Gewisse etwas allzu einseitige und engherzige Panegyriker des Reformationszeitalters und Verächter des Mittelalters würden darum wohl daran thuen, sich aller dieser Thatsachen zu erinnern, ehe sie ihre Steine auf das Mittelalter werfen, in welchem ungeachtet einer namentlich seit dem 12. Jahrhundert zum Theil sehr strengen Staatsgesetzgebung gegen Häresie und unverbesserliche Häretiker nichtsdestoweniger mehr wahre Freiheit und mehr wahres und ächtes Freiheitsbewußtsein und vielfach freiheitlichere Institutionen im Staats- und Völkerleben blühten, als im Reformationszeitalter, wo zum Hohne auf Religion, Gewissen und Freiheit „der bis dahin in der christlichen Welt unerhörte" [3] Grundsatz: cuius regio, illius religio in Theorie und Praxis in vollster Blüthe stand und die Geister und Gewissen der Menschen unter die unwürdigste Fürstenherrschaft und Fürstenwillkür knechtete, und selbst als

---

[1] Döllinger, a. a. O. S. 63 und 64.
[2] Döllinger, a. a. O. S. 58.
[3] Döllinger, a. a. O. S. 50.

heutzutage, wo ein unerträglicher Militär=Despotismus und freiheit=
tödtende Centralisation, wo die unsittliche und verderbliche Herrschaft des
Capitals und ein feiles, freiheitloses und unsauberes Literatenthum am
Herzen der Völker nagen, und das schöne und goldene Wort Freiheit
nur gar zu vielfach zum leeren Schemen und Phantasma machen. Daß die
moderne Zeit und die moderne Welt so übermäßig „frei und freisinnig"
sei — das gehört eben auch nur zu einer jener stolzen und krankhaften
Selbsttäuschungen, an denen das neunzehnte Jahrhundert so reich ist!

IX.

Vindiciae Savonarolae. Eine Parallele zwischen dem Dominicanermönch von Florenz und dem Augustinermönch von Wittenberg.

> „Nihil praeter catholicam fidem, et quidquid Sancta Romana Ecclesia approbat, a me unquam prolatum est, cujus castigationi semper me subjeci, et quoties oportuerit iterum atque iterum me subjicio... Manifeste apparebit, an ego haeresiarum, quod absit, an catholicae veritatis sim disseminator."
>
> „Nichts ist von mir je vorgebracht worden gegen den ka=
> tholischen Glauben und gegen das, was die Heilige
> Römische Kirche gutheißt, deren Zurechtweisung ich mich
> immer unterworfen habe, und, so oft es Noth thuen sollte,
> immer und immer mich unterwerfe... Es wird offenbar
> werden, ob ich ein Verbreiter von Ketzereien, was
> ferne sei, oder der katholischen Wahrheit bin."
>   Savonarola¹).

Als vierter Vorreformator sitzt am Luthermonumente in seinem
Dominicanerordensgewand Hieronymus Savonarola, der erschüt=
ternde Bußprediger und Stifter einer theo=demokratischen Regierungsver=
fassung in Florenz, der Gegner der Mediceer und des unwürdigen Papstes
Alexander VI. Savonarola entstammte einer angesehenen und vornehmen
Familie in Ferrara und erblickte in dieser Stadt das Licht der Welt am 21.
September 1452. Er empfing eine sehr sorgfältige Erziehung und wissen=
schaftliche Ausbildung und studirte namentlich mit großem Eifer die peri=
patetische Philosophie, die Werke des Plato und die Summa des h. Tho=
mas von Aquin. Der Enkel eines berühmten Arztes, sollte auch er nach

---

1) In seinem Antwortschreiben vom 22. Mai 1497 auf die Excommmunications=
bulle Alexanders VI. Siehe dieses Schreiben Savonarola's bei *Quétif*, Vita Fr.
Hieronymi Savonarolae. Paris. 1674. T. II. 125, bei Meier, Hieronymus Savonarola,
Berlin 1836, S. 377 und in der jüngst erschienenen Schrift des belgischen Domini=
caners Rouard de Card: Hieronymus Savonarola und das Lutherdenkmal in
Worms. Aus dem Französischen. Berlin 1868.

dem Willen seines Vaters dem ärztlichen Berufe sich widmen. Aus Schmerz über die Verderbniß der Welt aber und aus dem Verlangen nach den himmlischen und ewigen Gütern verließ er in seinem zweiundzwanzigsten Jahre ohne Vorwissen seiner Eltern das väterliche Haus und trat zu Bologna in den Orden der Dominicaner, in welchem er sich gleich von Anfang sehr auszeichnete und bald mit einem Lehramte der Naturphilosophie und Metaphysik betraut wurde. Im Jahre 1482 kam er zum ersten Male nach Florenz in das Kloster San Marco und hielt daselbst im folgenden Jahre die Fastenpredigten. Seine tiefernsten und düsteren Bußpredigten aber wollten damals den heiteren und vielfach in Weltlust und Ueppigkeit versunkenen Florentinern gar nicht gefallen, und bald stand die große und geräumige Kirche, in der er predigte, leer. Nachdem er hierauf einige Zeit in der Lombardei mit dem Unterrichte der Jugend sich beschäftigt und 1485 in Brescia mit besserem Erfolge über die Apocalypse gepredigt, kam er 1489 durch Vermittelung des Grafen Pico della Mirandola zum zweiten Male nach Florenz, wo er von jetzt ab seinen bleibenden Wohnsitz hatte. Wegen seiner Tugend und Frömmigkeit und seiner hervorragenden Talente wurde er hier bald zum Prior erwählt, und als solcher begann er nun, das Kloster von San Marco auf den ganzen Ernst und die ganze Strenge der alten Dominicanerregel zurückzuführen. Er selbst leuchtete seinen Ordensbrüdern in Allem mit dem strengsten Beispiele voran. Bald schlossen sich andere toscanische Dominicanerklöster der von Savonarola in San Marco eingeführten Klosterreform an, und so entstand die toscanische Dominicanercongregation, zu deren Generalvicar Savonarola im Jahre 1493 von Alexander VI. ernannt wurde. Zugleich trat er als gewaltiger und erschütternder Bußprediger auf und erlangte bald einen wunderbaren Einfluß auf die Gemüther der Florentiner. In prophetischem Tone strafte er die unter Geistlichen und Laien herrschende Sittenlosigkeit, und wenn er auf der Kanzel mit dem ganzen Feuer seiner Beredsamkeit die großartigen Bilder seiner Apocalypse entrollte und daraus, wie ein Prophet, mit donnernder Stimme die kommenden Plagen und Strafgerichte verkündete, da brach oft die Menge in lautes Weinen aus, und die Nachschreiber seiner Predigten mußten die Feder niederlegen, weil sie, innerlich auf das Tiefste bewegt und erschüttert, nicht mehr weiter schreiben konnten. Zugleich aber trat er in seinen Predigten auch als ein heftiger Gegner der Mediceer auf und verkündete ihren baldigen Sturz. Seine politischen Anschauungen waren eine Mischung von Demokratie und Theokratie, und sein politisches Sinnen und Trachten ging darauf hinaus, die alte Florentiner Republik, wie sie vor der Mediceer Zeit gewesen, wiederherzustellen und sodann den üppigen und vielfach unchristlichen Geist, wie er sich unter der Regierung der Mediceer eingebürgert hatte, auszutreiben und das bürgerliche und sociale Leben von Florenz ganz mit dem Geiste Jesu Christi und des Christenthums zu erfüllen. Als im Jahre 1494 in Folge des Eroberungszuges Karls VIII. durch Italien die Mediceer aus Florenz fliehen mußten, sah sich der arme und schlichte Dominicanermönch von San Marco mit Einemmale an der Spitze des Staatswesens von Florenz und begann nun mit einem wahrhaft excentrischen Eifer seine religiöspolitischen Pläne zu realisiren. Florenz sollte von nun an keinen anderen König mehr über sich erkennen, als Christus den König des Weltalls und Christus wurde nun feierlich zum König von Florenz erklärt, dem das Volk in Allem zu dienen habe. Zur Leitung und Verwaltung der Staatsgeschäfte wurde eine Signorie eingesetzt; welche, damit sie in der Herrschaft sich nicht festsetze, in jedem Vierteljahre aus der Mitte des Volkes neu gewählt werden sollte. Savonarola war die leitende Seele des Ganzen und ging auf der politischen und reorganisatorischen Laufbahn, die sich nun vor ihm aufthat, in zum Theil sehr eigenmächtiger und excentrischer Weise vor. Er hielt sich in dieser seiner religiös-politischen Thätigkeit für einen Gesandten Gottes und glaubte Alles, was er in dieser Beziehung thue und einführe, auf Grund specieller göttlicher Eingebungen und Erleuchtungen zu thun. In seinem überreizten Eifer und seiner Aufgeregtheit glaubte er auch die zukünftigen Dinge und die bevorstehenden Schicksale der Kirche und der Welt zu schauen und verkündete dieselben mit prophetischer Gewißheit und Sicherheit dem erstaunten und erregten Volke.

Da er so förmlich als Prophet auftrat und von göttlichen Eingebungen erleuchtet zu sein glaubte, so beschied ihn der Papst am 21. Juli 1495 nach Rom, damit er sich hier über diese seine angeblichen prophetischen Erleuchtungen erkläre. Auf das freundliche und für Savonarola höchst anerkennungsvolle Schreiben des Papstes¹) antwortete Savonarola,

---

1) Das Schreiben des Papstes an Savonarola lautet: „Geliebter Sohn, Heil und apostolischer Segen! Daß unter andern Arbeitern im Weinberg des Herrn du einer der thätigsten seiest, haben wir aus dem Munde Vieler vernommen, worüber wir uns sehr freuen und dem allmächtigen Gott Lob und Dank sagen, daß er solche Gnade einem Menschen gegeben hat; denn wir zweifeln nicht, daß du das durch den göttlichen Geist habest, der die Gnadengaben unter den Sterblichen austheilt, und unter dem christlichen Volke das Wort Gottes aussäen und hundertfältige Frucht gewinnen könnest, wie wir denn auch in den jüngsten Tagen aus Schreiben von dir ersehen haben, daß dieß deine Gesinnung und dein Vorsatz sei, und daß du in deinen Predigten dem Volke vortragest, was du zum Dienste Gottes gehörig erkennest. Da uns aber jüngst kund geworden, daß du später in deinen öffentlichen Predigten dich geäußert hättest, auch das, was du als zukünftig verkündigest, sagtest du nicht aus dir selbst oder aus menschlicher Weisheit, sondern aus göttlicher Offenbarung,

daß es ihm gegenwärtig unmöglich sei, nach Rom zu kommen; er berief sich auf seine durch die Thätigkeit und die Erlebnisse während der letzten Zeit geschwächte Gesundheit, auf die Wuth seiner politischen Feinde, welche sehr oft Anschläge auf sein Leben gemacht hätten, sowie auf den Stand der Parteien, welcher ihm ein längeres Verweilen in Florenz unumgänglich nothwendig zu machen scheine¹). Später aber erklärte er in seinen in der Fastenzeit 1496 gehaltenen Predigten, es liege für ihn keine Verpflichtung vor, nach Rom zu gehen²) und setzte überhaupt seine eingebildete und excentrische Propheten- und Theokratenrolle in Florenz nach wie vor fort; weßhalb der Papst ihn durch ein Breve vom 16. October 1496 vom Predigen suspendirte, ihn der Stelle als Generalvicar der toskanischen Dominicanercongregation entsetzte und diese Stelle dem Vicar der lombardischen Congregation übertrug³). Allein Savonarola glaubte den Befehlen des Papstes keinen Gehorsam leisten zu sollen; und nachdem er vorher schon seine Stimme gegen Alexander VI. erhoben, trat er nun, wie ein zürnender Elias, mit immer größerer Heftigkeit gegen den unwürdigen Papst auf. Savonarola nahm, und mit vollem Rechte, Anstoß an dem ärgerlichen, sündhaften und verweltlichten Leben und Treiben des Papstes, welcher unstreitig einer der unwürdigsten Päpste war, die je im Laufe der Jahrhunderte auf dem Stuhle Petri gesessen. Allein Savonarola hätte unterscheiden sollen zwischen der Person und dem Amte und hätte auch einem solch' unwürdigen Vorsteher gegenüber, wie Alexander VI. es war, den Weg des Gehorsams nicht verlassen dürfen. Savonarola schien dieß selbst nur allzu wohl zu fühlen; darum suchte er sich einzureden, daß der Papst über ihn unrecht berichtet sei, daß er unter den gegenwärtigen Verhältnissen den Befehlen des Papstes unmöglich

---

so richten wir deßhalb, vom Wunsche beseelt, wie ja das uns vermöge unseres Hirtenamtes zukommt, mit dir darüber zu sprechen und aus deinem eigenen Munde die Sache zu hören, damit wir, durch dich genauer hierüber unterrichtet, das was Gott wohlgefällig ist, verfügen, die Aufforderung und Weisung an dich, in Kraft des heiligen Gehorsams so bald als möglich zu uns zu kommen. Wir werden dich mit väterlicher Liebe aufnehmen. Gegeben zu Rom bei St. Peter am 21. Juli 1495." — Siehe das Actenstück bei Meier, a. a. O. S. 357. *Perrens*, *Jérôme Savonarola*, Paris 1853. T. I. App. p. 464. Rouard de Carb], a. a. O. S. 60.

1) Siehe das Antwortschreiben Savonarola's bei Meier, Perrens, Rouard de Carb a. a. O.

2) Predicha 21 e 27 sopra Amos.

3) Meier, a. a. O. S. 363.

nachkommen könne¹). Allein in allem dem täuschte er sich. Zudem suchte er sich immer mehr einzureden, um seinen Ungehorsam gegen die Befehle des Papstes vor seinem Gewissen zu rechtfertigen, daß Alexander VI., von dem man, und wohl nicht mit Unrecht, erzählte, daß er durch Bestechung mehrerer Cardinäle den Weg zum päpstlichen Throne gefunden habe, um deßwillen ein unrechtmäßiger Papst sei, und daß er ihm als solchem keinen Gehorsam schuldig sei, wie er denn auch später nach seiner Excommunication im März 1498 in einer Reihe von Schreiben an den deutschen Kaiser, an die Könige von Frankreich, Spanien, England und Ungarn²), diese Fürsten „als die ersten Souveräne der Christenheit" auffordert, die Einberufung eines allgemeinen Concils zu erwirken, um den unrechtmäßigen, frevelhaften, „simonistischen und sacrilegischen" Papst Alexander VI. abzusetzen. So sah sich Savonarola seit October 1495 in einem Conflicte mit dem Papste Alexander VI., der freilich als sittlicher Charakter tief unter ihm stand, dem er aber als dem, wenngleich sehr unwürdigen, so doch gesetzlich rechtmäßigen Träger des höchsten kirchlichen Amtes in allen erlaubten Dingen Gehorsam und Unterwerfung schuldig gewesen wäre³).

---

1) Vgl. in dieser Beziehung z. B. die bei Dr. Rouard be Card a. a. O. S. 31—35 mitgetheilte Deduction aus einer in der Fastenzeit 1496 gehaltenen Predicha sopra Amos; sowie insbesondere auch die nach seiner Excommunication im Sommer 1497 abgefaßte „Apologie" bei *Quétif*, l. c. II. p. 74, und sein Schreiben „an alle Christen" bei *Quétif*, l. c. II. p. 185.

2) Die Schreiben an den Kaiser, an die Könige von Frankreich und Spanien siehe bei *Perrens* l. c. I. 485—89.

3) Schön sagt in dieser Beziehung der berühmteste englische Convertit der Neuzeit Dr. Newman in seinen an der Universität Dublin gehaltenen akademischen Reden über Savonarola, nachdem er seinen Zuhörern zuerst ein Bild von der großartigen Wirksamkeit Savonarola's in Florenz gegeben: „Ein wahrhaft wunderbarer Mann, das werdet ihr zugeben, meine Brüder, war dieser Savonarola. Ich will nichts weiter von ihm sagen und berühre nur noch den Ausgang seiner reformatorischen Thätigkeit. Jahre lang, wie gesagt, ging er unbehindert seinen Weg; zuletzt jedoch hielt seine Demuth nicht mehr gleichen Schritt mit seiner Unschuld, seiner Aufrichtigkeit und seinem Eifer. Er überschätzte sich selbst, er erhob sich gegen eine Macht, die Niemand angreifen kann, ohne sich selbst zu schaden. Er kam in Streit mit dem heiligen Stuhle und trotzte, wie Einige behaupten, offen dessen Befehlen. **Zum Besseren läßt sich nichts gestalten durch Ungehorsam; das war nicht der Weg, um ein Apostel zu werden für Florenz oder Rom.** Nun brach das Unglück über ihn ein; es erfolgte ein gewaltiger Rückschlag; seine Feinde gewannen die Oberhand; er selbst wurde immer maßloser; das Volk verließ ihn; er wurde zum Tode verurtheilt, erdrosselt, erhängt und sein Leichnam verbrannt." Vgl. Dr. Newman, Vorträge und Reden, gehalten an der katholischen Universität zu Dublin. Köln 1860. S. 214.

Aber auch in Florenz selbst vereinigten sich viele Umstände, um die Stellung Savonarola's immer schwieriger und unhaltbarer zu machen. Da manches von dem, was er in seinem übergroßen und sich selbst täuschendem Eifer mit prophetischer Gewißheit vorausgesagt, nicht in Erfüllung ging, so wurde sein Ansehen unter dem Volke tief erschüttert. Dazu kam noch, daß sich bald gegen seine Herrschaft mächtige Parteien erhoben. Namentlich hatten die Mediceer noch zahlreiche und einflußreiche Anhänger in der Stadt zurückgelassen, die Alles aufboten, um die Herrschaft Savonarola's zu stürzen und die Mediceer wieder nach Florenz zurückzuführen. Ein mißlungener Staatsstreich, durch welchen sich die Mediceer im April 1497 wieder der Herrschaft zu bemächtigen suchten, und in Folge dessen fünf zum Theil sehr angesehene und vornehme Florentiner Bürger, die bei diesem Staatsstreiche betheiligt waren, verhaftet, gefoltert und verurtheilt wurden, erbitterte die Gegenpartei nur noch mehr und machte auch Savonarola in Florenz vielfach verhaßt. Früher nämlich hatte Savonarola selbst darauf gedrungen, daß jedem Verurtheilten die Appellation an den Hohen Rath gestattet sein solle, und es war in diesem Sinne ein Gesetz erlassen worden. Jetzt aber wurde den Unglücklichen diese Rechtswohlthat verweigert; man ließ sie in der Nacht vom 21. auf den 22. August heimlich im Gefängniß enthaupten und ihre Leichen des folgenden Tages öffentlich ausstellen. Die Bitten, mit denen die Unglücklichen selber und ihre Verwandten Savonarola und seine Anhänger bestürmt, hatten Nichts gefruchtet. Mag nun begründet sein, wessen Guicciardini[1]) den Savonarola beschuldigt, daß er mit seinem Ansehen

---

1) *Guicciardini* († 1540) Istoria d'Italia. Firenze 1880. l. III. p. 130. — Richtig scheint uns der protestantische Kirchengeschichtschreiber, Böhringer, Die Kirche Christi und ihre Zeugen, Bd. 2, Abtheilung 4, Hälfte 2, S. 952, die Beziehung Savonarola's zu jener Hinrichtung zu beurtheilen, wenn er schreibt: „Aber auch auf Savonarola, und nicht mit Unrecht, fällt ein dunkler Schatten. Nicht darum, daß er einen solchen Act nicht verhindert hat, denn es ist ungewiß, ob er es auch bei dem besten Willen hätte können, da die hochgehende See der Volkserbitterung ein Opfer haben wollte; wohl aber dafür, daß er nichts von Bedeutung gethan hat, einen solchen Act zu verhindern, wozu er verpflichtet war als Wächter der Verfassung, als Urheber des Appellationsrechtes, auch als Priester, der vor ungesetzlichem Blutvergießen hätte warnen sollen; aber er, der sonst so strenge war, hatte nicht einmal nachher ein Wort des Tadels. Nur, daß er zu dieser „Irregularität" gerathen, bestreitet er in seinem Prozeß; er habe die Signorie nur aufgefordert, „festzustehen gegen die (mediceisch-unrepublikanische) Meinung Bernardo's des Nero (eines 75jährigen Greises, der im April 1497, als Pietro de Medici seinen Handstreich versucht hatte, Gonfaloniere gewesen und nur angeklagt war, das Complott gekannt, es aber nicht entdeckt zu haben); im Uebrigen hätte er es für sich gerne gesehen, wenn Bernardo (nur) in die Verbannung geschickt worden wäre."

solche Ungesetzlichkeit hätte verhindern können, oder mag solche Beschuldigung ohne genügenden Grund sein: genug! dieser Vorfall schadete ihm außerordentlich viel und machte ihn unter dem Volke vielfach verhaßt. Wenige Monate vorher war auch die Excommunicationsbulle des Papstes vom 12. Mai 1497 gegen Savonarola eingetroffen und am 22. Juni in den Kirchen von Florenz verkündet worden.

Diese Excommunication aber war durchaus nicht, wie man hat behaupten wollen, eine ungerechte, sondern eine vollkommen gerechtfertigte. Savonarola hatte sich dieselbe durch seinen Ungehorsam, mit welchem er der wiederholten Citation des Papstes nach Rom keine Folge geleistet, die ihm auferlegte Suspension von der Predigt mehrfach übertreten und die ihm am 7. November 1496 vom Papste „in Kraft des heiligen Gehorsams und bei Strafe der Excommunication" anbefohlenen Vereinigung des Conventes von San Marco mit der neuerrichteten tuskischen und der römischen Dominicanercongregation nicht in Ausführung gebracht hatte, zugezogen und die Excommunication auf Grund des Gesetzes verdient. Mag sein, daß Savonarola gewisse Entschuldigungsgründe zu haben glaubte, um sich den Befehlen des Papstes entziehen zu können; allein das positive Gesetz und Recht kann nicht auf die subjectiven Anschauungen des Einzelnen Rücksicht nehmen, sondern hat überall den objectiven Thatbestand in's Auge zu fassen, und dieser sprach entschieden zu Ungunsten Savonarola's und läßt seine Excommunication als eine gesetzlich vollkommen gerechtfertigte erscheinen. Sobald Savonarola Kenntniß von der über ihn verhängten Excommunication erhalten hatte, wandte er sich sofort in einem Schreiben vom 22. Mai an den Papst, in welchem er seine Unschuld zu vertheidigen suchte und erklärte, daß er jederzeit wissen werde, was er dem Papste als dem Stellvertreter Christi auf Erden schuldig sei, daß er nie etwas gegen den katholischen Glauben und die heilige römische Kirche vorgebracht und daß er sich ihrer Zurechtweisung immer und immer wieder unterwerfe, so oft es Noth thue. Zugleich aber protestirte er in einer Schrift „Apologie" und dann in der Fastenzeit 1498 in seinen aufregenden Predigten sopra l'Esodo gegen die Excommunication als eine unstatthafte, ungerechte und canonisch durchaus ungiltige. Allein so groß auch der Zulauf des Volkes zu jenen Predigten war, der Nimbus um das Haupt Savonarola's war durch mannigfache Ereignisse der letzten Zeit mehr und mehr erblichen. Sein Ansehen unter dem Volke sank von Tag zu Tag, und am 1. März 1498 trat durch die Wahl des Volkes eine neue Signorie in's Amt, die in der Mehrzahl ihrer Mitglieder ihm feindlich war. Auch unter den Geistlichen und Ordensleuten hatte Savonarola in Folge seines Ungehorsams gegen den Papst zahlreiche Gegner gefunden. So sah sich Savonarola, der kurz vorher noch ganz Florenz unumschränkt beherrschte, mit Einemmale von Gegnern und Feinden aller Art umringt. Da erbot sich ein Mönch seines Klosters, Fra Domenico da Pescia, um die Sache Savonarola's zu vertheidigen, für die Gerechtigkeit der Sache seines Meisters die Feuerprobe anzustellen und durch's Feuer zu gehen, wenn einer von der Gegenpartei für deren Meinung dasselbe thun wolle. Die Herausforderung wurde von einem Franziscanermönch angenommen; es kam aber das Gottesurtheil nicht zur Ausführung, weil Domenico das heiligste Sakrament mit sich in's Feuer nehmen wollte, was dem versammelten Volke als eine Gotteslästerung erschien. Für Savonarola war dies von schlimmen Folgen. Das Volk beschimpfte ihn, und am nächsten Abend, am 8. April, brach ein Volksaufstand gegen ihn aus, der mehrere Menschenleben kostete. Savonarola wurde gefangen genommen und nebst seinen zwei Ordensbrüdern Domenico da Pescia und Silvester Maruffi vor die Signorie geführt. Alsbald begann die Untersuchung vor einem besonders dazu ernannten Richtercollegium, aus sechszehn Mitgliedern bestehend, denen noch zwei Geistliche beigegeben waren. Er zeigte Muth und Entschlossenheit bei den gegen ihn erhobenen Anklagen und seine große Beredsamkeit brachte seine Richter selbst in Verlegenheit. Aber durch die Tortur ward seine Kraft gebrochen, und die unselige Einbildung, daß er ein von Gott erleuchteter Prophet sei und daß alle seine theokratischen Einrichtungen und Anordnungen, die er in den letzten Jahren in Florenz getroffen, auf unmittelbar göttlicher Erleuchtung und Anordnung beruhen, schwand. Er erkannte und bekannte die Verkehrtheit jener eingebildeten Propheten- und Theokratenrolle, die er in den letzten Jahren als Volkstribun in einer gewissen Ueberreiztheit und divinatorischen Erregtheit gespielt hatte, und wurde der Volksverführung für schuldig befunden. Nachdem seine Verurtheilung auf Grund der Proceßacten von Alexander VI. bestätigt worden, sprach das Collegium der Achte, eine Staatsbehörde in Florenz, das Todesurtheil über Savonarola und seine beiden Ordensbrüder aus. Als Volksaufwiegler und Volksverführer wurden sie am 23. Mai 1498 erhängt, ihre Leichname wurden verbrannt und die Asche in den Arno gestreut. Alle drei starben mit größter Ruhe und Ergebung, im reuevollen Bewußtsein ihrer Schuld und im treuen Bekenntniß des katholischen Glaubens und ihrer Anhänglichkeit an die Kirche. So endete der Mann, der so viele Jahre seines Lebens in den stillen Räumen seines Klosters wie ein Heiliger gelebt und durch sein gottbegeistertes Wort auf der Kanzel und im Beichtstuhle so viele Seelen zu Christus geführt, der aber in den letzten Jahren in Folge seiner verkehrten und exaltirten politischen Stellung in einen verhängnißvollen Strudel hineingerathen war und in ihm seinen so tragischen Untergang gefunden hat. Was übrigens der ernste, der sittenreine und sittenstrenge, von der innigsten Liebe zu Christus und der Kirche durchglühte Dominicaner von San Marco in den letzten Jahren seines Lebens gefehlt, das hat er durch Reue und Buße, durch seinen so tragischen Tod und durch die fromme und ächt christliche Weise, mit welcher er denselben als Sühne für seine Fehler hingenommen und erlitten, vor Gott und den Menschen vollkommen gesühnt. Und darum kann das Bild des edlen und ächt katholischen Dominicaners von Florenz nur in reinem, idealem und himmlischem Lichte vor unserer Seele stehen, so wie es einst vor der Seele Fra Bartolommeo's stand, als er in frommem und ehrfurchtsvollem Andenken an seinen Meister und Freund in dem Kloster von San Marco das Bild Savonarola's zeichnete und malte [1]).

---

[1]) Fra Bartolommeo ist bekanntlich einer der berühmtesten Meister der Florentiner Schule. Sein weltlicher Name war Baccio della Porta, er war geboren zu Sarignano, nahe bei Florenz im Jahre 1469. Durch Savonarola wurde er ganz für die christliche Kunst gewonnen, und bei dem großen Auto-da-Fé von schlüpfrigen Dichterwerken, unpassenden und unanständigen Kunst- und Luxusgegenständen, welche Savonarola vor der Fastenzeit des Jahres 1497 öffentlich veranstaltete, warf Baccio della Porta eine große Anzahl seiner weltlichen und profanen Zeichnungen und Gemälde ins Feuer. Das tragische Ende seines Freundes und Führers Savonarola erschütterte ihn so tief, daß er ganz der Welt entsagte und in den Dominicanerorden eintrat, wo er unter dem Namen Fra Bartolommeo in größter Demuth, Andacht und Weltentsagung seine wunderbar schönen und herrlichen Bilder schuf und im Jahre 1517 starb. Der bekannte Kunsthistoriker Lübke sagt von ihm in seinem Grundriß der Kunstgeschichte S. 567: "Fra Bartolommeo's eigentliche Sphäre ist das Andachtsbild, und hierin steht er den größten und edelsten Meistern ebenbürtig da. Seine Gestalten sind voll tiefer Empfindung, und dabei frei bewegt, großartig gewandet und zu reifer Schönheit durchgebildet. Was aber seinen Bildern eine besondere Feierlichkeit des Eindrucks gibt, ist der herrliche Aufbau, die bei aller Freiheit doch streng architektonische Gliederung des Ganzen." Wie vieles hätten die Künstler des Luthermonumentes, die berühmten Meister des neunzehnten Jahrhunderts, noch von dem "mittelalterlichen" Fra Bartolommeo zu lernen, namentlich gerade, was den letzten, von Lübke hervorgehobenen Punkt: "den herrlichen Aufbau und die bei aller Freiheit doch streng architektonische Gliederung des Ganzen" betrifft — denn das fehlt dem Luthermonumente aber auch total! Vor uns liegt Fra Bartolommeo's herrliches Bild: die Kreuzabnahme, und indem wir das Bild betrachten, ist es uns, als tönten uns aus dem Bilde entgegen jene Worte, die Savonarola in einer seiner Predigten einst an die Künstler von Florenz gerichtet und die auch Fra Bartolommeo so tief in Geist und Herz sich eingeprägt hatten. "Sehet die Sonne", ruft Savonarola in jener herrlichen Predigt aus, "ihre Schönheit liegt in ihrem Lichte; und Gott selbst, Er ist die Schönheit selber, weil in ihm ist die Fülle des Lichtes. Die Schönheit jedes geschaffenen Wesens ist um so vollkommener, je mehr sie das Bild trägt von Gottes Schönheit, und der Leib ist schön in dem Maße, wie die Seele schön ist. Wie groß muß die

Seltsamer Weise ist nun das Bild Savonarola's an zwei Stellen angebracht, wie sie verschiedener wohl kaum gedacht werden können. Zu Rom prangt es, von der Meisterhand Raphaels gemalt, in idealer Schönheit und Verklärung neben dem Bilde des h. Thomas von Aquin auf der unvergleichlichen Disputa des Vatikans[1]), zu Worms sitzt der arme Mönch als eine wahrhaft ins Dämonische und Fratzenhafte hinüberspielende Carrikatur des Zornes und des Hasses[2]) zu den Füßen Luthers. Die einfache

---

Schönheit der gebenedeiten Jungfrau gewesen sein, da sie so heilig war und ihre Heiligkeit in ihrem Antlitz auf jedem Zuge strahlte! Wie schön haben wir uns Christus zu denken, Ihn, der Gott und Mensch war!"

1) Die sogenannte Disputa wurde von Raphael im Auftrage Papst Julius II. gemalt. Sie ist eine großartige Verherrlichung der Theologie der katholischen Kirche, und als der Mittelpunkt aller theologischen Forschung erscheint auf ihr das allerheiligste Sakrament. Lübke in seiner Kunstgeschichte S. 578 gibt von dem unvergleichlichen Bilde, von dem wir auch seit mehreren Jahren durch den Künstler Joseph Keller einen solch' meisterhaften Kupferstich erhalten haben, folgende Schilderung und Kritik: „Wir sehen oben die Herrlichkeit der triumphirenden Kirche, in der Mitte Christus, mit dem Ausdruck göttlicher Milde und Barmherzigkeit auf Wolken thronend, neben ihm die demuthvoll fürbittende Madonna und Johannes den Täufer, der auf ihn als das Heil der Welt hinweist, unterhalb die Taube des heiligen Geist und zuoberst Gott Vater in einer Glorie von Engeln. Auf beiden Seiten reihen sich auf Wolken sitzend, herrliche Gestalten der Verklärten an, von vollendeter Schönheit und Freiheit. Unten auf der Erde sieht man eine Anzahl von Kirchenvätern, Bischöfen und Lehren sich zu beiden Seiten eines Altares schaaren, der die Monstranz mit der geweihten Hostie trägt. Hier herrscht lebendige Bewegung, begeisterter Glaube und tiefsinnige Forschung, inbrünstige Verehrung, Streit und Zweifel in unvergleichlicher Kraft und Tiefe der Charakteristik. Das Bild ist die Spitze aller religiös-symbolischen Malerei und doch zugleich voll wahrhaften Lebens und hinreißender Schönheit. Die Ausführung zeugt von sorgfältiger Vollendung bis ins Kleinste, die Farbe ist goldig, klar und frisch."

2) In künstlerischer Beziehung ist das Bild Savonarolas sicher mißglückt; denn jene furchtbare, nach außen gekehrte Erregtheit, in der Savonarola dargestellt ist, überschreitet weitaus die monumentale Ruhe, die ein Erzbild verlangt. Wohl wissen wir, und man hat es uns ja auch in den Tagen des Lutherfestes oft genug gesagt, daß alle jene Erregtheit und all' jener Zorn und Haß, den man, gleichsam wie zum Hohne dem Mönch ins Gesicht gelegt hat, gegen Rom und gegen den Papst und auch gegen die deutschen „Römlinge und Ultramontanen" sich kehren soll! Allein seltsamer Weise — als wir vor dem Bilde standen und es betrachteten, da machte es ganz unwillkürlich auf uns den Eindruck, als ob der zornentflammte Mönch von seinem Sitze herunterspringen wollte vor Zorn und Aerger darüber, daß man ihn hier an einen solchen Platz gesetzt. — Um unseren Lesern aber ein wahreres, ein schöneres und edleres Bild von Savonarola zu geben, als jene Tendenzcarricatur ist, die ihnen auf dem Wormser Luthermonumente geboten wird, so wollen wir kurz einige Schilderungen von der äußeren Erscheinung Savonarolas mittheilen, wie sie seine Biographen, die ihn persönlich gekannt haben, geben. Graf Pico della Mirandola, der Neffe des

Thatsache schon, daß man in Rom Savonarola für würdig befunden hat, neben dem Doctor angelicus, neben dem h. Thomas von Aquin, als hehrer Glaubenszeuge für das heiligste Geheimniß des katholischen Glaubens zu prangen, dürfte vollkommen genügen, um zu zeigen, daß der große Verehrer des heiligen Thomas von Aquin, der ächt katholische, der jungfräuliche und sittenreine Mönch von San Marco in Florenz es nicht verdient hat, in jene Gesellschaft des Wormser Luthermonuments zu gerathen. Jeder Zoll an ihm war ein Mönch, und bis in die innersten Fasern seines Herzens hinein war er katholisch, und gerade in seinem Streite mit Alexander VI. zeigt er durch die Art und Weise, wie er sich vertheidigt und wie er mit dem Papste sich auseinandersetzt, so recht, wie katholisch er war und wie ihm kein Gedanke ferner lag, als eine Trennung und ein Abfall von der Wahrheit und Gnade des katholischen Glaubens und der katholischen Kirche. „So verstandlos bin ich nicht," ruft er aus, „daß ich meiner selbst vergesse, und den Stellvertreter Christi auf Erden absichtlich herauszufordern und zu verachten wagte[1]!" Savonarola war kein Häretiker und hat noch viel weniger je einer sein und werden wollen; er war Katholik, er lehrte und lebte in der innigsten Gemeinschaft mit der katholischen Kirche und starb in der innigsten Gemeinschaft mit ihr; und darum ist er am Luthermonumente eine durchaus fremde und exotische Pflanze, die auf diesen Boden wahrlich nicht gehört. Und man hätte sich um so mehr besinnen sollen, den Savonarola hier an's Luthermonument zu setzen, da zwischen dem Leben und der Lehre Luthers und dem Leben und der Lehre Savonarola's ein Unterschied ist, wie zwischen Licht und Schatten, und da eine Parallele zwischen dem katholischen Dominicanermönch von Florenz und dem apostasirten Augu-

---

berühmten italienischen Philosophen, schildert ihn in seiner Vita Savonarolae c. 7. als Prediger folgendermaßen: „Savonarola hatte eine starke Stimme, einen ausdrucksvollen, hinreißenden Vortrag, lebendige Action, klare Ausdrucksweise, eine strenge Miene, und ein himmlisches Licht strahlte gleichsam in seinen Augen." Von seinen Augen sagt Burlamacchi vita del P. Girolamo Savonarola p. 3, sie seien „glänzend himmelblau gewesen, wie die, welche die Philosophen glauci nennen;" und von seinen Händen bemerkt er und Fra Benedetto in seinem Cedrus Libani p. 71 (herausgeg. von P. Marchese im Archivio storico italiano Append. VII. Firenze 1849) „sie hätten so wenig Fleisch gehabt, daß „wenn das Licht an sie spielte, sie wie durchsichtig erschienen." Ueberdieß erwähnt Fra Benedetto in seiner Schilderung Savonarolas noch der bunklen Farbe des dichten Bartes, des fein gespaltenen Mundes.

1) In dem oben S. 51 erwähnten Schreiben; wo es heißt: „Non sum adhuc Deo dante *tam excors*, ut mei sim oblitus, et Vicarium Christi in terris praecipue observandum nullo proposito, nullo negocio nullaque occasione ultro provocare et contemnere ausim."

stinermönch von Wittenberg in gar mancher Beziehung sehr zu Ungunsten des Letzteren ausfallen muß. Eine solche Parallele legen wir als Sühne für das Unrecht, das man zu Worms dem großen Dominicaner angethan, in diesen Blättern nieder; und diese Parallele wird Punkt für Punkt den Beweis liefern, daß Savonarola an das Luthermonument nicht gehört und zu den Füßen Luthers nichts zu thun hat[1]).

Savonarola und Luther gingen beide in ihrer Jugend und zwar beide wider den Willen ihrer Eltern in das Kloster. Gleich hier aber zeigt sich schon zwischen Beiden ein sehr durchgreifender Unterschied! Savonarola fühlte sich sein ganzes Leben lang im Kloster überaus glücklich und zufrieden. Mit der größten Gewissenhaftigkeit und Treue und mit ungewöhnlicher Strenge beobachtete er die heiligen Gelübde und Regeln seines Ordens. Er lebte und webte in ihnen und stieg dadurch zu immer größerer Tugend und Frömmigkeit empor. Selbst Heilige der Kirche, wie der heilige Philippus Neri, die heilige Katharina von Ricci, der heilige Franz von Paula, haben der Reinheit und Heiligkeit seines Lebens ihre größte Bewunderung gezollt, und Päpste, wie Paul III., Clemens VIII., Benedict XIV., haben sie anerkannt. Der gelehrte Papst Benedict XIV. führt Savonarola in seinem Verzeichnisse der durch ihre Heiligkeit ehrwürdigen Männer auf und sagt von ihm: „Er hat ein heiliges Leben geführt, und der Ruf der Heiligkeit, welcher ihn im Leben umgab, hat ihn nach seinem Tode überlebt[2])," und der berühmte italienische Forscher Muratori faßt alle Zeugnisse über Savonarola darin zusammen, daß er sagt: „Man kann es nicht in Zweifel ziehen, daß Savonarola die reinsten Sitten und eine ausgezeichnete Frömmigkeit besaß[3]);" und Savonarola's Zeitgenosse Bzovius schreibt: „Als ich in Florenz war, lebte dort ein Dominicaner, Namens Hieronymus, ein Mann von äußerst reinem und musterhaftem Wandel, welcher der Gegenstand der Bewunderung der Florentiner war[4])." Wie war das

---

[1]) Vergleiche auch die jüngst erschienene Schrift: „Hieronymus Savonarola und das Luthermonument in Worms. Von Dr. Rouard de Carb. Aus dem Französischen. Berlin 1868." In dieser Schrift protestirt der belgische Dominicanerordensprovinzial Dr. Rouard de Carb als Ordensgenosse Savonarolas gegen das Unrecht, welches man Savonarola dadurch angethan, daß man ihn an dem Luthermonumente angebracht, er zeigt (vgl. S. 2 ff.), „daß die Statue Savonarolas auf dem in Worms zu Ehren Luthers errichteten Denkmal ein Nonsens ist;" und „unterbreitet (vgl. S. 53) diesen seinen Protest allen Männern von Ehre und Gewissen.

[2]) *Benedict. XIV.* De servorum dei beatificatione Lib. III. c. 25 n. 17 sqq.
[3]) *Muratori*, Annali d'Italia T. IX. anno 1498.
[4]) *Bzovius*, Annali ad ann. 1495. T. XVIII. p. 419; 13, col. 1.

Alles so ganz anders bei Luther! Luther fühlte sich im Kloster überaus unbehaglich, unzufrieden und unglücklich! Seine bekannte derbe und unheilige Sinnlichkeit reagirte fort und fort gegen den Ernst und die Strenge, gegen die Reinheit und Heiligkeit des Ordenslebens und ließ ihn in seiner Seele nicht zur Ruhe und zum Frieden kommen! Schließlich verzweifelte er an sich selbst, warf sich immer mehr seiner krankhaften Rechtfertigungslehre in die Arme, zerfiel innerlich und äußerlich mit dem Ordensleben, und rechnete es sich dann zum Ruhme und zur Ehre, alles das, was Savonarola sein ganzes Leben lang als heilig und ehrwürdig mit dem größten Ernst und der größten Strenge beobachtet hatte, vor aller Welt zu beschimpfen, zu verhöhnen und zu verletzen. Im Jahre 1524 warf Luther sein Ordenskleid weg, Savonarola trug dasselbe sein ganzes Leben lang mit heiliger Ehrfurcht, und als er in der Stunde seines Todes auf der Richtstätte ankam und seine Oberen ihm befahlen, sein Ordenskleid nun abzulegen, da that er es mit den Worten: „O heiliges Kleid, das ich bis zu dieser Stunde von jedem Makel rein bewahrt habe, lebe wohl! Weil ich mich von dir trennen muß, lebe wohl¹)!" Wie rein und ideal erscheint uns hier Savonarola, wie minder rein und wie unideal Luther!

Savonarola und Luther sind beide „Ordensreformatoren" und haben beide Klöster „reformirt," aber freilich — Jeder sehr in seiner Weise! Savonarola reformirte das Kloster von San Marco in Florenz dadurch, daß er es auf den ganzen Ernst und die ganze Strenge der Dominicanerregel zurückführte und binnen Kurzem strahlte der Convent von San Marco so im Glanze der vollendetsten Weltentsagung, Reinheit und Heiligkeit, daß man ihn ein neues Eden, das Paradies auf Erden nannte. Das Kloster von San Marco übte unter der Leitung Savonarola's eine solche Anziehungskraft, daß die Söhne aus den edelsten Familien von Florenz, aus den Familien der Strozzi, Bettini, Gondi, Salviati, Albizzi, ja selbst der Medici, und Männer, die in der vollen Reife des Alters standen, und mit den ersten Aemtern in Staat und Kirche bekleidet waren, wie Pandolf Ruccelli, Giorgio Vespucci, Enkel des berühmten Seefahrers, und Malateste Sacromoro, oder die durch ihre schriftstellerische Thätigkeit berühmt waren, wie Zanobi Acciajuoli, der berühmte Kenner des Griechischen und Lateinischen und nachmalige Bibliothekar Leo X., der gelehrte Orientalist Blemmet, welcher der Lehrer Pico's von Mirandola im Hebräischen war, der in allen Wissenschaften bewanderte Thomas Serratico, Peter Paul von Urbino, Professor der Medicin an der Uni-

---

1) *Burlamacchi*, vita del P. Girolamo Savonarola. p. 158.

versität von Florenz, der „große Humanist" Girolamo Benivieni und so viele Andere — das Ordenskleid des h. Dominicus aus den Händen Savonarola's nahmen und in das Kloster von San Marco eintraten¹). Selbst der berühmte Picus von Mirandola verkaufte seine väterlichen Erbgüter, vertheilte einen Theil des Erlöses unter die Armen und wollte in das Kloster von San Marco eintreten, starb aber rasch, erst 32 Jahre alt, bat jedoch vor seinem Tode noch, man möge ihn mit dem Ordens= kleide des h. Dominicus in der Klosterkirche von San Marco begraben²). Binnen weniger Jahre stieg unter Savonarola's Leitung der Convent von San Marco von fünfzig Mitgliedern auf zweihundert und dreißig. Den benachbarten Dominicanerklöstern von Fiesole, Pisa, Prato, Tasso, Siena theilte sich diese reformatorische Bewegung des Klosters von San Marco mit, und sie stellten sich unter Savonarola's Leitung, wodurch die berühmte Dominicanercongregation von San Marco entstand, zu deren Generalvicar Savonarola von Papst Alexander VI. eingesetzt wurde. So reformirte Savonarola die Klöster! Wie ganz anders Luther! Er fand nicht Worte genug, um die drei Ordensgelübde des Gehorsams, der Armuth und der Jungfräulichkeit zu lästern und zu verhöhnen, zu be= schimpfen und in den Staub zu ziehen; in seltener Verblendung erklärte er das ganze Ordensleben für „Sünde und Gottlosigkeit," für „Aufruhr wider Christum," für „Lästerung Gottes" und forderte die Mönche und Nonnen auf, ihre heiligen Eide und Gelübde zu brechen und die Klöster zu verlassen³). Durch diese seine reformatorischen Anschauungen, Schriften und Predigten brachte es Luther binnen weniger Jahre dahin, daß Mönche und Nonnen ihre heiligen Gelübde brachen, schaarenweise die Klöster ver= ließen und vielfach den größten Freveln und Lastern anheimfielen. Und um diesem seinem Werke der Klosterreform die Krone aufzusetzen, heirathete der bereits zweiundvierzigjährige Luther eine gleichfalls dem Kloster ent= sprungene Nonne und mitten während des schauerlichen Blutvergießens des Bauernkrieges hielt er fröhliche Hochzeit mit ihr. Wie groß und im= posant erscheint uns der Klosterreformator von Florenz, wie wenig groß und wie in hohem Grade unklar und zweideutig der Klosterreformator von Wittenberg!

---

1) Marchese, Annalen von St. Marcus in Florenz. S. 147 ff. Vgl. Rouard de Card a. a. O. S. 17.

2) *Burlamacchi*, l. c. p. 80.

3) So Luther in seiner Schrift wider die Klostergelübde und in seiner „Kurzen Schlußrede von den Gelübden und dem geistlichen Leben der Klöster". Walch, Bd. XIX. p. 1304 ff. und p. 797.

Savonarola und Luther haben beide eine reformatorische Thätigkeit entwickelt unter den Christen ihrer Zeit! Aber wie verschieden sind die Gesichtspunkte, von denen sie ausgingen, die Mittel, durch welche sie wirkten, die sittlichen Erfolge, welche sie erzielten! Savonarola lebte und wirkte und dachte ganz im Geiste der katholischen Kirche. Der katholische Glaube und das katholische Sittengesetz waren es, die er zur Norm und Grundlage seiner reformatorischen Thätigkeit machte. Seine gewaltigen Bußpredigten erschütterten ganz Florenz und griffen mächtig ein in die Herzen, so daß in allen Kreisen der Bevölkerung christliches Leben und christliche Sitte, christliche Tugend und Frömmigkeit in der herrlichsten Weise aufblühte und Sünde und Laster sich zurückzogen und schwanden. Einen großen Theil seines Lebens brachte er mit der Verwaltung des heiligen Bußsakramentes im Beichtstuhle zu, um die Sünder von ihren Sünden zu reinigen und die Frommen zu immer höherer christlicher Vollkommenheit hinzuleiten. Nicht zufrieden damit gründete er eine besondere Academie für die Gelehrten und Gebildeten, um hier dem Umsichgreifen des üppigen, heidnischen Geistes entgegenzuwirken und in der Wissenschaft, in der Kunst und Gelehrsamkeit die christlichen Principien zur Geltung zu bringen; er gründete besondere Bruderschaften für die verschiedenen Stände, um sie dadurch zum öfteren Empfang der heiligen Sakramente der Buße und der Communion anzuhalten und sie zu einem immer frömmeren und vollkommeneren Leben hinzuleiten. Diese ganze reformatorische Thätigkeit Savonarola's war getragen vom Geiste der Kirche und trug binnen weniger Jahre große und segensreiche ächt christliche Früchte[1]). Wie ganz anders war die reformatorische Thätigkeit Luthers! In seiner Lehre und in seinen Predigten stand er außerhalb der Kirche und verkündete dem christlichen Volke die ebenso bequeme, als seltsame und neue Lehre, daß der Glaube allein selig mache und daß auf die Werke nichts ankomme; er verwarf das Opfer der heiligen Messe, das Savonarola täglich mit der größten Ehrfurcht und Andacht bei überfüllter Kirche feierte; er verwarf und beschimpfte die Beicht, der Savonarola einen großen Theil seines Lebens und seiner reformatorischen Thätigkeit unermüdlich geweiht; er verwarf die werkthätige christliche Buße, Entsagung, Abtödtung und Selbstverläugnung, die den Grundinhalt der Predigten Savonarola's bilden und von denen alle Predigten des großen Dominicaners durchweht und erfüllt sind, und redete in seinen Predigten vielfach in einer höchst bedenklichen und nicht minder höchst unevangelischen Weise den menschlichen Leidenschaften das Wort. Dieser reformatorischen

---

1) Vgl. Rouard de Card a. a. O. S. 19—27. *P. J. Curle*, Histoire de Fra Hieronimo Savonarola. Paris 1842 p. 116 sqq. 130 sqq. 192 sqq.

Thätigkeit Luthers entsprach denn auch der Erfolg! Fast alle Schriftsteller jener Zeit sind erfüllt von der Klage über die Zuchtlosigkeit, die in Folge der neuen reformatorischen Lehre eingerissen, und Luther selbst klagt an zahlreichen Stellen seiner Schriften darüber und bekennt: "Seit unsere Lehre gepredigt wird, wird die Welt immer schlechter, immer gottloser und unverschämter, die Menschen habsüchtiger, unkeuscher als je zuvor unter dem Papstthum. Ueberall nur Geiz, Unmäßigkeit, Völlerei, Unzucht, schändliche Unordnungen und abscheuliche Leidenschaften[1].“ Welch' ein Unterschied zwischen der reformatorischen Thätigkeit Luthers und Savonarola's! Wittenberg wurde unter Luthers reformatorischer Thätigkeit, wie er selbst klagt, „ein Sodoma[2];" Florenz ward durch die Bußpredigten Savonarola's und seine daran sich anschließende unermüdliche und ächt reformatorische Thätigkeit in der Verwaltung des Sakramentes der Buße und in der Beförderung des öfteren und frommen Empfanges der heiligen Communion eine in allen Kreisen seiner Bevölkerung von ächt christlichem Geiste durchwehte und erfüllte Stadt, so daß damals an Florenz wiederum in Erfüllung gegangen zu sein schien jenes Wort, mit welchem Dante die gute alte christliche Zeit seiner Vaterstadt besingt:

    Fiorenza, deutro della cerchia antica
    . . . . Si slava in pace sobria e pudica.
    Florenz im Umkreis seiner alten Mauern
    War keusch und mäßig damals, und im Frieden[3]

Savonarola und Luther waren beide politische Charaktere und haben beide eine hervorragende politische Rolle gespielt, allein in sehr verschiedener Weise! Wir sind weit entfernt, die politischen Anschauungen Savonarola's und sein politisches Parteitreiben billigen und gutheißen zu wollen. Im Gegentheil betrachten wir die politischen Ansichten Savonarola's, die eine seltsame Mischung von Demokratie und Theokratie, von altitalienischen Republikanerreminiscenzen und alttestamentlichen Prophetenanklängen waren, als eine Verirrung, und beklagen jene verkehrte und verblendete Demagogen-, Propheten- und Theokratenrolle, die Savonarola in den letzten vier Jahren seines Lebens in Florenz gespielt, und wir beklagen sie um so mehr, da gerade sie es war, die ihn mehr und mehr seinem wahren und eigentlichen Berufe entfremdete, die ihn in Conflicte brachte mit dem Papste, die sein Ansehen in Florenz untergrub und die

---

[1] Vgl. Döllinger die Reformation, ihre innere Entwickelung und ihre Wirkungen im Umfange des lutherischen Bekenntnisses. Bd. I. S. 289 ff., 297 ff., 306 ff. und S. 167 ff.

[2] Luthers Briefe von de Wette, Bd. V. S. 753.

[3] *Dante*, Paradiso Canto XV. v. 97 e. 99.

schließlich auch seinen so tragischen Sturz herbeiführte. Allein, so wenig wir uns auch mit dem politischen Agitator Savonarola einverstanden erklären können, das ehrenvolle Zeugniß glauben wir auch hier dem Manne schuldig zu sein, daß er auch in dieser seiner politischen Parteiagitation und in diesem seinem theokratischen Demagogenthum als eine consequente und charaktervolle und insofern imposante und ehrfurchtgebietende Gestalt dasteht! Gerade Consequenz und Charakter aber ist es, die wir in dem politischen Auftreten Luthers sehr vermissen! Zuerst trat Luther auf als ein Mann des Volkes. Als aber im Bauernkriege das durch ihn und seine Lehren revolutionirte Volk seine Sache stark zu compromittiren anfing, da wandte sich Luther rasch um und schlug in das entgegengesetzte Extrem über. Aus dem Mann des Volkes war ein Mann der Fürsten geworden, der nun zunächst nichts Besseres zu thun wußte, als die Fürsten noch recht zu schüren und aufzuhetzen gegen das arme von ihm selbst irregeleitete Volk, und der bald darauf die einzelnen Landeskirchen ganz der Gewalt der Fürsten auslieferte und sie vielfach in die unwürdigsten Banden und Fesseln schlagen ließ [1]). Luther, der große religiöse und politische Revolutionär, wurde zugleich auch der Begründer des protestantischen Cäsaropapismus mit all' seinem Gewissenszwange und allen seinen schlimmen Folgen für Religion und Christenthum, für Staat und Kirche!

Savonarola und Luther geriethen beide mit dem Papste in Conflict! Allein welche Verschiedenheit zwischen beiden Männern zeigt sich gerade auch hier! Bei Savonarola war es seine verkehrte politische Parteirolle und seine der Sache nach wohl vielfach gerechtfertigte, der Form nach aber nicht allweg zu billigende Polemik gegen die unwürdige Persönlichkeit Alexanders VI. und gegen die mannigfache Verderbniß des römischen Hofes, die ihn mit dem Papste in Conflict brachten; bei Luther dagegen waren es verkehrte und häretische Anschauungen, aus denen sein Kampf und sein Bruch mit dem Papste hervorging! Savonarola hatte den Schmerz, auf dem ehrwürdigen Stuhle des h. Petrus einen der unwürdigsten Päpste zu sehen, welche die Geschichte kennt, und im Hinblick auf die Art und Weise seiner Wahl glaubte er gerechten Zweifel haben zu können an der canonischen Gesetzmäßigkeit und Rechtmäßigkeit dieses Papstes! So heftig nun auch die Polemik war, welche

---

[1]) Schön und treffend sagt in dieser Beziehung der große protestantische Geschichtsforscher Friedrich Böhmer: „Das kann ich den Reformatoren nicht verzeihen, daß sie die freigeborene Kirche der weltlichen Gewalt als Magd hingaben." (Vgl. das höchst interessante und namentlich für unsere Zeit in hohem Grade werthvolle Werk: Joh. Friedrich Böhmers Leben, Briefe und kleinere Schriften 1868 Bd. 2, S. 459 in einem Briefe an Perz in Berlin.)

Savonarola in einzelnen seiner Predigten gegen Alexander VI. und die unter ihm und um ihn herrschende Verderbniß des römischen Hofes entwickelte, und so sehr er sich schließlich noch in seinen Schreiben an die Fürsten bemühte, ein allgemeines Concil zu erwirken, um Alexander VI. seiner Würde zu entsetzen, so griff Savonarola doch nie das Papstthum selbst an und läugnete nie die göttliche Einsetzung des Papstthums und die von Gott gesetzte Autorität des Papstes. In seinem zuletzt verfaßten Werke, dem „Triumph des Kreuzes," das er herausgab zu einer Zeit, da er bereits mit Alexander VI. im Conflicte und von ihm wegen seines Ungehorsams excommunicirt war, beweist er die göttliche Einsetzung des Papstthums und die Autorität des Papstes, indem er nach Anführung einer Reihe von Stellen der heiligen Schrift sagt: „Daraus ergibt sich, daß die, welche Petri Stelle einnehmen, ihm in ununterbrochener Reihenfolge nachfolgen, damit immer ein Haupt der Kirche sei, welches mit derselben Macht und demselben Ansehen, wie Petrus die Stelle Jesu Christi in derselben einnehme. Da nun aber die Bischöfe von Rom diese Nachfolger des h. Petrus sind, so ist die römische Kirche unbestreitbar die Lehrerin und das Haupt aller anderen Kirchen, und alle Gläubigen müssen mit dem römischen Papste, wie die Glieder mit dem Haupte vereinigt sein. Alle, welche sich trennen von der Einheit und der Lehre der römischen Kirche, trennen sich folglich auch von Jesus Christus [1]." Der Papst war ihm „princeps et pastor omnium" „der Fürst und Hirte Aller." Eine Kirche ohne Papst konnte sich Savonarola gar nicht denken, und den Papst als Stellvertreter Christi nicht anerkennen, galt ihm, wie wir bereits oben gesehen, geradezu — als eine excordia, als eine Thorheit und Verstandeslosigkeit. Vollkommen richtig bemerkt darum auch der protestantische französische Geschichtschreiber Sismondi: „Savonarola habe sich bei seinem Versuche, die Kirche zu verbessern, nicht von den katholischen Grundsätzen entfernt; alle seine Bemühungen hätten sich darauf beschränkt, die Kirchenzucht herzustellen, die Sitten der Geistlichkeit zu verbessern und Priester und Laien zu vollkommenerer Beobachtung der Gebote des Evangeliums zurückzu-

---

[1] Savonarolae Triumphus crucis, seu veritas religionis lib. III. c. 6. — Savonarola hat eine sehr große Anzahl von Schriften, größtentheils moralischen und ascetischen Inhaltes, verfaßt; und der berühmte französische Gelehrte Düpin (Auteurs du XV. siècle I. part.) sagt von ihnen, nachdem er sie im Einzelnen aufgezählt: „Die Werke dieses Schriftstellers sind voll von Salbung und Grundsätzen der Frömmigkeit; er redet darin frei gegen die Laster und lehrt die reinste und erhabenste Frömmigkeit." Vgl. Dr. Rouard de Card a. a. O. S. 64.

führen¹)." Wie ganz anders Luther! Schon auf der Leipziger Disputation im Jahre 1519 läugnete er die göttliche Einsetzung des Papstthums. Bald darauf war ihm der Papst der Antichrist und die katholische Kirche die Synagoge des Satans. Sein ganzes Leben war dem Hasse und der Zerstörung des Papstthums und der Kirche geweiht, während die ganze Polemik Savonarola's nur der einzelnen Persönlichkeit, die vorübergehend der unwürdige Träger des päpstlichen Amtes war, galt. Es ist aber denn doch ein himmelweiter Unterschied, ob man **Gegner eines einzelnen Papstes** ist, wie Savonarola es war, oder **Gegner des Papstthums und der Kirche selbst**, wie Luther es war. Auch wir sind ein entschiedener Gegner einzelner Päpste, wie sie in der Geschichte uns entgegentreten, und haben über einige derselben vielleicht schon nicht minder Scharfes und Bitteres gesagt, als je Savonarola gegen den unwürdigen Alexander VI. es gethan, und glauben nichtsdestoweniger aber ein sehr treuer und entschiedener Anhänger des Papstthums und ein der Kirche treu ergebener Katholik zu sein, und würden es uns höchlichst verbitten, wenn man uns um unserer Kritik und Polemik gegen die Persönlichkeit einzelner Päpste als einen Geistesgenossen Luthers und der Reformatoren des 16. Jahrhunderts ansehen und uns mit diesen in eine Kategorie zusammen werfen wollte. Für diese unverdiente Ehre müßten wir schon danken, so gut als Savonarola am Luthermonumente, wenn er reden könnte, für diesen seinen Ehrenplatz danken und sobald als möglich der Gesellschaft, die man ihm hier angewiesen, zu entrinnen suchen würde!

Savonarola und Luther waren beide **Theologen.** Aber welch' ein eminenter und durchgreifender Unterschied zwischen beiden Männern tritt uns gerade auch hier wieder entgegen! Savonarola hatte bei seinen philosophischen und theologischen Studien und Vorträgen zum Führer den Fürsten unter den großen katholischen Theologen des Mittelalters, den heiligen Thomas von Aquin, den Doctor angelicus, von dessen Lob und Verehrung die katholische Wissenschaft noch bis heute erfüllt ist, den Papst Paul V. nennt „den glänzendsten Vertheidiger des katholischen Glaubens, dessen Schriften sich die streitende Kirche als eines Schildes bediene, um damit die Pfeile der Häretiker zurückzuweisen," und von dessen Schriften Papst Benedict XIII. sagt, daß „sie die sicherste Regel seien, um nie von der Lehre der Kirche abzuweichen²)." Für die Weisheit

---

1) *Sismondi*, Histoire du renouvellement, des progrès, de la décadence et de la ruine de la liberté en Italie. Chap. XIII. Vgl. Dr. **Rouard de Card** a. a. O. S. 87.

2) Vgl. Dr. **Rouard de Card** a. a. O. S. 40., wo außer den oben angeführten noch eine ganze Reihe von Urtheilen anderer Päpste über die Lehre und die Schriften des heiligen Thomas von Aquin angeführt sind.

des großen Dominicaners hatte Savonarola schon in seiner Jugend eine so große Verehrung, daß er aus besonderer Liebe und Verehrung für ihn unter allen übrigen Orden der Kirche gerade den Orden der Dominicaner wählte und in diesen Orden eintrat¹). Der h. Thomas war ihm „il gigante" der große, geistige Riese, und an der Lehre des h. Thomas hat Savonarola als Theologe sein ganzes Leben lang treu festgehalten, und noch ein Jahr vor seinem Tode erklärte er, daß er alles, „was er wisse, durch sein Anschließen an die Lehre dieses großen Lehrers gelernt habe. Je mehr ich über ihn nachdenke, desto mehr bleibe ich überzeugt, daß er ein Riese ist, ich aber sehr klein bleibe²)." Wie ganz anders Luther! „Nihil ad nos Thomas Aquinas." „Mit Thomas von Aquin haben wir nichts zu schaffen," ruft Luther aus, indem er den h. Thomas und seine Theologie in seiner bekannten und gewohnten Weise mit seinen widerlichen Beschimpfungen und Schmähungen übergießt³)! Luther haßte den h. Thomas, weil Luther in allen seinen Anschauungen ganz vom Geiste der Häresie infiltrirt war, und weil alle seine häretischen Grundirrthümer in der Summa theologica und in der Summa contra Gentiles des Doctor angelicus längst ihre Widerlegung und ihre Verurtheilung gefunden hatten! Savonarola liebte den h. Thomas, weil Savonarola ganz vom Geiste und der Wahrheit der katholischen Kirche erfüllt, und wahrlich nichts weniger als ein „Vorreformator," ein häretischer Vorläufer Luthers war! So groß aber der Unterschied ist zwischen der klaren und wahren Lehre des großen h. Thomas von Aquin und der unklaren und unwahren Lehre des Magisters von Wittenberg, so groß ist das Unrecht, welches man Savonarola angethan, indem man ihn, der sein ganzes Leben lang voll Verehrung und Bewunderung zu den Füßen des eminent katholischen Doctor angelicus gesessen, hier am Luthermonumente der Geschichte zum Trotz zu den Füßen des eminent anti-katholischen und häretischen Doctor vere non angelicus⁴), Dr. Martin Luther, gesetzt hat.

---

1) *Pico,* l. c. c. III. — Bzovius, l. c. T. XVII. p. 361.
2) Elfte Predigt, gehalten am Dienstag der ersten Fastenwoche im Jahre 1497.
3) Vgl. Alzog a. a. O. Bd. 2. S. 306. Döllinger, Reformation Bd. 1. S. 451.
4) Der hl. Thomas führt den Ehrentitel Doctor angelicus, „der engelgleiche Lehrer" sowohl wegen seiner großen theologischen Weisheit, die aus höheren und himmlischen Sphären herniedergestiegen zu sein schien, als auch wegen seiner großen Reinheit und Jungfräulichkeit, durch welche er hienieden gleichsam schon das Leben der Engel des Himmels führte. Im Hinblick auf diese beiden Momente, welche dem hl. Thomas von Aquin den Ehrennamen Doctor angelicus erwarben, dürfte für Luther der Name Doctor vere non angelicus, „der nichts weniger als engelgleiche Lehrer" vollkommen gerechtfertigt und zutreffend erscheinen.

Savonarola und Luther waren beide Katholiken. Allein Savonarola blieb sein ganzes Leben lang der Kirche treu, Luther fiel von der Kirche ab. Wie Savonarola von der Kirche, vom Gehorsam gegen die Kirche, und von der treuen Bewahrung des katholischen Glaubens und der treuen Anhänglichkeit an die Kirche dachte, mögen folgende Stellen zeigen. Als ihn seine Feinde der Häresie anzuklagen versuchten, da sprach er: „Man kann mich keinen Häretiker nennen; denn der ist ein Häretiker, welcher hartnäckig auf einer Meinung besteht, welche der heiligen Schrift und der Lehre der Römischen Kirche widerspricht. Was mich angeht, so glaube ich hie Etwas gegen die Lehre Christi und der Kirche geschrieben zu haben; Alles, was ich in Zukunft schreiben werde, unterwerfe ich der Zurechtweisung der Römischen Kirche. Ich bin bereit, zu berichtigen, was sie als irrig erklärt[1]).“ Und in seinem zuletzt verfaßten Werke, dem „Triumph des Kreuzes“: „Zu Zweifeln ziehen wir die Römische Kirche zu Rath als das erste von Gott dergestalt geleitete und regierte Princip, daß sie vorzüglich in dem, was zum Glauben des menschlichen Geschlechtes und zu seinem Heile gehört, nicht irren kann.“ Und in einer Rede am Octavtag des Festes Christi Himmelfahrt: „Möchtest du doch immer der Zurechtweisung der Römischen Kirche dich fügen, jener Kirche, in der kein Irrthum ist[2]).“ Und in einer am 15. Mai 1496 gehaltenen Predigt sagt er: „Der Glaube besteht vor Allem in der Bewahrung der Lehre der römischen Kirche. — Trenne dich nie von ihrem Gehorsam; sei immer aufmerksam auf das, was sie lehrt; denn es steht geschrieben: Du bist Petrus und auf diesen Felsen will ich meine Kirche bauen[3]).“ Die Kirche war für Savonarola die „unfehlbare Richtschnur,“ an die er sich hielt und der er immerdar treu blieb! Wie war das Alles so ganz anders bei Luther! Mit unauslöschlichem Hasse haßte er die Kirche und für ihn war nach seinem Abfalle die Kirche nur da, um von ihm unausgesetzt beschimpft und gelästert, geschmäht und begeifert zu werden!

Wie im Leben, so zeigt sich auch im Tode so recht der Unterschied zwischen Luther und Savonarola: Treffend bemerkt Dr. Rouard de Card: „Der Tod ist gleichsam das letzte Siegel des Lebens. Hätte Savonarola vor seinem Tode seinen Glauben auch nur mit einem einzigen Worte oder mit einer einzigen Handlung verläugnet, so müßten wir ihn unsererseits verläugnen, und die protestantische Reform könnte ihn

---

[1]) *Savonarolae*, Compendium Revelationum. Vgl. Dr. Rouard de Card a. a. O. S. 47.
[2]) Triumph. Crucis, lib. III. cap. X.
[3]) P. *Marchese*, Scritti vari I. II. p. 177.

sich zurechnen. Jedoch weit entfernt, seine katholische Ueberzeugungen zu verläugnen, hat er vielmehr das Glück gehabt, dieselben im Augenblicke seines Todes zu bekräftigen." Am 22. Mai 1498 wurde Savonarola und seinen beiden Ordensgenossen Domenico da Pescia und Silvester Maruffi das Todesurtheil verkündigt, dahin lautend, daß sie zuerst erhängt, dann ihre Leichname verbrannt werden sollten. Sie hörten es mit Ruhe und Ergebung. Am nämlichen Abend noch legten sie ihre Beichte ab und empfingen am folgenden Morgen die heilige Communion, wobei Savonarola noch einmal feierlich seinen Glauben an die wesentliche Gegenwart Christi im allerheiligsten Sakramente betheuerte und den im Sakramente gegenwärtigen Heiland bat, seinen Tod als eine Genugthuung für alle Sünden anzunehmen, womit er ihn von seinen kindlichen Tagen an beleidigt: „Herr, mein Gott!" so sprach und betete er in der rührendsten und ergreifendsten Weise, „ich weiß, daß du bist jene vollkommene, untheilbare Dreifaltigkeit in drei verschiedenen Personen, Vater, Sohn und heiliger Geist. Ich weiß, daß du jenes ewige Wort bist, welches vom Himmel in den Schooß der Jungfrau Maria herabstieg und am Stamme des Kreuzes erhoben wurde, wo dein Blut für uns elende Sünder vergossen ward. Ich bitte dich, mein Herr, ich bitte dich um das Heil meiner Seele; ich bitte dich, mein Tröster, daß dein so kostbares Blut nicht umsonst vergossen sei, sondern mich reinige von allen meinen Sünden, um deren Verzeihung ich dich anflehe, für mein ganzes Leben von dem Tage meiner Taufe bis zu diesem Augenblicke; ich spreche: mea culpa![1]". Auf dem letzten Gange wurde ihnen noch im Auftrage Alexanders VI. durch dessen Gesandten der vollkommene Ablaß in articulo mortis angeboten. Demüthig und dankbar nahmen sie ihn an, und starben in der vollkommensten Gemeinschaft mit der Kirche und in der vollkommensten Ergebenheit selbst gegen einen so unwürdigen Papst, wie Alexander VI. es war[2]). Wie ganz anders Luther! „Schem Hamphoras," eine abscheuliche Schmähschrift gegen die Juden, und das „Papstthum vom Teufel gestiftet," eine nicht minder abscheuliche Schmähschrift gegen das Papstthum und die katholische Kirche — waren seine letzten Werke. Schimpfend und schmähend wie er gelebt hatte, so starb er! Mit Gedanken einer Judenverfolgung und mit einer furchtbaren Verfluchung des Papstthums stieg er unter die Erde. „Pest war ich dir lebendig, und todt, will ich dir Tod sein, o Papst" lautet sein auf Jubelmünzen verkündeter Vers[3])!

---

[1] *Burlamacchi*, l. c. p. 158.
[2] *Audin*, Histoire de Léon X. T. I. p. 261.
[3] „Briefe, Sendschreiben und Bedenken Luthers" herausgegeben von de Wette Bd. V. S. 57.

Wahrlich, Savonarola, der in der Gnade und Wahrheit der katholischen Kirche lebte und lehrte und starb und der im Leben und im Tode nichts Höheres und Heiligeres kannte als die Kirche — er hat nicht verdient, hier am Luthermonument zu einem Vorläufer Luthers, des größten Gegners und Feindes der katholischen Kirche, herabgewürdigt zu werden [1])! Doch sie haben uns ihn hierhingesetzt und ihn zu den Füßen des apostasirten Augustinermönches in cherne und erzerne Fesseln geschlagen. Er sitzt hier am Luthermonument in dem Ordensgewande des heiligen Dominicus — wir können es nicht ändern, wir müssen es uns gefallen lassen! Nun denn, so möge er hier sitzen als der zürnende, mahnende und warnende Repräsentant des katholischen Glaubens und der katholischen Kirche mitten unter der Schaar der Apostaten! Er möge hier sitzen der große katholische Dominicanermönch von Florenz, der nie in seinem Leben seinen katholischen Glauben verläugnet und der in der Gemeinschaft des katholischen Glaubens und der katholischen Kirche gestorben ist, zur Beschämung aller Derer hier am Luthermonumente, die vielfach aus sehr wenig edlen und lautern Motiven den Glauben ihrer Väter verläugnet und der Kirche den Rücken gekehrt. Er möge hier sitzen, der ächt katholische, der ernste, sittenreine und sittenstrenge Mönch, der mit heiliger Sorgfalt und heiliger Gewissenszartheit seine heiligen Gelübde bis zum Tode treu gehalten und bewahrt, zur Beschämung aller Derer hier am Luthermonumente, die ihre heiligsten Gelübde und Eide gebrochen haben! Er möge hier sitzen, der wahrhaft edle und christliche Mann, der die Fehler, die er in den letzten Jahren seines Lebens aus übergroßem Eifer und im Zustande einer gewissen unnatürlichen psychischen Erregtheit und Ueberreiztheit begangen, durch Buße und Reue und durch seinen frommen und ächt christlichen Tod gesühnt zur Beschämung aller Derer hier am Luthermonument, die ohne Reue und Buße dahingeschieden

---

1) Wir glauben hier mit Bezugnahme auf den S. 17 aus der Berliner Nationalzeitung mitgetheilten Bericht noch einmal ausdrücklich darauf hinweisen zu sollen, daß man ursprünglich auch gar nicht daran gedacht hat, Savonarola an das Luthermonument zu setzen. Erst nachdem Ulrich von Hutten in den Augen Rietschels nur als Portraitmedaillon Gnade fand, und in Folge dessen Reuchlin auf den ursprünglich für Ulrich von Hutten bestimmten Platz vorrücken mußte, traf Savonarola das Loos, den freigewordenen Platz Reuchlins, der mittlerweile vom Vorreformator an Huttens Stelle zum Mitreformator avancirt war, ausfüllen zu müssen. Es scheint demnach wenig Auswahl an geeigneten und brauchbaren „Vorreformatoren zu sein, da man sich schließlich, um nur die vier Plätze am Luthermonument zu besetzen, noch genöthigt sah, die Hand so weit auf katholisches Gebiet herüberzustrecken und sich den katholischen Dominikanermönch von San Marco zu annectiren!

sind und ihre Fehler und die Folgen ihrer Fehler der Nachwelt als trauriges Erbtheil hinterlassen haben. Wir schließen unsere Vindiciae Savonarolae mit dem Bewußtsein, daß unter allen den zahlreichen hier am Luthermonumente verherrlichten Gestalten des Reformationszeitalters keine einzige ist, die sich an Adel der Gesinnung, an christlicher Frömmigkeit, an Sittenstrenge und Sittenreinheit mit Savonarola vergleichen ließe, und daß, sobald man den sittlichen und christlichen Maßstab anlegt, der katholische Mönch weitaus die Palme davonträgt über — alle die zahlreichen protestantischen Koryphäen der Reformation, die hier am Luthermonumente vereinigt sind! In der That — ein schlimmes, ein sehr schlimmes Zeugniß für die Reformation des sechszehnten Jahrhunderts, daß „die Träger und Förderer, die Stützen und Säulen der Reformation," wie sie uns hier am Luthermonumente entgegentreten, in ihrem Leben und in ihren Sitten so wenig „reformirt" sind und zu einem nicht geringen Theile selbst den allerbescheidensten Ansprüchen, die man an das Leben „eines Christenmenschen" zu machen berechtigt ist, nicht einmal auch nur von ferne genügen. O, man hätte im Interesse der eigenen Sache wohl daran gethan, wenn man den Dominicaner von San Marco, den treuen Jünger des h. Dominicus, in seinem unentweihten weißen Ordensgewande hier am Luthermonumente ganz weggelassen hätte, damit die Contraste zwischen Licht und Schatten, zwischen dem Lichte, das um das Haupt des katholischen Mönches strahlt, und den tiefen und dunkeln Schatten, die über so vielen der hier am Luthermonumente verherrlichten Koryphäen der protestantischen Reformation ausgebreitet liegen, nicht allzu sehr in die Augen fallen.

Nachdem sie uns ihn aber hierhergesetzt, können wir von dem Bilde Savonarola's nicht Abschied nehmen, ohne hier am Fuße des Luthermonumentes den aus der tiefsten Tiefe unseres Herzens kommenden Wunsch auszusprechen, daß „das Prophetengrab zu Worms" mit seinen zum großen Theile wirklich höchst seltsamen „Reformatorengestalten" recht vielen Protestanten über die Reformation des 16. Jahrhunderts die Augen öffnen möge, und daß recht viele Protestanten, die im Laufe der Zeiten nach uns hier an dieser Stätte stehen und sich die Gestalten des Luthermonumentes betrachten werden, durch Gottes Gnade der Vorreformation Savonarola's sich anschließen und gleich ihm in der Gnade und Wahrheit der katholischen Kirche leben und sterben mögen. Sie werden darin dem Geiste des hier am Luthermonumente verherrlichten Vorreformators Savonarola nur um so mehr entsprechen, als die von ihm und so vielen edlen Männern des 15. Jahrhunderts einst erstrebte und ersehnte religiös-sittliche Erneuerung und Erhebung des Papstthums und der Kirche sich längst in der großartigsten, durchgreifendsten und nachhaltigsten Weise vollzogen hat und fortwährend vollzieht. Was ein Alexander VI., ein Johann XXIII., ein Innocenz VIII. im fünfzehnten Jahrhunderte einst gesündigt und gefehlt, das haben ihre Nachfolger auf dem päpstlichen Stuhle im sechszehnten Jahrhundert in der großartigsten Weise gesühnt. „Die römischen Päpste," sagt der berühmteste der neueren protestantischen Geschichtschreiber Englands Macaulay, in seiner Besprechung von Ranke's Geschichte der Päpste, „zeigten in ihren Personen die ganze Strenge der ersten Anachoreten Syriens. Paul IV. bewies auf dem päpstlichen Throne dieselbe Glut des Eifers und der Andacht, welche ihn in das Kloster der Theatiner geführt hatte. Der heilige Pius V. verbarg unter seinem glänzenden Gewande den Bußgürtel eines Mönches, schritt barfuß an der Spitze der Procession, und erbaute die Welt durch unzählige Beispiele der Demuth, der Mildthätigkeit und der Versöhnlichkeit gegen Beleidigungen. Gregor XIII. bemühte sich, Pius V. in den strengen Tugenden seines Amtes nicht allein zu erreichen, sondern zu übertreffen! — So war das Haupt, so waren die Glieder. — Ein innerer Reformgeist hatte sich der Kirche bemächtigt, und sie in einem einzigen Menschenalter vom Palaste des Vaticans bis zur abgelegensten Einsiedelei der Apenninen erneuert[1])."

Wahrlich, die katholische Kirche hat jene Reformation an Haupt und Gliedern, welche einst Savonarola und vor ihm schon Pierre d'Ailly, Gerson, Nicolaus von Cusa und so viele edle Männer des fünfzehnten Jahrhunderts erstrebten und ersehnten, in großartiger Weise an sich vollzogen und durch die Beschlüsse des Concils von Trient in nicht minder großartiger und nachhaltiger Weise besiegelt. Eine ununterbrochene Reihe von ehrwürdigen und vom Geiste Jesu Christi ganz erfüllten Trägern des kirchlichen Oberhirtenamtes sind seitdem auf dem Stuhle des h. Petrus nach einander gefolgt, und haben den ehrwürdigen Sitz des Apostelfürsten durch so viel Tugend und Frömmigkeit, durch so viel Geist und Gelehrsamkeit geziert und geschmückt, daß kein Fürstenthron der Welt in dieser Beziehung auch nur von ferne mit ihm verglichen werden könnte; und da, wo einst ein Alexander VI. saß, sitzt gegenwärtig als der ehrwürdige Träger des von Christus dem heiligen Petrus übertragenen obersten Lehr-, Priester- und Hirtenamtes, der edle und milde, der wahrhaft fromme und heilige Papst Pius IX., der 259ste Nachfolger des heiligen Petrus auf dem bischöflichen Stuhle zu Rom, durch seine erhabene Würde und durch sein heiliges Leben unstreitig der edelste und fürstlichste unter allen

---

[1]) *Macaulay*, Edinburgh Review 1840.

Fürsten der Gegenwart. Dreimal schon hat er während der zweiundzwanzigjährigen Führung seines Oberhirtenamtes die Bischöfe des Erdkreises in Rom um sich versammelt gesehen, und jüngst durch die Bulle Aeterni Patris Unigenitus Filius vom 29. Juni 1868 die Bischöfe zu einem allgemeinen Concile berufen, und freudig folgen aus allen fünf Welttheilen die Hirten der Kirche dem Rufe des gemeinsamen Vaters der Christenheit. Ecce sacerdos magnus, quem Dominus constituit! Sehet den Hohenpriester, den der Herr aufgestellt hat!

Zweites Kapitel

Die Basreliefs, Portraitmedaillons, Lutherworte und die drei Städtefiguren.

> Nada te turbe
> Nada te espante:
> Todo se pasa,
> Dios no se muda.
>
> Nichts verwirre dich,
> Nichts entsetze dich,
> Das Alles geht vorüber,
> Gott bleibt ewig derselbe.
>
> Santa Teresa de Jesus.

I.

Stereoskopen zur Betrachtung der Basreliefs: Luthers Thesenanschlag, die Lutherpredigt, Luther vor dem Reichstag, Luthers Bibelübersetzung, Luthers Abendmahlspendung und Luthers Verheirathung.

Fassen wir nun etwas näher ins Auge die sechs Basreliefs, welche an dem unteren Würfel des Hauptpostamentes angebracht sind und welche, wie der Festbericht sagt, „die Hauptthaten aus Luthers Leben" veranschaulichen. Wenn wir dieselben in historischer Reihenfolge betrachten, so tritt uns zuerst entgegen der Anschlag der Thesen Luthers über den Ablaß an die Schloßkirche zu Wittenberg am 31. October 1517. Diesen Tag feiert die protestantische Kirche bekanntlich als das sogenannte Reformationsfest. Den wenigsten Protestanten aber, und selbst vielen protestantischen Geistlichen nicht, die bei der alljährlichen Feier dieses Tages in ihren Festpredigten oft sehr wider den „päpstlichen Ablaß" zu Felde ziehen und Luther feiern als den Befreier von dem „mittelalterlichen Wahne und gräulichen Aberglauben des Ablasses," dürfte es bekannt sein, daß Luther damals selbst noch ziemlich tief in diesem „päpstlichen Aberglauben" drin stak, und in seiner einundsiebenzigsten These ganz ausdrücklich erklärte: „Wer wider die Wahrheit des päpstlichen Ablasses redet, der sei ein Fluch und vermaledeit" und zugleich betheuerte, „daß er nichts sagen wollte, was gegen die heilige Schrift, die Lehre der Kirchenväter und der Päpste verstoßen würde¹)." Im Uebrigen aber tragen diese Thesen schon in ziemlich bedeutendem Grade an sich jene dogmatische Unklarheit, jenen Mangel klaren, logischen und consequenten Denkens, jene oberflächliche und desultorische Manier, welche alle späteren theologischen und polemischen Schriften des Reformators in solch' charakteristischer Weise kennzeichnet. Wer sich einmal die Mühe nehmen will, jene Thesen und die übrigen in den Schriften Luthers vorkommenden Ausführungen gegen den Ablaß zu lesen, und mit diesen dann etwa zu vergleichen die klare, tiefe und durchsichtige, Geist und Herz ergreifende und von ächt christlichem und ascetischem Geiste erfüllte Rede Bourdaloue's²), über den Ablaß, der kann sehr bald zur richtigen Einsicht gelangen, wo über den Ablaß Wahrheit und Klarheit zu finden ist und wo nicht. Wenn man von protestantischer Seite so oft schon behauptet hat, die Lehre vom Ablaß und der Gebrauch der Ablässe hebe den sittlichen Ernst auf und mache die Seelen leichtfertig und vermessentlich, so haben wir bis jetzt unter den Katholiken immer nur die gegentheilige Erfahrung gemacht und stets gefunden, daß diejenigen Katholiken, welche beflissen sind, Ablässe zu gewinnen und sich dieser Gnadenschätze der Kirche theilhaftig zu machen, in ihrem sittlichen Streben viel ernster, viel eifriger, und gewissenhafter sind, als diejenigen, welche den Ablässen der Kirche gegenüber gleichgiltig sind, oder gar sich leichtfertig über dieselben hinwegsetzen. Daß auch der Ablaß mißbraucht werden kann, und daß namentlich im fünfzehnten und sechszehnten Jahrhundert manche Prediger sich bei Verkündigung des Ablasses ärgerliche Uebertreibungen haben zu Schulden kommen lassen, und daß das Volk mitunter von der Bedeutung und Wirksamkeit der Ablässe sich übertriebene und irrige Vorstellungen gemacht hat und dadurch freilich im Ernste des christlichen Lebens nicht gefördert worden ist, stellen wir nicht in Abrede! Allein alle die schlimmen Folgen, welche irrige Vorstellungen über den Ablaß und der Mißbrauch der Ablässe unter dem christlichen Volke der damaligen Zeit hie und da hervorgebracht haben mögen,

---

1) Diese Thesen stehen bei Löscher, vollst. Reformat. Acta Thl. I. S. 867 ff., bei Walch, Bd. XVIII. S. 255 ff.

2) *Bourdaloue*, Oeuvres complètes. Nouvelle édition. Paris 1846. T. III. 606—620.

müssen uns klein und verschwindend erscheinen im Vergleiche zu den, die Sittlichkeit des sechszehnten Jahrhunderts tief unterwühlenden Folgen, welche Luthers unvernünftige und unchristliche Solafidelehre in jener Zeit hervorgebracht!

Und mit diesen historisch nur allzu sehr gerechtfertigten Gedanken gehen wir über zur Betrachtung eines weiteren Basreliefs, welches darstellt die **Lutherpredigt**, — durch welche dem deutschen Volke die „fröhliche Botschaft" verkündet wurde, daß der Glaube allein selig mache, und daß auf die guten Werke nichts ankomme, ja daß sie nicht bloß dem Seelenheile nicht nützlich, sondern sogar schädlich und nachtheilig seyen und durch welche demnach dem Volke deutscher Nation ein „Ablaß" gegeben wurde, nicht etwa von der Abbüßung zeitlicher, in dieser oder in dem jenseitigen Leben noch zu erstehender Sündenstrafen, wie die Kirche einen solchen Ablaß lehrt, sondern vielmehr ein „Ablaß" von allen guten Werken und ein Entschuldigungsbrief für alle nicht guten Werke. „**O, eine feine Predigt**" — ruft ein Zeitgenosse Luthers, **Georg Wicelius** aus, der, nachdem er in seiner Jugend zuerst einer der eifrigsten Anhänger Luthers geworden war, bald nachher, als er die „reformatorischen" Wirkungen der „Lutherpredigt" und die Früchte der neuen Lehre im Leben überall üppig emporschießen sah, mit Widerwillen von der neuen Lehre sich abwandte und nun während beinahe 40 Jahren unermüdlich bis zu seinem Tode in zahlreichen, nach Form und Inhalt classischen Schriften[1] die falsche Reformation bekämpfte — „o eine feine Predigt war das. Nicht mehr fasten, nicht mehr beten, nicht mehr beichten, nicht mehr opfern und geben." Solltet ihr doch wohl zwei deutsche Lande, nicht Eins allein, damit geködert und in euere Netze gelockt haben? Denn wenn man einem erst seinen Willen läßt, so ist er wohl zu gewinnen[2] . . . Das Herz möchte einem Christen brechen zu dieser Zeit, daß so viele falsche Propheten und Ketzer in Germanien regieren, durch welcher **tröstliche, leichtfertige Predigt** das Land nicht allein voll Ehebrecher, sondern auch voll Heiden wird, die nichts glauben. Ei, wie hat es sich gebessert[3]! . . . . O ihr

---

[1] Auch der protestantische Geschichtschreiber Neander, das Eine und Mannigfaltige des christlichen Lebens S. 201. erkennt in Bezug auf Wicelius an: „In seinen Schriften gibt sich ein Mann, dem das Christenthum die höchste Angelegenheit seines Lebens ist, der die Uebel der Kirche tief empfindet und mit heißer Sehnsucht eine Wiederherstellung derselben verlangt, zu erkennen." — Ueber Wicelius und seine Stellung zu Luthers Reformation vergl. Döllinger, die Reformation Bd. I. S. 20—121, wo eine große Reihe höchst werthvoller und interessanter Auszüge aus den Schriften des Wicelius mitgetheilt sind.

[2] Vom Beten, Fasten und Almosen, schriftlich Zeugniß. Eisleben 1535. S. 4. b.

[3] Annotationen zu den Proph. Eisleben 1536. II. f. 88. a.

Gesellen, wie ein evangelisch säuberlich Leben habt ihr mit eueren Gnadenpredigten zugerichtet¹)." Doch die beiden Hauptreformatoren Luther und Melanchthon mögen selbst auftreten und Zeugniß ablegen für die reformatorischen Wirkungen der Lutherpredigt. Melanchthon klagt: „Möchten doch die Prediger die Furcht Gottes, den Glauben, die Liebe und den Gehorsam gegen die Obrigkeit ebenso eifrig lehren, als sie kräftig gegen den Papst schreien²)... Betrachte man, warum die Regierungen einen immer schwierigeren Stand bekommen, und die Hauptursache ist, weil die Sitten des Volkes schlechter werden. Luxus, Zügellosigkeit, Frechheit nehmen im Volk immer mehr zu³)." Und Luthers spätere Schriften selbst sind voll von Klagen über die zunehmende Sittenverderbniß; so z. B., wenn er ausruft: „Weil sie von den Banden und Striden des Papstthums sich los und ledig fühlen, wollen sie auch das Evangelii und aller Gottes Gebote ledig und los sein, und soll nun forthin gut und recht sein, was sie gelüstet und gut dünkt. Es lasset sich mit unserem Deutschland fast auch ansehen, daß es nach dem großen Licht des Evangelii schier gar vom Teufel besessen sei. Die Jugend ist frech und wild und will sich nicht ziehen lassen; die Alten sind mit Geiz, Wucher und mit vielen anderen Sünden, die nicht zu sagen sind, behaftet⁴)." So viel über die Lutherpredigt und ihre reformatorischen Wirkungen im sechszehnten Jahrhundert!

Ein drittes Basrelief zeigt uns Luther auf dem Reichstage zu Worms. Luther wird hier dargestellt mit zum Himmel emporgehobenem Haupte als der Mann des Heldenmuthes und des Gottvertrauens. Wir sind nun nicht in der Lage, diesen Heldenmuth und dieses Gottvertrauen besonders zu bewundern; denn wir kennen Luthern, sein Leben und seinen Charakter zu gut, und zu sehr bis ins Detail, um nicht zu wissen, daß persönlicher Muth Luthers stärkste Seite gerade eben nicht war und auch die panegyrischen Fanfaren alle, mit denen man in den Tagen des Lutherfestes wieder den „unbeugsamen Heldenmuth und das kühne Gottvertrauen des theuern Gottesmannes, dieses Rüstzeuges des Herrn" in solch' rührendem und salbungsvollem Pathos gefeiert, waren nicht im Stande, diese unsere historisch sehr wohl fundirte Ansicht über „Luthers Gottvertrauen und Heldenmuth" irgendwie zu erschüttern. Hat ja doch Luther bei dem ersten

---

1) Ein unüberw. gründl. Bericht, was die Rechtfertigung in Paulo sei. Leipzig 1553. D. a. b.
2) Corpus Reform. I. 821.
3) *Melanchthonis* Evangel. Dominic. 1552. Opp. III. p. 110.
4) Auslegung d. Ev. Johannes. Walch XIV. 164. u. 195.

Verhör auf dem Reichstag zur Genüge gezeigt, wie sehr es ihm selbst da, wo ihm gar keine Gefahr drohte, an persönlichem Muthe gebrach. Ueberdieß haben wir unglücklicher Weise auf der andern Seite des Luthermonumentes bereits im Portrait die Gestalten Ulrichs von Hutten und Franz von Sickingens gleichsam wie hinter den Coulissen stehend, erblickt, und uns dabei erinnert, daß nicht sowohl Gott im Himmel dort oben, als vielmehr die in der unmittelbaren Nähe von Worms stehende Macht der verschworenen Ritter es war, auf die Luthers Gottvertrauen sich stützte, und die ihm den sehr wohlfeilen Heldenmuth inspirirt und bei seiner persönlichen Aengstlichkeit zum Theil geradezu aufoctrohirt hatten. Vollkommen richtig bemerkt auf Grund seiner historischen Quellenstudien einer der gelehrtesten und geistvollsten deutschen Schriftsteller, Professor Dr. Jarke, über jenen vielgepriesenen Heldenmuth Luthers: „Luther's persönliches Erscheinen vor dem Kaiser sollte das letzte und entscheidende Mittel sein, den Monarchen für die Sache der Neuerung zu gewinnen. — Weit entfernt also, Luther von seiner Reise nach Worms abzumahnen, wie gewöhnlich erzählt wird, waren es mehreren Berichten zufolge, Sickingen und seine Verbündeten, die den charakterlosen Kurfürsten Albrecht von Mainz nöthigten, den arglosen jungen Kaiser zu bestimmen, daß er seinen bereits gefaßten Entschluß: Luther nicht anzuhören und keine Verhandlung mit ihm zu pflegen, aufgab. — Ernstliche Gefahr für Luther war bei diesem Plane nicht vorhanden: denn abgesehen von dem persönlichen Charakter des Monarchen, der zu grellen, formlosen Gewaltthaten wenig geneigt war, stand die wohlgerüstete, den Hülfsmitteln des Kaisers bei weitem überlegene Macht der verschworenen Ritter in der unmittelbaren Nähe von Worms bereit, in demselben Augenblicke über die katholischen Fürsten des Reichstages herzufallen, wo dem Organe ihrer Entwürfe auch nur ein Haar gekrümmt würde. Karl hatte jedenfalls mehr von der adelig revolutionären Partei zu besorgen, als der in ihrem Schutze stehende Reformator vom Kaiser und der Reichsjustiz. Somit dürfte die bekannte prahlerische Phrase, welche die Lobredner der kirchlichen Umwälzung von dem Anstifter derselben gewöhnlich mit so vieler Salbung berichten (— „und wenn so viele Teufel, als Ziegel auf den Dächern wären, so müßte ich doch nach Worms hinein," —) schwerlich von dem Heldenmuthe Luthers Zeugniß geben. Denn trotz seines Mangels an persönlichem Muthe hatte dieser leicht den kecken Waghals spielen können, da er im Geheimniß der kriegerischen Pläne Hutten's und Sickingen's war und wohl wußte, daß die furchtbare, materielle Macht der beabsichtigten, politischen

Revolution dicht hinter ihm und zu seinem Schutze bereit stand¹).

Ein viertes Basrelief zeigt uns Luther, wie er die Bibel übersetzt. Bekannt ist, wie Luther stets sich das Ansehen gab, „die Bibel erst unter der Bank hervorgezogen zu haben." Nun hat aber bereits im sechszehnten Jahrhundert gerade jener Mann, dessen Portraitmedaillon wir am Luthermonumente unmittelbar über dem Basrelief der Bibelübersetzung erblicken, der schweizer Mitreformator Zwingli nämlich, Luthern wegen dieser Ruhmrednerei folgende sehr drastische Zurechtweisung zukommen lassen, die wir unseren Lesern nicht vorenthalten zu sollen glauben: „Daran thust Du doch" so schrieb Zwingli an Luther, „meines Bedünkens etwas Unrecht; „denn so man betrachtet, welche uns die heilige Schrift vorgetragen haben, durch das Mittel und Instrument der Sprachen, so mußt Du Erasmus zu unseren Zeiten, und Valla vor einigen Jahren und den frommen Reuchlin und Pelican erkennen, ohne deren Hilfe weder Du, noch andere nützlich wären. Ich verschone Dein hie, lieber Luther! treffentlich, denn Du in viel Schreiben und Sendbriefen und sonst noch viel stolzer Dich gerühmt hast, darum man Dich wohl sollte ausstäupen; denn in der Wahrheit, so weißt Du wohl, daß zu der Zeit, da Du Dich herausstelltest, gar eine große Menge derer war, die in dem Lesen und Sprachen viel geschickter waren, als Du²)." Allein nichtsdestoweniger erzählen protestantische Schriftsteller und protestantische Prediger und Katecheten, um Luther zu verherrlichen und die katholische Kirche herabzusetzen, dem protestantischen Volke bis auf den heutigen Tag, daß Luther erst die Bibel unter der Bank hervorgezogen und dem Volke bekannt gemacht habe. Aus Unkenntniß oder auch geflissentlich ignoriren sie dabei, daß bereits vor beinahe hundert Jahren schon der berühmte protestantische Bibliograph Panzer³) in einer eigenen Schrift den Nachweis geliefert hat, daß von der Erfindung der Buchdruckerkunst an, bis zur Zeit, wo M. Luthers deutsche Bibel zuerst im Drucke erschien, außer den niedersächsischen nicht weniger als vierzehn deutsche Bibelausgaben (von der ersten in Mainz 1462 bis zu der in Augsburg 1518) gedruckt wurden, und obgleich die neuere Forschung dieses Resultat noch vergrößert und nachgewiesen hat, daß vor der lutherischen Bibelübersetzung mindestens sechszehn Bibelübersetzungen in hoch-

---

1) Historisch-politische Blätter Bd. 4. S. 580. — Studien und Skizzen zur Geschichte der Reformation Bd. 1. S. 200.
2) Vgl. Alzog a. a. O. Bd. II. S. 279.
3) Panzer, Literarische Nachrichten von der alterältesten gedruckten deutschen Bibel. Nürnberg 1774. — Panzer, Geschichte der römisch-katholisch-deutschen Bibel. Nürnberg 1781.

deutscher und mindestens **fünf** in plattdeutscher Mundart erschienen sind [1]). Bei der Betrachtung des Basreliefs: Luthers Bibelübersetzung erinnerten wir uns auch jenes Wortes, mit welchem Luther einst die heilige Schrift als **alleinige Glaubensregel** aufstellte, indem er erklärte: „Wenn euch aber jemand von Jenen antastet und spricht, man muß der Väter Auslegung haben, die Schrift sei dunkel, sollt ihr antworten: Es sei nicht wahr. **Es ist auf Erden kein klarer Buch geschrieben, denn die heilige Schrift**[2]).“ Wenn je ein Wort durch die Erfahrung Lügen gestraft worden ist, so ist es dieses Wort Luthers. Denn wenn wirklich die heilige Schrift ein so „klares Buch" ist, wie Luther hier behauptet, warum denn streiten sie auf protestantischem Gebiete seit mehr denn dreihundert Jahren von den Tagen Luthers bis auf heute fast über jede einzelne Stelle der heiligen Schrift? In der That — die dreihundertjährige Geschichte der protestantischen Schriftauslegung hat den Beweis geliefert und liefert ihn fortwährend unter unseren Augen, wie durchaus verkehrt, wie unvernünftig und wie dem objectiven Geiste des Christenthums widersprechend es ist, die heilige Schrift, losgerissen von der lebendigen und irrthumslosen Tradition der Kirche als **alleinige Glaubensregel** hinzustellen. Die ganze protestantische Bibeltheologie seit dreihundert Jahren ist ein tragikomischer Commentar zu dem bekannten satirischen Worte, das ein Protestant einst auf seine Bibel niederschrieb:

Hic liber est, in quo quaerit sua dogmata quisque
Invenit et pariter dogmata quisque sua.
Dieß ist das Buch, darin jeder, was glauben er möchte, sich suchet
Jeder auch findet darin, was ihm zu glauben beliebet.

O, Gott im Himmel weiß es, und Gott im Himmel sei's geklagt, wie sie von den Tagen Luthers an bis auf diese Stunde durch ihre verkehrte und willkürliche Schriftauffassung und Schriftauslegung die heilige Schrift mißhandelt und sich und das Volk um den wahren Glauben gebracht und von der Erkenntniß des wahren Glaubens und der wahren Kirche zurückgehalten haben!

Ein fünftes Basrelief zeigt uns **Luther** und einen andern Geistlichen, wie sie das Abendmahl unter beiden Gestalten spenden. Das lutherische Abendmahl unter beiden Gestalten erinnert uns unwillkürlich an jenes trotzige und wenig evangelische Wort, das der Reformator in

---

1) J. B. **Malou**, Bischof von Brügge † 1864: La lecture de la bible en longue vulgaire. Lond. 1846; auch in deutscher Uebersetzung erschienen unter dem Titel: Das Lesen der Bibel in den Landessprachen, beurtheilt nach der Schrift, der Ueberlieferung und der gesunden Vernunft. 2 Thl. Schaffhausen 1849.
2) Vgl. **Alzog** a. a. O. Bd. 2. S. 279.

seiner Meßordnung von 1523 gesprochen: „Wenn ein Concil uns die beiden Gestalten geböte oder erlaubte, so würden wir dem Concil zum Trotze nur eine nehmen, oder weder die eine noch die andere nehmen, und diejenigen verfluchen, die kraft dieses Gebotes die beiden nähmen" — und dachten, daß ein Mann, der so vom Geiste des Trotzes und der Opposition besessen war, daß ihm der Trotz und die Opposition über Alles, selbst über das, was er für wahr hielt, ging, kein gotterleuchteter Geist und kein gottgesandter Reformator gewesen sein könne. Und wir konnten in unserer Meinung von dem unreformatorischen Berufe Luthers nur noch mehr bestärkt werden, als wir weiter auch gedachten jenes scandalösen Abendmahlsstreites zwischen Luther und Karlstadt im schwarzen Bären zu Jena, wo die beiden Apostel der neuen Abendmahlslehre, nachdem sie über das heilige Abendmahl in der unwürdigsten Weise gestritten und sich gegenseitig mit den häßlichsten Beschimpfungen und Schmähungen überhäuft, unter einem ganz neuen apostolischen Segensgruß von einander Abschied nahmen, Luther, indem er zu Karlstadt sprach: „Könnte ich Dich auf dem Rabe sehen," und Karlstadt, indem er zu Luther sprach: „Möchtest Du den Hals brechen, ehe Du zur Stadt hinauskommst¹)." So endete jene reformatorische Disputation über das hochheilige Geheimniß der Liebe des Herrn! Ob wohl Raphael, der in seiner Disputa in so wunderbarer und unvergleichlicher Weise die katholische Lehre vom heiligen Abendmahl verherrlicht hat, sich wohl auch je für jene reformatorische Disputa im schwarzen Bären zu Jena hätte begeistern und sie zum Gegenstande seiner idealen künstlerischen Conception und Darstellung hätte machen können? Wahrlich, unwürdiger, unwahrer und unheiliger ist das Heilige nie behandelt worden, als wie es vielfach behandelt haben die sogenannten Reformatoren des sechszehnten Jahrhunderts. Indem wir aber an den Abendmahlstreit zwischen Luther und Karlstadt uns erinnerten, da gedachten wir auch jenes Wortes, welches Luther im Abendmahlstreite mit Karlstadt und den Zwinglianern an die Straßburger Reformatoren geschrieben und worin er erklärt, daß er „vor fünf Jahren" schon gerne bereit gewesen wäre, die Gegenwart Christi im heiligen Abendmahle zu läugnen, „weil ich wohl sah, daß ich damit dem Papstthum hätte den größten Puff geben können; aber ich bin gefangen, ich kann nicht heraus, der Text (der heiligen Schrift)

---

1) Der ganze Streit ist ausführlich erzählt in den actis Jenensib. von dem Jenaer Prediger Martin Reinhardt als Augenzeugen bei Walch Bd. XV. S. 2423. Vgl. C. A. Menzel, Deutsche Geschichte Bd. I. S. 254 ff.

ist zu gewaltig da, und will sich mit Worten nicht lassen aus dem Sinne reißen ¹)." Mit Schmerz und Trauer gedachten wir auch all' der häß= lichen Schmähungen, mit welchen Luther das Opfer der heiligen Messe überhäuft, und der gewaltthätigen und gewaltsamen Art, mit welcher er und seine Anhänger in großer Verblendung dasselbe abgeschafft haben. Wir schauten im Geiste am Fuße des Luthermonumentes die herrlichen Dome und Kirchen in unserm deutschen Vaterlande, in denen durch so viele Generationen hindurch an jedem Morgen so fromm und feierlich das Opfer der heiligen Messe dargebracht wurde und die nun seit drei= hundert Jahren ihres Heiligthumes beraubt dastehen. Wir sahen den herrlichen Münster von Ulm und die alten Dome von Magdeburg, von Merseburg, von Halberstadt, von Brandenburg, von Meißen und Schwerin, wir sahen die große altehrwürdige Marienkirche in Lübeck, die herrlichen Denkmale deutscher Baukunst St. Lorenz und St. Sebaldus in Nürnberg und das deutsche Nationalheiligthum, die so schöne und herrliche Elisabethenkirche in Marburg mit den darin verborgenen Reliquien der heiligen Elisabeth, wie sie nun öde und verlassen stehen, und wie sie trauern und sich sehnen nach dem Tage, an welchen auf ihren Altären wieder gefeiert wird das Opfer der heiligen Messe, für das sie gebaut und geweiht sind, wie sie trauern und sich sehnen nach dem Tage, an welchem in ihren Mauern wieder gefeiert wird der katholische Gottesdienst in seiner geheimnißvollen inneren Schönheit und Herrlichkeit, für den sie gebaut sind und der allein ihrer würdig ist. Und wir blickten weiter durch die deutschen Gauen, und wir sahen, wie an allen Sonn= und Feiertagen so vielfach in den Städten und auf dem Lande die protestantischen Kirchen so leer und ver= lassen und so ohne Andacht sind, weil man abgeschafft hat das Opfer der heiligen Messe und zerstört hat den urchristlichen Gottesdienst und nun dem christlichen Volke nichts zu bieten vermag, als das von dem lebendigen Christenthum losgerissene Wort einer — Predigt. Und wir schauten im Geiste die katholischen Kirchen in allen fünf Welttheilen vom Aufgang bis zum Niedergang der Sonne, wie sie an allen Sonn= und Feier= tagen von zahllosen Gläubigen und von übernatürlich=geheimnißvoller Andacht erfüllt sind, weil man auf ihren Altären feiert das vom Propheten Malachias schon voraus verkündete vollkommene Opfer des Neuen Bundes voll der Gnade und Wahrheit, jenes wunderbare Opfer, in welchem die christliche Seele solch' geheimnißvolle Erhebung, solch' himmlischen Trost und solch' wunderbaren Frieden findet; denn „das hei= lige Meßopfer ist," wie ein ächt reformatorischer Heiliger, der heilige

---

1) Walch, Bd. XV. S. 2448.

Franz von Sales, der durch seine Sanftmuth und Milde so viele Irrende zur Kirche zurückgeführt hat, sagt, „das Herz der Andacht, die Seele der Frömmigkeit, die Quelle der göttlichen Liebe und das kostbarste Mittel, Gnade zu erlangen von Gott." Und ebenso fromm und schön sagt der gottselige Thomas von Kempis, den man ja auch mitunter von protestantischer Seite zu einem Vorreformator hat machen wollen, in seinem goldenen Büchlein von der Nachfolge Christi über das Opfer der heiligen Messe: „Wenn der Priester das Opfer darbringt, so ehret er Gott, erfreuet die Engel, erbaut die Kirche, hilft den Lebenden, verschafft Ruhe den Abgeschiedenen und macht sich aller Güter theilhaftig[1])." Indem wir so am Fuße des Luthermonumentes der Gnade des heiligen Meßopfers und der wunderbaren und geheimnißvollen Schönheit und Herrlichkeit des katholischen Gottesdienstes uns erinnerten, da gedachten wir auch und zwar mit Freude und Wehmuth zugleich jener auf protestantischem Gebiete in neuerer Zeit so vielfach hervortretenden Bestrebungen, durch Einführung eines der heiligen Messe nachgebildeten liturgischen Gottesdienstes dem nach innen und außen so öde gewordenen protestantischen Gottesdienste wieder mehr Wärme und Andacht zu verleihen. Namentlich aber gedachten wir auch des lebendigen Glaubens an die wahre Gegenwart Christi im heiligen Abendmahle, wie er gegenwärtig in England wieder von unzähligen protestantischen Kanzeln verkündet wird. Schon sind in England die Kirchen nicht mehr zu zählen, in welchen überall der Glaube an die wahre Gegenwart Christi im heiligen Abendmahl zum Mittelpunkte des Gottesdienstes gemacht wird. Und doch ist dieser Glauben, so lange nicht ein rechtmäßig geweihtes Priesterthum vorhanden ist, nur eine Täuschung, und alle jene ritualistischen Gottesdienste, wie sie gegenwärtig in England in zahlreichen Kirchen und mitunter auch in Deutschland und Nordamerika gefeiert werden — sind nur eine Fata Morgana der Wahrheit, nur Spiegelungen des wahren Gottesdienstes, aber noch nicht der wahre Gottesdienst im Geiste und in der Wahrheit selbst.

Das sechste und letzte Basrelief, das freilich in mehr als einem Sinne als ein Basrelief bezeichnet zu werden verdient, zeigt uns Luthers Verheirathung[2]). Wir sehen den 42jährigen Mönch und Priester

---

1) Thomas a Kempis, Nachfolge Christi, Buch 4, Kap. 5.
2) Auch manche edler und feiner fühlende Protestanten haben Anstoß genommen an diesem Bilde und die Ansicht ausgesprochen, man hätte „Luthers Verheirathung" füglich vom Monumente weglassen können, da ja doch Luther gerade hierin minder groß erscheine und diese seine Verheirathung doch auch nicht gerade unter die „evangelischen Hauptthaten" Luthers gehöre. Wir achten und ehren dieses feinere Gefühl und sind in der Sache selbstverständlich mit diesen Protestanten ganz

und die 26jährige, dem Kloster Niemptschen entronnene Nonne, wie sie vor dem abgefallenen Priester Bugenhagen, der selbst schon einige Jahre früher sich mit seinem Gewissen abgefunden und diesen reformatorischen Schritt gethan, copulirt werden. Diesem bemitleidenswerthen Trauungsakte gegenüber fühlen wir uns vor Allem gedrungen, als Anwalt der heiligen Schrift aufzutreten und zu erklären, daß Luther durch diese seine Verheirathung, wie vorher schon durch seine Schriften „wider die Klostergelübbe" in den flagrantesten Widerspruch geräth mit der heiligen Schrift, die ja doch, und zwar sowohl durch Worte des Heilandes, als durch die Worte des Apostels Paulus in der klarsten und unzweideutigsten Weise lehrt, daß der Stand der Jungfräulichkeit ein gottwohlgefälliger und heiliger Stand sei, und die ebenso klar und offenbar lehrt, daß der Mensch verpflichtet sei, seine Gelübde, die er Gott gemacht, auch Gott zu halten. Da sehen wir dort oben Luther auf dem Monumente stehen, wie er so gewaltig auf die Bibel pocht, und hier unten in dem Basrelief Luther, wie er sich in offenbarer Weise über die Bibel hinwegsetzt. Es scheint demnach doch, daß Luther die heilige Schrift nicht als einzige Glaubensnorm gekannt habe und daß je nach Zeiten und Umständen auch noch andere Normen für ihn maßgebend waren. Indem wir aber, vor dem Monumente stehend, das seltsame Hochzeitsbild näher betrachteten, schauten

---

einverstanden. Allein nichtsdestoweniger sind wir der Ansicht, daß dieses Basrelief am Luthermonumente nicht fehlen durfte und hier vollständig an seinem Platze ist! Denn wer will es läugnen, daß jenes emancipirte und scandalöse Heirathen von Mönchen und Priestern und Nonnen neben und noch vor der Fürstenhabsucht das Hauptpropagationsmittel der neuen Lehre im 16. Jahrhundert war, und wer will es läugnen, daß auch durch die folgenden drei Jahrhunderte bis in die Gegenwart hinein die einzugehenden und eingegangenen Bande der Ehe es sind, durch welche, oft ohne sich selbst recht darüber klar zu werden, so viele protestantische Geistliche und in Folge dessen auch unzählige Protestanten im Schooße des Irrthums festgehalten werden und den Weg zur wahren Kirche nicht finden? Hat ja doch unser großer deutscher Humorist Jean Paul schon in seiner heiteren Manier so treffend gesagt, daß der Begriff einer Braut ebenso nothwendig zum Begriff eines Predigtamtscandidaten gehöre, als der Begriff einer Bibel, und daß man sich ohne beides einen Predigtamtscandidaten gar nicht denken und vorstellen könne. Ja, wie manche protestantische Predigtamtscandidaten würden das Antlitz der Braut Christi, der wahren Kirche erkennen, und ihrem Dienste mit heiliger Begeisterung sich weihen, wenn nicht das Antlitz einer irdischen Braut sie fesselte; und wie manche protestantische Pfarrer, die, abgestoßen von dem auf protestantischem Gebiete herrschenden Rationalismus, in ihren dogmatischen Anschauungen oft der katholischen Kirche so nahe stehen, würden dem Dienste am Worte entsagen und dem Dienste der Kirche und des im Sakramente lebendigen Heilandes sich weihen, wenn sie nicht zurückgehalten wären durch die unzertrennlichen Bande der Familie.

wir im historischen Hintergrund dieses Bildes noch ein Hochzeitsbild ganz anderer Art — es war das blutige und gräßliche Hochzeitsbild des Bauernkrieges, dieses ersten Schreckenskindes der Reformation. Wir sahen die in Flammen aufgehenden Dörfer und die brennenden Kirchen, die als Hochzeitsfackeln zu Luthers Vermählung leuchteten, wir hörten das Sturmgeläute durch die deutschen Gauen, das dem Mönche zur Hochzeit läutete, und wir sahen die Höhenzüge und die grünenden Thäler im Odenwalde, und auf der Rhön, in Schwaben, in Franken, in der Pfalz, im Thüringerwald und in Sachsen, wie sie im Blute der Erschlagenen sich bräutlich geschmückt zu des großen deutschen Reformators Hochzeitsfeste! Und wir meinten, daß ein Mann, der in solch' gräßlicher Zeit, wo er die Saat seiner Lehre so blutig emporschießen sah, nichts Besseres zu thun wußte, als seine Gelübde zu brechen und zu heirathen — kein wahres Herz gehabt habe für das deutsche Volk und seine Leiden, und daß man all' den wahrhaft großen und edlen Männern deutscher Nation eine Unbill zufügt, wenn man, wie das ja auch in den Tagen des Lutherfestes wieder so mannigfach geschehen, Luther bezeichnen will als den „deutschesten Mann" und ihn als den „edelsten und größten Mann der deutschen Nation" preisen und feiern will. Die Freunde des Reformators alle fühlten es, welche Blöße er sich durch seine Verheirathung gegeben, und wie ungeeignet namentlich gerade die Zeit des schauerlichen Blutvergießens im Bauernkriege für jenen Schritt des Reformators war. Luther selbst besaß zu wenig edles und feines Gefühl, um das zu fühlen, und mit seltsamer Naivetät zeigte er in einem Briefe vom 21. Juni 1525 seinem Freunde Niklas Amsdorf seine Heirath an, zugleich mit der Nachricht, daß in Franken 11,000, in Würtemberg 6000, anderwärts in Schwaben 10,000, im Elsaß 20,000 Bauern erschlagen worden[1]). Eine heitere und fröhliche Hochzeitsanzeige fürwahr, würdig der Hochzeitsfeier, für die sie geschrieben wurde! Als Luthers früherer Freund und nachheriger Gegner Erasmus von Luthers Verheirathung hörte, da meinte er: „Vielen scheine die Unternehmung Luthers eine Tragödie, er aber halte sie für eine Komödie; denn Alles endige hier immer mit einer Heirath[2])." Wollte Gott, er hätte Recht gehabt, und sie wäre nicht geworden zu der großen Tragödie der deutschen Glaubensspaltung und Glaubenstrennung, die seit drei Jahrhunderten schon zum größten Nachtheile des religiösen und politischen Lebens unserer Nation und zum größten Nachtheile unzähliger durch das Blut Jesu Christi erkauften

---

1) Vgl. Feßler, Geschichte der Kirche Christi. S. 848.
2) Vgl. Alzog a. a. O. Bd. 2. S. 288.

Seelen fortspielt, und die — Gott im Himmel weiß es — vielleicht noch lange fortspielen wird!

II.

Physiognomische Studien und historische Federzeichnungen zu den acht Portraitmedaillons: Johann und Johann Friedrich von Sachsen, Justus Jonas und Johann Bugenhagen, Calvin und Zwingli, Ulrich von Hutten und Franz von Sickingen.

Ueber den Basreliefs zeigen sich an den vier Seiten des Würfels je zwei Portraitmedaillons, die nun der Reihe nach von uns betrachtet sein wollen. Auf der Vorderseite erblicken wir zwei fürstliche Förderer der Reformation, die beiden sächsischen Churfürsten: Johann und Johann Friedrich, der erstere ein Bruder, der letztere ein Neffe Friedrich's des sogenannten Weisen. Es genügt, diese beiden anzusehen, um sich sofort darüber klar zu werden, daß es sicher nicht der Trieb nach „freier Schriftforschung" und auch nicht die Liebe zum „reinen Evangelium" war, welche diese beiden Fürsten zu so eifrigen Bekennern und Förderern der neuen Lehre machte; denn geistlosere und aller und jeglicher „Forschung" abgeneigtere und unidealere Gesichter sahen wir noch selten. Wir werden darum auch ganz gewiß diesen Fürsten nicht zu nahe treten, wenn wir einfach der Ansicht sind, daß es nicht sowohl der Trieb nach „freier Forschung" und die Liebe zum „reinen Evangelium," als vielmehr der Trieb nach den Kirchengütern und die Liebe zu den geistlichen Landestheilen war, welche diese, wie auch so viele andere Fürsten der damaligen Zeit in und außer Deutschland zu so großen Verehrern Luthers und zu so eifrigen und hingebenden Bekennern der neuen Lehre machten. Es ist in der That vergebliche Mühe, wenn protestantische Geschichtschreiber es versuchen, die protestantischen Fürsten des Reformationszeitalters mit einem großartigen religiösen und sittlichen Nimbus zu umgeben; die Geschichte spottet dieses Nimbus nur allzusehr!.

Auf der linken Seitenfläche begegnen uns die Portraits zweier abgefallenen Priester und „treuen Gefährten und Mitarbeiter Luthers." Es sind die Portraits des Justus Jonas und Johannes Bugenhagen, die mit ihren entgeistlichten, versinnlichten und verweltlichten Zügen nur einen sehr unangenehmen Eindruck auf uns machen konnten. In gewissem Sinne und ganz gewiß mit viel größerem Rechte, als Savonarola und Reuchlin, könnte man sie auch unter die Vorreformatoren zählen, insofern sie nämlich bereits schon einige Jahre früher als Luther, sich Weiber genommen, und überhaupt unter den Allererſten waren, die diesen reformatorischen Schritt gethan und so ihre Liebe zu dem reinen

Evangelium unzweifelhaft besiegelt hatten. Der erstere der Beiden, Justus Jonas, bekam — zu seiner Ehre sei es gesagt — in seinen späteren Lebenstagen oft große Gewissensbisse und Gewissensangst, und die lutherische Lehre vom Specialglauben, in der er in seinen jüngern Tagen so viel Trost und Gewissensberuhigung gefunden, hatte mit Einemmale für ihn — allen Trost verloren.

Auf der linken Seitenfläche erblicken wir die Portraitsmedaillons der beiden Schweizer Reformatoren, das Portrait Calvins mit seinen absolutistischen, düstern, spitzen und eisig kalten Tyrannenzügen, und das Portrait Zwinglis mit seinen revolutionären, derben und versinnlichten Demagogenzügen. Jetzt prangen Zwingli und Calvin in großer Eintracht mit Luther am Luthermonumente! Im Leben freilich, da war es einst anders! Da haben sie sich gegenseitig mit den plumpesten und bissigsten Schmähungen mitunter wahrhaft überhäuft [1]). Jenes Gebot, das der Herr einst

---

1) Im Abendmahlstreite erklärte Luther, entweder er und seine Anhänger oder Zwingli und seine Anhänger müßten des „Satans Diener" sein; Zwingli sei ein wahrer Helde;" die Zwinglianer „hätten ein eingeteufeltes, durchteufeltes und überteufeltes Herz und Lügemaul;" „kein Christ solle für sie beten, und er müsse sich selber in den Abgrund der Hölle verdammen, wenn er mit ihnen Gemeinschaft haben sollte." (Vgl. Döllinger, Luther S. 31). „Luther," sagt die Kirche von Zürich gegen die Confession und jene Schmähungen Luthers S. 61 „nennt uns eine abscheuliche und verdammte Secte; er hüte sich aber, daß er sich nicht selbst schon dadurch für einen Erzketzer erkläre, weil er sich an die nicht anschließen will und kann, die Jesum Christum bekennen. Wie sich doch dieser Mann auf eine unbegreifliche Art von seinen bösen Geistern hinreißen läßt! Wie doch seine Sprache schmutzig, und alle seine Worte voll des Teufels und der Hölle sind! Er behauptet, der Teufel wohne jetzt und immer in dem Körper Zwingli's. — Wie doch diese Verläumdungen aus einer verteufelten, überteufelten und durchteufelten Brust hervorathmen, wie doch ihre Sprache nichts als eine Lügensprache ist, die sich nach des Teufels Gutdünken in Bewegung setzt, eine von ihrem höllischen Gift durchaus geschwängerte Sprache. Hat man je solches Gerede selbst aus dem Munde eines wüthenden Teufels gehört?" „Seht ihr," sagt Zwingli in der Antwort auf Luther's Confession, „welche Mühe sich der Teufel gibt, in den vollständigen Besitz dieses Mannes zu kommen." Als Zwingli in der Schlacht bei Kappel gefallen und bald darauf auch das andere Haupt der Schweizer Partei, Oecolampadius, gestorben war, da freute sich Luther ihres Todes; nur eines bedauerte er, daß nämlich die katholischen Eidgenossen ihren Sieg nicht zur Unterdrückung der Zwingli'schen Lehre benützt hätten; dann würde ihr Sieg „fast fröhlich und großen Ruhmes werth sein." „Zwingli," sagt Luther, „ist gestorben und ist verdammt; denn er wollte gleich einem Dieb und Aufwiegler durch die Gewalt der Waffen auch Andere zur Annahme seiner Lehre zwingen." — Der französische Reformator Calvin hat zeitweise in sehr panegyrischer, dann aber auch wieder in der wegwerfendsten und gehässigsten Weise sich über Luther und die Lutheraner ausgesprochen. So z. B. sagt er (aus *Conradi Schlüsselberg.* Calvini Theologia L. II. fol. 126 Francof. 1592): „Wie Luther hervorragende Tugenden hat,

in seinen Abschiedsreden seinen Aposteln gab: „Das ist mein Gebot, daß ihr einander liebet; darin werden Alle erkennen, daß ihr meine Jünger seid, wenn ihr Liebe habet zu einander¹)" schien für die Apostel des neuen Evangeliums im sechszehnten Jahrhundert so gut wie nicht gesprochen zu sein. Und wenn man von den ersten Christen einst sagte: „Sehet, wie sie einander lieben" und darin ein Zeichen der Göttlichkeit der christlichen Religion erblickte, so konnte man umgekehrt von jenen angeblichen Wiederherstellern des Evangeliums im sechszehnten Jahrhundert sagen: „Sehet, wie sie einander hassen!" und daraus schon erkennen, daß ihre ganze Reformation eine nicht aus dem Geiste Jesu Christi und dem ächten Geiste des Christenthumes hervorgegangene war. Uebrigens haben ja auch die meisten der großen und kleinen Reformatoren des sechszehnten Jahrhunderts durch ihr eigenes Leben mehr als zur Genüge bewiesen, daß ihnen aller und jeglicher wahrhaft reformatorische Beruf abging, und daß gerade sie zu allerletzt dazu berufen waren, die Kirche Gottes zu reformiren. Und in dieser Beziehung ist namentlich gerade auch der hier am Luthermonumente im Portraitmedaillon verherrlichte Zwingli so recht eigentlich das sprechende Bild eines solchen Pseudoreformators und einer solchen Pseudoreformation! Zwingli war ein sittlich tief gesunkener Priester, der zur tiefsten Betrübniß seiner braven katholischen Geschwister und Anverwandten und zum größten Aergerniß des katholischen Volkes ein höchst schmutziges und ausschweifendes Leben führte und so wenig Schamgefühl besaß, daß er über seine eigene Lasterhaftigkeit und über seine unsittlichen Verhältnisse mit einer als öffentlichen Dirne bekannten Person sich obendrein in frivoler Weise noch lustig machte²). Er, der wahrlich vor Allem

so leidet er auch an großen Fehlern. Dieses Ungestüm, welches überall hervorbricht, hätte er es doch mehr zu zügeln gestrebt. Hätte er sich doch mehr Mühe gegeben, seine Fehler kennen zu lernen." An einer andern Stelle sagt Calvin (Florim. V.): „Alles, was Luther gethan hat, ist ohne allen Werth; man muß nicht zum Zeitvertreib seinen Fußtapfen folgen, und zur Hälfte Papist seyn, es ist besser, lieber von Grund aus eine ganz neue Kirche aufzubauen." „Deine Schule," antwortet Calvin in seiner gehässigen und schimpfenden Manier dem Lutheraner Westphal, „ist nicht anderes, als ein — —; verstehst du mich Hund? Verstehst du mich, Wahnsinniger? Verstehst du mich großes dummes Vieh?" (Vgl. Staudenmaier. Zum religiösen Frieden der Zukunft mit Rücksicht auf die religiös-politische Aufgabe der Gegenwart. Freib. 1846. Bd. I. S. 325 ff. — De Trevern, Freundschaftliche Erörterung über die Kirche von England und die Reformation überhaupt, Bd. I. S. 74—93, wo eine ganze Reihe von Proben, wie die Reformatoren und reformatorischen Theologen des sechszehnten Jahrhunderts sich gegenseitig behandelt und verlästert haben, mitgetheilt wird.

1) Joh. 15, 12.; 13, 15.
2) Vgl. den Brief Zwingli's an Heinrich Utinger vom 4. December 1518 in Zwinglii Opera T. VII. p. 55.

nöthig gehabt hätte, sich selbst gründlich zu bessern und zu reformiren, drängte sich nun vor, die Kirche zu reformiren, und während seine eigene Seele unrein und mit den häßlichsten Lastern befleckt war, spielte er, wie zum Hohne auf sich selbst, den Glaubensreiniger und den Wiederhersteller des reinen Christenthums. Auch bei Calvin, der übrigens nicht, wie Zwingli, ein apostasirter Priester war, sondern als Student zu Paris schon dem priesterlichen Berufe entsagt hatte, vermissen wir durchaus jene ethischen Eigenschaften, die einem christlichen Reformator nothwendig sind! Ein gewaltiger Stolz, der stets herrschen wollte, und kalter, bitterer, leidenschaftlicher Haß, der sich in den grausamsten Gewaltthaten, wie in den gröbsten und bissigsten Schmähungen und überhaupt in dem ganzen Leben und Lehren des Reformators manifestirte, waren die hervorstechenden Züge dieses höchst unliebenswürdigen Charakters, wie sie auch in so unverkennbarer Weise ausgeprägt sind auf dem betreffenden Portraitmedaillon am Luthermonumente! Eine abschreckendere und unangenehmere Physiognomie sahen wir noch selten! Daß das Christenthum die Religion der Liebe, und der Geist des Christenthums ein Geist der Liebe sei, blieb seiner Seele ewig fremd! Wie er selbst eine durchaus absolutistische tyrannische Natur war, so dachte er sich in seiner blasphemischen Prädestinationslehre auch Gott als einen ungerechten und unheiligen Tyrannen[1]), und in seinem religiösen Systeme spiegelt sich überall die kalte, lieblose, dem wahren Geiste des Christenthums entfremdete Natur des Reformators selbst! Als man im Jahre 1864 in Genf die dritte Säcularfeier des Todestages Calvins begehen wollte, da fand diese Feier in Genf unter den Protestanten selbst den größten Widerspruch und rief eine Reihe von Gegendemonstrationen hervor[2]). Der letzte Nachkomme Calvins, ein vornehmer und hochstehender

---

[1]) Schon ein Zeitgenosse Calvins, der lutherische Theologe Conrad Schlüsselberg, Superintendent und Generalinspector der lutherischen Kirchen in Deutschland, sagt in seinen 1592 zu Frankfurt erschienenen drei Büchern über Calvins Theologie Fol. 46. mit Bezug auf jene Prädestinationslehre Calvins: „Diese Calvinistische Irrlehre raubt Gott die Ehre, und ist unter allen Irrthümern im ganzen menschlichen Geschlechte die verwerflichste. Nach dieser Calvinischen Theologie wäre Gott der ungerechteste Tyrann, und Gott selbst wäre der Vater der Lüge, nicht mehr der Teufel." — Zum Beweise wie damals am Ausgange des sechszehnten Jahrhunderts die Calvinisten und Lutheraner in Deutschland sich feindselig gegenüber standen, dürfte es einfach genügen, darauf hinzuweisen, daß jener Superintendent und Generalinspector Schlüsselberg in seinen drei Büchern in höchst unwürdiger Weise die Calvinisten nie anders nennt, als: „Ungläubige, Gottlose, Gotteslästerer Windbeutel, Ketzer, Leute ohne Schaub und Scham, Prediger der Verwirrung und Originalconcepte des Teufels." Staudenmaier a. a. O. Bd. 1. S. 329.

[2]) Man protestirte gegen jene Feier namentlich auch dadurch, daß man an den Straßenecken von Genf große Placate anschlug mit den Todesurtheilen Calvins

Mann, ist im Jahre 1862 in Noyon, der Vaterstadt Calvins, in den Schooß der katholischen Kirche zurückgekehrt¹), und seine einzige Tochter ist bald, nachdem sie katholisch geworden, in einen religiösen Orden eingetreten. Möchten auch die geistigen Nachkommen Calvins in Frankreich und der Schweiz mehr und mehr den Weg erkennen, den die letzten leiblichen Nachkommen Calvins zu ihrem Heile erkannt und betreten haben.

Auf der Rückseite erblicken wir die beiden Portraitmedaillons Franz von Sickingen und Ulrich von Hutten. In würdiger Weise repräsentiren sie die Bundesgenossenschaft Luthers mit dem Raubritterthum und dem neuen Heidenthum²). Von ihnen und durch sie empfing der Reformator vorzugsweise seine Inspirationen und seinen Heldenmuth auf dem Reichstag zu Worms, und sie haben sicher nicht den geringsten Antheil an dem Worte: „Hier stehe ich, ich kann nicht anders!" Ulrich von Hutten erscheint im Portraitmedaillon als Poeta laureatus mit dem Lorbeerkranz auf dem Haupte; Satyre, Haß und Liederlichkeit sprechen sich unverkennbar aus in seinen Zügen. Wahr und treffend hat Jarke ihn charakterisirt, wenn er von ihm sagt: „Durch die gemeinste Liederlichkeit sittlich vernichtet, durch die Lustseuche, an der er viele Jahre litt und deren Verlauf er der Mit- und Nachwelt in klassischem Latein beschrieb, scheußlich verstümmelt und körperlich zu Grunde gerichtet, bald bettelnd, bald an den Höfen der Fürsten oder bei der vornehmen Geistlichkeit schmarotzend, oder bei den gelehrten Vergötterern der antiken Welt das Handwerk grüßend, den Mäcenen schmeichelnd, jene, bei denen er seine Rechnung nicht fand, mit Pasquillen verfolgend, mit Leidenschaft sich in alle gelehrten Kämpfe mengend, von Einigen geehrt und ausgezeichnet, ja als Dichter gekrönt, von Vielen gehaßt und gefürchtet, von allen Besseren verachtet; seines Zeichens fahrender Poet, eine Zeitlang ohne Ruhm und Glück gemeiner Soldat, mehrmals, gewiß nicht mehr als er verdiente, geprügelt³)" — das war Ulrich von Hutten, der Bundesgenosse Luthers, und der enthusiastische Förderer der Reformation und des reinen Evangeliums im sechzehnten Jahrhundert! In der That, eine Persönlichkeit, wie die Ulrichs von Hutten, glorificirt und verherrlicht an einem Denkmale, das ein christliches Religions-

---

gegen Servede und Berthilier. Vgl. Augsburger Allgemeine Zeitung Nr. 154 vom 2. Juni 1864.

1) Vgl. Alzog a. a. O. S. 325.
2) Vgl. Alzog a. a. O. §. 301: Luthers religiöses System mit den Raubrittern und dem Heidenthum im Bunde. — Ebenso: Luthers Verbindung mit der Reichsritterschaft, und Umtriebe der revolutionären Partei bis zum Wormser Reichstage in den Historisch-politischen Blättern Bd. 4, S. 465 ff. und S. 515 und in den Studien und Skizzen zur Geschichte der Reformation. Bd. 1, S. 163—197.
3) Historisch-politische Blätter, Bd. 4, S. 267. — Studien und Skizzen ꝛc. Bd. 1, S. 138

denkmal und obendrein noch gar das Denkmal des **reinen Evangeliums** zu sein prätendirt, das ist einfach — ein Skandal! Und wenn man nun gar noch über dem Haupte Ulrichs von Hutten das salbungsvolle Lutherwort lesen muß: „Das Evangelium, welches der Herr den Aposteln in den Mund gelegt, ist sein Schwert" und sich dabei erinnert, wie Hutten das Evangelium und das ganze Christenthum gehaßt, und wie das Evangelium, mit welchem Ulrich von Hutten seine Seele tröstete, labte und erbaute, in selbstgefertigten schmäh- und rachsüchtigen, schmarotzenden und beißenden Pasquillen, und in wüsten und obscönen Liedern und Gedichten bestanden, und wenn man sich erinnert, wie dieser Förderer des reinen Evangeliums seine eigene Schande in einem großen Gedichte in frivolster Weise besungen und nach einem Lasterleben, in Folge seiner Ausschweifungen von Gott und den Menschen verlassen, auf der Insel Uffnau im Züricher See gestorben ist — dann wendet man sich mit Ekel und Widerwillen ab und hat an solchen und ähnlichen Förderern des reinen Evangeliums wahrlich — mehr, als genug! Und damit gehen wir über zu dem letzten der hier am Luthermonumente verherrlichten großen Männer! Es ist **Franz von Sickingen**, der renommirteste Haudegen und der gefürchtetste Raubritter seiner Zeit, der mit Luthern sehr innig liirt war und auf der Ebernburg bei Kreuznach, wo er hauste, manchen Apostel der neuen Lehre, wie Aquila, Bucer, Schwebel, Oekolampadius und auf einige Wochen lang auch Melanchthon gastlich beherbergte[1]). Das aber hat sich Franz von Sickingen wohl sicher nicht geträumt, als er im Jahre 1515 vor Worms lag[2]) und die Wormser Weinberge und Felder

---

[1]) Vgl. Historisch-politische Blätter über Franz von Sickingens Leben und seine Verbindung mit dem Prädicanten der neuen Lehre, Bd. 4, S. 321 ff.; 465 ff.

[2]) **Franz von Sickingen** trat gegen Worms auf als Vertreter der angeblichen Rechtsansprüche eines Wormser Notars Balthasar Slör, den man wegen eines von ihm angezettelten Volksaufstandes mit Einziehung seiner Güter bestraft hatte. Franz nahm ihn als Geheimschreiber in seine Dienste, ließ sich von ihm die Ansprüche auf einen Theil seines Vermögens cediren, um so einen Vorwand zu haben, mit Worms anzubinden. Alle Abmahnungen des Reichskammergerichtes, welches damals noch in Worms seinen Sitz hatte, waren umsonst. Sickingen begann den Friedensbruch dadurch, daß er räuberischer Weise selbst vor der Abfahrt ein Wormser Schiff, worauf sich außer einer reichen Ladung von Kaufmannsgütern dreißig Wormser Bürger und Rathsherrn befanden, die nach Frankfurt zur Messe fahren wollten, trotz der Geleitsbriefe der Reisenden wegfing, die Güter als gute Beute behielt, und die Gefangenen, die er auf der Ebernburg festhielt, durch Drohungen und harte Behandlung zu schweren Lösegeldern zwang. — Dieser reiche Fang setzte ihn in den Stand, eine Schaar zu werben, die in jener Zeit bereits für ein bedeutendes Heer gelten konnte. Mit 6000 Mann zu Fuß und 1100 Pferden zog er im Frühling des Jahres 1515 vor Worms, und begann trotz dessen, daß der Kaiser

verheerte und verwüstete und die Wormser Patrizier und Rathsherrn plündberte und brandschatzte, daß ihm auf dieser Stätte seiner Unthaten noch so große Ehre wiederfahren, und er dermaleinst noch auf derselben Stätte als Nationalheros verehrt werden sollte! Wir glauben, der kecke und spaßbelustige Ritter hätte selbst darüber gelacht und gespottet und in seiner derben Soldatenmanier sich lustig darüber gemacht, wenn man ihm damals, als er im Herbste 1515 unverrichteter Sache von Worms wieder abziehen mußte, gesagt und ihn damit getröstet hätte, daß er in kommenden Zeiten einst in effigie in Worms wieder einziehen, und gar andächtiglich als „ehrwürdiger Förderer des reinen Evangeliums" am großen deutschen Reformationsdenkmal prangen würde. Denn im Leben war die Thätigkeit Franz von Sickingens weniger gerade der Förderung des reinen Evangeliums, als vielmehr der oft ziemlich gewaltthätigen und unevangelischen Förderung seiner Raubritterinteressen gewidmet! Das Beste und Vernünftigste, was der kecke und kühne Rittersmann in seinem ganzen Leben gethan, war, daß, als er während der Belagerung der Burg Landstuhl schwerverwundet war und sein Todesstündlein nahen fühlte, er, aller seiner bisherigen Freundschaften und Allianzen mit den Aposteln und Prädicanten der neuen Lehre gänzlich vergessend, einem katholischen Priester reumüthig seine Sünden beichtete[1]). Und eine solche Beicht hätte sicher auch den sieben anderen hier in Portraitmedaillons verherrlichten Persönlichkeiten und überhaupt mehr oder weniger allen den großen und kleinen Reformatoren des sechzehnten Jahrhunderts vor ihrem Tode sicher noch gut gethan; denn Viele von ihnen hatten Vieles zu bereuen und Vieles zu beichten!

III.
Obelisken und Asterisken zu den Lutherworten.

Nachdem wir uns so Luther und Melanchthon, Philipp von Hessen und Friedrich von Sachsen, Johann und Johann Friedrich von Sachsen, Justus Jonas und Bugenhagen, Calvin und Zwingli, Ulrich von Hutten und Franz von Sickingen am Luthermonumente etwas näher angesehen, und in dieser Gallerie und Walhalla der Nationalheiligen und Nationalheroen des reinen Evangeliums und der Reformation des 16. Jahrhunderts des Erbaulichen sehr wenig und des Unerbaulichen leider nur gar

---

am 15. Mai die Reichsacht über ihn aussprach, die Belagerung. Nach wiederholten Stürmen und nachdem er rings um die Stadt Alles verheert und verwüstet und der Stadt großen Schaden zugefügt, mußte er freilich, ohne seinen Zweck erreicht zu haben, abziehen. Zwei Jahre darauf kündigte er der Stadt Frankfurt Fehde an, und die Stadt hielt es für gerathen, um 4000 Goldgulden von ihm den Frieden zu erkaufen. Vgl. Historisch-politische Blätter, Bd. 4, S. 328.

[1]) Historisch-politische Blätter, Bd. 4, S. 732.

zu viel gefunden haben, so werden wir nun auch die „aus Luther's Mund und Feder geflossenen Kraftworte," wie sie an den vier Seitenflächen des obern Würfels am Hauptpostamente unmittelbar über den Portrait= medaillons mit goldenen Buchstaben eingeschrieben stehen, nur um so besser und allseitiger zu würdigen verstehen. Fast jedes dieser Worte ist tendentiös gegen die katholische Kirche: aber jedes derselben prallt, sobald wir es einfach im Lichte des gesunden Menschenverstandes und im Lichte der Geschichte betrachten, vom Felsen der katholischen Kirche ab und fällt zurück auf die Häupter der Reformatoren und ihrer Epigonen und wird zu einer Ironie, durch welche sich das Luthermonument gewissermaßen nur selber ironisirt. Auf der Vorderseite, unmittelbar unter der Luther= statue lesen wir das Wort, welches Luther auf dem Reichstage zu Worms gesprochen: „Hier stehe ich, ich kann nicht anders, Gott helfe mir. Amen!" Was zunächst den objectiven Werth dieses Lutherwortes betrifft, so will uns scheinen, als ob der Protestantismus selbst längst dieses Wort auf seinen wahren Werth zurückgeführt habe, indem er ja zur Genüge gezeigt, daß man ganz bequem und ganz mit demselben Rechte, wie Luther, auch noch auf hundert und tausend andern, von jenem Standpunkte Luthers ganz verschiedenen und ihm zum Theil geradezu diametral entgegengesetzten Standpunkten „stehen" kann. Daß man auch ganz „anders stehen" und „ganz anders kann," als Luther — dafür liefert ja der Pro= testantismus in seiner geschichtlichen Entwickelung den allerschlagendsten Beweis. Während seiner Lebzeiten schon mußte Luther zu seinem großen Aerger es erleben, daß viele seiner Anhänger und Mitreformatoren, wie z. B. Karlstadt, Zwingli, Bucer, Capito, Calvin, Schwenk= feld, Krautwald, Sebastian Frank, Osiander, Major und An= dere es für gut fanden, in den wichtigsten christlichen Lehren andere Standpunkte einzunehmen als er, der Hauptreformator, ja daß selbst sein treuer Jünger Melanchthon im Stillen mehr und mehr dem Stand= punkte seines Meisters als einem in manchen Lehrpunkten unhaltbaren sich heimlich zu entwinden anfing¹). Als aber das Jahrhundert zu Ende ging, da waren der einzelnen Standpunkte und der größeren und kleineren Secten auf protestantischem Gebiete so viele, daß es schwer, ja fast un= möglich schien, sie alle zu zählen. Sie alle sprachen: „Hier stehe ich, ich kann nicht anders, Gott helfe mir. Amen" und verfluchten sich oft gegen= seitig bis zum Tode. Auch diese Standpunkte sind dahingesunken, und neue an ihre Stelle getreten, die aber auch gewöhnlich nur ein sehr ephe= meres Dasein fristen, und die untereinander selbst wieder in der extremsten

---

1) Vgl. über diese verschiedenen Reformatoren und ihre Anschauungen und Lehren Döllinger, die Reformation, Bde. 1, 2, 3.

Weise von einander verschieden sind, und die wunderlichste Collection der allerverschiedensten Ansichten und Meinungen darstellen von den Standpunkten jener an, die im Geiste Luthers das Credo, quia absurdum auf ihre Fahne geschrieben, bis zu den Standpunkten derer, die eigentlich gar keinen Standpunkt mehr haben und die mit dem dünnen zersetzten und abgeblaßten Fähnlein des vollendetsten theologischen und religiösen Nihilismus nach rechts und nach links in der Luft herumvagiren. Wenn einst gegen Ende des 17. Jahrhunderts der tiefsinnige und geniale Bossuet seine große Histoire des variations des églises protestantes schrieb und in ihr die innere Unwahrheit des protestantischen Glaubensprincipes in der klarsten und unwiderleglichsten Weise enthüllte, so könnte man heute eine Histoire des variations des variations des variations schreiben, oder vielmehr man könnte sie nicht schreiben, da zahllos geworden sind, wie der Sand am Meere und wie die flimmernden und nebelhaften Sternlein der Milchstraße, die dem Auge des Beobachters sich entziehen, die subjectiven und atomistischen Standpunkte alle, in die der Protestantismus vermöge der dem objectiven Christenthum gegenüber centrifugalen Kraft seines Glaubensprincipes auseinandergefahren und auseinandergestäubt ist; es weiß im Grunde auf dem Gebiete der protestantischen Theologie keiner mehr recht, was er will und keiner mehr, was er soll, und die Verwirrung auf der einen, und der Nihilismus auf der andern Seite sind fortwährend in trauriger Weise im Steigen begriffen. Je zahlloser aber die Standpunkte alle sind, welche der Protestantismus vermöge seiner Proteusnatur aus sich hat hervorgehen lassen, und je ephemerer gewöhnlich das Dasein dieser Standpunkte ist, von denen einer den andern, wie die Welle die Welle treibt, um so klarer muß es dem unbefangenen und vorurtheilsfreien Beobachter werden, daß der Protestantismus im Grunde nichts anderes mehr ist, als der offene und unbegrenzte Rahmen für alle möglichen Irrthümer und Häresien und der offene Markt, auf welchem sich tummeln alle Menschenmeinungen und Menschenverirrungen, und auf welchen Alles gebracht werden kann, nur das wahre, volle und lebendige Evangelium nicht! Wenn Luther heute nach dreihundert Jahren wiederkäme, dann würde er finden, daß von allen denen, die im 16. Jahrhundert und seit dem 16. Jahrhundert gesprochen haben: „Hier stehe ich, ich kann nicht anders, Gott helfe mir. Amen," nur Eine ist, die ihr Wort gehalten hat, und das ist — die katholische Kirche, die unwandelbar und unerschütterlich feststeht als die Stadt Gottes auf dem Berge und majestätisch herniederblickt auf alle die vorübergehenden protestantischen Menschenmeinungen und Menschenansichten, die, wie Wolkenschemen vom Winde gejagt, am Morgen auftauchen, um am Abend wieder zu verschwinden, die mit ihrem fahlen Lichte einen Augenblick den Horizont erleuchten, um bald wieder in dem Dunkel der Vergessenheit sich zu verlieren.

Auf der Rückseite lesen wir als weiteres Kraftwort Luthers: „Das Evangelium, welches der Herr den Aposteln in den Mund gelegt hat, ist sein Schwert; damit schlägt er in die Welt als mit Blitz und Donner." Was zunächst „den Blitz und Donner" des „Evangeliums" betrifft, so will uns scheinen, als ob das „Evangelinm" auf protestantischem Gebiete, wenn auch Gott sei Dank — nicht überall unter dem protestantischen Volke, so doch leider bei gar vielen modernen protestantischen Theologen, Exegeten und Predigern nur allzusehr „ausgeblitzt und ausgedonnert" habe. Schon gar oft hat es bei der Lectüre moderner protestantischer Theologen, Prediger uud Exegeten auf uns den Eindruck machen wollen, als ob auf protestantischem Gebiete von jenen herrlichen und majestätischen, von jenen großartigen und gewaltigen „Donnern und Blitzen des Evangeliums" nur noch ein vages und unbestimmtes Wetterleuchten übrig geblieben sei, das nur von Zeit zu Zeit noch mit seinem Scheine die Nacht des protestantischen Unglaubens durchzuckt und erhellt, nachdem die großartigen Blitze und Donner des Evangeliums längst grollend aus dem Horizont der modernen protestantischen Theologie abgezogen sind und nur von ferne noch — dieses vage und unheimliche Wetterleuchten des Evangeliums zurückgelassen haben. Denn statt des guten und „blitzenden Schwertes des Evangeliums" tragen nicht wenige unserer modernen protestantischen Theologen und Prediger, oft ohne es selbst recht zu wissen, in ihren Händen die bescheidenen, und obgleich zum Theil neuen, doch vielfach schon ganz rostigen Sack=, Brod= und Federmesserlein aus den modernen und sehr unreellen theologischen Fabriken Semlers, Baurs, Credners, Schleiermachers, Dorners, Beyschlags und Hilgenfelds, zu deren Ehre man eher alles Andere sagen kann, als was der Weltapostel in seinem Briefe an die Hebräer vom „Schwerte des Evangeliums" sagt, daß es „lebendig sei und wirksam, und schärfer als jedes zweischneidige Schwert und durchdringe, bis daß es Seele und Geist, auch Mark und Bein scheide und ein Richter sei der Gedanken und Gesinnungen des Herzens [1])." Wenn aber das alte gute blitzende Gottes= und Geistesschwert des Evangeliums in den protestantischen theologischen, exegetischen und homiletischen Werkstätten allmälig so umgeschmiedet worden ist in solch moderne unächte Messerlein von allerlei Façon und Beschläg, so hat dieß darin seinen Grund, daß bereits schon die reformatorischen Meister des 16. Jahrhunderts von dem wunderbaren Geheimniß jenes himmlischen Gottes= und

---

[1]) Heb. 4, 12.

Geistesschwertes vielfach nur so unvollkommene und irrige Vorstellungen hatten und in ihrem Leben und in ihrer Lehre dasselbe nur so höchst unvollkommen zu gebrauchen und zu handhaben wußten, wie denn überhaupt ein himmelweiter Unterschied ist zwischen „den Aposteln, denen der Herr das Evangelium in den Mund gelegt", und von denen die katholische Kirche ausgegangen ist, und jenen Aposteln des 16. Jahrhunderts, denen der Herr „sicher das Evangelium nicht in den Mund gelegt," und von denen der Protestantismus ausgegangen ist. Diesen Unterschied möge uns in wenigen, aber treffenden Zügen ein Zeitgenosse und früherer Anhänger Luthers, Georg Wicelius, darlegen, der überall aus unmittelbaren Anschauungen schöpfte und sich demgemäß über das neue „Evangelium Luthers" und über den Unterschied zwischen dem alten und neuen Evangelium also auszusprechen veranlaßt sah: „Du, der du das Evangelium nach den vier Evangelisten, wie es unter Tiberius ausging, gelesen, lies doch auch Luthers Evangelium, welches ausging unter Carl V. Du wirst dich verwundern und staunen über die Unähnlichkeit des alten und des neuen. Jenes kam von Juden, dieß von Sachsen, jenes wurde ausgebreitet durch Apostel, dieß durch Apostaten. Durch des alten Evangeliums göttliche Kraft wurden die Zuhörer geändert und besserten sich. Durch die Süßigkeit des neuen Evangeliums aber werden die Guten schlecht, die Strengen ausgelassen, die Nüchternen Trunkenbolde, Viele auch werden aus Menschen unvernünftige Thiere[1]). Indem sie sich des Evangeliums rühmten, haben sie das Evangelium auf klägliche Weise unterdrückt. Christum verkünden sie und sind Christi Feinde, wäre es nur wegen der Lehre von den Werken, welche ihnen, ich kann es nicht aussprechen, wie sehr verhaßt ist. Ich habe deutlich erkannt, wie durch Veranlassung dieser Sekte das Christenthum allmälig verkehrt wird, Gottes Wort in Luthers Wort, Eintracht in Zwietracht, Ordnung in Zerrüttung. Ich sah die Pflichtleistungen der Pietät, die religiösen Werke, göttliche Studien und Uebungen, strenge Zucht, Abtödtungen und Nachtwachen, Furcht, Scham, Treue und Glaube und Gewissenhaftigkeit abnehmen; Sekten aber, religionswidrige Thaten, Liebe zur Welt, Ekel an göttlichen Dingen, zügellose Willkür, Genußsucht, Frechheit und Ausgelassenheit, Treulosigkeit, wilde Lust, ausschweifendes Wesen ins Unermeßliche wachsen und mit Einem Worte alles Himmlische durch Irdisches verdrängt werden. Ich gestehe ein, es war auch vor dieser Trennung die Frömmigkeit nicht rein, und das gemeine Leben mit Mängeln behaftet, aber jetzt geht beides gar zu Boden. Den Gebrechen der Kirche that eine Heilung noth, und nun sehen wir, während jedes Heilmittel

---

1) Bei Döllinger, die Reformation. Bd. 1, S. 40.

unangewendet bleibt, das Uebel sich verdoppeln. Denn so weit haben es Luthers Anhänger gebracht, daß man nirgends weniger das Evangelium bekennen darf, als wo sie die Herrschaft haben. Bei den Kirchlichen darf man sich gegenseitig zur Pflicht ermahnen, man darf vom Dienste Gottes reden, von den guten Werken, von der Buße und gegen die Todsünden; hier Alles, nur dieß nicht ¹).“ Ja, welch' ein Unterschied zwischen den Aposteln des Herrn und den Aposteln des sechszehnten Jahrhunderts! Die Apostel des Herrn haben ihre Weiber verlassen und sind dem Heilande nachgefolgt; die Apostel des sechszehnten Jahrhunderts haben vielfach den Heiland verlassen und sind dem Weibe nachgefolgt; die Apostel des Herrn haben Demuth, Gehorsam, Keuschheit, Welt- und Selbstverläugnung gepredigt, die Apostel des sechszehnten Jahrhunderts haben von allem dem in ihrem Leben und in ihren Schriften und Predigten vielfach so ziemlich das gerade Gegentheil gepredigt!

Auf der Seitenfläche zur Rechten Luthers lesen wir die zwei weiteren Worte: „Der Glaube ist nichts anders, denn das rechte, wahrhaftige Leben in Gott selbst.“ „Die Schrift recht zu verstehen, dazu gehört der Geist Christi.“ Bei der ersten, in Fassung und Ausdruck etwas unklaren Stelle, müssen wir vor Allem aufmerksam machen auf die Verschiedenheit des Sinnes, in welchem jene modernen Protestanten, die diese Stelle ausgewählt und an das Luthermonument hingesetzt haben, jenes Lutherwort offenbar verstanden wissen wollen, und des Sinnes, welchen dieses Wort ursprünglich im Geiste Luthers und seiner Rechtfertigungslehre hat. Jene modernen Protestanten nämlich substituiren diesem Worte den Sinn, als ob Luther damit hätte sagen wollen, daß derjenige, welcher recht lebe, auch den rechten Glauben habe, und daß es demnach auf den Glauben gar nicht ankomme, sondern nur darauf, daß man „recht lebe,“ d. h. ein anständiges und legales Leben führt, wenn man auch im Uebrigen um Glaube und Religion so gut wie gar nichts sich kümmert und sich über alles das vollständig hinwegsetzt. Im Geiste Luthers und vom Standpunkte der lutherischen Rechtfertigungslehre dagegen hat das Wort einen völlig anderen Sinn. In diesem seinem ursprünglichen Sinne nämlich drückt es aus, daß derjenige, welcher „glaubt,“ d. i. nach der Auffassung Luthers, derjenige, welcher das feste und unerschütterliche Vertrauen, die feste und zweifellose Gewißheit habe, daß ihm um der Verdienste Jesu Christi willen seine Sünden von Gott verziehen seien, damit auch wirklich und unfehlbar „das rechte und wahrhaftige Leben in Gott“ besitze, d. h. vor Gott als ein vom Tode der Sünde Erweckter und Gerechtfertigter erscheine, und in

---

1) Bei Döllinger, a. a. O. S. 87.

seinem Glauben das sichere und untrügliche Unterpfand des ewigen Lebens in Gott besitze. Ob man aber dieses Lutherwort in dem indifferentistischen Sinne des modernen protestantischen Rationalismus, oder in dem dogmatischen Sinne der antiquirten lutherischen Rechtfertigungslehre interpretirt — in beiden Fällen drückt dasselbe einen unwahren und unrichtigen Gedanken aus. Einen vernünftigen und richtigen Sinn bekömmt das Wort erst dann, wenn man es auf Grund der heiligen Schrift im Sinne des katholischen Dogma interpretirt. Und dann ist der Sinn dieses Wortes einfach der, daß derjenige, welcher den christlichen Glauben in seiner Seele trägt und diesem Glauben gemäß lebt, auch das beseligende Leben der Gnade in seiner Seele besitzt, und das ewige Leben in Gott erlangen wird.

„Die Schrift recht zu verstehen, dazu gehört der Geist Christi" — ein Wort, mit dem wir vollkommen einverstanden sind, das aber auf die Reformatoren des 16. Jahrhunderts in keiner Weise Anwendung findet. Denn daß die Reformatoren des 16. Jahrhunderts „den Geist Christi" nicht gehabt, das haben sie durch ihr Leben und Lehren und Wirken mehr als zur Genüge bewiesen; und es hieße in der That dem Geiste Christi eine große Unbilde zufügen, wenn man behaupten wollte, der Geist eines Luther, eines Calvin, eines Zwingli sei der Geist Christi gewesen, oder habe auch nur von ferne mit dem Geiste Christi irgendwelche Aehnlichkeit gehabt. Und ebenso liegt es klar auf der Hand, daß die Reformatoren die heilige Schrift nichts weniger, als recht verstanden haben. Denn eine Schriftauslegung, die aus der heiligen Schrift herausliest, daß der Mensch keinen freien Willen habe, daß der Glaube allein selig mache, daß die guten Werke nicht bloß nicht nützlich, sondern zum ewigen Heile sogar schädlich seien, daß der Stand der freiwilligen Jungfräulichkeit um Christi willen ein Gräuel vor Gott sei, daß auch alle Sünden und Laster das Werk Gottes seien und was dergleichen Proben reformatorischer Schriftauslegung mehr sind — eine solche Schriftauslegung hat sich selbst gerichtet und bedarf der Widerlegung nicht. Und sie bedarf heutzutage der Widerlegung um so weniger, da ja der moderne Protestantismus selbst jene reformatorischen Schriftauslegungen des 16. Jahrhunderts längst als gänzlich unbrauchbar und unhaltbar über Bord geworfen hat.

Auf der Seitenfläche zur Linken Luthers treten uns die Worte entgegen: „Die Christum recht verstehen, die wird keine Menschensatzung gefangen nehmen können." „Menschensatzungen" — das war das Wort, unter dessen Feldgeschrei die Reformatoren des 16. Jahrhunderts einst gegen die katholische Kirche losstürmten. Als „Menschensatzungen" verwarfen sie die göttliche Autorität der Kirche, die größte Anzahl der von

Christus eingesetzten Sakramente, das Opfer der heiligen Messe, die drei evangelischen Räthe der ewigen Jungfräulichkeit, der freiwilligen Armuth, des heiligen Gehorsams, die Lehre von den guten Werken, die Ablässe, die Verehrung der Heiligen, die Lehre vom Reinigungsorte, die ganze katholische Rechtfertigungslehre. „Menschensatzungen" — das ist auch heute noch das Schiboleth, unter welchem protestantische Geistliche und Prediger und von ihnen inspirirt auch vielfach das protestantische Volk gegen die katholische Kirche und ihre göttlichen Dogmen und Institutionen zu Felde ziehen. In der That eine staunenswerthe Naivetät und eine beweinenswerthe Verblendung! Wir meinen denn doch, wenn der Protestantismus von „Menschensatzungen" reden wollte, so müßte er doch zuerst und vor Allem an sich selbst denken! Denn was ist der ganze Protestantismus anders als eine Menschensatzung, und zwar eine Menschensatzung von sehr unvollkommenen und kurzsichtigen Menschen, die mit sich und unter einander in Hundert und Tausenden von Widersprüchen befangen waren und die im Grunde selbst nie recht wußten, was sie wollten? Was waren alle protestantischen Unterscheidungslehren im sechszehnten Jahrhundert anders, als Menschensatzungen und zwar vielfach sehr verkehrte und dem gesunden Menschenverstand geradezu zuwiderlaufende Menschensatzungen? Oder kann es wohl eine verkehrtere Menschensatzung geben, als die im sechszehnten Jahrhundert als „göttlich," als „christlich," als „evangelisch" gepriesene Lehre, daß der Mensch keinen freien Willen habe, daß der Mensch seiner ganzen Natur nach absolut sündhaft sei, daß die guten Werke unnütz und schädlich seien? Und was ist die ganze dreihundertjährige Geschichte des Protestantismus mit all seinen Secten und Schulen und mit seinem ewigen Widerstreit der allerverschiedensten und widerstrebendsten Menschenmeinungen und Menschenansichten anders, als ein ununterbrochenes Getriebe von „Menschensatzungen?" Lutherische, Zwinglische, Calvinische, Schwenkfeldinische, Osiandrische, Majoristische, Flacianische, Calixtische, Fox'sche, Wesleyanische, Socinianische, Schwedenborgianische, Arminianische, Semler'sche, Bahrdt'sche, Daub'sche, Marheinecke'sche, Schleiermacher'sche, Mormonische und hundert und Tausend andere Menschensatzungen — das ist der Protestantismus. Menschensatzungen von Anfang bis zu Ende und Menschensatzungen ohne Ende — das ist die dreihundertjährige Geschichte des Protestantismus! Alles, was am Protestantismus protestantisch, ist „Menschensatzung," und Göttliches ist in einem protestantischen Lehrbegriffe nur so viel und nur insoweit, als derselbe mit dem Dogma der katholischen Kirche, der unerschütterlichen Säule und Grundfeste der göttlichen Wahrheit, übereinstimmt. Die protestantischen Lehrbegriffe des sechszehnten Jahrhunderts waren eine Amalgamirung von göttlicher Wahrheit und menschlichen Irrthümern, die protestantischen Lehrbegriffe von heute sind zum großen Theile nichts Anderes, als pure und nackte Menschensatzungen, pure und nackte menschliche Irrthümer, die vom Göttlichen und Christlichen nur oft noch den Schein an sich tragen. Da man aber, wie die dreihundertjährige Geschichte des Protestantismus bezeugt, auf protestantischem Gebiete aus den Menschensatzungen und Menschenverirrungen nicht herauskommt, sondern vielmehr immer tiefer und tiefer in dieselben hineingeräth und in eben dem Maaße auch des Göttlichen und Christlichen immer mehr baar und verlustig wird, so ist es auch bis zur Evidenz klar, daß man auf protestantischem Gebiete „Christus nicht recht versteht." Und in der That, wie sollte auch eine Theologie „Christum recht verstehen können," die im sechszehnten und siebenzehnten Jahrhundert den ganzen ethischen Charakter des Christenthums in so staunenswerther Weise verkannt hat, die im achtzehnten Jahrhundert dem Naturalismus und Deismus, und im neunzehnten Jahrhundert dem Pantheismus die Schleppe getragen hat? Wie sollte eine Theologie „Christus recht verstehen" können, die in staunenswerther Verblendung um den eingebildeten Ruhm einer falschen Wissenschaftlichkeit Christus und das Christenthum preisgibt an jede auch die verkehrteste und unchristlichste Richtung und Strömung der Zeit? Wie sollte eine Theologie „Christus verstehen" können, die Reimarus und Kant hoch auf den Schild gehoben, so lange Reimarus und Kant an der Tagesordnung waren, die anbetend vor Schelling und Hegel gekniet, da Schelling und Hegel als glänzende, aber nur allzu rasch vorübergehende Meteore am Horizont der modernen Wissenschaft sich zeigten, und die in der Gegenwart theils auf der breiten und staubigen Heerstraße des vulgären Rationalismus dahinwandert, theils auf dem künstlich gemachten todten und stillen See der Schleiermacher'schen Gefühlstheologie mit ihren pantheistischen Gefühlsuntiefen ruder- und steuerlos einherschaukelt, theils hinter den alten, verlassenen Zäunen einer widervernünftigen Hyperorthodoxie sich gegen die verheerenden Wirkungen des eigenen Princips ängstlich zu verschanzen sucht? Wie sollte eine Theologie Christus recht verstehen können, die von dem großen Worte des Weltapostels: „Christus heri et hodie ipse et in saecula: Christus ist immer Ein und Derselbe, gestern, heute und in Ewigkeit[1])" — kaum noch eine Ahnung hat? Wie sollte eine Theologie „Christus recht verstehen" können, die in so vielen ihrer Hauptrepräsentanten — Christus völlig verloren hat?

---

1) Hebr. 13, 8.

Als das letzte Wort am Luthermonumente lesen wir: „Sie sind frei nicht nach dem Fleische, sondern nach dem Gewissen" — ein Epigramm, gegen das wir in dem Sinne wenigstens, wie wir es hier allein interpretiren können, nichts einzuwenden haben. Daß viele jener abtrünnigen Priester und Mönche des sechszehnten Jahrhunderts „dem Fleische nach nicht frei" gewesen, sondern sehr in der Dienstbarkeit des Fleisches befangen waren, das haben sie durch ihr Leben und durch so mancherlei Schritte, die sie gethan, gezeigt; daß sie „dem Gewissen nach" sehr „frei" gewesen sein müssen, das haben wir keinen Grund zu bezweifeln, da sie ja sonst wohl sich nicht so leicht über ihr Gewissen hätten hinaussetzen können, und sich ein Gewissen daraus hätten machen müssen, so manches zu thuen, was sie gethan. Uns ist der einfachste und schlichteste Mönch des sechszehnten Jahrhunderts, der in jenen Zeiten des allgemeinen Abfalles treu zur Kirche gehalten und allen jenen reformatorischen Verführungen und Versuchungen widerstanden, und rein und jungfräulich, wie er es vor Gott gelobt, ins Grab hinabgestiegen ist, eine ungleich freiere und freisinnigere, eine ungleich noblere und ehrwürdigere Erscheinung, als — alle jene, die zwar „frei" waren „dem Gewissen nach" aber nicht „frei" waren „dem Fleische nach!"

IV.

Die drei Städtefiguren: das protestirende Speier, Augsburg mit der Friedenspalme und das trauernde Magdeburg. Protestantisch und Katholisch. Das Augsburgische und das Tridentinische Glaubensbekenntniß. Mater dolorosa.

> O ihr Alle, die ihr vorübergehet am Wege, habt Acht und schauet, ob ein Schmerz sei gleich meinem Schmerze. Klagel. 1, 12.

Außer den historischen zeigt das Monument in seinem äußeren Umkreise auch drei allegorische Figuren. Es sind drei sitzende Frauengestalten, welche die drei Städte Speier, Augsburg und Magdeburg symbolisiren, und von welchen die erste, das protestirende Speier, im Rücken der Lutherstatue zwischen Melanchthon und Reuchlin, die zweite, Augsburg mit der Friedenspalme, zur Rechten Luthers zwischen Melanchthon und Friedrich von Sachsen, die dritte, das trauernde Magdeburg, zur Linken Luthers zwischen Reuchlin und Philipp von Hessen sitzt.

Die Figur, welche Speier repräsentirt, macht mit der Hand und dem Haupte eine abweisende und protestirende Bewegung, zur Erinnerung an jene Protestation, welche die lutherischen Fürsten auf dem Reichstage zu Speier im Jahre 1529 gegen die katholischen Stände einbrachten, und welche die erste Veranlassung wurde zu dem Namen Protestanten und Protestantismus. In künstlerischer Beziehung scheint uns diese Figur die mindest gelungene von den drei Städtefiguren zu sein; sie ist wenig tief und originell concipirt, allzu sehr auf äußeren, gewöhnlichen Theatereffect berechnet und darum auch wenig monumental. Was zunächst jene Speierer Protestation von 1529 betrifft, an welche die Figur uns erinnert, so nahmen die lutherischen Fürsten in dieser Protestation, mit der sie dem von der größten Mäßigung und Billigkeit zeugenden Vorschlage der katholischen Fürsten entgegentraten, namentlich auch das Recht für sich in Anspruch, die katholische Religion nach wie vor in ihren Ländern unterdrücken und abschaffen und ihre armen katholischen Unterthanen nach wie vor aller „freien Schriftforschung" zum Trotz gewaltsam zu Lutheranern machen zu dürfen[1]). Wenn die lutherischen Fürsten, um dieses ihr feindseliges und gewaltthätiges Vorgehen gegen die katholische Kirche und gegen die katholische Religion ihrer Unterthanen zu rechtfertigen, sich damals auch zu der Behauptung verstiegen, daß die lutherische Religion und Kirche „die einzige und allein seligmachende Religion und Kirche" sei, so hat die Geschichte auf diese Behauptung längst Antwort gegeben. Denn wo ist sie heute, die alte „alleinseligmachende lutherische Religion und Kirche" — fragen wir am Fuße des „Prophetengrabes" in Worms. Längst liegt sie in Trümmern die alte, durch Fürstenwillkür zur „alleinseligmachenden" declarirte lutherische Kirche, und kaum, daß man von ihren Trümmern auf protestantischem Gebiete in Deutschland noch einige Spuren findet! Was aber weiter den an die Speierer Protestation sich anknüpfenden Namen „Protestanten und Protestantismus" betrifft, so kam dieser Name namentlich seit dem Anfange des vorigen Jahrhunderts allgemein in Aufnahme und verdrängte die sonst üblichen Bezeichnungen: „Lutheraner," „Calviner," „Zwinglianer," „Evangelische," „Reformirte" in eben dem Maaße, als die symbolischen Bücher und Glaubensbekenntnisse des sechszehnten Jahrhunderts außer Geltung kamen und das negative Princip, welches im sechszehnten Jahrhundert gegen die Autorität der Kirche protestirt hatte, nunmehr in consequenter Fortbildung gegen das ganze Christenthum sich richtete und mehr und mehr gegen alle christlichen Wahrheiten protestirte. Dieser Name „Protestantismus" aber, unter dessen Fahne die allerverschiedensten und die allerextremsten Ansichten, Meinungen und Bekenntnisse sich schaaren, ist in hohem Grade bezeichnend und charakteristisch, denn in

---

1) Vgl. Riffel, Kirchengeschichte der neuesten Zeit. Bd. 2. S. 362—370.

diesem seinem Begriffe nach rein negativen Namen tritt so recht zu Tage die vorwiegend negative Natur des Protestantismus, es tritt in ihm zu Tage, wie die Protestanten aller und jeglicher gemeinsamen religiösen Wahrheit und aller und jeder sie untereinander verbindenden religiösen und kirchlichen Gemeinschaft völlig entbehren, und wie der Protest, der Widerspruch, die Opposition gegen die katholische Kirche das einzige Gemeinsame ist, was sie untereinander verbindet. Ein positives Moment, worin die Protestanten einig wären, gibt es nicht; das rein negative Moment des Widerspruches gegen die Kirche ist das Einzige, was sie verbindet. Durch diesen seinen negativen Charakter aber befindet sich der Protestantismus in einem schneidenden Widerspruch mit dem Grundprincip und mit dem Grundcharakter des Christenthums, das seinem ganzen Begriffe nach etwas eminent Positives und die positivste Institution in der Weltgeschichte ist. Wie viel positiv christliche Wahrheiten darum einzelne Protestanten und einzelne protestantische Fractionen auch noch besitzen mögen, — der Standpunkt, auf dem sie stehen und das Princip, dem sie angehören, ist ein dem Geiste und dem Grundcharakter des Christenthumes durchaus fremdes und widersprechendes. In seinem Namen selbst spricht sich der Protestantismus sein Urtheil und zeigt, daß er im Widerspruch stehe mit dem Ursprunge, mit dem Wesen, mit dem Geiste und mit der ganzen Geschichte des Christenthums. Darum könnte der Name allein schon uns genügen, um zu erkennen, daß auf protestantischem Gebiete die Kirche Christi sicher nicht zu suchen und nicht zu finden ist. Und mit derselben Wahrheit, mit welcher im vierten Jahrhundert einst der große Kirchenvater, der heilige Hieronymus[1]) seinen Zeitgenossen zurief: „Wenn du hörst, daß man sie Marcioniten, Valentinianer, Montenser nennt, so wisse, daß da die Kirche Christi nicht ist[2])," können wir unsern Zeitgenossen zurufen: „Wenn ihr hört,

---

1) *S. Hieronymi* Dialogus adv. Luciferianos ed. Vallarsi T. II. pag. 201: «Sicubi audieris eos qui dicuntur Christi, non a Domino Jesu Christo, sed a quoquam alio nuncupari, ut puta Marcionitas, Valentinianos, Montenses, sive Campitas: scito non Ecclesiam Christi esse.»

2) *S. Augustini* Contra Epistolam Manichaei c. IV. ed. Paris. 1837 T. VIII. pag. 270: «Multa sunt alia, quae in eius gremio me justissime teneant. Tenet consensio populorum atque gentium: tenet auctoritas miraculis inchoata, spe nutrita, charitate aucta, vetustate firmata: tenet ab ipsa sede Petri apostoli, cui pascendas oves suas post resurrectionem Dominus commendavit, usque ad praesentem episcopatum succesio sacerdotum: *tenet postremo ipsum Catholicae nomen*, quod non sine causa inter tam multas haereses sic ista Ecclesia sola obtinuit, ut cum omnes haeretici se catholicos dici velint, quaerenti tamen peregrino alicui, ubi ad Catholicam conveniatur, nullus haereticorum vel basilicam suam vel domum audeat ostendere.»

daß man sie Protestanten und Reformirte, Lutheraner, Calviner und Zwinglianer nennt, so wisse, daß da die Kirche Christi nicht ist." Wie aber der bloße Name jener Häretiker für den heiligen Hieronymus schon genügte, um zu erkennen, daß auf diesem Gebiete die Kirche Christi nicht zu suchen sei, so genügte der Name „katholisch" für den großen heiligen Augustin, um zu erkennen, daß die katholische Kirche die wahre Kirche Christi ist. In großartiger und erhebender Weise ruft er im Hinblick auf die katholische Kirche aus: „Noch vieles andere gibt es, was mich mit vollem Rechte in ihrem Schooße festhält. Es hält mich fest die Uebereinstimmung der Völker und Nationen, es hält mich fest ihr Ansehen, das auf Wunder gegründet, durch die Hoffnung genährt, durch die Liebe erhöht, durch ihr Alter bekräftigt ist, es hält mich fest die Reihenfolge der Priester von der Regierung des heiligen Petrus an, dem der Herr nach seiner Auferstehung die Heerde zu weiden anvertraut hat, bis auf den Episkopat der Gegenwart; es hält mich endlich fest der Name katholisch selbst, den nicht ohne Ursache diese Kirche allein unter so vielen Häresien sich bewahrt hat, so daß, wenn auch alle Häretiker gerne sich Katholiken nennen möchten, doch keiner, wenn ein Fremder ihn nach der katholischen Kirche fragt, es wagt, ihm seine Kirche oder sein Haus zu zeigen." Und in seinem Buche über „die wahre Religion" ruft der heilige Augustin: „Wir müssen festhalten an der christlichen Religion und der Gemeinschaft derjenigen Kirche, welche die katholische ist und die katholische heißt, nicht bloß bei den Ihrigen, sondern auch bei allen Gegnern. Denn selbst die Häretiker und Anhänger der Spaltungen, sie mögen wollen oder nicht, nennen, wenn sie nicht mit den Ihrigen sondern mit Auswärtigen reden, die katholische Kirche nicht anders als die katholische. Sie würden ja nicht verstanden werden, wenn sie dieselben nicht mit diesem Namen bezeichneten, mit dem sie von der ganzen Welt benannt wird¹)." Das sind Worte des großen Kirchenvaters, welche den Protestanten Vieles zu bedenken geben und vielen unter ihnen himmlische Leitsterne werden könnten auf dem Wege zur Wahrheit.

Die Augsburg symbolisirende Figur sitzt in ruhiger Würde auf

---

1) *S. Augustini* de vera religione c. VII. ed. cit. T. I. pag. 1214: «Tenenda est nobis christiana religio, et eius Ecclesiae communicatio quae catholica est et catholica nominatur, non solum a suis, verum etiam ab omnibus inimicis. Velint nolint enim ipsi quonque haeretici, et schismatum alumni, quando non cum suis, sed cum extraneis loquitur, Catholicam nihil aliud quam Catholicam vocant. Non enim possunt intelligi, nisi hoc eam nomine discernant, quo ab universo orbe nuncupatur.»

einem reich ornamentirten Renaissancesessel und trägt mit Bezug auf den Augsburger Religionsfrieden von 1555 eine Friedenspalme in der Hand. Vor Allem aber ist sie hierhin gesetzt zur Erinnerung an die Augsburgische Confession vom Jahre 1530, das „Grundbekenntniß der Reformation." Und in der That — man hat wohl Ursache, am Reformationsdenkmale die deutschen Protestanten einmal wieder an ihr reformatorisches Glaubensbekenntniß, an die Augsburgische Confession zu erinnern. Ist dieselbe ja doch bei den protestantischen Geistlichen und Gläubigen vielfach so sehr in Vergessenheit gerathen, daß vor mehreren Jahren der berühmte protestantische Historiker Leo sich veranlaßt fand zu klagen: „Jedermann führt diese Confession im Munde; und fast kein Mensch kennt sie; Niemand sucht sie in ihrem ursprünglichen Sinne zu fassen. Man erklärt sie zum Eckstein des Protestantismus, man hat ihr zu Ehren große Feste gefeiert, jährlich wird sie in jeder protestantischen Schule gepriesen, und fast kein Mensch weiß, was darinnen steht." Welch ein Unterschied zwischen dem Glaubensbekenntniß der Reformatoren und dem Glaubensbekenntniß des Conciles von Trient! Das Glaubensbekenntniß Luthers und Melanchthons ist todt und fast vergessen, und „fast kein Mensch," wie der Protestant Leo klagt, weiß was darinnen steht[1];" Das Glaubensbekenntniß dagegen, welches die Kirche im Gegensatze zu der Irrlehre des sechszehnten Jahrhunderts auf dem Concil von Trient abgelegt und in welchem sie die Irrthümer Luthers und der Reformatoren als der heiligen Schrift und der Tradition widersprechend feierlich verworfen hat, lebt und ist lebendig und spendet Geist und Leben und Gnade, Trost und Wahrheit in Millionen und Abermillionen von Geistern und Herzen; es lebt in dem Geiste des größten katholischen Gelehrten, der alle Gebiete des Wissens und der Forschung durchlaufen hat, wie es lebt in der Seele des Kindes, das zur ersten heiligen Communion hinzutritt, und mit heiliger Freude und Begeisterung bekennt der Katholik auf der ganzen weiten Erde im Leben und im Tode das Glaubensbekenntniß des Concils von Trient, das ja kein anderes ist, als das Glaubensbekenntniß aller christlichen Jahrhunderte. Woher aber kommt es, daß das Glaubensbekenntniß Luthers und Melanchthons todt und vergessen ist, während dagegen das Glaubensbekenntniß des Concils von Trient lebt und lebendig ist? Das hat seinen Grund sehr einfach darin, daß das Augsburgische Glaubensbekenntniß nur „Menschensatzung" und „Men-

---

[1] Neue Preußische Zeitung vom 26. Septbr. 1861 citirt bei Döllinger, Kirche und Kirchen S. XXIV.

schenwerk" war, das Glaubensbekenntniß des Concils von Trient dagegen Gottes Werk in der Kirche ist. Kein vernünftiger und denkender Mensch kann heutzutage noch alle Artikel des Augsburgischen Glaubensbekenntnisses unterschreiben, und die Versuche einzelner befangener protestantischer Theologen, das Augsburgische Glaubensbekenntniß zu repristiniren und der modernen Zeit nahe zu bringen, zeigten nur allzubald, daß die Zeiten der Confessio Augustana längst vorüber sind und daß man z. B. gerade mit dem dogmatischen Kern des Augsburgischen Glaubensbekenntnisses, mit der lutherischen Rechtfertigungslehre, auf protestantischem Gebiete selbst längst völlig zerfallen ist. Jeder vernünftige und denkende Mensch aber kann mit heiliger Freude und Begeisterung, wie es ja auch unzählige der geistvollsten und gelehrtesten Convertiten erkannt und gethan [1]), das ganze Glaubensbekenntniß des Concils von Trient Satz für Satz unterschreiben und freudig bekennen; denn hier ist überall Tiefe und Höhe, Klarheit und Wahrheit, Geist und Leben, lichtvolle Consequenz und wunderbare Harmonie, die in die Menschenseele hineingreift und den Menschen in seinem Geist und Herz und Leben wunderbar ergreift und erhebt und mit der ewigen Wahrheit, mit Gott selbst verbindet. Freilich ist mit dem Augsburgischen Glaubensbekenntniß auf protestantischem Gebiete auch viel positives Christenthum zu Grabe gegangen, aber es mußte zu Grabe gehen, weil es durch so viele und so große Irrthümer entstellt und theilweise geradezu unkenntlich geworden war! Es mußte zu Grabe gehen, damit der Unglaube und der vollendete Abfall vom Christenthum auf protestantischem Gebiete nur um so mächtiger sein Haupt erhebe und eben dadurch auf protestantischem Gebiete allmälig mehr und mehr wieder lebendig werde die Sehnsucht nach der vollen Gnade und Wahrheit der wahren Kirche und des wahren Christenthums! Der Irrthum des Protestantismus muß seine letzten Consequenzen ziehen und sich immer mehr in seiner ganzen Gestalt enthüllen, damit alle wahrhaft christlichen Seelen auf protestantischem Gebiete vor ihm zurückbeben und zurückstreben zur Einheit der Kirche, und immer mehr zur klaren Erkenntniß gelangen, daß weder bei den Reformatoren, noch bei ihren Epigonen, weder in dem Augsburgischen Glaubensbekenntniß vom Jahre 1530, noch in jenen bemit-

---

[1]) Vgl. Dr. Andreas Räß, Bischof von Straßburg. Die Convertiten seit der Reformation nach ihrem Leben und ihren Schriften dargestellt. Freiburg 1866. ff. Bis jetzt sind von diesem großen und werthvollen Werke, das auf ungefähr zwölf Bände berechnet ist, sieben Bände erschienen. — Dr. med. Rosenthal, Convertitenbilder aus dem 19. Jahrhundert. Schaffhausen, 1865 ff. Bd. 1. Die deutschen Convertiten. Bd. 2. Englische Convertiten. Der demnächst erscheinende dritte Band wird die französischen Convertiten zum Gegenstand haben.

leidenswerthen neun Artikeln der Evangelischen Allianz vom Jahre 1856 Heil zu suchen und zu finden ist, sondern daß das Heil nur zu finden ist in der Rückkehr zur katholischen Kirche.

Es ist das letzte Bild, das wir zu betrachten haben! Niedergebeugt und in Trauer, in Wehmuth und Schmerz ganz versenkt sitzet eine edle Frauengestalt am Fuße des Luthermonumentes. Der erste Eindruck, den dieses Bild auf uns machte, war der einer Mater dolorosa. Lange und länger, als vor allen übrigen haben wir vor diesem Bilde gestanden. All' die Trauer und all' der Schmerz, den wir am Fuße des Luthermonumentes in unserer Seele empfunden, spiegelte sich in diesem Bilde der Trauer und des Schmerzes. Im Anblick des Bildes hatten wir ganz vergessen, daß der Künstler durch dasselbe eigentlich darstellen wollte das trauernde Magdeburg, und wir durften es ja auch vergessen, da die gegen die Katholiken gerichtete tendentiöse Idee, welche in diesem Bilde ihren Ausdruck finden soll, völlig gegenstandslos geworden ist, seitdem die neuere Geschichtsforschung auf Grund der umfassendsten und eingehendsten Quellenstudien bis zur Evidenz nachgewiesen hat, daß die Zerstörung und das tragische Geschick Madeburgs im dreißigjährigen Kriege nicht sowohl das Werk des so viel und gründlich verläumdeten und in Wahrheit doch so edlen und tugendreichen katholischen Feldherrn Tilly, als vielmehr das Werk der Treulosigkeit und Intrigue des zur Schmach des deutschen Namens von protestantischer Seite vielfach so hoch venerirten Schwedenkönigs Gustav Adolf ist [1]). Nein dieses herrliche Bild der Mater dolorosa ist und kann uns nicht das trauernde Magdeburg sein, es ist und wird uns immer sein das Bild der Kirche, die in Trauer und Schmerz versenkt hier am Fuße des Luthermonumentes sitzt. Ja am Fuße des Luthermonumentes — da sitzt die Kirche, tief in Trauer und Schmerz gehüllt, und trauert und klagt über jene unselige Glaubensspaltung des sechzehnten Jahrhunderts und über alles das, wodurch diese Glaubensspaltung herbeigeführt worden ist, und über alle die unseligen Folgen, die aus dieser Glaubensspaltung für die Christenheit und für das Heil der Menschen hervorgegangen sind. Sie trauert und klagt über die Sünden jener unwürdigen Päpste, Bischöfe und Priester des fünfzehnten und sechzehnten Jahrhunderts, die durch ihre Unwürdigkeit und ihr unheiliges Leben nicht die geringste Schuld tragen an jener beklagenswerthen Verkennung der Göttlich-

---

[1]) Vgl. Onno Klopp, Tilly im dreißigjährigen Kriege. Bde. 2. Stuttgart. Cotta 1861. — Magdeburg, Tilly und Gustav Adolf in den Historisch-politischen Blättern Bd. 46, 845 ff. — Franz Reym, Geschichte des dreißigjährigen Krieges. Nach den Resultaten der neueren Forschungen. Freiburg, 1864. Bd. 2. S. 155 ff.

keit und Heiligkeit der Kirche, wie sie im sechszehnten Jahrhundert in so erschreckender Weise zu Tage tritt. Sie trauert und klagt über jene unwürdigen Priester und Mönche des sechszehnten Jahrhunderts, die statt sich selbst und ihre eigene Seele und ihr eigenes Leben vor Allem zu reformiren, in blinder Leidenschaft und mit unheiliger Hand in das Heiligthum der Kirche eingegriffen und sich zu Reformatoren der Kirche aufgeworfen haben. Sie trauert und klagt über die beweinenswerthe Verblendung so vieler, die in jenen unheiligen und von blinder Leidenschaft getriebenen Männern, die nur zu zerstören, aber nicht aufzubauen wußten, gotterleuchtete und gottberufene Reformatoren erblicken will. Sie trauert und klagt über all' den Jammer, über all' das Elend und über all' das Blut, das um dieser Männer willen über unser deutsches Volk und über unser deutsches Vaterland gekommen ist. Sie trauert und klagt über so viele Seelen, die in Folge jenes Zerstörungswerkes des sechszehnten Jahrhunderts auf immer von ihrem Mutterherzen losgerissen sind und die darum im Leben und im Tode soviel Gnade und Wahrheit und soviel himmlischen Trostes entbehren. Wie Rachel einst auf den Höhen von Rama, so sitzt seit drei Jahrhunderten die Kirche in Trauer und Schmerz gehüllt und trauert um so viele ihrer Kinder, daß sie nicht mehr sind. Sie trauert und klagt um sie, und sie betet für sie!

Zweite Abtheilung.
Die Kirche und Luthers Glaubensabfall.

Erstes Kapitel.
Die religiös-sittlichen Zustände in der Kirche am Ausgang des 15. und am Anfang des 16. Jahrhunderts.

> „Ich bekenne für mich selbst, und ohne Zweifel Andere noch müssen bekennen, daß mir mangelt an solchem Fleiß und Ernst, den ich jetzt viel mehr, denn zuvor, haben sollte, und viel nachlässiger bin, denn unter dem Papstthum, und ist jetzt nirgend ein solcher Ernst bei dem Evangelio, wie man zuvor hat gesehen bei Mönchen und Pfaffen, da man so viel stiftete und baute, und Niemand so arm war, der nicht etwas geben wollte."
> Luther[1]).

Klage eines edlen Protestanten über den Abfall von der Kirche und die Trennung im Glauben. — Die Schuld dieser Trennung nicht allein auf Seite Luthers und der Reformatoren. Tiefgreifende kirchliche, politische und sociale Mißstände als Wegebereiter der Katastrophe des 16. Jahrhunderts. — Licht- und Schattenseiten des religiös-sittlichen Lebens im 15. und am Anfang des 16. Jahrhunderts. Das Papstthum. Einzelne unwürdige und eine Reihe würdiger Päpste. Bischöfe und Klerus, namentlich in Deutschland. Eine Gallerie deutscher Bischöfe. Adel, Bürgerthum und Volk. Unzählige Denkmale heiliger Gottes- und Nächstenliebe aus jener Zeit noch mitten unter uns. — Die Zustände vor 1517 und nach 1520. Homines per sacra immutari fas est, non sacra per homines.

„Es waren schöne Zeiten, wo Europa Ein christliches Land war, wo Eine Christenheit diesen menschlich gestalteten Welttheil bewohnte. Ein großes gemeinschaftliches Interesse verband die entlegendsten Provinzen dieses geistlichen Reiches. Ohne große weltliche Besitzthümer lenkte und vereinigte Ein Oberhaupt die großen politischen Kräfte. Wie wohlthätig, wie angemessen diese Regierung, diese

---

1) Auslegung des ersten Briefes Johannis. Walch IX. 1910.

Einrichtung war, zeigte das gewaltige Emporstreben aller anderen menschlichen Kräfte, die harmonische Entwickelung aller Anlagen, die ungeheuere Größe, welche einzelne Menschen in allen Fächern der Wissenschaften, des Lebens und der Künste erreichten, und der überall blühende Handelsverkehr mit geistigen und irdischen Waaren in dem Umkreise von Europa bis in das ferne Indien hinaus." So spricht in wehmüthiger Erinnerung an die Zeiten vor dem großen Glaubensabfalle des sechszehnten Jahrhunderts der edle und geistvolle protestantische Schriftsteller Novalis[1]). Wenn heute diese Einheit zerrissen und der Einen großen, alle Jahrhunderte von Christus an erfüllenden und über alle fünf Welttheile sich ausdehnenden Kirche hunderte von kleineren und größeren, in sich selbst wieder hundert- und tausendfach zerspaltenen und zerrissenen kirchlichen Gemeinschaften gegenüberstehen, so tragen die Schuld an dieser traurigen Spaltung und Zerrissenheit nicht einzig und allein jene unklaren und unbesonnenen, jene gewaltthätigen und leidenschaftlichen geistlichen und weltlichen Kirchenstürmer des 16. Jahrhunderts, die mit zerstörender Hand eingriffen in die bestehenden kirchlichen Ordnungen und so zunächst den Abfall von der Kirche und die Trennung im Glauben herbeiführten. Tiefgreifende kirchliche, politische und sociale Mißstände mancherlei Art haben vielmehr das Ihrige dazu beigetragen, um jenem unseligen Zerstörungswerke den Weg zu bereiten und jene unheilvolle Katastrophe möglich zu machen. War auch das religiös-sittliche Verderben lange nicht so groß, wie die Feinde der Kirche im 16. Jahrhundert unter einer unabsehbaren Fluth von Schmähungen in Hundert und Tausenden von Pamphleten und Carricaturen es hingestellt, und wie auch viele moderne Historiker, in großer Einseitigkeit befangen, es oft in den grellsten Farben geschildert haben, so waren dennoch die religiös-sittlichen Schäden, die sich im Klerus und Volk, unter Geistlichen und Weltlichen, unter Gebildeten und Ungebildeten eingeschlichen, tiefgreifend und den göttlichen Lebensstrom der Gnade und Wahrheit, der immerdar durch die Kirche hindurchströmt, an seinen Hauptschlagadern unterbindend und so das ganze kirchliche Leben bis in seine feinsten Verzweigungen und Verästelungen hinein vielfach schwächend. Das Ansehen des Oberhauptes der Kirche war in vielen Ländern und namentlich gerade auch in Deutschland sehr erschüttert. Der durch französische Gewaltthat und Intrigue herbeigeführte siebenzigjährige Aufenthalt der Päpste in Avignon (1309—1378) und das daraus entspringende große abendländische Schisma (1378—1417 resp. 1449) mit seinen Päpsten und Gegenpäpsten hatten dem Papstthum und

---

1) Novalis, die Christenheit oder Europa.

der Kirche tiefklaffende und, wie Manchen[1]) scheinen wollte, fast unheilbare Wunden geschlagen und hatten eine ganze Reihe von Mißständen, Beschwerden und Klagen im Gefolge, die zwar von den Reformationsconcilien zu Pisa (1409), zu Constanz (1414—1418), zu Basel, zu Ferrara und Florenz (1431—1439) vielfach richtig erkannt und gewürdigt, aber nicht vollkommen beseitigt wurden und dadurch in immer weiteren Kreisen unter Fürsten und Völkern, unter Geistlichen und Weltlichen Verstimmung, Bitterkeit, Mißmuth und immer lauter werdende Klagen hervorriefen. Diese Klagen betrafen namentlich auch die drückende Besteuerung der Kirchengüter und die damit zusammenhängende einseitige Besetzung hoher kirchlicher Aemter von Seiten der Päpste, wodurch mannigfach Unfähige und Unwürdige zu hohen kirchlichen Würden gelangten, den Mißbrauch der kirchlichen Gerichtsbarkeit und die oft unmotivirte und mißbräuchliche Verhängung kirchlicher Strafen, die vielfache Verderbtheit und Erschlaffung des religiös-sittlichen Lebens unter dem Klerus und unter dem Volke.

Und in der That das Verderben war groß! Selbst einzelne Päpste, wie Sixtus IV. Innocenz VIII. Alexander VI. entweihten, uneingedenk der hohen und erhabenen Tugenden, die so viele ihrer Vorgänger zierten, uneingedenk der hohen und erhabenen Würde, die sie bekleideten und der großen und schweren Verantwortung, die auf ihren Schultern ruhte, durch ungeistlichen Weltsinn und üppigen Luxus, durch weltliche Herrschsucht und politische Intriguen, durch unwürdige Habsucht und verderblichen Nepotismus den ehrwürdigen Stuhl des Apostelfürsten. Ein ähnliches, ebenso unerfreuliches und unerbauliches Bild bieten uns viele Bischöfe und Prälaten in jener Zeit, und wahrlich Savonarola hatte Recht, als er einst in der Kathedrale von Florenz ausrief: „In der Kirche von ehedem waren die Kelche von Holz, und die Prälaten von Gold; jetzt sind die Kelche von Gold, und die Prälaten von Holz! ... O ihr Fürsten der Kirche,

---

[1] Wahr und treffend sagt in dieser Beziehung im Hinblick auf die große Spaltung von 1387—1417 mit ihren Päpsten und Gegenpäpsten der bekannte protestantische Geschichtschreiber **Gregorovius** in seiner Geschichte der Stadt Rom im Mittelalter Bd. 6. Stuttgart 1867 S. 636: „Die Geschichte der Kirche zeigt in Wahrheit unter allen ihren Spaltungen keine auf, welche so furchtbar und so Verderben bringend gewesen wäre. Jedes weltliche Reich würde darin untergegangen sein. Doch so wunderbar war die Organisation des geistlichen Reiches und so unzerstörlich die Idee des Papstthums selbst, daß diese tiefste der Spaltungen nur deren Untheilbarkeit bewies. Die feindlichen Päpste und die feindlichen Obedienzen hielten alle an dem Begriff der Einheit der Kirche und des Papstthums fest; denn in jedem Lager wurde der eine, wahre Papst geglaubt, das untheilbare Papstthum präsentirt, und dieses stellte sich demnach wieder her, als die streitenden Parteien selbst überwunden waren."

der Zorn Gottes ist über euch!" Ohne wahre Liebe zur Kirche und zum christlichen Volke und vielfach verstrickt in die Händel der Welt waren nicht wenige Bischöfe und Würdenträger der Kirche im Weltsinn versunken und in ungeistliches, verweltlichtes und sündhaftes Treiben untergegangen. Daß unter solchen Hirten die kirchliche Zucht tief darniederliegen und unter Welt- und Ordensgeistlichen Unordnungen aller Art immer tiefer sich einnisten mußten, war natürlich. Das Salz der Erde war vielfach schaal geworden. Viele Seelsorger betrachteten ihr heiliges Amt als Sinecure und lebten in Trägheit und Wohlleben und oft auch in Sünde und Laster dahin. Sie unterließen es, das Volk in gebührender Weise über die Wahrheiten des Heiles zu unterrichten und für das Wahre und Gute zu begeistern. So griffen Unglaube und Aberglaube, Sünde und Laster, Rohheit und Frivolität im Leben und im Denken vielfach sehr um sich. Ueberdieß hatte in den gebildeten Ständen und zum Theil auch unter den Geistlichen das namentlich seit der Mitte des fünfzehnten Jahrhunderts sehr in Aufschwung gekommene Studium der heidnischen Klassiker vielfach auch heidnische Anschauungen, heidnisches Denken und Leben und damit zugleich auch Spott und Haß gegen das Christenthum und die Kirche erzeugt. Die sogenannten Humanisten waren vielfach geschworene Feinde des Christenthums und der Kirche und fanden, wie so viele Literaten unserer Tage, ihre größte Freude darin, theils direkt, theils indirekt gegen den Papst und die Bischöfe, gegen die Ordens- und Weltgeistlichen, und gegen die Klöster und frommen Stiftungen zu schüren und zu hetzen, und die Kirche und den christlichen Glauben und die christliche Sitte zu verspotten und zu verhöhnen. Die Ergüsse ihres frivolen Sarcasmus fanden vielfach einen nur allzu fruchtbaren Boden auf den Burgen und in den Schlössern bei dem in Folge der zu seinem Nachtheile veränderten politischen und socialen Verhältnisse vielfach unzufriedenen Adel, in den Städten bei den Bürgern, die oft in Fehde und Streit lagen mit den Bischöfen als ihrer Territorialherrn und dadurch mannigfach der Religion selbst abhold und entfremdet geworden waren, auf den Universitäten bei den Studenten, die an dem lockeren und frivolen Tone der Humanisten und an der Emancipation des Fleisches, welche sie verhüllt und unverhüllt, in Wort und Schrift, und nicht minder durch ihr eigenes oft sehr lascives Leben predigten, ihre Freude und ihr Wohlgefallen fanden. Ebenso waren es auch die Humanisten, welche vielfach namentlich in Deutschland die nationalen Antipathien gegen Rom und Italien aufzuregen suchten, wie umgekehrt wieder die italienischen Humanisten mit Stolz und Verachtung auf Deutschland herabblickten und die Italiener aufhetzten gegen die Deutschen. So ging in Folge der allerverschiedensten Ursachen durch viele Kreise mehr oder minder eine gewisse Erschlaffung und Verderbniß des christlichen Denkens und Lebens und tiefe und düstere, unheimliche und unheildrohende Schatten lagen mehr oder weniger in allen Ländern der Christenheit ausgebreitet über dem immerdar edlen und himmlisch reinen Antlitz der Kirche.

So tief und düster aber auch vielfach die Schatten waren, welche in jener Zeit das Antlitz der Kirche bedeckten, so fehlte es dennoch auch nicht an reichen und erhebenden Lichtseiten, die klar zeigen, daß man den hohen Beruf, die hohe Aufgabe und das himmlische Ideal der Kirche nie aus den Augen verloren. Das beweist der durch die ganze Zeit und durch all die Concilien und Synoden hindurchgehende, tausendstimmige Ruf nach einer gründlichen Besserung und Heilung der kirchlichen Verhältnisse und des kirchlichen Lebens. Und wenn wir in jenem Jahrhundert, das dem Ausbruche der großen abendländischen Glaubensspaltung vorausging, mehrere ihres hohen Amtes sehr unwürdige Päpste auf dem Stuhle Petri erblicken [1]), so treten uns dafür auch aus jener Zeit eine ganze

---

1) Wenn man uns diese unwürdigen Päpste vorhalten will, so haben wir darauf Folgendes zu erwiedern: Erstens, daß wir Katholiken auch jederzeit offen und ehrlich die Unwürdigkeit dieser Päpste anerkannt haben und nie daran gedacht haben, diese Päpste als große und theure Gottesmänner zu verehren oder ihnen große und pompöse Ehrenmonumente zu errichten; vielmehr haben die Katholiken und die katholische Geschichtschreibung jederzeit diese unwürdigen Päpste auch in der gebührenden Weise gewürdigt und nie daran gedacht, sie irgendwie mit einem unwahren Nimbus und einer falschen Gloriole zu umgeben. Zweitens: daß diese unwürdigen Päpste, obgleich sie in ihrem Privatleben aus menschlicher Schwachheit oder Leidenschaft diesen oder jenen Fehlern anheimfielen, dennoch in ihrem Amte als Päpste nie irgend eine der christlichen Moral widersprechende Lehre vorgetragen oder eine unmoralische Verordnung erlassen haben. „Es war sicher nicht unbedeutsam," sagt mit Recht Alzog (Kirchengeschichte Bd. 2. S. 184.) in Bezug auf den unwürdigen Papst Alexander VI., „daß bei solcher Ausübung des Pontificates das Bewußtsein der hohen Pflichten in Alexander VI. doch lebendig und rege geblieben, und keine unmoralische kirchliche Verordnung von ihm erlassen worden ist." Von den Reformatoren dagegen wissen wir, daß sie eine Reihe von Lehren vorgetragen haben, die dem christlichen Sittengesetze und zum Theil sogar dem Naturgesetze geradezu widersprechen und die christliche Moral auf's Tiefste erschüttern mußten. Drittens: daß die Würde und Erhabenheit des päpstlichen Amtes unberührt bleibt von der persönlichen Unwürdigkeit einzelner Träger desselben. So wenig die persönliche Schlechtigkeit eines Richters die Würde des Richteramtes oder so wenig die persönliche Sündhaftigkeit eines Priesters die Würde des Priesterthums in ihrem inneren Werthe zu alteriren vermag, so wenig vermag die unwürdige Persönlichkeit eines einzelnen Papstes die erhabene Würde des Papstthums in ihrem inneren objectiven Werth irgendwie zu alteriren und zu beeinträchtigen. Das päpstliche Amt steht hoch erhaben über der Persönlichkeit seines jeweiligen Trägers

Reihe von wahrhaft würdigen und um die Kirche wie um die Welt hoch=
verdienten Päpsten entgegen. Wir weisen hin auf den edlen und durch
Reinheit des Charakters wie durch Gerechtigkeit und Milde gleich ausge=

---

und kann an und für sich durch die Würdigkeit dessen, der es trägt, weder an
innerem Werthe gewinnen, noch durch dessen Unwürdigkeit an innerem Werthe ver=
lieren. Auch der erste Papst, der heilige Petrus, hat schwer gefehlt, indem er
seinen Herrn und Meister verleugnet hat, und dennoch blieb ihm die erhabene Würde,
die ihm der Herr vor allen übrigen Aposteln übertragen; und „die Würde des
heiligen Petrus," sagte schon Leo d. G., „geht auch in einem unwürdigen
Erben nicht verloren!" Dann sollte man auch nie übersehen, welch' ein großer
Unterschied ist zwischen einem unheiligen Papste und einem unheiligen Reformator!
Wenn ein Papst den sittlichen Anforderungen, die man an ihn zu machen berechtigt
ist, nicht entspricht, so ist das freilich eine sehr traurige und beklagenswerthe Er=
scheinung, die aber vorübergeht und auf das objectiv von Gott gesetzte päpstliche
Amt und die objectiv von Gott gesetzte päpstliche Würde in keiner Weise redundirt;
wenn dagegen ein Reformator den Anforderungen, die man an das Leben eines
Christen zu stellen berechtigt ist, nicht entspricht, so ist das ein sicheres, untrügliches
und unaustilgbares Kennzeichen, daß sein Amt und sein Beruf nicht aus Gott ist,
und daß er durchaus kein Recht, keinen Beruf und keine Mission hat, die Kirche zu
reformiren; denn wer die Kirche reformiren will, der muß zuerst und vor
Allem selber reformiret sein. Und schön und wahr sagt in dieser Beziehung
der selige Möhler (Gesammelte Schriften und Aufsätze Bd. 2. S. 25.): „Ist Je=
mand im Göttlichen und Unveränderlichen fest gegründet, und hat er davon unleug=
bare Beweise, besonders dadurch gegeben, daß er sein eigenes Leben zuerst
nach demselben einrichtet, vor Allem also ein tiefes Mißfallen an sich selbst
an den Tag legt, und hiernach sich zuerst ernstlich reformirt; verbindet er
mit allem dem einen durch lange Erfahrung geübten practischen Blick: dann erkennt
ihm die Kirche freudig das Recht und die Pflicht zu, um= und neugestaltend auf
das Gesammtleben einzuwirken. Ohne Erfüllung dieser Bedingungen wird freilich
eine jede Einrede mit gebührender Geringschätzung abgewiesen. Wie könnte auch
Jemand, ohne selbst auf einem tieferen, dem eigenthümlich christlich=kirchlichen Glaubens=
fundamente zu ruhen, nach demselben verbessern? Wie könnte Jemand, der selbst
in sich die Lebenseinheit mit Christus nicht vollzog, zwischen Gott
und Welt getheilt und in sich selbst zerrissen ist, nur irgend befähigt
sein, ein höheres Bild sich einzudrücken?" Viertens: daß
die Zahl der unwürdigen Päpste, wie sie im Laufe von achtzehn Jahrhunderten
uns entgegen treten, verschwindend klein ist, daß die Fehler, welche jene Päpste be=
gangen, größtentheils in die Zeit vor ihre Erhebung zum Papstthum fallen, und
daß ihre Fehler überdieß von einer feindlichen Geschichtschreibung oft sehr übertrie=
ben und ihnen obendrein auch noch Fehler und Vergehen angedichtet worden sind,
die sie nie begangen haben; wie dies z. B. gerade auch in Bezug auf den unwür=
digen Papst Alexander VI. der protestantische englische Geschichtschreiber Roscoe
in seinem großen historischen Werke The Life and Pontificate of Leo the Tenth
(in deutscher Uebersetzung von Glaser) Vol. I. p. 290—352 nachgewiesen hat.
Fünftens: daß in der Geschichte des Papstthums die Fehler der wenigen unwür=
digen Päpste sehr in den Hintergrund treten vor den heroischen Tugenden so vieler

zeichneten Papst Martin V. (1417—31), auf den durch seinen Eifer für den christlichen Glauben, durch seine Liebe für die Armen und durch sein ernstes, strenges und abgetödtes Leben ausgezeichneten Papst Eugen IV. (1431—47), auf den durch glänzende Gelehrsamkeit und Beredsamkeit, durch sein Herz für das Volk und für alle Armen und Nothleidenden, durch seine Verdienste um die Hebung und das Aufblühen der classischen Literatur, durch seine freigebige Unterstützung und Beförderung der Künste und Wissenschaften und durch sein äußerst sittenstrenges Leben mächtig hervorragenden Papst Nikolaus V. (1447—55), auf den zwischen dem unwürdigen Papste Alexander VI. und dem zwar sehr kriegerischen aber durchaus edlen, heldenmüthigen und volksthümlichen Papste Julius II. 1503—13 in der Mitte stehenden Papst Pius III. (1503), der nichts sehnlicher wünschte, als eine durchgreifende, wahre und gründliche Reformation, wie sie auch im Laufe des Jahrhunderts noch innerhalb der Kirche in solch großartiger und herrlicher Weise sich vollzogen hat, auf den durch seine feine classische Bildung und durch seine unsterblichen Verdienste um die Künste und Wissenschaften bis jetzt noch unübertroffenen Papst Leo X., der, wenn er auch in seinem Wesen jene apostolische Einfachheit und Strenge, wie wir sie an einem Papste und an einem Bischofe zu sehen wünschen, nicht besaß, so doch stets seiner erhabenen Würde eingedenk war, und dessen Leben, fern von allem Gemeinen und Niedrigen, bis zu seinem Tode tadellos und rein und durch große Güte und Menschenfreundlichkeit und große Regententugenden ausgezeichnet war. Und wenn wir in der dem Glaubensabfalle vorausgehenden Zeit viele unfähige und unwürdige Bischöfe und Prälaten zu beklagen haben, so treten uns doch aber auch andererseits in den meisten Ländern der Christenheit und namentlich in Deutschland sehr viele wahrhaft würdige, durch Kenntnisse und Gelehrsamkeit, durch Tugend und Frömmigkeit ausgezeichnete Männer entgegen. Es würde uns zu weit führen, die einzelnen Länder der Reihe nach in Betracht zu ziehen; allein nicht versagen können wir es uns, wenigstens auf eine Reihe von deutschen Bischöfen hinzuweisen, die kurz vor oder mitten in jener verhängnißvollen Zeit die

---

frommen und ehrwürdigen, so vieler großen und heiligen Päpste, und daß die Makel, mit welcher einige wenige Päpste den Stuhl Petri entweihten, immer bald wieder gefühnt und ausgelöscht wurde durch die nur um so herrlicher strahlenden und um so heller leuchtenden Tugenden ihrer Nachfolger. So wenig die Sonnenflecken die Sonne verdunkeln können, so wenig können die Flecken einzelner Päpste das strahlende Sonnenlicht des Papstthums, wie es seit achtzehn Jahrhunderten über der Erde leuchtet, verdunkeln und es seines himmlischen, über die ganze Welt strahlenden Glanzes berauben.

bischöflichen Stühle von Deutschland zierten und in höchst segensreicher Weise wirkten, und von denen nicht wenige auch selbst bei den neueren protestantischen Geschichtsforschern großes Lob und große Anerkennung gefunden haben. Als solche Hirten der Kirche in Deutschland treten uns entgegen: Johann von Dalberg, Bischof von Worms (1482—1503)[1]. Philipp von Rosenberg (1504—1513) und Georg, Pfalzgraf zu Rhein und Herzog in Bayern (1513—1529), Bischöfe von Speier[2]), Wilhelm Graf von Hohnstein, Bischof von Straßburg (1506—1541)[3]), Christoph von Utenheim, Bischof von Basel (1502—

---

[1] Schannat in seiner Historia Episcopatus Vormatiensis, T. I. p. 417 sagt von ihm: „Ecclesia Vormatiensis, per Reinhardi obitum, strenuo, vigilantique pastore viduata, nihil magis habuit in votis, quam ut viro forti solaretur, qui defuncti vestigiis inhaereret; nec diu inter nobiles Canonicos deliberatum est; tanta enim *Joannem a Dalberg*, antiquissimo Camerariorum de Vormatia ortum stemmate, majorem tunc Praepositum, tum commendabant undique virtutum merita, cum omnigena eruditione conjuncta, sic ut a natura factus videretur ad munus hoc condigne obeundum, resque insigni cum utilitatis ac gloriae fructu gerendas." Und Pauli, Geschichte der Stadt Worms S. 270, rühmt von ihm: „Die Verdienste des Bischofs Johann von Dalberg, eines der gelehrtesten Männer seiner Zeit, um die Verbreitung wissenschaftlicher Kenntnisse, sind einer vorzüglichen Ehrenmeldung würdig. Unter ihm vervollkommneten sich die Schulen — auch hatte ein Zweig der sogenannten Celtischen Gesellschaft (von dem berühmten Celtes unter Johannes Auspicien errichtet) seinen Sitz in Worms und Heidelberg. Ein vorzügliches Mitglied derselben, Rudolph Agricola, hielt hier vor einem zahlreichen Auditorium Vorlesungen und flößte den Wormsern Sinn für die höhere Bildung ein."

[2] Remling nennt in seiner Geschichte der Bischöfe von Speier Bd. II. S. 211. Philipp von Rosenberg einen durch „Geist und Frömmigkeit gleich sehr ausgezeichneten Bischof" und berichtet uns sehr viel Rühmliches von seinem Leben und Wirken und der standhaften Geduld in seinen unausgesetzten körperlichen Leiden. Er starb, „des Lebens müde, von Leiden und Schmerzen fast aufgezehrt, in Geduld und Gottergebenheit fest bewährt." Bei seinem Nachfolger, dem kaum 27jährigen Pfalzgrafen Georg, ersetzte, wie Remling S. 233. sagt, „den Mangel an Alter ein angemessener Ernst, freundliche Milde und eine herzliche Frömmigkeit." Trithemius nennt ihn in seinem Chron. Hirsaug. T. II. 683. „einen edlen, sanften, klugen Fürsten, einen Liebhaber des Klerus und Vertheidiger der Armen, von dem Alle hoffen, daß er ein guter Seelenhirte sein werde." Georg starb in der Blüthe der Jahre am 27. September 1529, und sein Nachfolger Philipp von Flersheim (1529—1552) setzte ihm ein Denkmal, worin er dessen Klugheit, Milde und Frömmigkeit rühmt.

[3] Wilhelm von Hohnstein, der Schüler Geiler's von Kaisersberg, war, wie die Historisch-politischen Blätter Bd. 61. S. 956. sagen, „ein mit herrlichen Eigenschaften ausgestatteter Hirte und stand auf der Warte der Zeit, so gut wie irgend einer seiner tüchtigen Vorgänger und Nachfolger." — Vgl. über ihn auch Historisch-politische Blätter Bd. 18. S. 699. Bd. 48. S. 724 ff.

1526)¹), Hugo von Hohenlandenberg, Bischof von Constanz (1496—1529)²), Friedrich Graf von Zollern,³) (1486—1505), Christoph von Stadion (1517—1543), Bischof von Augsburg⁴), Rudolph von Scherenberg (1466—1495) und Lorenz von Bibra (1495—1519) Bischöfe von Würzburg⁵), Christoph Schachner (1490—1500) und Bi-

---

1) In Bezug auf ihn und die damaligen Zustände im Bisthum Basel sagt Riffel, Christliche Kirchengeschichte Bd. 8. S. 295.: „Die Welt- und Klostergeistlichen waren im Bisthum Basel im Ganzen von einem guten Geiste beseelt; ausgezeichnete Männer gingen aus demselben hervor, welche durch ihr Leben und ihre Schriften die herrschenden Laster der Zeit bekämpften und einen ernsten christlichen Sinn zu pflegen und zu erhalten bemüht waren. Ihr Bestreben war mit um so schönerem Erfolge gekrönt, als gleichzeitig der wissenschaftlich gebildete und fromme Bischof Christoph von Utenheim, der nur mit Widerstreben die auf ihn gefallene Wahl (1502) zum Oberhirtenamte angenommen, unverweilt Hand anlegte zur Durchführung einer ächten Reformation im Sinne und Geiste der katholischen Kirche. Nachdem er mit seinem gelehrten Freunde Wimpfeling, der, gleich ihm, mehr Neigung hatte für die Einsamkeit des Klosters als für das bewegte Leben in der Welt, neue Synodalstatuten ausgearbeitet hatte, berief er (1503) alle Geistlichen seines Bisthums, richtete Worte hohen Ernstes an sie, schilderte das Aergerniß, welches durch Unwissenheit und sittenlosen Wandel des Klerus dem Volke gegeben werde, in recht eindringlicher Rede, rügte im ernsten Tone die Gebrechen der Einzelnen, und verpflichtete alle durch einen Eid zur treuen Erfüllung der vorgelegten Statuten."

2) Mehr als dreißig Jahre stand er als eifriger Hirte dem Bisthum Constanz vor, bis die einbrechende Reformation ihn zwang, seinen alten Bischofsitz zu verlassen. Erasmus nennt ihn einen sanften, rechtschaffenen und untadeligen Mann (mitis, probus, integer). Vgl. Historisch-politische Blätter Bd. 61. S. 966 f.

3) A. Steichele, Archiv für die Geschichte des Bisthums Augsburg, 1854, I. 143 ff. sagt von ihm: „In den Jahren von 1486—1505 saß auf dem bischöflichen Stuhle von Augsburg Friedrich Graf von Zollern, ein heller Stern am Himmel der deutschen Kirche in einer Zeit, welcher man viel Schlimmes, wenig Gutes nachzusagen gewohnt ist. Ihm sind an Tugend und edlem Gemüthe von den Tagen des heiligen Ulrich an, wenige seiner Vorfahren gleich gekommen, keiner hat ihn übertroffen."

4) Braun, Geschichte der Bischöfe von Augsburg, entwirft uns von ihm folgendes Bild: „Christoph von Stadion war ein gelehrter Mann, ein Gönner der Gelehrten, ein Beförderer der Wissenschaften, ein Vater der Armen, ein kluger Staatsmann, ein bescheidener Friedensstifter, ein treuer Anhänger des Kaisers, ein Liebling der Fürsten, ein eifriger Verehrer des römischen Stuhles, ein muthvoller Vertheidiger der katholischen Religion, ein wahrer, wachsamer, tugendhafter, demüthiger Bischof, der auf die sanfteste, nachgiebigste, klügste, bescheidenste und dabei standhafteste Art die Religionsspaltung zu heben und den Frieden und die Einigkeit der Kirche zu befördern besorgt war." Erasmus nennt ihn „eine Zierde des deutschen Episcopates."

5) Beide waren musterhafte Fürsten und Bischöfe, die sich große Verdienste erwarben um die geistige und materielle Wohlfahrt Frankens.

gilius von Marzoll, Bischöfe von Passau¹), Matthäus Lang, Bischof von Salzburg, (1519—1540)²), Richard von Greifenclau, Bischof von Trier (1511—1533)³), Tilo von Trotha (1466—1514) und Adolf Fürst von Anhalt, (1414—1526) Bischöfe von Merseburg⁴), Martin Carith (1499—1521) Bischof von Pommern⁵), Johann von Salhausen, Bischof von Meißen (1487—1518)⁶), Gottschalk von Alefeld, der letzte katholische Bischof von Schleswig (1507—1541)⁷) und Petrus Walkow, der letzte katholische Bischof von Schwerin (1508—1516)⁸) u. A. Daß aber in einer Zeit,

---

1) Auch diese beiden Bischöfe waren vortreffliche Hirten; von dem ersteren wird namentlich gerühmt seine Klugheit und Gelehrsamkeit, von dem anderen seine Geduld und Versöhnlichkeit, seine Liebe zu den Armen, seine Andacht und Kasteiung.

2) Matthäus Lang, der vertrauteste Rath Kaiser Maximilians I., war ein durch hervorragende Talente, durch Geist, Gelehrsamkeit und Wohlthätigkeit ausgezeichneter und in vieler Beziehung verdienstvoller Prälat.

3) Er machte sich namentlich auch verdient durch seine kräftige Bekämpfung des Fehdewesens der Raubritter, durch sein energisches Wirken auf den Reichstagen, durch Einführung einer geregelten Reichsjustiz.

4) Beide waren überaus eifrige, fromme und verdienstvolle Bischöfe. Von dem ersteren sagt der Chronist der Stadt Merseburg, Johann Vulpius, daß er „sanftmüthig, milde, seiner Unterthanen treuer Beschützer gewesen, der über alle Maßen gut regieret;" von dem letzteren, daß er ein tüchtiger und gelehrter Theologe, ein eifriger und ausgezeichneter Prediger war.

5) Er war ein würdiger Hirte, der, wie sein Nachfolger, Erasmus von Manteufel (1522—1544), mit allen Kräften der Einführung der neuen Lehre sich widersetzte.

6) Ueber diesen vortrefflichen Bischof, der 31 Jahre lang mit aller Hirtensorgfalt die Kirche von Meißen regierte, ist neuerdings von protestantischer Seite eine schöne Monographie erschienen: Johann VI. Bischof von Meißen, von Pasig, Leipzig 1867.

7) Dieser letzte katholische Bischof von Schleswig war nach dem Zeugniß protestantischer Autoren „ein Mann von herrlicher Gestalt, von großer Klugheit, von scharfem Geiste, eine ausgezeichnete Zierde seines Vaterlandes, Kanzler des Herzogthums, von großer Gelehrsamkeit und Thätigkeit. Er war unermüdet im Predigen und in allen Geschäften seiner Würde." Vgl. Historisch-politische Blätter Bd. 61. S. 972.

8) Ueber den letzten katholischen Bischof von Schwerin sagt schön der protestantische Gelehrte Julius Wiggers in seiner Kirchengeschichte Mecklenburg's 1840 S. 51: „Petrus Walkow (1508—1516) war ein Mann von geringem Herkommen, aber von großer Frömmigkeit, Gelehrsamkeit, und Gewandtheit in Geschäften, durch des Papstes Freundschaft und Vertrauen ausgezeichnet, und durch langjährigen Aufenthalt zu Rom in Wesen und Formen der römischen Kirche eingeweiht, welcher deßhalb zu einer Stelle von umfassenderer Wirksamkeit brauchbar, doch auch von seinem fernen Bischofssitze aus neben eifriger Sorge für die Verwaltung seiner Diöcese an der Leitung der ganzen Kirche thätigen und erwünschten Antheil zu

in welcher solche und ähnliche vom Geiste Christi und vom Geiste ihres heiligen Amtes erfüllte Hirten die Kirche in Deutschland regierten, der religiös-sittliche Zustand der Geistlichen kein so verderbter, trauriger und trostloser gewesen sein kann, wie man ihn in einseitiger Weise vielfach darzustellen versucht hat, ist klar. Beachtung verdienen in dieser Beziehung folgende Aussprüche Jacob Wimpfelings, eines Mannes, der viel in seiner Zeit über den vielfachen Zerfall der priesterlichen Sitten und des priesterlichen Lebens geklagt und der über Welt- und Ordensgeistliche oft sehr harte und bittere Urtheile gefällt und der nichtsdestoweniger sagt: „Ich kenne, Gott weiß es, in den sechs Diöcesen des Rheins, (wohl des Oberrheins Constanz, Basel, Straßburg, Speier, Worms und Mainz) viele, ja unzählige Seelsorger weltgeistlichen Standes, mit reichen Kenntnissen namentlich für die Seelsorge ausgerüstet und sittenrein. Ich kenne sowohl an Kathedralen, als an Stiftskirchen ausgezeichnete Prälaten, Canoniker, Vicarien, ich sage nicht blos wenige, sondern viele Männer des unbescholtensten Rufes, voll Frömmigkeit, Freigebigkeit und Demuth gegen die Armen¹),“ und an einer anderen Stelle redet er von „so vielen Söhnen der angesehensten Bürger, mit dem Doctorgrade der heiligen Theologie geschmückt, dergleichen wir durch die Gnade Gottes in vielen Diöcesen Deutschlands den Pfarrkirchen vorgesetzt sehen. Vormals war vielleicht an solchen Mangel, heutzutage aber sehen wir — Dank der durch Gottes Gnade bei den Deutschen erfundenen Buchdruckerkunst — täglich eine größere Anzahl gelehrter Männer auftreten, welchen mit großem Nutzen die Seelsorge anvertraut wird²).“ Und daß es auch in den Klöstern durchaus nicht so verderbt und schlimm ausgesehen, wie man es mitunter darzustellen gesucht hat, dafür ist ja Luther selbst ein sprechendes Zeugniß. Luther war ein ernster, wissenschaftlicher, frommer und sittenreiner Mönch, so lange er in seinem Kloster lebte, und sah und lernte hier nur Gutes. Solcher wohlgeordneter Klöster aber, wie dasjenige, worin Luther war, gab es — die Geschichte ist dessen unwiderleglich Zeugniß — noch unzählig viele in deutschen Landen³). Ebenso ist es durch-

---

nehmen fortfuhr. Größere Männer, als ihn und seinen Dekan Dr. Zutphelbus Wardenberg hat vorher das Bisthum nicht gesehen, gleich als ob das scheidende Papstthum durch diese Repräsentanten sich noch in seiner äußersten Herrlichkeit entfalten wollte.“

1) Jacob Wimpfeling in seiner Schrift über das Leben des Kanzlers Gerson. —

2) *Jacob Wimpfeling,* de proba institutione puerorum, Hagenaw 1514. 4° cap. 21 (auch bei Riegger Amoenitat. lit. II, 369.)

3) Freilich nach 1520, nachdem Luther seine reformatorische Thätigkeit begonnen und seine furchtbar aufregenden Schriften wider die Klostergelübde geschrie-

aus unwahr, was so unzähligemal schon von protestantischer Seite behauptet wurde, daß die Welt- und Ordensgeistlichen in jener Zeit nur Messe gelesen und im Uebrigen dem Müßiggange gefröhnt, und das Wort Gottes so gut wie gar nicht verkündet und fast gar nie gepredigt hätten. Auf diese schwere Anklage möge antworten ein protestantischer Geistlicher und Gelehrter unserer Zeit, Pastor Gefften in Hamburg, der über das Predigt- und Unterrichtswesen die umfassendsten Specialstudien gemacht und der uns auf Grund dieser seiner Studien von dem Predigt- und christlichen Unterrichtswesen in jener Zeit ein total anderes Bild entwirft, als dasjenige ist, was oft in sehr voreiliger Weise andere Schriftsteller entworfen haben und der namentlich in Bezug auf das Predigtwesen jener Zeit sagt: „Der Umstand, daß wir aus dem fünfzehnten Jahrhundert nur sehr wenige gedruckte deutsche Predigten haben, darf uns nicht zu dem Schlusse verleiten, als sei in jener Zeit überhaupt nur selten in der Landessprache und namentlich deutsch gepredigt worden. Vielmehr wird man nach unbefangener Würdigung aller Zeugnisse schließen müssen, daß in jener Zeit mindestens ebenso häufig gepredigt wurde, als in unsern Tagen, und daß der Besuch der Predigt den Christen auf das Ernsteste zur Pflicht gemacht wurde. Geiler predigte oft eine Reihe von Tagen nach einander. In allen Beichtspiegeln jener Zeit wird das Versäumen der Predigt als eine schwere, ja wenn es aus Verschmähung geschieht, als eine Todsünde an-

---

ben, sah es in den Klöstern vielfach schlimm und wüst aus. Allein wer von jenen Zuständen, wie sie unter Luthers und seiner Genossen reformatorischer Thätigkeit sich entwickelt haben, zurückschließen wollte auf den moralischen Zustand der Klöster vor 1520, der würde sehr fehlschließen. Wohl gab es auch undisciplinirte, laue und leichtfertige, Klöster — und die schlossen sich natürlich, sobald sich ihnen die Gelegenheit barbot, mit Freuden der Reformation an. Allein wie unzählig viele Klöster, die vorher gut und wohlgeordnet waren und in denen klösterliche Zucht und Sitte und Andacht und Reinheit des Lebens herrschte, sind auch erst durch die furchtbar aufregenden Schriften Luthers und durch sein und seiner Genossen Beispiel — demoralisirt worden. Man lese doch nur Luthers Schriften wider die Klostergelübde, wie hier der Bruch der Ordensgelübde für etwas Gutes, Frommes und Evangelisches, und die treue Beobachtung der Ordensgelübde für „Sünde und Gottlosigkeit," für „Gotteslästerung," für „Aufruhr wider Christum" erklärt wird, und man wird begreifen, wie ein solch' furchtbarer Appell an die menschlichen Leidenschaften, der das Gute bös und das Böse gut nennt, inmitten einer gährenden, aufgeregten und revolutionären Zeit auch selbst auf viele gute und wohlgeordnete Klöster die furchtbarsten und verheerendsten Wirkungen ausüben und sie demoralisiren mußte! Ja, die Klöster nach 1520 waren vielfach sehr schlecht; aber — sie waren durch Luthers reformatorische Thätigkeit erst schlecht geworden!

geſehen ¹)." Ebenſo weiſt Geffcken nach, daß auch der religiöſe Volks-
unterricht, die Katecheſe, vielfach ſehr eifrig geübt und das Volk in ſeinem
Chriſtenthum gut unterrichtet wurde ²). Unter ſolchen Umſtänden wird
denn wohl auch chriſtlicher Sinn und chriſtliches Leben nicht ſo danieder-
gelegen haben, wie man das oft behauptet hat. In der That — es war
auch in jener Zeit viel chriſtlicher Glaube, viel chriſtliche Hoffnung, viel

---

1) Geffken, Prediger in Hamburg: Der Bilderkatechismus des fünfzehnten
Jahrhunderts und die katholiſchen Hauptſtücke in dieſer Zeit bis auf Luther. Leipzig 1855. — Vgl. Kerker: Die Predigt in der letzten Zeit des Mittelalters mit
beſonderer Beziehung auf das ſüdweſtliche Deutſchland in Tüb. Theol. Quartal-
ſchrift 1861 S. 373—410, J. 1862. 267—301.

2) Eine Bemerkung glauben wir jedoch hier beifügen zu ſollen! Wenn auch
in jener Zeit Predigt und Katecheſe durchaus nicht ſo darniederlag, wie man es
in einſeitiger Weiſe oft hat darſtellen wollen, ſo hatte doch Predigt und Katecheſe
einen Mangel, der zwar in ruhigen und gewöhnlichen Zeiten ſich wenig fühlbar
machte, der aber in den Stürmen des großen Glaubensabfalles im ſechszehnten
Jahrhundert in hohem Grade hervortrat. Es fehlte nämlich in der Predigt und
Katecheſe ſehr an einem klaren, gründlichen und ſyſtematiſchen Unterricht über
die Dogmen der Kirche. Ganz natürlich — da das katholiſche Dogma unter dem
chriſtlichen Volke im großen Ganzen unangefochten baſtand und man an hereinbrechende
große Irrlehren gar nicht dachte, ſo verlegte man den Hauptſchwerpunkt der Predigt und Katecheſe vorwiegend auf das Moraliſche, Myſtiſche und Erbauliche und
weniger oder gar nicht auf einen gründlichen und ſyſtematiſchen Unterricht in den
Wahrheiten des Glaubens. So kam es, daß das Volk, obgleich in Bezug auf das
chriſtliche Leben und die Uebungen der Frömmigkeit vielfach ganz gut unterrichtet,
ſo dennoch in Bezug auf die Dogmen der Kirche und auf das Weſen der Kirche ſelbſt
ſchlecht unterrichtet und unwiſſend war, und darum allen jenen Angriffen, die mit
Einemmale ſeit dem Auftreten Luthers und der Reformatoren gegen den katholiſchen
Glauben und die katholiſche Kirche losbrachen, vielfach wehrlos gegenüber ſtand und
ſich des Unterſchiedes zwiſchen der alten Lehre, die man ihm nahm, und der neuen,
die man ihm aufzwang, gar nicht recht bewußt wurde. Das arme Volk wurde
vielfach lutheriſch gemacht — ohne recht zu wiſſen, was mit ihm vorging und geſchah, und ohne ſich klar darüber zu werden, was es verlor und was man ihm gab.
Wäre das Volk in den Glaubenswahrheiten beſſer unterrichtet und ſich der
Größe und Herrlichkeit des katholiſchen Glaubens und der katholiſchen Kirche ſo recht
bewußt geweſen, dann würde es ſich durch die Willkür und Gewaltthat der Fürſten
wohl nie in der Weiſe ſeinen Glauben haben rauben laſſen, wie dieß im ſechszehnten Jahrhundert in ſo vielen Territorien geſchah, es würde jenen Vergewaltigungs-
verſuchen einen angemeſſenen Widerſtand entgegengeſetzt haben, um ſeinen Glauben
zu vertheidigen und zu bewahren. Dabei darf dann freilich auch weiter nicht über-
ſehen werden, daß es für das arme Volk um ſo ſchwerer war, in den Glaubens-
kämpfen der damaligen Zeit ſich zu orientiren, da es ja vielfach gerade die Geiſt-
lichen, unwürdige Prieſter, Pfarrer und Mönche waren, welche dem Volk mit dem
Beiſpiele des Abfalles vorangingen und ſo die blinden Führer der Blinden wurden.

christliche Liebe, viel christliches Leben in deutschen Landen, in deutschen Familien, in deutschen Herzen. Zeuge dessen sind bis auf unsere Tage alle die unzähligen großen und kleinen Kirchen, die man im fünfzehnten und am Anfange des sechzehnten Jahrhunderts und zwar vorwiegend von Seite der Zünfte, der Bürger und der Gemeinden in Stadt und Land gebaut hat [1]). Zeuge dessen sind die unzähligen, so vielfach noch bis auf unsere Tage erhaltenen Stiftungen zum Besten der Armen und Nothleidenden, deren von dem Geiste der zartesten Pietät und Frömmigkeit durchwehten Stiftungsurkunden man oft nicht ohne Rührung lesen kann. Zeuge dessen sind alle jene Jünglinge und Jungfrauen aus dem Adel, aus dem Bürgerthum und aus dem Volke, die oft ein alle Freuden der Welt bietendes Leben verließen und eintraten in die Klöster, um im Geiste Christi und der evangelischen Räthe ein Leben der Entsagung und der christlichen Selbstverläugnung zu führen, und die durch ihren Eintritt in das Kloster Zeugniß dafür ablegen, daß in jenen Ständen, aus denen sie hervorgingen, christlicher Sinn, christliche Frömmigkeit und christliches Familienleben herrschte; denn ein gesunkenes, der Welt und ihrer Lust verfallenes, unsittliches und verderbtes Familienleben entwickelt nicht in dem Maße den Beruf zum Ordensstande, wie er in jener Zeit in Hunderten und Tausenden hervortrat. Zeuge der christlichen Gesinnung jener Zeit sind alle die frommen und ascetischen Schriften, die damals verfaßt und nicht etwa bloß in den Klöstern, sondern auch in den Familien ge-

---

[1]) Gams gibt in seiner Ausgabe von Möhler's Kirchengeschichte 1868 Bd. 3. S. 86—96 eine Uebersicht der hervorragendsten Kirchenbauten, welche in Deutschland vom fünfzehnten bis Anfang des sechzehnten Jahrhunderts theils begonnen, theils vollendet worden sind, und am Schlusse dieser Uebersicht sagt er: „Die vorstehenden steinernen Zeugen der Bauthätigkeit des christlichen Deutschlands, besonders aus der Zeit von 1450—1517, zeugen zu Gunsten der katholischen Zeit. Wie kirchenarm würde Deutschland sein ohne sie! Was hat dagegen die Zeit von 1517—1580 gebaut? Wo stehen ihre Dome, wo sind die Zeugen ihrer schöpferischen Thätigkeit? — Es hat Gott in seinen unerforschlichen Rathschlüssen gefallen diese Zeit des Rückganges und der Trennung über Deutschland und die Welt kommen zu lassen. Aber die Denkmale der Frömmigkeit aus der alten Zeit sind unter dem Strome der Zeiten aufrecht stehen geblieben; sie zeigen aber, wo die wahre Kirche ist." Auch die Stadt Worms besitzt noch ein solch' herrliches Denkmal der Frömmigkeit aus der zweiten Hälfte des fünfzehnten Jahrhunderts in der am äußersten Ende der Stadt nahe am Rhein liegenden überaus frommen und ehrwürdigen Liebfrauenkirche. Sie steht da wie ein schweigender, rührender und geheimnißvoller Protest gegen alle die unwahren und überschwänglichen Reden, mit denen man in den Tagen des Lutherfestes Luther und den Glaubensabfall des sechzehnten Jahrhunderts verherrlicht und die Zeiten vor Luther geschmäht und herabgewürdigt hat.

lesen wurden¹) und unzähligen von Seelen zur Richtschnur im Streben nach christlicher Vollkommenheit und Heiligkeit dienten. Gewiß, auch das Jahrhundert, welches der Reformation vorausging, hat trotz großer Schattenseiten auch unermeßlich viele Lichtseiten und war trotz mannigfacher Mißstände eine tief christliche Zeit, in welcher christlicher Glaube, christliche Hoffnung, christliche Liebe in Millionen von Herzen blühten und in welcher Millionen und Abermillionen als wahre und ächte Christen in christlicher Tugend und Frömmigkeit lebten und starben. Wie groß aber und wie betrübend die Schattenseiten im kirchlichen und religiös-sittlichen Leben der damaligen Zeit auch immerhin gewesen sein mögen, das ist ganz gewiß — die Zeiten vor 1517 waren goldene, waren eminent fromme und christliche Zeiten im Vergleiche zu jenen Zeiten, die sich von 1520 an unter der reformatorischen Hand Luthers und all' seiner apostasirten Genossen entwickelten. „Abominatio desolationis in loco sancto" „Gräuel der Verwüstung an heiliger Stätte" — das war die Ueberschrift, die man damals über ganze Länder, über ganze Gemeinden und über unzählige Christenherzen schreiben konnte. Religiosität und Sittlichkeit schwan-

---

1) Wir erinnern hier nur an das im fünfzehnten Jahrhundert entstandene goldene Büchlein von der Nachfolge Christi, von welchem innerhalb vierzehn Jahren von 1486—1600 gegen zwanzig Ausgaben erschienen sind und das nächst der heiligen Schrift das verbreitetste Buch der Welt ist. Die Schriften Luthers haben längst aufgehört Volksschriften zu sein, das mittelalterliche Büchlein von der Nachfolge Christi dagegen wird noch fortwährend in fast alle Sprachen übersetzt und von Gebildeten und Ungebildeten auf der ganzen Erde gelesen. Ja, es gibt viel mehr Protestanten, die das Büchlein des heiligen Thomas von Kempis lesen und in ihm sich erbauen, als es Protestanten gibt, die Luthers Schriften lesen und in ihnen ihre Erbauung suchen. Klagte ja doch erst jüngst mit Beziehung auf das Wormser Luthermonument und Lutherfest Hengstenbergs Evangelische Kirchenzeitung in dem oben bereits citirten Artikel vom 22. August d. J.: „Wie viele sind es denn, die in Luthers Schriften nur einmal einen Blick gethan haben? Beschränkt sich doch bei nicht Wenigen die Kenntniß von dem, was Luther geredet, auf die Worte, welche sein Wormser Standbild versinnlicht, ja sie kennen nicht einmal den Zusammenhang dieser Worte mit Luthers gesammter Erklärung vor dem Reichstage..... So wollen wir denn nicht mit ihnen rechten, wegen Dessen, was sie nicht kennen, um so mehr aber wünschen, daß doch unsere Zeit- und Glaubensgenossen sich veranlaßt finden möchten, statt nach Worms zu wallfahrten, einen tieferen Blick in Luther's Schriften zu werfen." Das Büchlein des mittelalterlichen Thomas von Kempis lebt und spendet Millionen von Katholiken und Protestanten Wahrheit, Trost und Erbauung; die Schriften Luthers dagegen sind todt und unter den Protestanten selbst fast allenthalben vergessen und Niemand kümmert sich noch viel um sie. Sie sind antiquirt, wie die Lehre Luthers selbst, und längst ist man über sie zur Tagesordnung übergegangen!

ben in eben bem Maße aus ben Herzen, und Irreligiosität und Unsittlichkeit nahmen in eben bem Maaße überhand, als der Abfall von der alten Kirche sich vollzog und die neue Lehre eingeführt wurde. Die Zeiten von 1520 bis 1570 bieten uns das traurige und wüste Bild eines immer tieferen Herabsinkens von jenen religiös-sittlichen Höhen, auf denen die Zeiten vor 1517 noch gestanden haben. So hat die neue Lehre in einer wahrlich nichts weniger, als evangelischen Weise sich in der Welt inaugurirt! Wenige Jahre, ehe der Augustinermönch von Wittenberg sein Zerstörungswerk begann, hatte der Augustinergeneral Aegidius von Viterbo bei Eröffnung des fünften Lateranconciles (1512—1517) zu Rom die mahnenden und warnenden Worte ausgesprochen: „Homines per sacra immutari fas est, non sacra per homines." „Die Menschen müssen umgeändert werden durch die Religion, nicht aber die Religion durch die Menschen," und in diesen Worten der wahren Reformation einfach und klar ihre Bahnen vorgezeichnet! O möchte man nie dieses Wort überhört haben, und möchte man jetzt nach dreihundert Jahren, nachdem die falsche Reformation ihre letzten Consequenzen gezogen, an dieses Wort sich wieder erinnern und zu der Wahrheit dieses Wortes zurückkehren!

Zweites Kapitel.
Luthers Leben und Lehre, Charakter und Wirken.

> Das lehrt mich doch der gesunde Menschenverstand, daß ein Mann nicht aufrichtig die Sache Gottes treiben kann, der so großen Aufruhr in der Welt erregt, und an Schmähworten und Spottreden seine Freude hat, und sich daran nicht ersättigen kann. Eine Anmaßung, wie wir sie größer noch bei keinem gesehen, kann unmöglich ohne Thorheit sein, und mit dem apostolischen Geiste stimmt ein solch' ausgelassenes Wesen nicht überein.
> — Erasmus von Rotterdam[1]).

Luthers Jugend- und Klosterjahre. Psychologische Genesis von Luthers eigenthümlicher Rechtfertigungslehre. Diese Rechtfertigungslehre zunächst das Resultat seines verfehlten Ordensberufes und zugleich der Keim aller seiner späteren dogmatischen Verirrungen. Luther vor 1517 bereits innerlich mit der Lehre der Kirche zerfallen. Die Thesen über den Ablaß und der daran sich anschließende Streit. Das ungestüme und heftige Auftreten Luthers und das ruhige würdevolle und schonende Einschreiten Roms. Das Schreiben Kaiser Maximilians I. an Papst Leo X. Luthers sich überstürzende Appellationen und seine fanatische Sprache. Lichte Momente in Luthers Geiste. Seine Niederlage auf der Leipziger Disputation. Censurirung der

---

1) *Erasmus*, Hyperaspistes diatribae adv. servum arbitrium Lutheri.

Schriften Luthers durch die theologischen Facultäten von Löwen und Cöln. Hohe Protectionen und niedere Bundesgenossen aller Art. Luthers revolutionäre Thätigkeit und aufreizende Schriften im Jahre 1520. Die Excommunication Luthers und Verbrennung der Excommunicationsbulle. Der Reichstag zu Worms. Widerlegung der Lehre Luthers durch die Sorbonne in Paris. Luther auf der Wartburg. Der edle deutsche Papst Hadrian VI. und die Weiterentwicklung der Glaubensspaltung. Luther in Wittenberg gegen seinen Freund Karlstadt und gegen die Stürmer und Wiedertäufer. Luthers gewaltsame Abschaffung der heiligen Messe. Luther im Streite mit Erasmus über die Freiheit des Willens. Der Bauernkrieg und Luthers Benehmen währenD desselben. Seine Verheirathung. Luther und König Heinrich VIII. von England. Gutachten Herzog Georgs von Sachsen über Luthers Reformation. Was für apodictische Vorstellungen sich Luther von den Gegnern seiner Lehre zu machen pflegte. Der Abendmahlsstreit. Der Reichstag zu Augsburg und Luthers Benehmen während desselben. Differenzen zwischen Luther und Melanchthon. Die Rede des katholischen Churfürsten Joachim von Brandenburg. Luther auf dem Protestantentag in Schmalkalden und seine 23 Schmalkaldener Artikel. Sein Paroxysmus gegen den Papst und ein allgemeines Concil. Luthers letzte Lebensjahre voll Aerger und Mißstimmung über die religiösen und sittlichen Zustände seiner Kirche. Argwohn und Mißtrauen gegen viele seiner früheren Kampfgenossen und Entzweiung mit denselben. Luthers letzte Schmähschriften gegen die Zwinglianer, gegen die Löwener Theologen, gegen die Juristen, gegen die Juden, gegen den Papst und die katholische Kirche. Sein Tod. Charakter des Mannes und sein reformatorischer Beruf.

Der Mann, der vor vielen Anderen den Weg der falschen Reformation betrat und die Sturmglocke des Aufruhres wider die Kirche Gottes läutete in deutschen Landen, war Dr. Martin Luther. Geboren war er zu Eisleben als der Sohn eines sächsischen Bergmannes am 10. November 1483. In früher Jugend schon zeigte er neben vortrefflichen geistigen Anlagen zugleich auch ein äußerst reizbares Temperament und einen eigensinnigen und störrigen Sinn, der ihm von Seiten seiner Eltern und Lehrer viele Strafen zuzog. Einmal entlief er aus Trotz und Abneigung gegen seinen Vater dem elterlichen Hause und kehrte erst wieder zurück, da er draußen nirgendwo Obdach und Unterkommen fand. Seine ersten Studien machte er auf den Schulen in Magdeburg und Eisenach. Wie so viele unbemittelte Schüler in damaliger Zeit, so erwarb sich auch der junge Luther durch Singen vor den Thüren und auf den Straßen seinen Unterhalt, bis eine reiche Wittwe in Eisenach ihn in ihr Haus und an ihren Tisch aufnahm. Im Jahre 1501 bezog er die Universität Erfurt, war 1505 hier Magister geworden und sollte sich nach dem Willen seines Vaters zum Juristen ausbilden. Durch den plötzlichen Tod eines Freundes aber, der an seiner Seite vom Blitz erschlagen ward, wurde er so erschüttert und erschreckt, daß er in diesem Momente des Schreckens und der Todesfurcht ein Gelübde machte, der Welt zu entsagen und Mönch zu werden. Bei seinem trotzigen und derbsinnlichen Charakter mochte nicht leicht Jemand weniger zu diesem Stande geeignet sein, als gerade er. Gleichwohl trat er wider alle Abmahnungen seines Vaters, der den Sohn besser kennen mochte, als der Sohn sich selbst[1]), und sein übereiltes Gelübde schon halb wieder bereuend, am 17. Juli 1505 als Novize in das Augustinerkloster zu Erfurt. Im Mai 1507 empfing er nach Ablegung der feierlichen Gelübde, die Priesterweihe, die er später als Malzeichen des apokalyptischen Thieres schmähte und verwünschte. Mit großer Andacht feierte er seine erste heilige Messe. Mit zitterndem Herzen bestieg er den Altar und wurde vor der heiligen Wandlung von einer solchen Angst befallen, daß er ohne das Opfer zu vollenden, die Kirche verlassen hätte, wäre er nicht von seinem Prior zurückgehalten worden. Im folgenden Jahre schon erhielt er auf Vorschlag seines Oberen, des Generalvicars der Augustiner, Johann von Staupitz, eine Professur an der von dem Churfürsten Friedrich von Sachsen im Jahre 1502 neuerrichteten Universität Wittenberg. Luther fand hier als akademischer Lehrer, wie als Prediger vielen Beifall. Im Jahre 1510 ging er in Angelegenheiten seines Ordens auf einige Zeit nach Rom und mit großer Verehrung betrat er den durch die Tradition aller christlichen Zeiten geheiligten Boden von Rom. „Sei mir gegrüßt, heiliges Rom!" rief er in frommer Ergriffenheit beim Anblick der ewigen Stadt mit allen ihren Kirchen und Heiligthümern. Mit tiefer Andacht und Rührung besuchte er die heiligen Stätten. Ja in sehr erregter und excentrischer Weise „bedauerte" er zu Rom „es schier, daß seine Eltern nicht schon gestorben wären, damit er durch Messen und andere trefflichen Werke und Gebete sie aus dem Fegfeuer erlöste[2])." Nach Wittenberg wieder zurückgekehrt, beschäftigte er sich namentlich mit der Auslegung des Römer- und Galaterbriefes und im Jahre 1516 gab er eine mystische Schrift des 15. Jahrhunderts, die „teutsche Theologie" heraus.

---

[1] Als Luthers Vater an dem Tage, wo Luther seine erste heilige Messe gefeiert, Mittags mit seinem Sohne und den Geistlichen des Klosters zu Tische saß, und der Sohn einige Worte der Freude aus dem väterlichen Munde zu vernehmen hoffte, da konnte der alte Bergmann seinen Unmuth und seine böse Vorahnung nicht verbergen und wandte sich an die anwesenden Geistlichen mit der Frage: „Habt ihr nicht gelesen, daß man Vater und Mutter ehren soll?" Und als Alle dieses bejahten, blickte er seinen Sohn scharf an und sagte: „Wollte nur Gott, daß es kein Teufelsgespenst wäre! Ich muß allhier sein, essen und trinken, wollte aber lieber davon sein." Es war dieß in dem Herzen des Vaters eine geheimnißvolle Vorahnung der bösen Dinge, die da kommen sollten. Vgl. Boost, Geschichte der Reformation und Revolution. Bd. 3. Abthlg. 1. S. 21.

[2] Bei Walch, Bd. V. S. 1646.

Wie an so vielen Seelen schon, so hatte auch selbst an der widerstrebenden Natur Luthers das Ordensleben seine veredelnde und heiligende Kraft bewiesen. Obgleich ohne wahren Beruf und auf Grund eines voreiligen Gelübdes in das Kloster eingetreten, so übten dennoch die ascetischen Uebungen des Ordenslebens auf seine Seele einen wohlthätigen und veredelnden Einfluß und erzogen ihn zu einer zarten Gewissenhaftigkeit, die leider nur unter dem Einflusse gewisser in der Natur Luthers selbst liegender Momente bald in übertriebene Aengstlichkeit und Scrupulosität ausartete. Im Hinblick auf sein Ordensleben in damaliger Zeit konnte Luther noch in späteren Jahren, wo er von jenen reinen und sittlichen Höhen, auf denen er damals gestanden, längst tief herabgesunken war, sagen: „Wahr ist's, ein frommer Mönch bin ich gewesen, und habe meinen Orden so streng gehalten, daß ich's nicht aussagen kann." Allein nichtsdestoweniger vermochte Luther im Kloster keinen Frieden für seine Seele zu finden und vermochte ihn im Laufe der Jahre immer weniger zu finden. Seine leidenschaftliche Natur reagirte mit aller Gewalt gegen das für viele andere Seelen so süße und leichte Joch des Ordenslebens, und, wie er selbst sagt, starke und heftige, immer wiederkehrende Anfechtungen der Wollust, des Zornes, des Hasses und des Neides erhoben sich mit aller Gewalt in seiner Seele und lähmten ihn in seinem Streben nach Heiligung und Vollkommenheit. Diese Anfechtungen erfüllten seine Seele mit Angst und quälten, peinigten und entmuthigten ihn, so daß er an sich selbst und an seinem Streben nach Vollkommenheit verzweifelte und mehr und mehr in einen trüben und schwermüthigen Seelenzustand versank, in welchem er unaufhörlich vor sich selbst und vor dem Teufel sich fürchtete, und wähnte, daß er durch und durch bös und zu allem Guten unfähig sei, und in Allem, was er thue, unaufhörlich Sünden begehe. In Folge des immer von Neuem wieder sich geltend machenden und seiner Seele immer von Neuem wieder tiefe Wunden schlagenden Widerstreites zwischen seiner sinnlichen, ihn zur Erde herabziehenden Natur und seinem erhabenen, ihn unaufhörlich immer wieder auf die Höhen der christlichen Vollkommenheit hinweisenden Berufe, zerfiel er innerlich immer mehr mit sich selbst, verlor nach und nach alles Vertrauen auf die Kraft seines Willens und auf die Kraft der göttlichen Gnade und versank in einen hypochondrischen Zustand trostloser Entmuthigung und düsterer Melancholie, in welcher ihm Alles und er sich selbst zur größten Last geworden war.

In diesem krankhaften, durch hypochondrische Einbildungen geängstigten und durch häßliche Versuchungen ihm unerträglich gewordenen Zustande grübelte und brütete Luther über den Briefen des heiligen Paulus an die Römer und an die Galater, und hier glaubte sein krankhaft afficirtes Geistesauge und sein geängstigtes, nach einem unfehlbaren Troste krankhaft dürstendes Herz das Heilmittel gefunden zu haben, das mit Einemmale seinem ganzen bisherigen peinigenden und trostlosen Gemüthszustande alle Bitterkeit nehmen könnte. Er bemerkte nicht, wie er seine neue Lehre nicht sowohl aus dem Römer- und Galaterbriefe herauslas, als vielmehr in dumpfem Hingrübeln in diese beiden so tiefen und geheimnißvollen Briefe hineinlas und wie er alle die großen und herrlichen Gedanken des Apostels verzerrte und seinem Gemüthszustande accomodirte und allmälig in Anschauungen hineingerieth, die dem gesunden Menschenverstande, dem sittlichen Gefühle, der Lehre der heiligen Schrift und der Kirche und dem ganzen Grundcharakter des Christenthums so vollständig widersprechen, daß man kaum begreift, wie solche Anschauungen sich jemals in dem Kopfe und in dem Herzen eines vernünftigen Menschen haben bilden können. Diese Anschauungen Luthers aber, die, wie gesagt, zunächst nicht sowohl das Ergebniß seiner Schriftstudien, als vielmehr das traurige Ergebniß seines eigenen krankhaften Gemüths- und Seelenzustandes waren, verlaufen in folgenden Sätzen: Der Mensch ist in Folge der Erbsünde ganz dem Bösen anheimgefallen und durch und durch böse und sündhaft; und er vermag weder aus sich, noch mit dem Beistande der göttlichen Gnade auch nur das geringste Gute zu thuen. Selbsttäuschung ist es, wenn der Mensch meint, gute und gottwohlgefällige Werke thuen zu können; der ganze Mensch und Alles, was der Mensch thut, ist vom Bösen vergiftet, ist durch und durch böse und sündhaft. Alles Streben nach innerer Reinigung und Heiligung der Seele durch gute Werke ist darum auch nichts weiter als ein verderblicher Irrthum und ganz gegen den Willen Gottes; Gott bietet vielmehr dem Menschen, der es in keiner Weise zu einer eigenen, wirklichen inneren Gerechtigkeit zu bringen vermag, eine schon fertige fremde Gerechtigkeit an, die sich der Mensch nur zuzurechnen braucht und die durch diese gläubige Zurechnung sein Eigenthum wird. Diese fremde Gerechtigkeit aber ist die Gerechtigkeit Christi, das, was Christus auf Erden für uns gethan und gelitten hat. Wenn der Mensch gläubig anerkennt, daß er selbst durchaus böse und zu allem Guten unfähig ist, und zugleich glaubt, daß er um der Gerechtigkeit Christi willen von Gott als ein Gerechter angesehen werde, obgleich er es innerlich nicht ist — dann rechnet Gott ihm um seines Glaubens willen die Gerechtigkeit Christi zu und sieht ihn im Lichte der Gerechtigkeit Christi als einen Gerechtfertigten und Gerechten an; und das Kleid der Gerechtigkeit Christi, in welches sich der Mensch durch den Glauben einhüllt, deckt nicht nur fortwährend alle Sünden, die der Mensch begeht zu, so daß Gott sie gewissermaßen nicht steht, sondern diese dem Menschen zugerechnete Gerechtigkeit Christi ist auch ein vollkommener und überflüssiger Ersatz für den Mangel einer positiven inneren Gerechtigkeit im Menschen selbst. So lange der Mensch diesen Glauben hat, braucht er sich wegen keiner Sünde, die ihm vorkommen mag, und wegen keines Mangels an Tugenden zu betrüben und zu ängstigen, er kann des ewigen Heiles gewiß sein und soll nur ruhig sein „Gewissen freudig einschlafen lassen in Christo ohne alle Empfindung des Gesetzes und der Sünde."

Diese krankhaften, das Wesen des Menschen und das Wesen des Christenthums gänzlich verkennenden Anschauungen waren im Geiste Luthers schon fertig in den Jahren 1515 und 1516, ehe der Streit wegen des Ablasses ausbrach, und diese seine falsche Doctrin von der Rechtfertigung, die den Keim zu allen seinen späteren Verirrungen auf dogmatischem und moralischem Gebiete in sich trug, hatte schon damals Anstoß und Veranlassung gegeben, daß man von einer neuen, auf Irrwegen befindlichen Theologie, die an der Universität Wittenberg vorgetragen werde, sprach. Diese seine Anschauungen von der Rechtfertigung des Menschen nannte Luther „das Evangelium," die „frohe Botschaft;" denn welche fröhlichere Botschaft, meinte er, kann es geben, als daß der Mensch nicht durch Anstrengung, durch die Arbeit der Buße und Besserung, sondern auf so leichte und bequeme Weise, durch einen bloßen Akt des gläubigen Annehmens und sich Zurechnens vor Gott gerecht und seines ewigen Heiles gewiß werde? Diese von ihm neu entdeckte Rechtfertigungslehre mußte ihn mit einem Male über alle Gewissensängste und über alle Anfechtungen seiner sinnlichen Natur völlig beruhigen, da ja nach dieser Lehre Gewissen und Sünde zu ganz indifferenten Factoren herabsinken und das Gewissen den Menschen weder zur Seligkeit zu führen, noch die Sünde ihn von der Seligkeit zu trennen vermag, es kommt ja alles einzig und allein an auf den gerechtmachenden Glauben an die Gerechtigkeit Jesu Christi, und so lange man diesen Glauben fest und zweifellos im Herzen hat, kann und muß man über alles Andere vollkommen ruhig sein. Luther aber mochte in dieser falschen Lehre um so eher Trost finden für sein ehedem so von Gewissensängsten gequältes Herz, als er zugleich auch das wohlthuende und aufregende, seiner Eigenliebe schmeichelnde Bewußtsein hatte, der große Entdecker dieser bisher so gänzlich verkannten Rechtfertigungslehre zu sein. Ueber der berauschenden Freude, eine ganz neue und, wie er wähnte, eben so tief in der heiligen Schrift begründete, als über alle Maßen tröstliche Rechtfertigungslehre gefunden zu haben, vergaß er nur um so mehr seine bisherigen Gewissensängste. Mit jenem verblendeten und sich selbst täuschenden Stolze, der tief in seinem ganzen Wesen wurzelte und der nach seinem Abfalle von der Kirche in solch' furchtbarer und oft in solch' wahrhaft bemitleidenswerther Weise hervortrat, freute er sich seiner neuentdeckten Lehre, und ahnte nicht, daß diese ganze Lehre nur das Kind seines eigenen Geistes und ein trügerisches Phantom und Phantasma war. Er ahnte auch damals wohl noch nicht, daß diese Lehre den Keim zu allen seinen späteren Verirrungen in sich schlösse. Und doch war dem so! Denn war die von ihm entdeckte Rechtfertigungslehre die allein wahre und rechte, so mußte falsch und unwahr sein die kirchliche Rechtfertigungslehre, die von einer Rechtfertigung durch den Glauben allein nichts weiß, und die von dem Christen verlangt, daß er den rechtfertigenden Glauben in guten Werken bethätige und dadurch sich den Himmel verdiene; falsch und überflüssig mußten ihm erscheinen Buße und Beicht, da ja der Glaube allein genügt und der Mensch durch Buße und Beicht doch nicht von der ihm innewohnenden Sündhaftigkeit los werden kann und überdieß auch gar nicht loszuwerden braucht; falsch mußte ihm erscheinen der Ablaß, da ja der Glaube allein genügt, um vor Gott trotz aller Sündhaftigkeit vollkommen straffrei zu sein und darum eine Nachlassung zeitlicher Strafen, wie sie im Ablaß der Seele ertheilt wird, vollkommen überflüssig und nutzlos erscheinen muß. Falsch und unwahr, ja im häßlichsten Lichte mußte ihm erscheinen die Kirche selbst, welche eine, wie er wähnte, in der heiligen Schrift so tief begründete, und so überaus tröstliche Lehre zum Verderben so vieler Millionen Seelen verfälscht und die Christen und das ganze christliche Leben auf Irrwege geführt hatte; sie konnte unmöglich die wahre und unfehlbare, sie konnte unmöglich die Kirche Christi sein. So hatte Luther bereits vor dem Jahre 1517 schon in einer der wichtigsten Lehren, in der Lehre von der Rechtfertigung nämlich, von der allgemeinen Lehre der Kirche sich entfernt, und durch seine Lehre von der Rechtfertigung des Menschen aus dem Glauben allein, wie sich dieselbe in Folge seines verfehlten Ordensberufes und des daraus hervorgegangenen hypochondrischen und trostlosen Gemüthszustandes in Verbindung mit falscher Bibelexegese in seinem Geiste gebildet hatte, bereits den Keim gelegt zu einem System, das sich im Verlaufe der nächsten Jahre unter dem Einflusse äußerer Ereignisse rasch entwickelte und zum vollendeten Abfalle Luthers von der Kirche führte [1]).

---

[1]) Vgl. die höchst interessante Abhandlung Jarke's: Luther. Ein Versuch zur Lösung eines psychologischen Problems. Historisch-politische Blätter Bd. 2. S. 249— 271. Studien und Skizzen ꝛc. S. 17—83. — Döllinger, die Reformation Bd. 3. S. 3—274, insbesondere S. 173 ff.

Den nächsten Anlaß, wodurch Luther auch äußerlich mit der Kirche, mit der kirchlichen Gewalt und kirchlichen Lehre in Conflict gerieth, gaben die Ablaßpredigten des in damaliger Zeit hochangesehenen Volksredners und Dominikanermönches Tetzel von Leipzig. Schon Papst Julius II. hatte den großen Plan gefaßt, in der Hauptstadt der christlichen Welt als hehres Symbol der Einheit der Christenheit eine an künstlerischer Vollendung, an Größe, an Pracht und Schönheit alle Kirchen der Welt übertreffende Kirche an die Stelle der alten vaticanischen Basilika zu bauen und sie dem dreieinigen Gotte unter Anrufung des Apostelfürsten, des heiligen Petrus, zu weihen. Alle Länder der Christenheit sollten zu diesem erhabenen Bau sich vereinen und mit vereinten Mitteln und Kräften den Gedanken eines solch' herrlichen, die Universalität und Einheit der Kirche in so großartiger Weise symbolisirenden Baues ausführen und vollenden. Zu diesem Zwecke ließ der Nachfolger Julius II. Papst Leo X. in allen Ländern für Jene, welche in wahrer Reue ihre Sünde beichten und zu diesem frommen Werke des Kirchenbaues einen milden Beitrag leisten würden, in herkömmlicher Weise einen vollkommenen Ablaß verkünden. Erzbischof Albrecht von Mainz, mit der Verkündigung des Ablasses in Deutschland beauftragt, ließ es an nichts fehlen, um etwaige Mißbräuche zu verhüten; auch liegen keine Beweise vor, daß der berühmte und vielfach verläumdete Ablaßprediger Tetzel aus dem Orden der Dominicaner irgendwie seine Befugnisse überschritten habe[1]). Nichtsdestoweniger trat Luther, als Tetzel in der Nähe von Wittenberg unter großem Zulauf des Volkes den Ablaß verkündete, mit Heftigkeit gegen ihn und seine Genossen auf, eiferte auf der Kanzel gegen ihn und schlug am Vorabend des Allerheiligenfestes an der Stiftskirche Allerheiligen zu Wittenberg seine 95 Thesen über die Ablässe an. Tetzel gab hierauf eine umfassende und klare Darstellung der alten katholischen Lehre vom Ablaß, worin er die Irrthümer Luthers aufdeckte.

Luther hatte bei Aufstellung seiner Thesen über den Ablaß ausdrücklich erklärt, daß er den Ablaß nicht läugnen und nur Uebertreibungen in der Lehre vom Ablaß rügen wolle. Allein im April des nächsten Jahres schon bei der Disputation auf dem Augustiner-Convente zu Heidelberg zeigte es sich, wie tief Luther bereits innerlich mit der Lehre der Kirche zerfallen und in unklaren und häretischen Anschauungen befangen war. Der deutsche Kaiser Maximilian aber durchschaute im August dieses Jahres schon mit klarem Auge die ganze Tragweite des Streites, welcher

---

1) Vgl. Dr. Gröne, Tetzel und Luther, oder Lebensgeschichte und Rechtfertigung des Ablaßpredigers und Inquisitors Dr. Johann Tetzel aus dem Predigerorden. Soest und Olpe 1859.

durch Luthern angeregt war, indem er in einem an Leo X. gerichteten Schreiben vom 5. August 1518 ¹) sagte: „Man werde bald an die Stelle der überlieferten Heilswahrheiten Privatmeinungen und Narrentheiding gesetzt sehen" und den Papst hinwies auf die gefahrdrohenden Folgen, welche dieser Streit für die christliche Religion überhaupt und für die Einheit des Glaubens haben könne und dies um so mehr, da die Sache Luthers gleich in ihrem ersten Beginne schon angesehene und mächtige Beschützer und Förderer gefunden habe, und den Papst aufforderte, dem Auftreten Luthers und seiner Anhänger mit aller Entschiedenheit entgegenzutreten, wie dieß ja in seiner Gewalt und in seiner Pflicht liege. ²) Leider hatte der greise deutsche Kaiser nur allzu wahr gesehen und, wie mit prophetischem Blicke, kurz vor seinem Tode noch die Katastrophe herannahen gesehen, durch welche an die Stelle der überlieferten ewigen göttlichen Heilswahrheiten Privatmeinungen gesetzt werden und ein großer Theil des deutschen Volkes von der Einheit des Glaubens losgerissen und der christlichen Religion selbst tiefe und unheilvolle Wunden geschlagen werden sollten. In der That, die „Privatmeinungen," welche der unzufriedene Augustinermönch bereits schon seit mehreren Jahren im Keime in sich getragen hatte, entwickelten sich sehr rasch und schossen üppig empor, und die in seiner Natur liegende stolze Heftigkeit und Leidenschaftlichkeit durchbrach bald alle Grenzen des Anstandes. Der Widerspruch, den er von Seiten gelehrter und ihm an klarem Denken und theologischem Wissen überlegener Gegner, wie des Prokanzlers Dr. Johannes Eck, fand, reizte seinen stolzen und leidenschaftlichen Sinn, und das Bewußtsein, daß mächtige Gönner, wie sein eigener Landesherr, der Kurfürst von Sachsen, auf seiner Seite standen, machte ihn in seinem Vorgehen kühn. Auf die gegen ihn erschienenen Gegenschriften antwortete

---

1) Das Schreiben des Kaisers stehet in *Raynaldi* Annal. eccles. ad an. 1518 n. 90 und in Luth. W. Altenburger Ausgabe Bd. 1. S. 113, Walch, Bd. XV. S. 534.

2) Unrichtig ist die oft ausgesprochene Behauptung, Papst Leo X. habe der ganzen Sache von Anfang keine Wichtigkeit beigelegt und in ihr eine bloß vorübergehende „Mönchszänkerei" erblickt. Denn schon am 3. Februar; also etwas über drei Monate nach dem Anschlage der 95 Thesen, gab Leo X. dem General der Augustiner-Eremiten Gabriel, der sich damals in Venedig aufhielt, den Auftrag, Luther durch Briefe und Unterhandlungen zurecht zu bringen. „Wirst Du," fügte der Papst hinzu, „dieß bald thun, so wird es hoffentlich nicht schwer sein, das erst entstandene Feuer zu dämpfen. — Wirst Du aber verweilen und den Muth fallen lassen, so besorge ich, wir können alsdann kein Mittel mehr vorkehren, den Brand zu löschen." (Luthers Schriften Walch Bd. 15 S. 518.)

Luther in einem Strome häßlicher und ungebührlicher Schmähungen, die uns bereits ebenso wohl die plumpe und leidenschaftliche Natur, wie die verkehrten und unklaren Anschauungen des zukünftigen Reformators erkennen lassen. Die Stimme des Papstes, welcher den General der Augustiner-Eremiten Gabriel in Venedig aufgefordert hatte, Luthern durch Briefe und Unterhandlungen zurecht zu weisen, scheint ihn wieder etwas zur Besinnung gebracht zu haben. Am 30. Mai 1518 richtete er ein ehrerbietiges Schreiben an den Papst und bat auf Grund der dem Schreiben beigelegten 95 Thesen und Erklärungen (resolutiones) zu denselben um Untersuchung und Urtheil, indem er zugleich dem Papste erklärte: „Deine Stimme werde ich als die Stimme Christi erkennen ¹).“ Hierauf setzte der Papst ein Glaubensgericht nieder, welches Luthern aufforderte, binnen 60 Tagen in Rom zu erscheinen. Doch stand der Papst auf die Verwendung des Kurfürsten von Sachsen davon ab und veranlaßte eine Unterredung Luthers mit dem Cardinal Cajetan, der sich damals auf dem Reichstage zu Augsburg befand, einem der ersten Theologen und der edelsten Männer seiner Zeit, gleich ausgezeichnet durch große Gelehrsamkeit, wie durch wissenschaftlichen Scharfsinn und zarte und innige Frömmigkeit. Der Cardinal behandelte Luther mit großer Milde und Schonung und richtete an ihn die väterliche Ermahnung, seine Irrthümer zu widerrufen und sich dem Urtheile der Kirche zu unterwerfen. Luther wollte nicht unbedingt widerrufen, weil er nichts gesagt, was der heiligen Schrift, den Decreten der Päpste oder gesunder Vernunft zuwider sei. Doch verstand er sich dann dazu durch die Erklärung: „Ich Martin Luther Augustiner Ordens bezeuge, daß ich verehre und folge der römischen Kirche in allen meinen Reden und Thaten, gegenwärtigen, vergangenen und zukünftigen. Falls ich aber zuwider und anders geredet, so will ich, daß solches nicht geredet soll erachtet werden ²).“ Plötzlich aber machte er sich in Augsburg zur Nachtzeit durch, nachdem er vorher noch durch einen Protest Alles wieder zurückgenommen und eine Appellation von dem „übel unterrichteten an den besser zu unterrichtenden Papst" verfaßt hatte, welche er zwei Tage nach seiner Abreise an den Mauern von Augsburg öffentlich anschlagen ließ. Nun erließ Leo X. am 9. November 1518 eine Bulle, worin er die Lehre vom Ablasse klar auseinandersetzte, „damit Niemand Unkenntniß der Lehre der römischen Kirche über den Ablaß vorwenden könne" ³) und bedrohte die Gegner dieser Lehre mit der Excom-

---

1) Bei Löscher Reformations-Act. Bd. 2. S. 176.
2) Luthers Werke, Altenb. Ausg. Thl. 1. S. 132.
3) Bei Löscher, Bd. 2 Seite 493 ff. Walch, Luthers Werke Bd. 15. S. 756 ff.

munication latae sententiae. Luther aber appellirte schon am 28. November 1518 von dem Papste an „ein allgemeines Concilium" und widerrief auf diese Weise selbst seine frühere Appellation. Im folgenden Jahre kam der päpstliche Kammerherr Karl von Miltitz, ein geborener Sachse, nach Deutschland, um dem Kurfürsten von Sachsen die goldene Rose zu überbringen, die der Papst an Lätare, dem vierten Fastensonntage zu weihen und jedes Jahr einem katholischen Fürsten zu verehren pflegt. Der Kurfürst von Sachsen war damals, nach dem Tode Kaiser Maximilians bis zur Wahl Karls V. deutscher Reichsverweser. Miltitz hatte zugleich den Auftrag, bei seinem Aufenthalte in Deutschland mit Luther zu conferiren, bis deutsche Bischöfe die streitige Angelegenheit erledigt hätten. In der Conferenz zu Altenburg, welche Miltitz mit Luther im Januar 1519 hatte, erklärte sich Luther bereit, zu schweigen, wenn auch seine Gegner schweigen würden und schrieb bald darauf eine Abhandlung, in welcher er in ganz befriedigender Weise das Volk belehrte über die Verehrung der Heiligen, über den Ablaß, über die Kirchengebote und über die Autorität des Papstes. Ja er schrieb nochmals an den Papst am 3. März 1519 und gestand: „Ich habe der römischen Kirche zuviel gethan, indem ich die unnützen Wäscher so hart angetastet; aber ich habe ja dieses allein darum untersucht, daß nicht durch Schande fremden Geizes die römische Kirche, unsere Mutter befleckt, noch das Volk durch den Ablaß in Irrthum verführt werde. Nie bin ich Willens gewesen, der römischen Kirche und päpstlichen Hoheit Gewalt anzugreifen. Ja ich bekenne, daß dieser Kirche Gewalt über Alles sei, und ihr nichts weder im Himmel noch auf Erden vorgezogen werden, denn allein Jesus Christus der Herr über Alles [1]." Wenige Tage darauf aber schrieb Luther in entgegengesetzter Weise an seinen Freund, den kurfürstlichen Hofprediger und Geheimschreiber Spalatin: „Ich weiß nicht, ob der Papst der Antichrist selbst sei oder sein Apostel [2]." Im Hinblick auf diesen Brief, sowie auf die bald darauf in der crassesten Weise hervortretende Feindseligkeit Luthers gegen den Papst und die Lehre der Kirche hat man darum auch mitunter in dem nachgiebigen Benehmen Luthers gegen Miltitz, in jener Abhandlung für das Volk und in seinem Schreiben an den Papst nichts weiteres erblicken wollen, als eine schlaue List und verdammungswürdige Verstellung und Heuchelei von Seiten Luthers. Wir können indeß dieser Meinung nicht beistimmen und sind der Ansicht, daß es Luther mit jener

---

[1] Dieser Brief stehet in Luthers Werken bei Walch, Bd. 15, S. 849. Löscher, Bd. 3. S. 92 ff. De Wette, Bd. 1. S. 233.
[2] Bei Alzog, Bd. 2. S. 265.

Abhandlung und mit jenem Schreiben wirklich Ernst war. So tief auch Luther damals schon mit der Lehre der Kirche zerfallen war, so gewann dennoch in jener Zeit noch in ruhigen und klaren Momenten die Wahrheit zuweilen wieder die Oberhand über den Irrthum in seiner Seele und über alle jene verkehrten und fixen Ideen, von denen er im Zustande der Leidenschaft wie besessen war und die ihn dann Alles vergessen ließen und ihn in der ungestümsten Weise immer weiter und weiter mit sich fortrissen.

Unterdessen war zwischen Eck und dem Collegen und Anhänger Luthers, Professor Karlstadt in Wittenberg eine öffentliche Disputation verabredet worden, die im Juni zu Leipzig stattfinden sollte. Luther ergriff mit Hast diese Gelegenheit, um hier seine Ansichten öffentlich durchzufechten, und eilte darum nach Leipzig, wo diese Disputation in Gegenwart des Herzogs Georg von Sachsen und eines zahlreichen und gelehrten Publikums, das zum Theile aus großer Entfernung zu dieser schon lange vorausverkündeten Disputation herbeigeeilt war, in der Zeit vom 27. Juni bis 19. Juli 1519 stattfand. Auf der einen Seite stand Eck, auf der andern Luther und sein Anhänger Karlstadt. Der Zustand des Menschen in Folge des Sündenfalles, die Lehre von der Freiheit des menschlichen Willens und von der Wirksamkeit der göttlichen Gnade, die Lehre von der Buße, der priesterlichen Lossprechung, der Genugthuung, dem Ablasse und dem Fegfeuer und der Primat der römischen Kirche waren die vorher durch Thesen festgesetzten Themata der Disputation. Luther läugnete im Verlauf der Disputation die Freiheit des menschlichen Willens und verkannte damit auch ganz und gar das Wesen der christlichen Rechtfertigung, der Buße und Genugthuung. Zugleich läugnete er den Primat des Papstes und die unfehlbare Autorität der Concilien, über den Ablaß sprach er sich, wenn auch nicht in correcter, so doch in viel gemäßigterer Weise aus, als er dieß in manchen früheren Behauptungen gethan; hinsichtlich des Fegfeuers aber versicherte er, für seinen Theil fest und zuversichtlich an einen Reinigungszustand in jener Welt zu glauben, behauptete aber, daß in der heiligen Schrift keine klare Beweisstelle aufzufinden, da, wie er unrichtig behauptete, das Buch der Maccabäer nicht in den Canon aufgenommen sei. Die classische Stelle für die göttliche Einsetzung des Primates Matth. 16, 18: „Du bist Petrus und auf diesem Felsen will ich meine Kirche bauen" suchte Luther dadurch ihrer Beweisbarkeit zu entkleiden, daß er in der absurdesten Weise behauptete, Christus habe unter dem „Fels" nicht Petrus verstanden, sondern vielmehr auf sich selbst hingewiesen und sich als den Felsen bezeichnet, und war ihm „diese höchst wunderliche und absurde Exegese so lieb, daß, wenn auch Augustin und alle Väter unter dem Felsen den Petrus verstanden, er, der einzige Martin Luther, allen widerstehen wollte." Während des Kampfes hatte Luther zugleich auch die Lehre angedeutet, daß der Glaube allein ohne die Werke selig mache, und als man ihn dieser irrigen Lehre gegenüber auf den Brief des heiligen Jacobus hinwies und ihn durch Stellen aus diesem Briefe in Verlegenheit brachte, da half er sich rasch damit, daß er die Aechtheit des Briefes läugnete und ihn verwarf. Die ganze durch beinahe drei Wochen sich hinziehende Disputation endete nach dem allgemeinen Urtheile mit einer entschiedenen Niederlage Luthers und Karlstadts [1]). Unzufrieden und geärgert wartete Luther, der sich die Sache ganz anders gedacht und sich im Geiste schon als Sieger gesehen, das Ende der Disputation gar nicht ab und machte sich rasch von Leipzig fort. „Male disputatum est" „es ist schlecht disputirt worden," schreibt er im Bewußtsein der erlittenen Niederlage an seinen Freund Spalatin [2]). In Eck hatte die Wahrheit gesiegt über den Irrthum, die Klarheit und Consequenz über die Verworrenheit und Inconsequenz, die allgemeine sich stets gleichbleibende Lehre der Kirche über die einseitigen und verkehrten Privatmeinungen eines Luther und Karlstadt, die ja beide bekanntlich wenige Jahre darauf selbst untereinander im heftigsten Haber lagen und sich mit Schmähungen und Schimpfworten gegenseitig überhäuften.

Allein die erlittene Niederlage brachte Luthern nicht zur Besinnung; sie erbitterte und reizte ihn vielmehr nur noch mehr zum Widerstande und riß ihn zur vollendeten Empörung und zum vollendeten Bruche mit der Kirche fort. War er sich ja doch bewußt, daß er durch ganz Deutschland eine große Anzahl der einflußreichsten Anhänger und der mächtigsten Gönner und Beschützer hatte, die freilich zum weitaus größten Theile aus nichts weniger, als religiösen Motiven ihm und seiner Sache günstig waren. Auf seiner Seite stand sein Landesherr, der mächtige Kurfürst von Sachsen, der in ihm einen der berühmtesten Docenten der von ihm neuerrichteten Universität Wittenberg erblickte und um deßwillen schon sich seiner annahm, und manche andere Fürsten, deren Fürsten- und Nationaleitelkeit Luther zu schmeicheln wußte und die an der trotzigen Sprache des Mönches gegen den Papst vielfach ihre Freude und ihr Wohlgefallen fanden; auf seiner Seite standen die meisten Humanisten, denen Rom und der Papst und die Kirche und das Christenthum gleichmäßig verhaßt

---

1) Die Aktenstücke über die Leipziger Disputation bei Löscher, Bd. 3. S. 203—558; Walch, Bd. 15. S. 954 ff.

2) Brief Luthers an Spalatin vom 20. Juli 1519. Bei de Wette, Bd. 1. S. 287.

waren; auf seiner Seite stand ein großer Theil der Reichsritterschaft, die eben mit dem Plane einer allgemeinen Schilderhebung gegen weltliche und geistliche Fürsten umging und in Luther einen brauchbaren Bundesgenossen erblickte; auf seiner Seite stand der größte Theil der deutschen Studentenschaft und der ganzen jüngeren Generation, auf welche der Reiz der Neuheit und die revolutionären Tendenzen, die in Luthers Schriften und Vorträgen überall hervortraten, einen mächtigen Zauber ausübten; auf seiner Seite stand das gemeine Volk, das beim Vorlesen von Luthers Schriften an jener Springfluth der pöbelhaftesten Schmähungen und Schimpfereien ein ungeheueres Wohlgefallen fand und in ihm den Mann des Volkes verehrte. So hatte Luther unzählige Bundesgenossen und Bundesgenossen aller Art, und er verstand es vortrefflich, dieselben auszunützen in seinem von dem wildesten Hasse und der furchtbarsten Leidenschaft durchglühten Kampfe gegen die Kirche. Aus dem gewissenszarten und gewissensängstlichen Augustinermönch von ehedem war ein furchtbarer Demagoge geworden, der mit frevelnder Hand die Brandfackel des Aufruhres gegen die Kirche¹) unter die Fürsten und unter das Volk schleuderte und vor nichts mehr zurückschreckte. Getragen von dem rauschenden und betäubenden Beifalle Unzähliger, der ihn immer weiter fortriß, und gedeckt von sicherem und mächtigem Schutze, der ihn nichts fürchten ließ, eröffnete Luther in den Jahren 1520 und 1521 eine schriftstellerische Thätigkeit, die Alles, was nicht mit seinen verworrenen und unklaren theologischen Ansichten übereinstimmte, unter einer Fluth von Schmähungen, von Verläumbungen und Verdrehungen in den Staub riß, und die zugleich den Fürsten und dem Adel und dem Volke einen Köder nach dem andern hinwarf. Er, der am 15. Januar 1520 noch in einem Schreiben an den neuerwählten Kaiser Karl erklärt hatte, er wolle als ein treuer und gehorsamer Sohn der katholischen Kirche sterben und sich das Urtheil aller nicht verdächtigen Universitäten gefallen lassen, hatte im Juni desselben Jahres die Schrift: „An kaiserliche Majestät und den christlichen Adel deutscher Nation von des christlichen Standes Besserung" herausgegeben, in welcher er sich förmlich von der Kirche lossagte und nichts weniger verlangte, als gänzliche Entkleidung des Papstes von aller kirchlichen und

---

1) „Mit gewaltig kämpfender Faust," sagt der protestantische Geschichtschreiber Leo in seiner Universalgeschichte, Bd. 3, S. 95 „schlug Luther in ein Kunstwerk des menschlichen Geistes, an welchem derselbe, oft unter Gottes sichtbarer Leitung, ein Jahrtausend gebaut hatte, und dessen Herrlichkeit und innere Tiefe zu durchschauen, Luther viel zu beengt an Bildung und Wesen war."

weltlichen Herrschaft, Aufhebung der Klostergelübde und des Cölibates, Abschaffung der Festtage und Fasten, Vertilgung des ganzen canonischen Rechtes, und in welcher er zugleich den Papst für den Antichrist erklärte. Bald nachher erschienen seine in gleichem Geiste verfaßten Schriften „von der Messe" und „von der babylonischen Gefangenschaft," in der ersten bestritt er die Lehre vom Opfer der Eucharistie, und tadelte die Austheilung der Eucharistie unter Einer Gestalt — wobei er dieß jedoch noch für eine wenig bedeutende Sache erklärte; in der andern aber verwarf er auf einmal vier Sakramente: die Firmung, die Priesterweihe, die Ehe und heilige Oelung. Indem Luther aber die ganze kirchliche Ordnung verwarf, schmeichelte er in diesen seinen Schriften zugleich mit kluger Berechnung den Fürsten, dem Adel und den städtischen Gewalten; denn diesen vorzüglich mußte, wenn nach seiner Absicht der Bau der deutschen Kirche in Trümmer zerfiel, die reiche Beute zufallen; der hundertste Theil des gegenwärtigen Kirchengutes, meinte er, sei hinreichend zur Erhaltung der Kirche. Um aber dem Adel in keiner Weise vor den Kopf zu stoßen, behielt er zugleich ganz ausdrücklich zu Gunsten des Adels vor, daß die Domstifte als Versorgungsanstalten für die jüngeren Söhne des Adels fortbestehen sollten. Auch dem Kaiser hatte er eine Lockspeise hingeworfen: Einziehung des Kirchenstaates, und Zerreißung des Lehensverhältnisses von Neapel. Luther mochte wohl eingesehen haben, daß solche materielle Argumente besser ziehen und wirken würden, als die von ihm auf der Leipziger Disputation vorgebrachten, die ihm wegen ihrer inneren Unwahrheit und Unklarheit eine ebenso klägliche, als wohlverdiente Niederlage bereitet hatten. Die inzwischen im August und November 1519 erschienenen Censuren der theologischen Facultäten von Löwen und Köln, welche seine Schriften censurirt und als solche bezeichnet hatten, die „viele Aergernisse und längst verdammte Irrthümer und Häresien enthielten," übergoß Luther mit einer Fluth gemeiner Schriftreden[1]).

Nach der Leipziger Disputation hatte sich Dr. Eck, dem Luther selbst früher das Zeugniß eines insignis vereque ingeniosae eruditionis et eruditi ingenii homo[2]) gegeben, nach Rom begeben und dort durch seine sehr gerechtfertigten und leider nur allzubegründeten Vorstellungen endlich die Bulle Exsurge Domine et judica causam tuam (vom 15. Juni 1520) erwirkt, welche 41 aus Luthers gezogene Sätze als Irrthümer verwarf, seine Schriften zu verbrennen gebot, und über ihn den Bann aussprach,

---

1) Luthers Werke in Walchs A. Bd. 15, S. 1598 ff.
2) Luthers Briefe, bei de Wette a. a. O. Bd. 1, S. 59.

wenn er nicht binnen 60 Tagen widerrufe. Er sammt seinen Anhängern wurde bei dem Blute des Herrn, wodurch das Menschengeschlecht erlöst und die heilige Kirche gegründet ist, ermahnt und beschworen, den Frieden der Kirche, die Wahrheit und Einheit nicht weiter zu stören. Würde aber auch diese väterliche Huld ihres Zweckes verfehlen, so sollte jede christliche Obrigkeit nach Ablauf der Frist gehalten sein, ihn zu verhaften und nach Rom zu schicken[1]). Ehe die Bulle noch in Deutschland publicirt wurde, hatte Luther bereits seinen „Sermon vom Bann" verbreitet, um die Wirkung der bevorstehenden päpstlichen Verdammung zu schwächen, wie er denn überhaupt stets in schlauer Berechnung die ihm drohenden Calamitäten zu paralysiren wußte. Unterdessen machte Miltiz noch immer Sühnversuche an Luther, und auch der Kurfürst von Sachsen forderte ihn auf, sich noch einmal an den Papst zu wenden. Luther that dieß, aber in der unwürdigsten Weise, die sich denken läßt. Er händigte Miltiz ein höhnisches an Papst Leo gerichtetes, aber für das große Publikum bestimmtes Schreiben ein, in welchem er das Papstthum mit einer Fluth von Schmähungen überhäufte, die Person des Papstes selbst aber pries, ihn einen Daniel unter den Löwen, einen Ezechiel unter den Scorpionen nannte. Als die Bulle im October in Deutschland publicirt wurde, stellte sich Luther anfänglich, als ob er die Bulle für erdichtet halte. Da dieß aber nicht länger anging, so appellirte er in einer Flugschrift unter den heftigsten Schmähungen gegen den Papst Leo, den er noch wenige Wochen vorher — wohl um ihn zu captiviren — in jenem plumpen, dem Miltiz eingehändigten Schreiben als „ein Schaaf unter den Wölfen, als einen Daniel unter den Löwen und als einen Ezechiel unter den Scorpionen sitzend" gepriesen hatte, an ein allgemeines Concil, und veröffentlichte fast gleichzeitig die vom leidenschaftlichsten Hasse, von Lüge und Verläumdung durchglühte Schrift „wider die Bulle des Antichrist," worauf er dann am 10. December 1520 die päpstliche Bulle und zugleich das Gesetzbuch des canonischen Rechtes öffentlich vor dem Thore von Wittenberg verbrannte. Die Bulle Leo's warf er mit den eine eben so große Eitelkeit, als bemitleidenswerthe Selbstverkennung verrathenden Worten ins Feuer: „Weil du den Heiligen des Herrn (Martin Luther) betrübt hast, so betrübe und verzehre dich das ewige Feuer." Gleichzeitig boten die Anhänger Luthers jedes Mittel auf, um das Volk gegen den Papst und die Kirche zu fana-

---

[1]) Die Bulle steht bei *Harduin*, Collect. Concil. T. IX. p. 1891; in Coquelines Bullarium T. III. P. P. III. p. 487 sq.; in deutscher Uebersetzung mit Ulrich von Hutten's frivolen und sarkastischen Bemerkungen bei Walch, Bd. XV. S. 1691 ff.

tisiren. Ganz vorzügliche Dienste leisteten in dieser Beziehung namentlich die obscönen Carricaturen des Malers Lucas Kranach und die zahlreichen Spott- und Schmähschriften Ulrichs von Hutten. Solche und ähnliche obscöne Pasquille und Carricaturen wurden namentlich auch dem Volke neben Erbauungsbüchern an den Kirchenthüren feilgeboten.

Unter solchen Umständen eröffnete Kaiser Karl V. im Anfange des Jahres 1521 den Reichstag zu Worms. Der Kaiser beabsichtigte gleich anfangs, Luthern auf den Reichstag zu berufen. Da sich aber der päpstliche Gesandte Aleander widersetzte, weil, was einmal vom Papste entschieden sei, nicht von einer weltlichen Behörde, aufs neue in Untersuchung gezogen werden könne, und da er, um seiner Vorstellung Nachdruck zu geben, in Rom eine neue Bulle ausgewirkt hatte, worin Luther und seine Anhänger und Beschützer nun wirklich mit dem Banne belegt wurden, so stand der Kaiser von seinem Vorhaben ab. Am stärksten aber wirkte auf ihn eine Rede, welche Aleander den 13. Februar über Luthers Sache vor dem Kaiser und den versammelten Reichsständen hielt. Er zeigte darin, daß es sich hier nicht bloß, wie manche meinten, um einige Artikel zwischen Luthern und Rom handle, sondern daß vielmehr Luthers Unternehmen auf den Umsturz der ganzen Religion und Kirche gerichtet sei [1]). Allein die Reichsstände, auf welche der in der Schrift Luthers: „An den Adel deutscher Nation" hingeworfene Köder von den Kirchengütern seine Wirkung gethan, und die darum zum weitaus größten Theile der Sache Luthers sehr wohl gewogen waren, ließen sich durch die Rede des päpstlichen Gesandten Aleander nicht umstimmen, und verlangten, daß Luther vor dem Reichstage erscheine. Zugleich legten sie ihre Abneigung gegen Rom und ihre Parteinahme für Luther in einer Beschwerdeschrift mit 101 Beschwerden, von denen einzelne wohl berechtigt, viele aber auch sehr unberechtigt und willkürlich waren, mannigfach an den Tag. Dem Rufe nach Worms auf den Reichstag folgte Luther gerne, da er ja unter den Fürsten und dem Adel so viele mächtige Gönner und Schützer und überdieß auch durch die mächtige und kühne Partei Ulrichs von Hutten und Franz von Sickingen sicheren Schutz im Hinterhalte wußte. Er konnte darum auch leicht [2]) schreiben: „Er wolle im Namen des Herrn nach Worms ziehen und dem Behemoth sein Maul zertreten, wenn auch so viele Teufel darin

---

1) Die Rede Aleanders steht bei *Pallavicini*, Histor. Concilii Trident. lib. I. c. 25.

1) Vgl. oben S. 80, ferner auch Riffel, Kirchengeschichte Bd. 1: „Der vielfach gerühmte und vorgeblich besonders zu Worms bewiesene Heldenmuth Luthers näher geprüft. S. 218—226." Ritter, Kirchengeschichte Bd. 3, Abtheilung 1. S. 42.

wären, als Ziegel auf den Dächern." Seine Reise nach Worms glich einem Triumphzug. In den Städten und auf dem Lande jubelte das arme und durch Luthers Anhänger gründlich fanatisirte Volk, das ja die Tragweite von Luthers Auftreten nicht kannte und einsah, ihm lauten Beifall zu. So kam Luther, begleitet von einhundert Rittern, am 16. April in Worms an, und wurde bei seinem Einzug in die Stadt überall von lautem Jubel begrüßt. Nichtsdestoweniger war er am nächsten Tage, als er Nachmittags 4 Uhr von dem Reichsmarschall Ulrich von Pappenheim vor den Reichstag geführt wurde, von dem Anblicke der hohen und glänzenden Versammlung so betroffen und beklommen, daß ihn seine bisher so oft schon erwiesene anmaßende Sicherheit und Zuversicht verließ; als er sich über seine Lehre unzweideutig erklären sollte, gab er ausweichende Antworten und begehrte Bedenkzeit. Als aber viele seiner Anhänger über diese so unerwartete zaghafte Unentschiedenheit murrten, als er von fürstlichen und abligen Herrn und von den verschiedensten Seiten zu energischem Auftreten ermuntert und durch Schmeicheleien und Lobeserhebungen angeregt wurde, da fand er seine frühere Keckheit und seinen früheren Trotz bald wieder; und als er am nächsten Tage wieder vor den Reichstag kam, da trat er mit großer Sicherheit auf; er bekannte sich offen als Verfasser der Schriften, die unter seinem Namen ausgegangen waren, und als er widerrufen sollte, sprach er, er thue es nicht, man widerlege ihn denn zuvor aus der heiligen Schrift oder mit öffentlichen hellen und klaren Gründen und Ursachen; denn, fuhr er fort, „ich glaube weder dem Papste noch seinen Concilien, weil es offenbar und am Tage ist, daß sie sich oft geirrt und einander selbst widerlegt[1]). Da ich von den Sprüchen, die von mir angeführt und angezeigt sind, überzeugt bin und mein Gewissen in Gottes Wort gefangen ist, so kann ich und will ich nichts widerrufen, weil weder sicher noch gerathen ist, etwas wider das Gewissen zu thuen. Hier stehe ich, ich kann nicht anders, Gott helfe

---

1) Daß die Päpste und die allgemeinen Concilien sich „einander selbst widerlegt" und sich widersprochen, das bedarf bis jetzt noch des Beweises. Daß dagegen Luther und die Reformatoren mit sich und unter sich hundertfältig in Widerspruch gerathen sind und daß nicht minder seit dreihundert Jahren die Epigonen der Reformatoren fortwährend „einander selbst widerlegen" und fortwährend im größten Haber und in den diametralsten Widersprüchen befangen liegen, das bedarf wahrlich nicht erst des Beweises. Hat ja doch auch gerade das Lutherfest zu Worms wiederum dieß in so höchst charakteristischer Weise zur Anschauung gebracht! Wir glauben, wenn Luther wiederkäme, er hätte wenig Freude an vielen seiner Epigonen und würde wohl auch gar manchen derselben, wie er sich auszubrücken pflegte, tüchtig „über die Schnauze hauen."

mir. Amen." In der darauf folgenden Unterredung mit dem Trier'schen Official Leonhard Eck und dem Dechant Cochläus von Frankfurt zeigte ihm der erstere das Widersinnige der einseitigen Berufung auf die heilige Schrift und ihre Erklärung nach seinem Sinne, zumal er ja selbst das Ansehen derselben durch willkürliche Annahme und Verwerfung der einzelnen Bücher unsicher gemacht habe; er wies ihn darauf hin, wie nach diesem Princip nichts Gewisses und Zuverlässiges in der christlichen Religion behauptet werden könne und wie das Christenthum der Willkür jeglicher Schriftdeutung preisgegeben sei; er zeigte ihm, wie die einseitige Berufung auf die heilige Schrift darum auch von Anfang der Kirche die Veranlassung zu allen Häresien gewesen. Das waren Alles sehr einfache und klare Wahrheiten, deren Richtigkeit Luther aber damals nicht einsehen wollte, sehr bald aber in seinem Streite mit Karlstadt und mit Agricola und nicht minder im Sakramentenstreite zu seinem größten Zorne einsehen mußte. Mit Willen des Kaisers, auf den Luthers Person einen sehr ungünstigen Eindruck gemacht hatte, unterhandelte man dann am 24. April noch gütlich mit ihm, indem ein aus Fürsten, Bischöfen und Doctoren niedergesetzter Ausschuß es versuchte, ihn zur Unterwerfung unter den Ausspruch einer allgemeinen Kirchenversammlung zu bewegen, allein alle Versuche schlugen fehl. Da also keine gütliche Beilegung der Streitigkeit mehr zu hoffen war, so ließ der Kaiser Luthern am 25. April gebieten, den nächsten Tag Worms zu verlassen, und verlängerte zur ungefährdeten Rückkehr seinen Geleitsbrief auf weitere 21 Tage. Gleichzeitig reisten auch die meisten Fürsten und Reichsstände, und erst den 26. Mai sprach der Kaiser die Reichsacht über Luthern aus, die aber nur von der geringeren Zahl der zurückgebliebenen Reichstagsmitglieder unterzeichnet wurde. In dieser Zeit erschien auch die Verurtheilung und Widerlegung Luthers durch die Sorbonne in Paris. Auch König Heinrich VIII. von England, der später selbst den Weg Luthers einschlagen und durch seine verbrecherische Neigung zu Anna Boleyn zum „Reformator" der Kirche von England werden sollte, veröffentlichte damals eine Schrift gegen Luther, in der er namentlich für die Lehre von den sieben Sakramenten auftrat.

Das Wormser Edict gegen Luther aber blieb, wie es bei der Stimmung der Reichsstände ja auch nicht anders vorauszusehen war, in der Hauptsache wirkungslos, und die äußeren Verhältnisse gestalteten sich jetzt so günstig für Luthern, daß die Kirchenspaltung von nun an in Deutschland unaufhaltsame Fortschritte machten, und sich vollkommen befestigen konnte. Der Kaiser verließ Deutschland nach dem Reichstage, kehrte in langer Zeit nicht wieder dahin zurück, und konnte, in einen langwierigen

Krieg mit Frankreich verwickelt, den Religionsangelegenheiten nur wenig Aufmerksamkeit widmen; dazu kamen noch die gefährlichen, auch Deutschland bedrohenden Anfälle der Türken unter Soliman. Papst Leo X. aber starb bereits am 1. December 1521. Ihm folgte der edle und gelehrte Papst Hadrian VI., armer Leute Sohn aus Utrecht, ein Mann voll tiefen, religiösen und kirchlichen Sinnes und von der größten Einfachheit und Bescheidenheit in seinen Sitten. Bei seinem klaren und scharfen Verstande konnte er gar nicht begreifen, wie es Leute geben könne, die im Ernste eine solche widervernünftige und in den flagrantesten Widersprüchen befangene Lehre, wie die Luthers war, annehmen könnten. Zugleich fühlte er alle Fehler einzelner seiner Vorgänger auf dem Stuhle Petri auf seiner edlen Seele lasten, wie wir dieß auch aus jener offenen und freimüthigen Erklärung[1]) sehen, die er durch den päpstlichen Legat Chieregati auf dem Reichstage zu Nürnberg 1522 den versammelten Ständen machen ließ. Ganz erfüllt und beseelt war er von dem Gedanken, die Mißbräuche, welche in das kirchliche und religiös-sittliche Leben sich eingeschlichen hatten, nach Kräften abzustellen und so das kirchliche Leben von innen heraus im Geiste und in der Wahrheit zu reformiren. Allein nur allzubald mußte er die bittere Erfahrung machen, daß es den Anhängern Luthers in Deutschland nicht sowohl um eine wahre und eigentliche Reformation der Kirche[2]), als vielmehr um ganz andere, minder edle Dinge zu thuen war, und nur allzubald mußte er einsehen lernen, daß der Bewegung in Deutschland vielfach sehr niedere Motive, sehr irdische Interessen und sehr unreine Triebfedern zu Grund lagen, gegen deren Expansivkraft anzukämpfen der edle Wille des Papstes sich zu schwach fühlen mußte. Das Alles beugte ihn tief nieder, und mit gebrochenem Herzen und mit den Worten: „Wie unglücklich ist doch ein Papst! Selbst wenn er das Beste will, kann er es nicht!" starb er bereits anderthalb Jahre, nachdem er die Leitung der Kirche übernommen, am 14. September 1523. Unter solchen Umständen blieb auch die in jenem Jahre erschienene vorzügliche Kritik und Widerlegung der Lehre

---

1) *Raynald.* l. c. an. 1522. n. 65.

2) In welchem Sinne Viele in Deutschland das Wort „Reformation" verstanden, das hat am einfachsten und treffendsten der bekannte Götz von Berlichingen ausgesprochen, als er mit seinem Bauernheere in das Kloster Amorbach kam. Götz und die Seinen erklärten dem Abt und den Mönchen, sie kämen bloß in der Absicht, als „christliche Brüder" eine „Reformation zu machen," d. h. sie sollten all' ihr Geld, Silber und sonstiges Vermögen bei Verlierung Leibs und Lebens herausgeben.

Luthers durch den englischen Bischof John Fisher von Rochester¹), der zwölf Jahre später seinen Glauben mit seinem Blute besiegelt und als ein wahrhaft heldenmüthiger Martyrer starb, unbeachtet und ohne Erfolg.

Luther wurde, nachdem er Worms verlassen, auf seiner Heimreise auf Anordnung seines Kurfürsten, gemäß vorher geschehener Verabredung, von verkappten Reitern aufgehoben und ins Geheim auf die Wartburg gebracht, wo er vom Mai 1521 bis 8. März 1522 als Junker Jörg verkleidet lebte, und sich mit einer nach seinem Glaubenssystem gemodelten und darum an vielen wichtigen Stellen absichtlich unrichtigen und sinnentstellenden²) neuen deutschen Bibelübersetzung beschäftigte. Nebenbei trieb er auf Jagden Kurzweil und perfide Ränke durch weggeworfene tendenziöse Briefe, und verfaßte endlich die furchtbar aufregenden Schriften voller Frevel „wider den Abgott von Halle" (Erzbischof von Mainz), sodann „über die Klostergelübde" und „vom Mißbrauch der Messen³)." Zwischendurch aber wurde auf der Einsamkeit der Wartburg auch in ihm hin und wieder die Stimme des Gewissens rege, und er fühlte sich mitunter furchtbar beängstigt und gequält. Er berichtet selbst darüber: „Es zappelte mein Herz vor Furcht und stellte mir die Frage: „bist du etwa allein klug, und sollten die andern alle irren, und so lange geirrt haben?" — „Wie nun, wenn du irrtest und so viele Leute in Irrthum führtest, welche alle ewiglich verdammt werden?" — „Wer hat dir befohlen, das Evangelium zu predigen — wer hat dich berufen⁴)?" Anstatt darin die Stimme Gottes

---

1) Assertionis lutheranae confutatio 1523. Vgl. Dr. Lämmer, die vortridentinische katholische Theologie des Reformationszeitalters. Berlin 1858. S. 14—20. Die genannte Schrift Dr. Lämmers ist auch insofern von besonderem Interesse, als sie nämlich ursprünglich hervorgegangen ist aus einer im Jahre 1856 von der evangelisch-theologischen Facultät in Berlin gekrönten Preisaufgabe, durch deren Bearbeitung der Verfasser, damals protestantischer Theologe und dann Privatdocent in Berlin, in die Wahrheit der katholischen Lehre immer tiefer eingeführt wurde, so daß er am 25. November 1858 in Braunsberg in Ermeland dem Protestantismus entsagte und in den Schooß der katholischen Kirche zurückkehrte. Dr. Lämmer, gegenwärtig Professor der Dogmatik in Breslau und einer unserer vorzüglichsten Gelehrten, hat uns den Gang seiner Rückkehr zur Kirche in höchst anziehender Weise geschildert, in seinem herrlichen Büchlein: Misericordias Domini. Freiburg 1861.
2) Vgl. Döllinger, die Reformation Bd. 3. S. 139—156: 1. Luthers Uebersetzung: Einschaltungen in seinem neuen Testament; Fälschungen und Aenderungen im Interesse seiner Lehre; 2. seine Glossen: Verdrehung des Bibeltextes durch dieselben an Beispielen nachgewiesen.
3) Riffel, Kirchengeschichte, Bd. 1. S. 227—253.
4) Vgl. Luthers Briefe bei De Wette, Bd. 2. S. 1. 10. 22. 89. 92. 107. 116.

zu erkennen, überredete er sich: es seien das nur Anfechtungen und Versuchungen des Teufels, der es meisterlich verstehe, uns durch Erinnerung an unsere Sünden zu erschrecken. So erstickte er die besseren Regungen seines Gewissens und im Taumel der Leidenschaft und Gehässigkeit verrannte er sich immer mehr in die fixe Idee, die katholische Kirche sei das verabscheuungswürdige Reich des Antichrist und des göttlichen Zornes; er selbst aber sei ein zweiter Johannes auf Patmos — so nannte er während seines Aufenthaltes die Wartburg — ein zweiter Paulus, Jeremias u. A.; und aus dieser überreizten und verblendeten, von dem unvernünftigsten und fanatischsten Hasse gegen den Papst und die Kirche erfüllten Stimmung gingen dann jene von Schmähungen überfließenden Wuthausbrüche hervor, wie wir sie in den eben erwähnten und in so vielen seiner Schriften und Pamphlete finden.

Unterdessen begannen die Früchte der von Luther ausgestreuten Reformationssaat immer üppiger sich zu entfalten. Schlechte Priester nahmen Weiber und wurden begeisterte Apostel des reinen lutherischen Evangeliums; Luthers Ordensgenossen, die Augustiner zu Wittenberg, erklärten alle Gelübde und Ordensregeln für ungiltig; viele Mönche und Nonnen kehrten zur „evangelischen Freiheit des christlichen Glaubens" zurück, verließen innerhalb der nächsten Jahre in hellen Haufen ihre Klöster und hielten Hochzeit und wurden eifrige und hingebende Anhänger Luthers, sanken zugleich aber auch vielfach sittlich so tief, daß selbst Luthern vor diesen seinen treuen Anhängern etwas zu grauen anfing, und er klagte, daß diese „von Bauch- und Fleischeslust getriebenen Menschen einen großen Gestank in den guten Geruch des Evangeliums brächten." Allein Luther hatte kein Recht über diese Leute sich zu beklagen, da sie ja doch nur die in seinen Schriften niedergelegten, der Emancipation des Fleisches in solch' grauenhafter und empörender Weise das Wort redenden Grundsätze einfach in Praxis umsetzten. Erasmus aber meinte im Hinblick auf diese für die „Reformation" und das „reine Evangelium" so begeisterten Seelen in seinem gewohnten Sarkasmus: „So also opfern sie sich auf! Die Reformation scheint keinen andern Zweck gehabt zu haben, als die Mönche und Nonnen in Hochzeiter und Hochzeiterinnen zu verwandeln." Inzwischen drohte die ganze von Luther hervorgerufene reformatorische Bewegung dem Reformator selbst über den Kopf zu wachsen und ihn bei Seite zu schieben. Sein Freund und erster Anhänger Dr. Karlstadt, den wir bereits auf der Leipziger Disputation kennen gelernt, führte, während Luther auf der Wartburg saß, in Wittenberg deutschen Gottesdienst ein, theilte die Communion unter beiden Gestalten ohne vorhergehende Beichte aus, zertrümmerte mit seinem Anhang die Bilder in den Kirchen, stürzte die Altäre um, warf die Beichtstühle aus den Kirchen hinaus, und was dergleichen reformatorische Handlungen mehr waren. In der Nähe von Wittenberg, in Zwickau erhoben sich die ersten Wiedertäufer. Ganz mit denselben Gründen und mit dem gleichen Rechte, mit dem Luther bisher die Sakramente und die Institutionen der Kirche angegriffen und verworfen hatte, bestritten sie die Kindertaufe, da ja „diese eben so wenig als das übrige von Luther Verworfene in der Schrift begründet sei," und setzten Melanchthon, der ihnen darauf nichts zu entgegnen wußte, in große Verlegenheit. Auch verwilderten in Folge der neuen Lehre binnen kurzer Zeit die Studenten an der Universität Wittenberg dergestalt, daß der im Anfange des Jahres 1520 noch so blühenden Universität die Auflösung drohte. Da eilte Luther von der Wartburg hinab, kam am 8. März 1522 nach Wittenberg, und „hieb," vom Kurfürsten dabei unterstützt, „den Schwarmgeistern auf die Schnauze," wobei er zugleich mit seinem Freunde und ersten Anhänger Karlstadt auf immer sich entzweite. Der arme Karlstadt, der im Grunde doch gar nichts Anderes gethan und ausgeführt, als was Luther in seinen Schriften proclamirt, mußte Wittenberg verlassen; Luther, „der Mann der freien Forschung" und der „neuen evangelischen Freiheit," veranstaltete, daß ihm auch das Predigen verboten und der Druck seiner Schriften untersagt wurde, bekämpfte ihn dann in Jena und Orlamünde, und nun wurde derselbe Mann, der bisher Luthers vornehmster Gehilfe in Rath und That gewesen, seitdem von ihm als ein bitterer Feind behandelt; derselbe Mann, den Luther bisher mit Lobeserhebungen überhäuft, und für einen Theologen von unvergleichlichem Urtheil erklärt hatte, wurde von nun an in den Schriften des Reformators als ein schändlicher, mit allen erdenklichen Lastern gebrandmarkter Mensch geschildert, und Luther betheuerte: „Wenn Karlstadt glaube, daß ein Gott im Himmel sei, so solle ihm (Luthern) Christus nimmermehr gnädig sein." Des Landes verwiesen irrte der frühere Professor von Wittenberg, der unglückliche Priester, mit Weib und Kind zeitweise im größten Elende in Teutschland und später in der Schweiz umher.

Seinen ganzen Haß richtete Luther in Wittenberg nun gegen das Opfer der heiligen Messe, und mit aller Kraft suchte er die Aufhebung der heiligen Messe, die ihm besonders wegen der Idee des stets erneuerten Opfers verhaßt war, zu erzwingen. Insbesondere den Canon der heiligen Messe, dieses ehrwürdige bis in die ältesten Zeiten des Christenthums hinaufreichende Document, übergoß er in seiner bekannten Art wieder mit einer Fluth der rohesten Schmähungen. Dem widerstrebenden Domcapitel zu Wittenberg aber, welches auf dies Ansinnen Luthers nicht eingehen und die Messe nicht abschaffen wollte, machte Luther den anmaßenden und merkwürdigen Vorwurf, der doch vor Allem ihn getroffen hätte: „sie gedächten durch Beibehaltung der Messe Rotten und Secten anzurichten." Die Anhänger Luthers aber erklärten als gelehrige Schüler ihres Meisters in der rohesten Weise: „Ein Meßpfaff verdiene nicht weniger leiblichen Tod und Strafe, denn sonst irgend ein öffentlicher Schänder und Lästerer, so auf den Gassen Gott und seinen Heiligen fluche [1])." So setzte endlich Luther mit Hilfe seines fanatischen Anhanges durch unerhörten Gewissenszwang und Gewaltthätigkeit gegen Ausgang des Jahres 1524 die Abänderung des Gottesdienstes durch, und zwar in der Weise, daß zunächst die lateinische Sprache und die Elevation des Brodes und des Kelches noch beibehalten, der eigentliche Canon der heiligen Messe aber abgeschafft wurde.

In dasselbe Jahr fällt auch der Beginn des Streites zwischen Luther und Erasmus über die Freiheit des menschlichen Willens — ein Streit, der uns wieder Luthern, und zwar sowohl seinen Charakter wie auch seine Beweisführung aus der heiligen Schrift, und zugleich auch die Geistesrichtung seiner Anhänger im allerungünstigsten Lichte erscheinen läßt. Erasmus, der angesehenste und durch ganz Europa berühmte Gelehrte seiner Zeit, hatte früher viele, theils wirkliche, theils vermeintliche Mißbräuche in der Kirche in offener, freimüthiger und sarkastischer Weise gerügt, und in der guten Meinung, daß durch Luthers Auftreten eine wirkliche Besserung und Hebung des kirchlichen Lebens herbeigeführt werde, sich anfangs offen für ihn ausgesprochen und sich seiner angenommen, und durch seinen großen Einfluß der Sache Luthers nicht geringen Vorschub geleistet [2]). Je mehr aber Erasmus von Tag zu Tag die Früchte von Luthers Wirksamkeit immer unheilvoller emporsprossen sah, und je deutlicher er in Luthers Neuerung die Tendenz zu einer unheilbaren Kirchenspaltung erkannte, um so fester schloß er sich wieder an die Kirche an und trat im Jahre 1524 in seiner Schrift de libero arbitrio als Vertheidiger der Lehre von der Freiheit des menschlichen Willens gegen jene Lehre Luthers auf, wonach der Mensch in Folge des Sündenfalles absolut unfrei und zu allem und jeglichem Guten unfähig sei. Diese Schrift des Erasmus war rein objectiv, frei von allen Persönlichkeiten, einzig und allein nur die Sache ins Auge fassend, meisterhaft in der Darstellung. Erasmus trat, wie auch der bekannte protestantische Gelehrte Pland offen

---

1) Vgl. Döllinger, Kirchengeschichte Bd. 2. Abthl. 2. S. 421.
2) Ueber Erasmus und sein Verhältniß zu Luther und der Reformation vgl. Döllinger, die Reformation Bd. 1. S. 1—18 u. S. 437—39.

eingesteht, „nicht als feiler Vertheidiger des römischen Hofes auf, nicht als knechtischer Anbeter alter geheiligter Vorurtheile, nicht als persönlicher Feind Luthers, sondern als ruhiger Gegner der Meinungen desselben, um seine Zweifel und seine Gründe dagegen mit Bescheidenheit, aber auch mit der Würde des selbstdenkenden Untersuchers vorzutragen¹)." Was that nun Luther? Mit demselben Grimme, mit welchem er in den vorhergehenden Jahren den Tetzel, Hogstraaten, den Bischof von Meißen, den Erzbischof von Mainz, den Emser, Ed, die Kölner und Löwener Theologen und König Heinrich VIII. von England angefallen, weil sie sich erlaubt hatten, etwas anderer Meinung zu sein, als Dr. Martin Luther, fiel er nun auch den Erasmus an, welchem er und seine Sache bisher leider nur zu viel zu verdanken hatten, und den er früher, als er ihn noch brauchen konnte, genannt: „die Zierde und Hoffnung Deutschlands, einen Mann, der an Gelehrsamkeit und Geist ihn weit überrage." Jetzt nannte er in seiner gegen Erasmus gerichteten Schrift: »de servo arbitrio« denselben Mann „einen Ungläubigen, der eine Sau von der Heerde des Epikur in sich herumtrage" und entwickelte dabei zugleich eine solch' willkürliche und eigenmächtige Auslegung der heiligen Schrift, daß Einem ob solcher Schriftauslegung wahrhaft graut. Erasmus nämlich hatte Luthern auf die zahlreichen Stellen des Alten und Neuen Bundes hingewiesen, in welchen mit klaren und unzweideutigen Worten die Freiheit des Willens gelehrt wird. Um der Beweiskraft dieser Stellen zu entfliehen, verdrehte Luther diese Stellen in wahrhaft empörender Weise und nahm zu der gotteslästerlichen Behauptung seine Zuflucht, daß Gott heimlich das Gegentheil von dem wolle, was sein geoffenbarter Wille in der heiligen Schrift ausspreche, und daß die Apostel nur spottweise von einer Freiheit des menschlichen Willens und von menschlichem Thuen sprächen. Er, der vermeintliche und angebliche Verfechter der Geistesfreiheit stritt mit solcher Leidenschaftlichkeit für die Unfreiheit des menschlichen Willens, daß er den Menschen nach dem Sündenfalle mit einer Salzsäule, einem Klotze oder Steine verglich und sogar erklärte: „Der Wille des Menschen sei, wie ein Pferd; sitzt Gott darauf, so geht und will er, wie Gott will; reitet ihn der Teufel, so geht er, wie der Teufel will; alle Dinge geschehen durch den unabänderlichen Willen Gottes, der den freien Willen des Menschen gänzlich zertrümmere; Gott thue in uns das Böse wie das Gute, und gleichwie er ohne Verdienst selig mache, so verdamme er

---

1) Pland, Geschichte der Entstehung des protestantischen Lehrbegriffes Bd. 2. S. 112.

auch ohne Schuld¹).“ Treffend bemerkt Döllinger zu diesen Sätzen: „Daß diese Sätze, welche nicht dem Evangelium, sondern dem Koran entlehnt schienen, gar keinen Anstoß gaben, und Luthers Autorität nicht im geringsten erschütterten, bewies, wie verblendet vom Sectengeiste seine Anhänger damals schon waren²).“ Jn weit entfernt, daß diese Sätze bei seinen Anhängern Anstoß gaben, fanden dieselben vielmehr im praktischen Leben seiner Anhänger den allergrößten Anklang und dienten so recht dazu, das lutherische Rechtfertigungssystem bei der sinnlichen Menge immer beliebter und populärer zu machen; denn die Folgerung leuchtete Jedem ein, daß der Mensch, wenn er keinen freien Willen habe, auch keiner moralischen Zurechnung und Verantwortlichkeit fähig sei, und darum auch allen Leidenschaften ruhig die Zügel schießen lassen können. Erasmus antwortete Luthern in der Schrift Hyperaspistes diatribae adversus servum arbitrium Lutheri, worin er mit schneidender Schärfe die Blößen von Luthers Schrift de servo arbitrio enthüllte, weßhalb Luther es für gerathen fand, einzulenken und in einem schmeichelnden Briefe an Erasmus zu bekennen, daß er zu weit gegangen; zugleich sucht er in diesem Briefe die persönlichen Unarten und Beschimpfungen, die er dem Erasmus angethan, dadurch zu entschuldigen, daß er sich auf die Vehemenz seines Temperamentes beruft, das er nun einmal nicht in seiner Gewalt habe. Erasmus aber richtete an Luther ein Antwortschreiben, in welchem er ihm mit großer Ruhe einen Spiegel vorhält und mit einigen treffenden, einschneidenden Zügen sein ganzes Treiben schildert³). Seit diesem bald zur Oeffentlichkeit gelangten Briefe war Erasmus für Luther einer jener Menschen, deren er nie anders als mit dem Jngrimme eines brennenden Hasses gedachte, eine giftige Schlange, ein Feind Christi und aller Religion, ein vollkommenes Ebenbild und Abdruck des Epikur und Lucian, und was dergleichen Epitheta mehr waren, die Luther in seinem Zorne und Hasse dem Erasmus gab.

Was Papst Hadrian mit klarem Blicke vorausgesagt, daß die Empörung gegen die geistliche Obrigkeit auch bald in einen Aufruhr gegen die weltliche übergehen werde, das traf bereits im Jahre 1525 in der furchtbarsten Weise ein. Luthers aufreizende und revolutionäre Schriften

---

1) *Luther* de servo arbitrio ad Erasm. bei Walch Bd. 18. S. 20. 50.
2) Döllinger, Kirchengeschichte, Bd. 2. Abthlg. 2. S. 422.
3) Erasmus sagt in diesem Antwortschreiben an Luther, (Erasm. epp. ed. Cleric. XXI. 28.) unter Anderem eben so ruhig als treffend: «Optarem tibi meliorem mentem, nisi tua tibi tam valde placeret. Mihi optabis quod voles, modo ne tuam mentem, nisi Dominus istam mutaverit.»

und die darin enthaltenen heftigen Ausfälle auf den Kaiser, die Reichsfürsten und die Bischöfe, „die das Evangelium verfolgten," hatten ihre Wirkung nicht verfehlt. Nicht minder hatte die Umsturzpartei Ulrichs von Hutten und namentlich auch die lutherischen Prädicanten das Ihrige dazu gethan, um das Volk aufzureizen und zu fanatisiren. „Ich sah sie," sagt Erasmus, „aus ihren Predigten mit wilden Gesichtszügen, mit drohenden Blicken, wie Leute herausgehen, die man so eben blutdürstige Reden hatte hören lassen. Auch sah man dieses evangelische Volk stets in Bereitschaft stehen, zu den Waffen zu greifen, und ebenso zu Schlachten, als zum Disputiren gerüstet." Hatte ja doch Luther selbst sich nicht gescheut, die katholischen Bischöfe „Tyrannen, Seelenmörder und des Antichrists Apostel"[1]) zu nennen, welchen nichts billiger begegne, als ein starker Aufruhr, der sie von der Welt ausrotte, und deß wäre nur zu lachen, wenn es geschähe, und hatte er ja doch in seiner Schrift „von der weltlichen Obrigkeit, wie weit man ihr Gehorsam schuldig sei" die revolutionärsten Grundsätze ausgesprochen. So brach denn gegen Ende des Jahres 1524 der furchtbare Bauernaufruhr los, der sich sengend und brennend, mordend und raubend durch die deutschen Gauen dahin wälzte. Im Namen der „christlichen Freiheit" verübten die Bauern, die sich selbst das „evangelische Heer" oder die „christlichen Brüder" nannten, vielfach die größten Gräuelthaten; und dabei behaupteten sie, nur für das „lautere Evangelium" zu streiten und nur dem Worte Gottes Raum zu machen in der Welt. In 12 Artikeln legten sie ihre Forderungen an die Obrigkeit nieder und führten in Bezug auf diese ihre Artikel ganz dieselbe Sprache, welche Luther einst zu Worms geführt hatte. Sie erboten sich nämlich, von jeder Forderung und Gewaltthat abzustehen, sobald sie von der Unrechtmäßigkeit ihres Beginnens mit Schriftgründen überzeugt werden könnten. Zugleich legten sie ihre 12 Artikel Luther vor und verlangten von ihm, der mit Worten der heiligen Schrift den höchsten Gewalten Trotz geboten hätte, eine Billigung und Vertheidigung ihrer Sache. Luther kam dadurch in nicht geringe Verlegenheit. Um sich für alle Fälle eine Ausflucht offen zu halten, ließ er zugleich eine Ermahnung an die Fürsten und eine andere an die Bauern ausgehen, worin er zuerst die grellsten und übertriebensten Anklagen auf die Bischöfe und auf diejenigen Fürsten, die das „Evangelium" in ihren Staaten nicht predigen lassen wollten, häufte, dann aber die bereits unter den Waffen stehenden Bauern aufforderte, sich geduldig zu fügen, weil alle Nothwehr und Selbsthilfe in der heili-

---

1) So wörtlich in Luthers Schrift: Wider den falsch genannten Stand der Geistlichen vom Jahre 1522.

gen Schrift verboten sei. Zugleich aber ließ er nebenbei in eben diese Schrift Dinge einfließen, die weit eher die Aufrührer zu ermuthigen, als sie abzuschrecken geeignet waren. Als nun diese Ermahnung begreiflich den Aufruhr nicht beschwichtigte und die Verwüstungen und Grausamkeiten der Bauern immer empörender wurden und seine Gegner ihn nun spottend fragten, ob er nicht gewußt, daß ein Feuer leichter angezündet, als gelöscht werde, da kehrte sich sein ganzer Zorn wider die Bauern; und in seiner leidenschaftlichen und heftigen Weise forderte er die Fürsten auf, die Bauern, die er noch kurz vorher in seiner Schrift an dieselben als „seine lieben Herrn und Brüder" bezeichnet hatte, „wie tolle Hunde" todtzuschlagen und keine Gnade und Barmherzigkeit an ihnen zu üben; jetzt könne ein Fürst den Himmel mit Blutvergießen besser verdienen, denn Andere mit Beten. Wie die Fürsten diese Mahnung befolgt, ist mit blutigen Lettern in die Geschichte eingeschrieben. Da nun aber vielfacher Tadel darüber laut wurde, daß gerade Luther, der an der Empörung der Bauern selbst so große Schuld trage, von jeder Schonung und Barmherzigkeit gegen die Verirrten abmahne, da überbot er sich noch in einem ausführlichen Sendschreiben, worin er seine Tadler gleich damit zu schrecken sucht, daß er sie als Aufrührerisch-Gesinnte verdächtigt und die Obrigkeiten auffordert, denen, die sich der Aufrührerischen annähmen und erbarmten, „auf die Haube zu greifen."

Diesem seinen in so mannigfacher Beziehung unedlen Auftreten im Bauernkriege aber setzte Luther die Krone auf, indem er mitten während des Krieges plötzlich und heimlich mit einer aus dem Cistercienserinnen-Kloster Nimptschen entlaufenen und nach Wittenberg gekommenen Nonne Katharina von Bora sich verheirathete. Diese sacrilegische Verheirathung, sowie die Umstände, unter denen sie geschah, und die auffallend rasche und eilige Art, mit der sie vollzogen wurde, lassen uns den Reformator in einem höchst unklaren und zweideutigen Lichte erscheinen. „Luthers Verheirathung kam," wie Döllinger auf Grund seiner eingehenden und umfassenden Studien über Luthers Leben sagt, „so plötzlich, sie wurde mit solcher auffallenden, der allgemeinen Sitte widersprechenden Eile vollzogen, daß Jedermann, auch seine nächsten Freunde überrascht waren. Am 3. Juni 1525 hatte er dem Cardinal und Kurfürsten von Mainz, den er zum Heirathen aufforderte, sagen lassen, er selber habe darum nicht geheirathet, weil er nur noch gefürchtet, er sei nicht tüchtig dazu. Einige Tage nachher hatte er bereits die Ehe mit der aus dem Kloster entwichenen Katharina Bora in größter Stille vollzogen, und etwa vierzehn Tage später, am 27. Juni, hielt er das Hochzeitsmahl. Was ihn zu diesem Schritte, und zu der Art, wie er ihn that, vermocht habe, ist nicht recht klar; seine eigenen Erklärungen in seinen unmittelbar darauf erlassenen Briefen sind nicht befriedigend: Durch Münzer und die Bauern, schrieb er, sei das Evangelium so unterdrückt (d. h. der Bauernaufruhr habe Luthers Lehre bei Vielen so verdächtig gemacht), daß er zu dessen thatsächlicher Bezeugung und um den triumphirenden Feinden seine Verachtung zu zeigen, eine Nonne geheirathet habe; dann beruft er sich wieder auf einen früheren Wunsch seines Vaters und auf die Nothwendigkeit, denen das Maul zu stopfen, die ihm und der Bora ihres Verhältnisses wegen Uebles nachgeredet; und ein anderes Mal schreibt er: Plötzlich und während er an ganz andere Dinge gedacht, habe ihn der Herr wunderbarer Weise in die Ehe mit der Nonne geworfen, und nun müsse er um dieses Gotteswerkes willen Schmach und Lästerungen dulden. Er selber scheint eine Art von Triumph darein zu setzen, daß sie beide, er und seine Braut ihre früheren Gelübde gebrochen und eine Ehe geknüpft hatten, die seit mehr als tausend Jahren durch die kirchlichen, wie durch die weltlichen Gesetze verpönt und für ungültig erklärt war. Aber seine Freunde und Viele seiner Anhänger dachten anders. „Ich habe mich, schreibt er bald darauf, durch diese Heirath so niedrig und verachtet gemacht, daß ich hoffe, die Engel werden lachen, und alle Teufel weinen." Selbst an anstößig plumpen und widerlich rohen Aeußerungen über sein eheliches Leben fehlt es nicht in seinen damaligen Briefen; aber hinter all diesem Trotz und dieser scheinbar leichtfertigen Auffassung seines Schrittes verbarg sich das demüthigende Gefühl einer schweren, seinem persönlichen Ansehen geschlagenen Wunde, und selbst seine unbedingtesten Bewunderer fanden wenigstens die Wahl des Zeitpunktes — mitten in den Stürmen und dem Blutvergießen des durch den Bauernaufruhr entzündeten Bürgerkrieges — unerklärlich [1]."

[1] Was soll man eigentlich dazu sagen, wenn man in dem „Wormser Lutherbuch" des Herrn Hofdiaconus Dr. Carl Alfred Hase zur Entschuldigung von Luthers Heirath S. 802 wörtlich Folgendes lesen muß: „Von einem freien Standpunkte aus ist doch gegen Luther geltend gemacht worden, nicht daß er die Unverbindlichkeit des Gelübdes gelehrt, sondern daß er diese Lehre sich selbst zu Nutz gemacht und das Gelübde gebrochen: er wäre größer gewesen ohne Weib. Er aber wollte nicht groß sein, sondern fromm und Gottes Willen thuen." Daß nun Luther auch gar noch aus lauter „Frömmigkeit" und um „Gottes Willen zu thuen" seine Gelübde gebrochen und geheirathet habe, das zu glauben, dazu gehört in der That viel „frommer und einfältiger Glaube!" Wir glauben schwerlich, daß der Völkerapostel, als er (1 Tim. 4, 8.) schrieb, daß „die Frömmigkeit zu allem nützlich sei und die Verheißung des gegenwärtigen und zukünftigen Lebens habe," gerade auch diese Art von „Frömmigkeit," welche der Herr Hofdiaconus in Luthers Verheirathung erblicken will, im Auge gehabt habe. — Ueber den

Der Bauernkrieg, sowie Luthers unedles Benehmen während desselben hatte dem Ansehen des Reformators selbst unter seinen bisherigen Anhängern mannigfach tiefe Wunden geschlagen, und der Eifer für die Sache Luthers war vielfach unter den Fürsten und unter dem Volke sehr erkaltet. Luther fand es darum für rathsam, die Blicke möglichst von sich abzulenken und wiederum die Seinen zu neuem Fanatismus gegen die Kirche zu entflammen. „Laßt uns, lieben Freunde", schrieb er darum zu Neujahr 1526 „aufs Neue wieder anfangen, schreiben, dichten, reimen, malen. Unselig sei, wer hier faul ist; denn das Papstthum ist noch lange nicht genug zerscholten, zerschrieben, zersungen, zerdichtet, zermalet." Auch versuchte er unter den Fürsten neue Förderer und Beschirmer seiner Lehre zu gewinnen. Sogar an König Heinrich VIII. von England, den er wenige Jahre vorher in seiner Antwort auf dessen Buch zur Vertheidigung der Sakramente, so arg mißhandelt und mit einer Fluth von Schmähungen wahrhaft übergossen hatte[1]), wandte er sich und schrieb ihm einen kriechend schmeichlerischen Brief, in welchem er sich zu einem öffentlichen Widerruf erbot; tief beschämt wage er kaum die Augen vor ihm aufzuschlagen; er sei ja nur ein Koth und Wurm, den der König am besten durch bloße Verachtung habe überwinden können und er wolle in einer neuen Schrift den Namen seiner Majestät wieder zu Ehren bringen, wenn der König dieß nicht verschmähe. Allein die Antwort des Königs fiel wider Erwarten ungünstig und für Luther sehr scharf und verdemüthigend aus. Der zukünftige englische Reformator antwortete in sehr treffender Weise dem deutschen Reformator: Nicht zu seinen Füßen, wie er sich erboten, sondern vor der göttlichen Majestät solle er Abbitte leisten, die unglückliche Nonne, die er verführt, in ein Kloster gehen lassen, und sein ganzes Leben hindurch Buße thuen für die Tausende, die er um ihr zeitliches Leben, und die Zehntausende, die er

---

Moment aber, wo Luther zuerst Heirathsgedanken bekam, belehrt uns der Herr Hofdiaconus Dr. Hase in sehr salbungsvoller Weise folgendermaßen: „Im Gegensatz des willkürlichen Gelübdes eine reformatorische Verpflichtung, was er durch's Wort gelehrt hat, durch die That zu bekräftigen und bei seinem hohen Ansehen nicht nur ein Vorbild, sondern dem ehelichen Stande der Geistlichen fast eine Weihe zu geben, kommt ihm doch bereits in den Sinn." O heilige Salbung und beweinenswerthe Begriffsverwirrung!

1) Luther nannte in dieser Schrift Heinrich „einen gekrönten Esel, verruchten Schurken, Unsinnigen, den Auswurf aller Schweine und Esel; fängst Du einmal an Dich zu schämen? Nicht ein König, sondern ein Gotteslästerer bist Du, freches Königsmaul, toller Heinrich" u. A.

um ihr Seelenheil gebracht habe [1]). Jetzt kehrte Luther wieder seinen ganzen Zorn gegen Heinrich VIII. und schrieb, um die von Seiten des Königs erlittene und sehr selbstverschuldete Demüthigung einigermaßen zu verhüllen, eine Gegenschrift, in welcher er gegen den König und gegen alle katholischen Fürsten, gegen den Papst, gegen die katholischen Bischöfe und Theologen und gegen alle, die seiner Lehre nicht zugethan sind, spottet, höhnet, lästert, wüthet — und dieß ist „seines Herzens Freude und Spiel [2]).“ Diese Gegenschrift sollte namentlich zugleich auch Herzog Georg treffen, bei welchem Luther es gleichfalls, nachdem er ihn vorher oft und vielfach mit den häßlichsten Schmähungen überhäuft und tief gekränkt, versucht hatte, anzuklopfen und ihn für sich günstig zu stimmen. Allein Georg hatte in seiner Antwort Luthern abgewiesen, indem er ihm die sittlichen Wirkungen und Früchte der neuen Lehre aufgezählt, wie er sie in seinem Lande sowohl als im Nachbarlande seit einigen Jahren beobachtet, und einfach daraus den Schluß zog, daß das von ihm verkündete neue Evangelium unmöglich das wahre und rechte Evangelium sein könne. In seinem Briefe an Luther schreibt Herzog Georg: „Aus dein und deiner Jünger Lehre werden alle alten, verworfenen Ketzereien wieder erneuert, und aller ehrbare Gottesdienst zerstört. Wann sind mehr Empörungen gegen die Obrigkeit geschehen, als seit deinem Evangelium? Wann geschahen mehr Beraubungen armer, geistlicher Häuser, mehr Diebereien und Räubereien? Wann waren mehr verlaufener Nonnen und Mönche in Wittenberg, als jetzt? Wann hat man den Männern die Weiber genommen und andern gegeben, wie man es jetzt findet in deinem Evangelium? Wann sind mehr Ehebrüche geschehen, als seitdem du geschrieben, die Frau möge sich je nach Umständen auch an einen andern halten? Also thut der Mann auch wieder. Dieß Alles hat dein Evangelium gebracht [3]).“ Bald sollte sich Luther von Neuem wieder Gelegenheit bieten, für diese Zurechtweisung seinen ganzen Grimm gegen Herzog Georg loszulassen. Der Betrug des Otto von Pack nämlich, der den Landgrafen von Hessen überredete, die katholischen Fürsten hätten ein geheimes Bündniß zur Verjagung der protestantischen Fürsten und zur Theilung ihrer Länder geschlossen, bot Luther eine willkommene Gelegenheit, seinem Grimm gegen die katholischen Fürsten

---

[1]) Bei De Wette, Briefe Luthers Bd. III. S. 23 ff.; Walch, Bd. XIX. S. 468 ff.; Riffel, Bd. I. S. 355. — Döllinger, Luther, S. 35.

[2]) Riffel, Bd. I. S. 366 ff.; Walch, Bd. XIX. S. 507 ff.

[3]) Vgl. Staudenmaier, Der Protestantismus in seinem Wesen und in seiner Entwickelung. Zum religiösen Frieden der Zukunft mit Rücksicht auf die religiös-politische Aufgabe der Gegenwart. Freib. 1846.

und insbesondere gegen Herzog Georg Ausdruck zu verleihen und die protestantischen Fürsten aufzureizen gegen die katholischen. Während der vorsichtigere Melanchthon das Lügengewebe bald durchschaute, ereiferte sich Luther über die Maßen und redete von Todtschlägern, gegen welche man beten müsse. Und als die Erdichtung so klar aufgedeckt war, daß selbst er nicht mehr wohl sich anstellen konnte, als glaube er sie, da gab er sich noch alle Mühe, den Herzog möglichst zu verdächtigen, und bediente sich, wie Döllinger[1]) sagt, „eines für ihn recht charakteristischen Kettenschlusses, der ihm wie für diesen Fall, so auch für alle ähnlichen dienen konnte. Denn was er auch immer Verläumberisches und Schmachvolles seinen Gegnern, den katholischen Fürsten, Bischöfen und Theologen, nachgesagt hatte oder künftig noch gegen sie drucken ließ, das ließ sich auf diese Weise beschönigen. „„Herzog Georg, sagte er, ist ein Feind meiner Lehre, folglich tobt er wider Gottes Wort; ich muß also glauben, daß er wider Gott selbst und seinen Christum tobet. Tobt er wider Gott selbst, so muß ich heimlich glauben, er sei mit dem Teufel besessen; ist er mit dem Teufel besessen, so muß ich heimlich glauben, daß er das Aergste im Sinne habe[2]).""

Während Luther so in unermüdlicher und nicht selten in wenig ehrenhafter Weise seinen Kampf gegen die Kirche, und gegen die katholischen Bischöfe und Fürsten fortsetzte, bildete sich auf dem Gebiete der neuen Kirche selbst bereits eine große Spaltung in Folge des Abendmahlstreites, der, zuerst zwischen Luther und Karlstadt ausbrach und dann insbesondere zwischen Luther und den Zwinglianern, welche Karlstadt für seine Ansicht gewonnen, weiter spielte und immer größere Dimensionen annahm. Die Zwinglianer behaupteten, daß im Abendmahl Brod und Wein nur Sinnbilder des Leibes und Blutes des Herrn seien,

---

1) Döllinger, Luther S. 38.
2) Walch, Bd. XIX, 642. — Welch' ein Stolz und welch' eine Verblendung, wenn Luther in diesem seinem „charakteristischen Kettenschlusse" seine „Lehre" mit „Gottes Wort" identificirt und die Gegner seiner Lehre ohne Weiteres, als „vom Teufel besessen" bezeichnet! In der That, hätte Luther hierin recht, dann müßten nicht allein die katholischen Theologen, sondern auch die meisten modernen protestantischen Theologen „vom Teufel besessen sein"; denn Viele von ihnen „toben" Jahr aus Jahr ein gegen „Luthers Lehre" und gegen „das Lutherthum," und sind längst zu der freilich sehr vernünftigen Ansicht gelangt, zu welcher die katholischen Theologen bereits schon im 16. Jahrhundert gelangt waren, daß „Gottes Wort" und „Luthers Lehre" sehr verschiedene und sehr inadäquate Dinge sind!

während Luther dagegen lehrte, daß in, unter und mit dem Brode und Weine zugleich auch wahrhaft und wirklich der Leib und das Blut des Herrn zugegen sei. Jeder der beiden Parteien hatte an und für sich Unrecht, und jede hatte der anderen gegenüber vollkommen Recht. Luther hatte den Zwinglianern gegenüber vollkommen Recht, wenn er behauptete, „der Text der heiligen Schrift sei zu gewaltig da[1])" und gestatte keine figürliche, sondern verlange die buchstäbliche Auffassung der Einsetzungsworte des heiligen Abendmahles; Zwingli und die Zwinglianer dagegen hatten Luther und den Lutheranern gegenüber vollkommen Recht, wenn sie dieselben darauf hinwiesen, daß sobald man bei dem buchstäblichen Sinne stehen bleibe, dann auf Grund der Worte der heiligen Schrift nur die katholische Lehre von der Wesensverwandlung des Brodes und Weines in den Leib und in das Blut des Herrn die richtige, und die Luther's willkürlich und hinfällig sei. Ganz besonderer Erwähnung aber verdient auch, daß Luther im Abendmahlstreite sich nicht damit begnügte, bloß aus der heiligen Schrift zu argumentiren, sondern zugleich auch, freilich im vollendeten Widerspruche mit seinem eigenen Princip und mit allem dem, was er früher gelehrt und behauptet hatte[2]), nun auf einmal auf den Boden der kirchlichen Tradition sich stellte und für die wirkliche und wesentliche Gegenwart Christi im heiligen Abendmahle das fünfzehnhundertjährige Zeugniß der Kirche anrief. Während Luther bisher unaufhörlich die heilige Schrift als die alleinige Glaubensregel gepriesen, während er in seinem Streite mit Erasmus sich gerühmt hatte, wie er es endlich dahin gebracht, über die Autorität der ganzen Kirche sich hinwegzusetzen, während er vorher in freventlicher Weise behauptet, im ganzen Papstthum sei vom Glauben nicht ein Buchstabe, nicht ein Pünktlein übrig geblieben, es habe vor ihm und seiner Lehre gar keine Christen (etwa mit Ausnahme der kleinen Kinder in der Wiege) mehr gegeben — erklärte er im Jahre 1532: Das Zeugniß der heiligen christlichen Kirche, die von Anfang an in aller Welt bis auf diese Stunde die Gegenwart Christi im heiligen Sakrament einträchtiglich geglaubt und gehalten hätte, sei allein schon entscheidend, wer daran zweifle, der thue eben so viel, als glaube er keine christliche Kirche und verdamme nicht allein die ganze Kirche, sondern auch Christum selbst und alle Apostel, die den Artikel von der heiligen christlichen Kirche

---

1) Walch, Bd. XV. S. 2448.
2) Ueber die mannigfachen Widersprüche, in welche Luther mit sich selbst und seiner eigenen Lehre gerieth, schrieben bereits schon seine Zeitgenossen Faber: De antilogiis Lutheri cf. Raynald ed. a. 1531. n. 57. und Cochläus: Lutherus septiceps ubique sibi, suis scriptis contrarius. Par. 1564.

gegründet und ihr die Verheißungen gegeben haben ¹). Daß Luther in diesen Worten sich und seinem Abfalle von der Kirche selbst das Urtheil gesprochen, darauf haben wir nicht erst nöthig hinzuweisen. Ueberhaupt enthalten die Streitschriften, welche Luther im Abendmahlstreite zur Vertheidigung der wahren und wirklichen Gegenwart Christi im heiligen Abendmahle schrieb, seine Schrift „wider die himmlischen Propheten ²);" „der Sermon vom Sakramente des Leibes und Blutes Christi wider die Schwarmgeister ³)," „daß die Worte Christi, das ist mein Leib, noch veste stehen, wider die Schwarmgeister ⁴);" und „Großes Bekenntniß vom Abendmahl Christi ⁵)" das Beste und Gediegenste, was Luther auf dem Gebiete der theologischen Polemik geleistet hat. Freilich ist auch der Ton in diesen Schriften vielfach sehr leidenschaftlich und gehässig und des hohen und heiligen Gegenstandes, für welchen Luther in diesen Streitschriften eintritt, in hohem Grade unwürdig. Mit derselben Erbitterung, mit der er bisher gegen den Papst und die katholischen Theologen gekämpft, trat er nun in diesem Jahrelang fortgesetzten Streite auch gegen Zwingli und die Zwinglianer auf; und wenn bisher nur der Papst und die Katholiken die Ehre hatten, „vom Teufel besessen zu sein," so hatten nun auch der mitreformatorische Zwingli und die Zwinglianer die Ehre, „eingeteufelt,

---

1) Luther's Sendbriefe wider etliche Rottengeister an Markgraf Albrecht zu Brandenburg 1532 bei Walch Bd. XX. S. 2069, wo Luther schreibt: „Es ist dieser Artikel (von der wahren und wirklichen Gegenwart Christi im heiligen Abendmahle) nicht eine Lehre außer der Schrift von Menschen erdichtet, sondern klärlich im Evangelio durch helle, reine, ungezweifelte Worte Christi gestiftet und von Anfang der christlichen Kirchen in aller Welt bis auf diese Stunde einträchtiglich geglaubet und gehalten, wie das ausweiset der lieben Väter Bücher und Schriften beider griechischen und lateinischen Sprache, dazu der tägliche Brauch und das Werk mit der Erfahrung. — Wenn's ein neuer Artikel wäre, und nicht von Anfang der heiligen, christlichen Kirchen oder wäre nicht bei allen Kirchen, noch bei der ganzen Christenheit in aller Welt (katholisches Traditionsprincip!) so einträchtiglich gehalten, wäre es nicht so gefährlich und schrecklich, daran zu zweifeln oder zu disputiren, ob's Recht sei. — Wer nun daran zweifelt, der thut eben soviel, als glaubt er keine christliche Kirche und verdammt damit nicht nur die ganze heilige christliche Kirche als eine verdammte Ketzerin, sondern auch Christum selbst mit allen Aposteln und Propheten, die diesen Artikel, da wir sprechen: Ich glaube eine christliche Kirche, gegründet haben und gewaltig bezeuget, nämlich Christus, Matth. 28, 10.: „Siehe, ich bin bei euch alle Tage bis ans Ende der Welt" und St. Paulus 1 Timoth. 3, 15.: „Die Kirche Gottes ist eine Säule und Grundfeste der Wahrheit."
2) Bei Walch Bd. XX. S. 186 ff.
3) A. a. O. S. 915 ff.
4) A. a. O. S. 950 ff.
5) A. a. O. S. 1118 ff.

durchteufelt, überteufelt," und „des Satans Diener zu sein." Wenn übrigens Luther in jenem Streite im Hinblick auf seine Gegner Zwingli und Oekolampadius einen Weheruf erhob über „alle unsere Lehrer und Buchschreiber, die so sicher daher fahren und speien heraus Alles, was ihnen in's Maul fället und sehen nicht zuvor einen Gedanken zehnmal an, ob er auch recht sei vor Gott," so war das ein Weheruf, der gewiß seine Gegner im Abendmahlstreite, der aber nicht minder und vor Allem ihn selber traf und seine ganze Polemik, wie er sie vom Jahre 1517—1546 gegen die Kirche geführt. Denn voreiliger, unüberlegter und leidenschaftlicher ist ja wohl selten ein Polemiker aufgetreten, als gerade er. Den protestantischen Fürsten kam jener Streit zwischen Lutheranern und Zwinglianern selbstverständlich sehr ungelegen, und da sie den großen Mißstand fühlten, welcher für ihre Sache entstehe, wenn der Protestantismus in zwei feindliche Lager sich spalte, so suchten sie, namentlich der Landgraf Philipp von Hessen, eine Aussöhnung der beiden Parteien herbeizuführen. Zwar mißlang das beabsichtigte Schwabacher Bündniß, da die Abgeordneten der oberländischen Städte keine Vollmacht hatten, die streng lutherischen siebzehn Schwabacher oder Torgauer Artikel zu unterschreiben. Nun aber wurde von Philipp von Hessen auf den ersten October 1529 ein Religonsgespräch zu Marburg veranstaltet, zu welchem jedoch Luther und Melanchthon sich nur höchst ungern begaben, und welches so wenig Erfolg hatte, daß als Zwingli beim Abschiede Luther die Hand zur Versöhnung reichte, dieser sie mit harten Worten zurückwies. Als zwei Jahre darauf Zwingli in der Schlacht bei Kappel gefallen war, und wenig Wochen darauf auch das andere Haupt der Schweizer Partei, Oekolampadius an einem Pestanfalle starb, da freute sich Luther ihres Todes und die Lutheraner sagten: „Der Teufel habe sie ins andere Leben befördert."

Im Jahre 1530 endlich kam Kaiser Karl V. wieder nach Deutschland und hielt den denkwürdigen Reichstag in Augsburg. Die Protestanten traten auf dem Reichstag als festgeschlossene Partei auf, verweigerten gleich am nächsten Tage nach der Ankunft des Kaisers zu dessen großer Betrübniß die Theilnahme an der Frohnleichnamsprozession, und überreichten ihm sodann die von Melanchthon nach den obenerwähnten siebzehn Torgauer Artikeln Luthers ausgearbeitete Bekenntnißschrift der neuen Lehre, die am 25. Juni vor dem Reichstage öffentlich vorgelesen wurde und in der Folge unter dem Namen der Augsburgischen Confession symbolisches Ansehen erhielt und die Hauptbekenntnißschrift der Protestanten geworden ist. Allein damals schon waren die Protestanten über ihren Glauben so wenig fest und einig, daß sie schon während des Reichstages an ihrem eigenen Bekenntnisse wieder Aenderungen vornahmen und ohne Melanchthons Wissen, die Confessio mehrfach mit Abweichungen druckten. Später fand es Melanchthon selbst für gut, an seiner Confessio Manches zu ändern. Man unterscheidet deßhalb eine Confessio variata et invariata[1]). Auch reichten auf dem Reichstag die vier zwinglisch gesinnten Städte: Straßburg, Lindau, Constanz und Memmingen ihr eigenes Glaubensbekenntniß ein, die sogenannte confessio tetrapolitana, und Zwingli für sich wieder ein eigenes, was Melanchthon zu der Aeußerung hinriß: „Zwingli müsse verrückt geworden sein." Nachdem die Confessio Augustana vor dem Reichstage verlesen worden war, übergab sie der Kaiser den anwesenden katholischen Theologen, Eck, Wimpina, Cochläus, Faber u. A., welche eine Widerlegungsschrift derselben abfaßten, in der sie Artikel für Artikel durchgingen und sowohl das Uebereinstimmende mit dem katholischen Glauben als auch das Abweichende von demselben nachwiesen und die irrigen Punkte eingehend und gründlich widerlegten. Der Kaiser ließ darauf am 3. August diese Widerlegungsschrift öffentlich vorlesen und forderte zugleich, „die betreffenden Fürsten sollten der Zwietracht entsagen und zur Einheit der Kirche zurückkehren; sonst müßte er handeln, wie er als Schirmvogt der Kirche im Gewissen zu handeln verpflichtet sei." Doch schritt man auf Antrag der katholischen Stände noch zu weiteren Unterhandlungen, um, wo möglich, eine friedliche Ausgleichung zu Stande zu bringen. Von beiden Seiten ließ man zu diesem Zwecke drei Theologen zusammentreten. Die katholischen waren: Eck, Cochläus und Wimpina; die protestantischen: Melanchthon, Brenz und Schnepf. Anfangs nahmen die Verhandlungen einen guten Fortgang. Melanchthon bewies sich ziemlich nachgiebig und ließ sogar die Behauptung, daß der Glaube „allein" selig mache, welche Luther stets so eifrig verfochten hatte, fallen; ebenso gestand er die bischöfliche Prärogative zu und in Ansehung der Autorität des Papstes schrieb er einen merkwürdigen Brief an den päpstlichen Gesandten Campegio, in welchem Briefe es unter Anderem heißt: „Wir haben keine von der römischen Kirche verschiedene Lehre; wir sind auch bereit, derselben zu gehorchen, wenn sie nur nach ihrer Gnade, die sie stets gegen alle Menschen gebraucht hat, einiges wenige entweder übersieht oder fahren läßt, was wir jetzt nicht

---

1) Es ist von großem Interesse, alle die Veränderungen, die in dem Augsburgischen Glaubensbekenntniß, dem eigentlichen und vornehmsten Glaubensbekenntniß der Protestanten, vorgenommen wurden, und die späteren Bemühungen, den ursprünglichen Text wieder aufzufinden, in Köllner's Symbolik der lutherischen Kirche. Hamburg 1837, aktenmäßig dargestellt zu lesen von S. 1—353.

mehr ändern können, wenn wir es auch ändern wollten¹)." Allein weitaus die meisten protestantischen Fürsten, Prädicanten und Abgeordneten wollten Spaltung und suchten darum jeder Einigung auszuweichen. Den Fürsten und Staatsmännern der protestantischen Partei war aus politischen und materiellen Gründen mit einer friedlichen Ausgleichung und mit der Rückkehr zur alten Kirchenverfassung keineswegs gedient und eben so wenig den Predigern, die namentlich vom Cölibat durchaus nichts wissen wollten. Ebenso wenig wollten die Abgeordneten der Reichsstädte von einer Wiederherstellung der bischöflichen Jurisdiction etwas hören, da sie ja gerade, um sich der bischöflichen Jurisdiction und Gewalt zu entziehen, der neuen Secte beigetreten waren. "Ihr könnt nicht glauben," schrieb Melanchthon am 1. September 1530 an Luther, wie verhaßt ich den Nürnbergern, und ich weiß nicht wie vielen andern bin wegen der den Bischöfen wieder eingeräumten Jurisdiction. So streiten die Unsrigen nur für ihre Herrschaft, nicht für's Evangelium²)." Und drei Tage vorher in einem Briefe vom 28. August: "Sonderlich sind die Reichsstädte zum heftigsten der bischöflichen Regierung gram. Nach der Lehre und Religion fragen sie nicht viel; allein ist's ihnen um die Regierung und Freiheit zu thun³)." Luther selbst aber, der zu Coburg zurückgeblieben, weil man sich scheute, ihn auf dem Reichstage dem Kaiser vor die Augen zu bringen, war über das nachgiebige Auftreten Melanchthons sehr unzufrieden und bedrohte ihn mit Briefen; und während Melanchthon auf dem Reichstage sich bereit erklärte, das ganze lutherische Kirchenwesen wieder unter die Autorität und Gerichtsbarkeit der deutschen Bischöfe zu stellen, verkündete Luther in seinen Predigten seinen Zuhörern "jeder der Bischöfe habe auf den Reichstag nach Augsburg eine ganze Legion Teufel mitgebracht." Sobald darum Luther von jenen auf dem Reichstage gepflogenen Einigungsversuchen Kenntniß erhielt, ward er sehr aufgebracht und schrieb am 28. August an Melanchthon: "Es gefällt mir gar nicht, daß man von Einigkeit in der Lehre handeln will; diese ist ganz unmöglich, sofern der Papst nicht sein ganzes Papstthum ablegen will. Warum soll der Handel so hin= und hergezogen und auseinander gerissen werden. Die hinterlistigen Katholiken haben euch hier eine Falle gelegt, die ihr umgehen müßt⁴)." Ja, Luther ging in seinem Ungestüm und in seiner Un-

---

1) Corp. Reform. II. 168. *Cölestin*, Hist. Aug. Conf. T. III. f. 18.
2) Walch, Bd. XVI. S. 1793.
3) Walch, Bd. XVI. S. 1765.
4) Bei de Wette, Bd. IV. S. 156.

duldsamkeit so weit, daß er das Anerbieten, den Mönchen und Nonnen in den noch bestehenden Klöstern die Uebung ihres Gottesdienstes zu gestatten, verwarf: „daß man sollte ihre Regeln und Messen und anderes gottlose Wesen handhaben und schützen, das kann man nicht bewilligen ¹)." So zerschlugen sich die Friedensverhandlungen, die, wenn sie von Erfolg getrönt gewesen wären, Deutschland in religiöser und politischer Beziehung vor unsäglichem Unglücke hätten bewahren können. Melanchthon verfaßte noch eine Vertheidigungsschrift, die sogenannte Apologie der Augsburgischen Confession, welche bei den Protestanten gleichfalls symbolisches Ansehen erlangt hat. Der Kaiser jedoch nahm sie nicht an, sondern erklärte, ihre Lehre sei „aus der heiligen Schrift mit guten Gründen widerlegt und abgelehnt." Da die Protestanten gleichwohl auf ihrer Vertheidigung bestanden, so erklärte der Kurfürst Joachim von Brandenburg, der beredteste unter den Fürsten, im Namen des Kaisers und der übrigen Stände: „Seine Majestät könne sich nicht genugsam über ihre beharrliche Behauptung verwundern, daß die von ihnen übergebene Lehre und Bekenntniß in der heiligen Schrift und dem Evangelium gegründet sei. Seine Majestät habe dieselbe durch reine, klare heilige Schrift nach dem Rathe vieler Gelehrten, nicht einer Nation allein, abgelehnt; so sei auch dieselbe Lehre vor vielen Jahren in vielen christlichen Concilien für ketzerisch und unchristlich erkannt worden, daher Seine Majestät sich wohl zu verwundern habe, daß dieser Theil ihnen zumessen wolle, als ob sie und andere Kurfürsten, Fürsten und Stände irrig und nicht recht glaubten... Weil aber die kaiserliche Majestät gern Friede im heiligen Reich und allenthalben sehe, habe sie dem Kurfürsten und dessen Mitverwandten aus besonderen Gnaden, und schier weiter, als sich gebühre, diesen Abschied also stellen lassen; sie begehre, daß sie, wie die übrigen Reichsstände, denselben annehmen sollten, und gebe ihnen, wenn es nicht geschehe, zu erwägen, was für Beschwerung, Unfrieden und Uneinigkeit sie dadurch vor Gott zur Rechenschaft auf sich laden würden. Es sei in keiner Schrift noch Evangelio zu finden, daß man Jemand das Seine mit Gewalt nehmen und darnach sagen wolle, man könne es mit gutem Gewissen nicht wiedergeben. Was die übergebene und zurückgewiesene Schrift gegen die Confutation betreffe, so habe sich Seine Majestät vorher vernehmen lassen, daß sie sich in keine Disputation einlassen werde, wie ihr auch in Sachen des Glaubens nicht gebühre ²)." Am 19. November wurde sodann

---

1) Vgl. Döllinger, Kirchengeschichte, Bd. 2. Abthl. 2. S. 443.

2) Siehe die Rede bei K. A. Menzel, Geschichte der Deutschen von der Reformation bis zur Bundesakte. Bd. I. S. 407.

der ausführliche Reichstagsabschied erlassen, worin der Kaiser erklärte, er halte sich verbunden, den alten Glauben zu beschützen und die katholisch gesinnten Fürsten hätten sich erboten, dieses mit ihrer Macht ausführen zu helfen. Zugleich wurde ein allgemeines Concil in Aussicht gestellt. Bald darauf am 29. März 1531 schlossen die protestantischen Reichsfürsten und Städte einen Bund für ihre Sache zu Schmalkalden und wendeten sich deßhalb auch an die Könige von Frankreich und England; Luther aber bewies, daß ein Krieg gegen die Papisten, die gar kein Recht, weder ein göttliches, noch ein menschliches für sich haben, nicht als Aufruhr zu betrachten sei[1]). Der Schmalkaldische Bund legte den ersten Grund zum späteren verderblichen Bürgerkriege in Deutschland; das Bündniß der deutschen Protestanten mit Frankreich gegen die deutschen Katholiken war in politischer Beziehung die erste bittere Frucht der Glaubensneuerung für Deutschland.

Während der nächsten Jahre trat bei Luther der Kampf gegen die alte Kirche etwas zurück hinter dem auf dem eigenen Gebiete entbrannten Abendmahlsstreite mit den Zwinglianern. Als aber der Kaiser die deutschen Protestanten drängte, ihre Sache der Entscheidung eines allgemeinen Conciles zu unterwerfen, und als es mit der Zusammenkunft des Concils Ernst werden sollte, da trat bei Luther, der ja auch in der That für seine in der willkürlichsten und subjektivsten Weise zusammengesetzte Lehre und für seine ganze Sache nichts mehr zu fürchten hatte, als ein allgemeines Concil — der Kampf und mit ihm sein ganzer Haß gegen den Papst und die Kirche in den Vordergrund. Jetzt ließ Luther sich auch wieder herbei, den vorher von ihm so sehr verabscheuten und so viel geschmähten Zwinglianern die Hand zu reichen, und mit ihnen die zweideutige Wittenberger Concordie zu schließen, die man je nach Belieben, sowohl im lutherischen, wie im zwinglischen Sinne interpretiren konnte. Der gemeinsame Haß gegen den Papst war die Triebfeder dieser gerade nicht sehr charaktervollen Evangelischen Union und Allianz! Jener beklagenswerthe Haß machte denn auch in furchtbarer Weise sich geltend auf der Schmalkaldener Versammlung der Protestanten im Januar 1537. Luther schrieb für dieselbe die sogenannten Schmalkaldener Artikel, 23 an der Zahl, ein Aktenstück, von dem sich nicht begreifen läßt, wie es die Zustimmung vernünftiger Menschen jemals hat erlangen können. Der Papst wird darin der „leibhafte Satan," die heilige Messe „der größte und schrecklichste Gräuel," das Fegfeuer „ein Teufelsgespenst," die Ehelosigkeit „eine Teufelslehre" genannt. Und noch beim Hinausfahren aus Schmal-

---

1) Vgl. Menzel a. a. O. S. 423 ff. — Walch, Bd. XVI. S. 1950 ff.

kalben rief Luther den ihn begleitenden protestantischen Predigern das fanatische Wort als Abschiedsgruß zu: „Gott erfülle euch mit Haß gegen den Papst[1]." Jenen Schmalkaldener Artikeln aber gaben die Protestanten allgemeinen Beifall und erhoben sie zu einer Art Glaubensbekenntniß, während sie die erneuerte Einladung zu dem allgemeinen Concil in der erbittertsten Weise zurückwiesen.

In demselben Jahre, in welchem Luther auf dem Protestantentag in Schmalkalden mit solch' einem wahrhaft an Paroxysmus grenzenden Hasse gegen den Papst und die Kirche auftrat, entzweite er sich auch mit seinem alten Gefährten und Mitarbeiter Melanchthon über die „Haupt- und Grundlehre der Reformation," über die Lehre von der Rechtfertigung und Melanchthon mußte sich viel von ihm gefallen lassen. „Wenn zu deiner Zeit schon," schrieb Melanchthon damals an Veit Dietrich in Nürnberg, „die Knechtschaft hier schlimm genug war, so ist Luther seitdem noch viel härter geworden[2]." Viel früher schon hatte Luther mit seinem alten Hausfreunde und einem seiner frühesten Anhänger Agricola wegen der Rechtfertigungslehre sich entzweit, und verfolgte seitdem diesen Mann mit jener Beharrlichkeit und Energie des Hasses, die ihm eigen war; er verläumdete seine Lehre, suchte ihm jede Anstellung zu verschließen, und allenthalben Feinde zu erwecken, verdächtigte ihn in Briefen und ließ ihm die Herausgabe von Schriften verbieten, — denn Luther ließ durch den weltlichen Arm des Kurfürsten eine strenge, auf alle ihm mißfälligen Schriften sich erstreckende Censur üben, und suchte Alles, was Bedenken oder Zweifel gegen seine Lehre erregen konnte, so weit sein Arm und der seiner Anhänger reichte, zu unterdrücken. Ueberhaupt ward er gegen viele seiner Anhänger immer mißtrauischer, argwöhnischer und gereizter, zumal manche unter ihnen sich dem Zwinglianismus zuneigten. „Es kann es," schrieb im Jahre 1544 der Wittenberger Theologe Cruciger an Veit Dietrich „fast Keiner von uns vermeiden, sich Luthers Unwillen zuzuziehen, und auch öffentlich von ihm gegeißelt zu werden[3]." Um jene Zeit brach Luther denn auch noch einmal gegen die Zwinglianer los. Den Zürchern drohte er mit dem Strafgerichte, welches ihren Meister Zwingli erreicht habe, und in seinem „Kurzen Bekenntniß vom Sakramente wider die Schwärmer" sagte er sich von den Zwinglianern und von der Wittenberger Concordie, die er im Jahre 1536 mit ihnen geschlossen, vollständig los und

---

[1] Keil, merkwürdige Lebensumstände Luthers. Theil 3. Abschn. 7. — Menzel a. a. O. Bd. II. S. 100.
[2] Corpus Reform. III. 594.
[3] L. c. V. 314.

erklärte, „er wolle dieß Zeugniß vor den Richterstuhl Christi bringen, daß er die Schwärmer und Sakrament-Feinde, Karlstadt, Zwingli, Oecolampadius, Stenkfeld[1]) und ihre Jünger zu Zürich und wo sie sind, mit ganzem Ernste verdammt und gemieden habe, sie und ihre lästerliche und lügenhafte Ketzerei." Auch mit den Wittenberger Juristen gerieth Luther schließlich noch in heftigen Streit, da sie bei ihren juristischen Entscheidungen sehr wenig nach dem Reformator fragten und dem kanonischen Recht, ohngeachtet er dasselbe mit der Bulle des Papstes einst vor den Thoren von Wittenberg verbrannt hatte, in vielen juristischen Fragen fortdauernde Gültigkeit[2]) zuerkannten und daher mit mehreren seiner, nicht immer ganz folgerechten Behauptungen in den entschiedensten Gegensatz traten. Frühe schon hatte er in Reden und Schriften vielfach seiner bitteren Stimmung gegen die Juristen Luft gemacht, und am 7. Januar 1544 brach er in einer furchtbaren Predigt gegen sie los, da sie clandestine Eheverlöbnisse für gültig erklärt hatten, schimpfte sie „Kanonisten und Eselsköpfe" und erklärte, daß er im Namen Gottes dergleichen Verlöbnisse verbiete und „im Namen des Vaters, des Sohnes und des heiligen Geistes alle in den Abgrund der Hölle verdamme, welche helfen solch' Teufelswerk fördern[3])." „Allein, wie der protestantische Geschichtschreiber K. A. Menzel sagt, „die Zeit, wo dergleichen Sprüche aus seinem Munde wie Zauberschläge gewirkt hatten, war vorüber. Der Luther, den die Ferne noch als den Helden und Führer der neuen Kirche verehrte, ward im Mittelpunkte derselben nur noch aus Rücksicht auf seine früheren Verdienste ertragen. Sein Schelten blieb unerwiedert, aber auch ohne Erfolg. In seinem Streite mit den Schweizern ergriff keiner seiner Anhänger für ihn die Feder, Melanchthon lehnte eine Aufforderung, die der Kurfürst durch den Kanzler Brück an ihn ergehen ließ, ab[4])." Ueberhaupt brachte Luther

---

1) So nannte Luther, indem er in unwürdiger Weise den Namen des Mannes verdrehte, aus Aerger den Schlesier Kaspar von Schwenkfeld, weil er, der zuerst ein eifriger Anhänger Luthers war, nachher abfiel und sich sein eignes religiöses System machte. Vgl. über Schwenkfeld. Döllinger Bd. I. S. 229—278.

2) So besaßen z. B. jene protestantischen Juristen in Wittenberg selbst trotzdem, daß seit 30 Jahren daselbst die Sonne des Reformators leuchtete, noch so viel altkatholisches Rechtsgefühl, daß sie die gesetzliche Gültigkeit der Priesterehe und die Erbfähigkeit der aus einer solchen Ehe hervorgegangenen Kinder bestritten — eine juristische Auffassung, die freilich für den großen Reformator sehr bemüthigend und ein bitterer Gewissensvorwurf sein mußte. Vgl. K. A. Menzel a. a. O. Bd. 2. S. 418.

3) Diese Predigt steht bei Walch Bd. XXII. S. 2173—2187; woselbst auch noch zwei weitere scharfe Vermahnungen Luthers an die Juristen mitgetheilt sind.

4) Menzel a. a. O. Bd. 2. S. 421.

die letzten Jahre seines Lebens in einer äußerst trüben und verbitterten Stimmung zu. Wittenberg, „die Wiege der Reformation" war unter seiner reformatorischen Pastoration eine Stätte der Unsittlichkeit und Zuchtlosigkeit geworden, so daß er es selbst ein zweites „Sodoma" nannte. Fast mit allen seinen Freunden in Wittenberg hatte er sich verfeindet, und nur einige wenige noch, die von Natur mit besonderer Schmiegsamkeit begabt waren und sich Alles von ihm gefallen ließen, vermochten mit ihm noch auszukommen, und auch diese nur dann, wenn sie in der Gunst seiner Frau standen, die längst den stolzen Reformator, der einst Papst und Kaiser getrotzt, in die Fesseln einer unwürdigen Gynäkokratie geschlagen hatte und ihn dergestalt beherrschte, daß er sie gewöhnlich „Herr Käthe" zu nennen pflegte. Und wenn er seine Blicke über das Weichbild von Wittenberg hinauslenkte, sah er auf dem Gebiete seiner Kirche fast überall höchst trostlose Zustände. Fürsten, Adel und Bauern saßen in den Kirchen- und Klostergütern fest und ließen es sich darin wohl sein. Im Uebrigen kümmerten sie sich um das neue Evangelium sehr wenig und ließen die Prediger der neuen Lehre vielfach hungern und darben und wollten für Kirche und Schule nichts thun. Die Prediger lagen allenthalben im Hader untereinander und befanden sich zugleich in der servilsten Abhängigkeit vom Adel und den Bauern. Sittenlosigkeit und Zügellosigkeit schossen allenthalben in den Städten und auf dem Lande in der üppigsten Weise empor und alle Laster waren im Schwange. Die katholische Kirche, deren gänzlichen Zerfall und nahe bevorstehender Untergang er unzähligemal triumphirend vorausverkündigt, hatte seine Hoffnung und Voraussagung unerfüllt gelassen, und ihr Fortbestand drückte seiner Genossenschaft das Merkmal einer von dem alten Stamme der Kirche losgerissenen ahnenlosen Secte auf. Das allgemeine Concil, gegen das er seit Jahren so furchtbar geeifert, kam nun endlich doch zusammen. In dieser von Mißmuth und Enttäuschung, Aerger und Haß erregten Stimmung faßte er noch einmal seinen ganzen Zorn gegen die alte Kirche in zwei Schriften zusammen. Die eine war seine „Schrift wider die 32 Artikel der Theologisten zu Löwen." Sie bestand aus 76 Thesen, „in denen er," wie Döllinger[2]) sagt, „die von ihm verworfenen katholischen Lehren nicht etwa widerlegte, sondern nur verneinte, verzerrte und mit jenen giftigen und ungeheuerlichen Schmähworten, wie sie nur ihm eigen waren, zu

---

1) Vgl. Döllinger, die Reformation Bd. 1. S. 306—348, wo der damalige religiöse und sittliche Zustand der Kirche Luthers nach den eigenen Aussagen und Klagen des Reformators uns geschildert ist. — Vgl. auch Bd. 3. S. 215—274.

2) Döllinger, Luther S. 48.

besudeln strebte." Fast gleichzeitig erschien: „Wider das Papstthum zu Rom vom Teufel gestift," deren Titelblatt schon ein so abscheulich-schmutziges Bild zeigt, daß nur der bitterste Haß und der gänzliche Mangel von Anstandsgefühl die Möglichkeit einer solchen Darstellung begreiflich macht, und deren Inhalt an Lästerworten erschöpft, was die deutsche Sprache zu bieten vermag. Döllinger nennt dieselbe: „eine Schrift, deren Entstehung sich kaum anders, als durch die Annahme erklären läßt, daß Luther sie großentheils im Zustande der Erhitzung durch berauschende Getränke geschrieben habe. War er wirklich bei Abfassung dieses Buches nüchtern, so verstand er es sich bis zu jener Stufe des exaltirtesten Ingrimmes hinaufzuschrauben, wo der Geist der Selbstherrschaft baar, der Verrücktheit zu verfallen beginnt." Und selbst der protestantische Geschichtschreiber Menzel sagt: „Weiter, als Cicero gegen den Antonius, setzte Luther in dieser Philippica die Gesetzes des Anstandes bei Seite und gefiel sich in Schmähworten, für welche es eigentlich keine Feder, viel weniger eine Druckerpresse geben sollte." Diese schmähliche Schrift des Reformators brachten dann die fanatischen Protestanten mit auf den Reichstag nach Worms 1545 und überreichten sie in höhnischer Weise den katholischen Ständen zum Geschenke.

Und als ob Luther nicht gerade schon während seines Lebens über und über genug geschimpft und geschmäht, so brach er nun schließlich auch noch gegen die Juden los. Wie er einst die Fürsten und den Abel aufgerufen hatte, die aufgestandenen Bauern, wie „tolle Hunde" todt zu schlagen, „zu stechen, zu hauen, zu würgen," so fordert er nun alle Christen in Deutschland auf, die Synagogen und Schulen der Juden zu verbrennen, ihre Häuser zu zerstören, ihre Baarschaft an Silber und Gold zu nehmen, und wenn das nicht helfe, sie, wie „tolle Hunde," aus dem Lande zu jagen. Und damit noch nicht zufrieden, schrieb er in seinem unchristlichen Grimme noch eine zweite Schrift gegen die Juden. Es ist dieß sein „Schem-Hamphoras," in welchem sich der Reformator in den ekelhaftesten, schmutzigsten und unflätigsten Bildern und Ausfällen gegen die Juden ergeht. Nicht mit Unrecht hat der Schweizer Reformator Bullinger bald nach dem Erscheinen dieser Schrift zu Lebzeiten Luthers noch dieselbe genannt: „Luthers schweinisches, kothiges Schemhamphorasch, welches, so es geschrieben wäre von einem Schweinhirten, nicht von einem berühmten Seelhirten, etwas, doch auch wenig Entschuldigung hätte [2]." So tief war

---

1) K. A. Menzel, Neuere Geschichte der Deutschen Bd. 2 S. 352.
2) Wahrhafte Bekenntniß der Diener der Kirchen zu Zürich &c. Zürich 1545 f. 132 10.

der Reformator heruntergekommen. In den letzten Monaten seines Lebens trug er sich noch mit mancherlei Entwürfen: er wollte noch einmal wider die Papisten schreiben, da ihm sein vor zwei Jahren erschienenes Buch: „Das Papstthum vom Teufel gestiftet" noch nicht derbe genug schien, im Anfang Januar 1546 drohte er den Juden noch einmal neue und furchtbare Rache und wollte dazu helfen sie aus dem Lande hinauszutreiben, am 19. Januar 1546 „übte er sich im Schreiben wider die Parisischen und Löwen'schen Esel," und zwei Tage vorher hatte er noch einmal seine Abneigung gegen die Zwinglianer an den Tag gelegt, indem er mit dem Worte des Psalmes sich selig pries, „daß er nicht im Rathe der Sakramentirer sitze und nicht auf dem Pfad der Zwinglianer stehe und nicht im Lehrstuhl der Züricher sitze." Am 16. Februar hatte er noch einmal die Juristen als Sykophanten, Sophisten und die Pest des menschlichen Geschlechtes verwünscht. Wenige Monate vorher hatte er seinen alten Freund Agricola, der seinetwegen nach Wittenberg gekommen war, unversöhnlich zurückgewiesen und sich geweigert ihn auch nur zu sehen [1]). In solcher Stimmung ereilte ihn der Tod am 18. Februar 1546 zu Eisleben, wohin er, um einen Streit der Grafen von Mansfeld zu schlichten gekommen war.

Luther war eine in hohem Grade unharmonische und von heftigen Leidenschaften durchstürmte Natur, in der die allerverschiedensten Gegensätze unvermittelt neben einander und einander gegenüber standen. Ein tiefer, klarer und scharfer Denker war er nicht, und eben so wenig besaß er eine besonders ausgezeichnete und hervorragende Gelehrsamkeit, namentlich fehlte es ihm, wie auch so vielen anderen Theologen der damaligen Zeit, sehr an einer gründlichen Kenntniß des christlichen Alterthums und der heiligen Väter; auch auf dem weiten und großen Gebiete der Dogmatik war Luther nur sehr mittelmäßig orientirt. An Wissenschaft und Gelehrsamkeit sind ihm die großen katholischen Theologen des Reformationszeitalters, insbesondere der durch ächt historischen Sinn und lichtvolle Klarheit des Denkens ausgezeichnete Bellarmin († 1621) und der durch philosophischen Scharfsinn und Tiefe der Speculation hervorragende Suarez († 1617) und viele andere katholische und protestantische Theologen des sechszehnten und siebzehnten Jahrhunderts weit überlegen. Die hervorspringendste und mächtigste Eigenschaft in Luther's Geiste war eine überaus lebendige, kecke und sprudelnde Phantasie. In dieser seiner genialen Phantasie wurzelte sein Witz und seine aus seinen Reden und Schriften

---

[1] Vgl. Keil, Luthers Lebensumstände Bd. 3. 267 ff. — De Wette, V. 610. 778. 785. — Döllinger, Luther S. 50; — Die Reformation Bd. 3. S. 274.

vielfach uns entgegentretende volksthümliche- und hinreißende Beredsamkeit, der er den größten Theil seines Ansehens und seines imponirenden Einflusses auf seine Zeitgenossen verdankt. Diese seine Phantasie hob ihn manchmal über sich selbst hinaus in höhere edlere Sphären, und es treten uns dann in seinen Reden und Schriften Stellen von großer Innigkeit und Frömmigkeit entgegen, die uns den Luther des Alltagslebens, den derben, schimpfenden und schmähenden Luther vorübergehend vergessen lassen. Allein diese seine Phantasie zog den Reformator noch öfter in sehr tiefe und oft in die tiefsten Niederungen herab, wo er dann überaus erdenhaft und unerquicklich und nicht selten fast dämonisch wird. Seine regbare und reizbare Einbildungskraft war für ihn eine um so gefährlichere Gabe, da sich zugleich mit ihr eine furchtbare Heftigkeit und Starrheit des Willens und eine große und in seinem ganzen somatisch-psychischen Wesen mächtig hervortretende Sinnlichkeit verband. Wenn er in der Zeit seines Klosterlebens durch die Uebungen der Frömmigkeit und der Abtödtung und durch den Geist christlicher Selbstverläugnung dieser seiner Heftigkeit und Sinnlichkeit Gewalt anthat und sie zügelte, so ließ er ihr dagegen sehr bald nach seinem Abfalle von der Kirche in aller Weise die Zügel schießen; und so achtungswerth uns der Mönch Luther, so wenig verehrungswürdig erscheint uns in seinem Leben und Thuen der Reformator Luther. Seine ungestümen Leidenschaften entwickelten sich von da ab in der üppigsten Weise und bilden nun so recht eigentlich die Grundaccorde seines ganzen Wesens, seines ganzen Denkens und Lebens und Treibens. Freilich, den alten Mönch hat Luther nie ganz ausgezogen, und auch nach seinem Abfalle von der Kirche blieben ihm noch mannigfache Anklänge an jene Zeit. Dahin rechnen wir insbesondere seinen felsenfesten und unerschütterlichen Glauben an Christus, als den Sohn Gottes, und an die unfehlbare Wahrheit und Göttlichkeit des Christenthums — ein Glauben, aus dem er freilich weder für sein Denken, noch für sein Leben die nothwendigen Consequenzen zog, und der in seiner Seele und in seinem Leben neben seinen verkehrten häretischen Anschauungen und neben seinen vielfach sehr wenig dem Geiste Christi und den Lehren und Anschauungen des Christenthums entsprechenden Reden und Handlungen sehr unvermittelt dasteht. Auch rechnen wir unter jene Tugenden, die ihm noch aus früherer Zeit geblieben waren, seine Uneigennützigkeit [1]), die ihn

---

[1]) Wir glauben diese Uneigennützigkeit Luthers um so mehr hervorheben zu sollen, da seine Verehrer, insbesondere die reformatorischen Fürsten, dieser Tugend in hohem Grade ermangelten. Denn ihnen war es bei der Annahme des reinen Evangeliums ja meist nur um Befriedigung ihrer Habgierde und um Annexirung

nach Geld und irdischer Habe nicht viel fragen und ihn vertrauensvoll in den Tag hineinleben ließ. Das war im Grunde noch ein Nachklang an die Zeit seines Klosterlebens, wo er allem irdischen Besitze fern stand und Geld und Gut nie schätzen und würdigen lernte. Auch rechnen wir dahin jenen Freimuth, der ihn nach diplomatischen Rücksichten und Regeln, wie sie die Welt und weltliche Bildung auflegen, nicht viel fragen ließ, obgleich bei ihm dieser Freimuth vielfach in cynische Rohheit und grobe Plumpheit ausartete. Das, was an dem abgefallenen Luther noch wahrhaft imponirend ist — ist im Grunde nichts anderes, als ein nur gewissermaßen auf ein falsches Gebiet hinübergetragener Nachklang aus jener Zeit, wo er noch Mönch und katholisch war; den Mönch hat er, so sehr er auch das Mönchthum gehaßt und an sich entweiht, doch nie vollständig ablegen können.

Allein diese Vorzüge, die ihm noch geblieben waren, treten tief in den Hintergrund gegen alle die Fehler, die nach seinem Abfalle von der Kirche überall an ihm mächtig hervortraten und die zum Theil freilich nicht sowohl bloß auf Rechnung seines bösen Willens, sondern wohl auch auf Rechnung seines schlimmen Temperamentes zu setzen sind. Seine oft geradezu kleinliche Eitelkeit, sein Stolz und seine Hoffart entwickelten sich und nahmen in eben dem Maaße überhand, als er durch sein Auftreten Erfolg fand und von seinen Anhängern gefeiert ward. Getragen von dem Beifalle Unzähliger lebte er sich vermöge seiner starken Einbildungskraft ganz in den seiner stolzen Natur schmeichelnden Gedanken hinein, der bei ihm geradezu zur fixen Idee ward, daß er seit den Tagen der Apostel der erste, größte und begabteste Lehrer der Christenheit sei. „Und vor Luther hatte ja Niemand gewußt, was das Evangelium, was Christus, was Taufe, was Beichte, was Sakrament, was der Glaube, was Geist, was Fleisch, was die zehn Gebote, was das Vater unser, was Beten, was Leiden, was Trost, was weltliche Obrigkeit, was Ehestand, was Eltern, was Kinder, was Herr, was Knecht, was Frau, was Magd ꝛc. sei. Summa! Wir haben gar nichts gewußt, was ein Christ wissen soll [1])!" —

---

der geistlichen Landestheile zu thuen. Klagte ja doch Luther selbst: „Viele sind noch gut evangelisch, weil es noch katholische Monstranzen und Klostergüter gibt." Und in den „Tischreden" wünscht er den Fürsten und Adeligen, welche von den geraubten Kirchengütern für die Unterhaltung der Prediger und Kirchen und Schulen nichts herausgeben wollten, — den Teufel, weil sie „die Diener des Evangeliums mit Weib und Kindern fast verschmachten ließen." Vgl. Alzog a. a. O. S. 373. — Döllinger, die Reformation Bd. 1. S. 320—331.

[1]) Vgl. Döllinger, Luther S. 18.

Das ist ein Gedanke, der in Luthers Reden und Schriften und in seinem ganzen Auftreten unabläſſig zum Vorſchein kommt. Und noch in ſeinem Teſtamente hat er dieſem ſeinem Stolze, von dem er während ſeines Lebens wie beſeſſen war, ein bemitleidenswerthes Monument geſetzt, wenn er ſich unterzeichnet als den „im Himmel, auf der Erde und in der Hölle bekannten" „Schreiber Gottes und Zeuge ſeines Evangeliums," dem „Gott das Evangelium ſeines Sohnes anvertraut und gegeben und in dem Viele anerkennen den Lehrer der Wahrheit¹)." Auf Grund dieſes ſeines unſeligen Stolzes, vermöge deſſen er ſich für den alleinberechtigten Lehrer der chriſtlichen Wahrheit hielt, wird es denn auch erſt erklärlich, wie Luther dazu kommen konnte, unter ſeinen eigenen Anhängern jede, auch die geringſte Abweichung von ſeiner Lehre mit derſelben Pertinacität und Gehäſſigkeit zu verfolgen, wie er den Glauben der Kirche verfolgte. In der That — eine über alle Maaßen auffallende und ſeltſame Erſcheinung! Während Luther der Kirche die Gabe der Unfehlbarkeit und Untrüglichkeit abſprach, nahm er für ſich dieſelbe in der umfaſſendſten Weiſe in Anſpruch und verlangte, daß jeder ſeiner Anhänger vor ſeinem Geiſte ſich beuge, und mit wahrem Haſſe verfolgte er diejenigen, die es wagten, auch nur im mindeſten anderer Meinung zu ſein, als er. Daß er durch dieſe ſeine unfehlbare perſönliche Autorität in den flagranteſten Widerſpruch gerieth mit dem von ihm urſprünglich ausgeſprochenen Prinzip von der „freien Schriftforſchung" und daß er fortwährend als eine leibhaftige contradictio in adjecto daſtand, merkte er kaum. Auf Grund dieſes ſeines verblendeten, überall ſeine individuellen und perſönliche Autorität in die Waagſchale werfenden Stolzes, trat er denn auch mit einer Anmaßung, mit einer Kühnheit und Zuverſicht auf, die in der Geſchichte faſt einzig daſteht. Die Sprache der zweifelloſeſten Zuverſicht, der unfehlbarſten Gewißheit in allen ſeinen Behauptungen verſtand er mit der größten Leichtigkeit zu handhaben; er verſicherte in den mannigfaltigſten Wendungen, er habe ſeine Lehren vom Himmel und durch göttliche Eingebung, er ſei ganz gewiß, daß ſein Wort nicht ſein, ſondern Chriſti Wort, ſein Mund alſo auch der Mund Chriſti ſei; Chriſtus ſelbſt habe ihn zu einem Evangeliſten berufen, mit ſeiner Lehre ſei er Richter nicht nur der Menſchen, ſondern auch aller Engel, und wer ſie nicht annehme, der ſei unfehlbar verdammt. Gerne berief er ſich zum Beweiſe für ſeine göttliche Sendung und die Unfehlbarkeit ſeiner Lehre auch auf die ſchnelle Ausbreitung derſelben und auf das Aufſehen, das ſie in der

---

1) *Seckendorf*, Comment. hist. et apol. de Lutheranismo. Lib. III. p. 651.

Welt mache. Allein er vergaß nur dabei, daß dies bei so vielen älteren und neueren Irrlehren auch der Fall gewesen, oder, wie er selbst einmal schrieb, daß die Welt fast allen Ketzereien anfänglich mit ausgebreiteten Armen, sie zu empfangen, entgegengelaufen sei und er übersah dabei, daß die meisten seiner Anhänger sich nur aus sehr irdischen Motiven, die mit der Religion und dem Evangelium nichts zu schaffen hatten, ihm angeschlossen. Jenes zuversichtliche und absprechende, in den Nimbus der Unfehlbarkeit sich hüllende Auftreten Luthers muß aber um so freventlicher und vermessentlicher erscheinen, wenn wir erwägen, daß Luther in ruhigen Momenten sehr oft die bittersten Gewissensbisse über sein Thun und Treiben und die quälendsten Zweifel an der Wahrheit seiner eigenen Lehre bekam[1]). Dabei suchte er sich dann gewöhnlich einzureden, das Alles seien nur Anfechtungen des Teufels, der ihn an seiner Lehre irre machen wolle, weil er durch sein Evangelium dem Reiche des Satans so großen Abbruch gethan. Allein, wie er einmal selbst in einem lichten Augenblick schrieb: „Der traurige Geist ist das Gewissen selbst[2])."

Ueberhaupt spielt der Teufel in dem Leben des Reformators eine große Rolle und es gibt keinen Sriftsteller, in welchem so viel und so oft von dem Teufel die Rede ist, als in den Schriften Luthers[3]). Er selbst glaubte nicht etwa bloß auf der Wartburg, sondern während seines ganzen Lebens unzähligemal bei Tag und bei Nacht die Einflüsse des Satans zu empfinden. Der Rationalismus will in diesen satanischen Versuchungen und Anfechtungen, von denen Luthers Schriften voll sind, selbstverständlich nichts anderes erblicken als Schreckbilder seiner erhitzten Einbildungskraft. Auch wir glauben, daß gar manche jener Teufelsanfechtungen in die Reihe der Einbildungen gehören, an denen ja die erhitzte Einbildungskraft des Mannes so überschwänglich reich war. Allein ebenso gewiß scheint uns auch, trotz aller modernen „Gutachten und Adressen gegen die Existenz des Teufels," daß in der That die Seele Luther's vielfach dämonischen Einflüssen hingegeben war. Zugleich aber glauben wir, daß Luthers Seele gewöhnlich gerade da am meisten unter dämonischen Einflüssen stand, wo er seine eigene Seele von Teufelsanfechtungen ganz frei fühlte und vielmehr sich dem Teufel in seinen katholischen Gegnern gegenübersah, und in ihnen

---

1) Vgl. die zahlreichen Belege aus seinen Schriften und Briefen bei Döllinger, die Reformation Bd. 3. S. 243—251.

2) Döllinger, Luther S. 56.

3) In der kleinen Schrift gegen Herzog Heinrich von Braunschweig wird der Teufel 146mal namentlich genannt. Im Buche von den Concilien werden in vier Zeilen die Teufel fünfzehnmal angeführt. Vgl. Döllinger, die Reformation Bd. 3. S. 265.

den Teufel zu bekämpfen wähnte. Während nämlich Luther in ruhigen Momenten oft von großen Gewissensbissen gefoltert war über die Berechtigung seines reformatorischen Berufes und die Wahrheit und Richtigkeit seiner Lehre, und während er sich dann einzureden suchte, diese Gewissensbisse seien nur Anfechtungen des Teufels, so vergaß er vollständig alle diese Bedenken und Gewissensbisse, sobald er auf der Arena stand und auf den Papst und die katholische Kirche hineinschlug. Da fühlte er von Anfechtungen des Teufels nicht das Mindeste, sondern sah sich vielmehr dem Teufel überall gegenüber in der Kirche, im Papste, in den katholischen Fürsten und Theologen oder auch in seinen sonstigen Gegnern. Die katholische Kirche erschien ihm dann als das Reich des Satans, der Papst zeitweise geradezu als eine Art satanischer Incarnation, die auf dem Stuhle Petri zu Rom sitze, die katholischen Fürsten und Theologen als vom Teufel Besessene; und indem er nun wacker auf den Papst und die Kirche und auf seine katholischen Gegner hineinschlug, glaubte er auf den Teufel selbst zu schlagen und mit dem Teufel selbst zu kämpfen, und er nahm sich darum auch in diesem Kampfe nichts übel und hielt seinen Gegnern gegenüber Alles für erlaubt; denn es war ja der leibhaftige Satan selbst, den er in ihnen bekämpfte. Und doch waren gerade diese Momente des Kampfes und des Paroxysmus, wo Luther in seiner eigenen Seele von Teufelsanfechtungen nichts spürte und gegen den Teufel selbst zu kämpfen glaubte — wie wir schon bemerkt, die Momente, in denen seine Seele wohl am allerehesten und am allermeisten unter dem Zauberbann dämonischer Einflüsse stand und im Dienste des Satans kämpfte und stritt.

Hat ja doch auch die in ihrer Art einzig dastehende Polemik, wie Luther sie während dreißig Jahre bis zu seinem Tod gegen die Kirche geführt, etwas in hohem Grade Wüstes, Wirres und Dämonisches. Wild durcheinanderfahrende Schimpfworte über Schimpfworte und Schmähungen über Schmähungen entströmen, wie ein unversiegbarer Strom dem Munde des Reformators. Und nicht selten taucht seine Phantasie in die Niederungen der schmutzigsten Sinnlichkeit, und die ekelhaftesten und häßlichsten Bilder und Ausdrücke kommen zum Vorschein. Nicht mit Unrecht hat bereits bei Lebzeiten Luthers schon der Schweizer Reformator Bullinger in einem Briefe an den Straßburger Reformator Bucer über „Luthers hündische und obscöne Beredsamkeit" bitter Klage geführt [1]). Bemerkenswerth ist auch das Urtheil des bekannten protestantischen Theologen

---

1) Adorant plerique hominis caninam illam obscoenam focundiam. — Der Brief ist abgedruckt bei Heß, Leben Bullingers I., 404 ff. und bei Döllinger, die Reformation Bd. III. S. 263.

Ammon, der, nachdem er die Vorzüge von Luther's Beredsamkeit hervorgehoben, weiter fortfährt¹): „Von der anderen Seite ist es nicht minder gewiß, daß man Luthers homiletische Arbeiten nur mit der größten Vorsicht brauchen muß. Nur zu oft findet man in seinen Predigten Ausdrücke, Erzählungen, Sprüchwörter und Stellen, die den guten Geschmack zu allen Zeiten beleidigen, und nur aus einer niedrigen Erziehung, aus einer leidenschaftlichen Gemüthsstimmung, und aus dem Mangel an Vorbereitung und einem ruhigen Nachdenken erklärt werden können. Bossuet mag ungerecht erscheinen, wenn er von ihm urtheilt: que dirai-je des bouffoneries plates et scandaleuses, dont il remplissoit ses écrits; de ses fureurs et emportements, de ses froides équivoques, de ses basses plaisanteries et saletés, je dis même des plus grossières et des celles, qu'on n'entend sortir, que de la bouche des plus vils artisans. (Histoire des variations des églises protestantes. Paris 1730. T. I. p. 38)? Aber was soll man dazu sagen, wenn Luther predigt: . . . . . . Was soll man zu der höchst anstößigen Stelle sagen: . . . . . .²) Darf man sich wundern, wenn der erbitterte Bossuet von dieser Stelle urtheilt: si on entendoit un tel discours dans une farce et sur le theatre, on en auroit honte (Ebend. 258.)." Was aber so schon von den homiletischen Arbeiten Luthers gilt, das gilt in ungleich höherem Grade noch von seinen polemischen Schriften. Da ist kein Ausdruck zu gemein, kein Bild zu obscön, keine Schilderung zu wüst, welche der Mann des reinen Evangeliums nicht in den Mund nimmt und durch seine Feder hinaus in die Welt schleudert.

Wie aber in den Schriften Luthers vielfach eine sehr unevangelische Unlauterkeit zum Vorschein kommt, so spricht sich weiter auch in seinen Schriften eine furchtbare und maßlose Gehässigkeit aus, die zu dem Hauptgebote des Christenthums in einem fatalen Gegensatz steht und uns die christliche Gesinnung des Reformators gleichfalls in einem sehr unevangelischen Lichte erscheinen läßt. Schmähender Groll, trotziger, wegwerfender Hohn und eine massenhafte Häufung von Invectiven, oft der persönlichsten, oft zugleich der pöbelhaftesten Art brechen in seinen polemischen Schriften überall, und oft in der aller widerlichsten Weise, hervor. Im Schimpfen und Schmähen und Poltern ist er Meister, und die Keule plumper Lästerung hat er geschwungen wie kein anderer vor ihm und nach ihm in der deutschen Literatur. Blicken wir dagegen auf die pole-

---

1) Ammon, Handbuch der Kanzelberedsamkeit S. 95.
2) Wir theilen die bei Ammon angeführten Stellen Luthers selbst hier nicht mit, da wir es uns zur strengen Pflicht gemacht haben, unsere Schrift mit derartigen Lutherworten nicht zu entweihen.

mische Beweisführung in seinen Schriften hin, so ist dieselbe gewöhnlich sehr haltlos und unklar, sehr schief und verkehrt. In eben dem Maaße, als bei Luther die Einbildungskraft mächtig präponderirte über Vernunft und Verstand, war er auch geneigt, mit seiner Einbildungskraft Alles zu entstellen, zu verwirren und zu verzerren, und diese verhängnißvolle Anlage entwickelte sich um so furchtbarer bei ihm, je mehr seine Seele im Kampfe gegen die Kirche von den heftigsten Leidenschaften bewegt war, und er in seiner leidenschaftlichen Erhitzung und seinem polemischen Taumel einer klaren und ruhigen Erwägung der theologischen Controverse gar nicht einmal fähig war. Die Dogmen und Institutionen der Kirche, gegen welche er kämpfte und auf die er oft in sehr plumper und oft auch in sehr frivoler und leichtfertiger Weise losschlägt, sind nicht die Dogmen und Institutionen der Kirche, wie sie wirklich sind, sondern wüste Phantome und häßliche Carricaturen, wie sie in seiner überreizten und erhitzten Einbildungskraft und in seinem polemischen Taumel vor seinem Geiste sich gestaltet haben. Leider ist auf dem modernen protestantischen Gebiete der alte positive Luther mit all' den christlichen Dogmen und Wahrheiten, an denen er noch festgehalten, nur allzusehr ausgestorben und vergessen; der negative Luther dagegen mit seinem oft bis zum Paroxysmus gesteigerten Haß gegen den Papst und die katholische Kirche und mit seinen falschen und verkehrten, mit seinen leidenschaftlichen und gehässigen Anschauungen und Urtheilen über katholische Dogmen und Institutionen lebt auf protestantischem Gebiete noch immer fort in Predigt und Katechese, und in unzähligen Schriften und Tractätlein und erzeugt unter Protestanten noch fort Vorurtheile über Vorurtheile gegen die erhabensten Dogmen und die großartigsten und idealsten Institutionen der Kirche. Von dem alten Luther des sechszehnten Jahrhunderts hat der moderne Protestantismus leider vielfach nur noch die trübe und ungenießbare Hefe behalten und das Gute an ihm, was er noch aus der katholischen Kirche mit herübergenommen, vielfach gänzlich verschüttet und vergessen.

Wenn der Weise Griechenlands die Selbsterkenntniß als das Fundament aller Weisheit bezeichnet, und wenn der heilige Augustin in jenen frommen und flehenden Bitten, die er an den gekreuzigten Heiland richtete, vor Allem um die Gabe der Selbsterkenntniß bat, so scheint es dagegen, daß Luther diese Gabe nur wenig zu würdigen gewußt und daß er in der Hitze des Kampfes für das reine Evangelium es nur allzu sehr verabsäumt hat, an sich selbst den Maßstab des reinen Evangeliums anzulegen und seine eigene Seele und sein eigenes Leben im Lichte des Evangeliums öfter gründlich zu betrachten und zu durchforschen. In der

That, der Mann, der sich rühmte, mit seiner Lehre der Richter nicht nur der Menschen, sondern auch aller Engel zu sein und Alles zu kennen in der Schrift und in der Kirche, scheint von sich selbst, von seiner eigenen Persönlichkeit und seinem eigenen Leben, nur eine sehr unklare und unvollständige Kenntniß gehabt zu haben und das große Wort des heiligen Augustin: Noverim me, noverim te scheint ihm nach seinem Abfalle von der Kirche immer verborgen geblieben zu sein. Denn wäre er sich nur über sich selbst und sein eigenes Leben, wie er es nach seinem Abfalle von der Kirche zu führen begann, klar geworden und hätte er dieses sein Leben klar im Lichte des Evangeliums betrachtet, so hätte er zum Bewußtsein kommen müssen, daß der Weg, den er in seinem eigenen Leben wandelte, sicher nicht der Weg des reinen Evangeliums war und daß ihm darum auch zum Wiederherstellen des reinen Evangeliums noch sehr viel fehlte. Denn im Hinblick auf dieses sein Leben müssen wir auch ihm, wie so vielen Häresiarchen und unglücklichen Priestern in allen christlichen Jahrhunderten, das Wort der heiligen Schrift zurufen: „Quomodo cecidisti, Lucifer! Wie bist du gefallen, o Morgenstern!" Wie bist du herniedergesunken von jenen reinen und sittlichen Höhen, auf denen du als Priester und Mönch gestanden, in die Niederungen wüsten und gemeinen Erdenlebens! Ja welch' ein Unterschied zwischen dem frommen, ernsten und sittenreinen Mönch in der Zelle des Augustinerklosters zu Wittenberg, und dem derben und plumpen Reformator, wie er mit weinglühendem Gesichte hinter vollem Humpen sitzt und unter schallendem Gelächter heiterer Kumpane seine schmutzigen und unflätigen Tischreden hält! Welch' ein Unterschied zwischen dem nach sittlicher Vollkommenheit strebenden Augustinermönch, der mit der größten Gewissenszartheit, ja Gewissensängstlichkeit über die Reinheit seiner Seele wachte, und dem Reformator, der an heiliger Stätte seine empörenden Ehestandspredigten hält und in seinen Predigten und Schriften die schönste aller christlichen Tugenden, die Jungfräulichkeit, in der maßlosesten Weise in den Staub zieht, und der dann sein Wort zur That macht und seine heiligsten Gelübde bricht und heimlich Hochzeit hält! Welch ein Unterschied zwischen dem ernsten und gelehrten Mönch, der in seiner Zelle in die wunderbaren Geheimnisse des Galaterbriefes wie versenkt war, und dem Reformator, der dann „die Käthe liebte wie den Galaterbrief!"

Bald, nachdem Luther seinen Kampf mit der Kirche begonnen, gingen mit seinem Leben große Veränderungen vor. In ungemessener Weise ergab er sich nun den Freuden des Weines und der Tafel, und, wie er selbst sagt, „wenn er eine Kanne mit dem Bier habe, wollte er gerne das Faß mit dem Bier haben," „er und der Kurfürst Johann Friedrich müßten ihr Polster und Kissen in der Kanne suchen¹)." Und wenn er im Trinken zu viel gethan, dann tröstete er sich, wie sein Freund Bugenhagen erzählt, damit: „er habe zwanzig Jahre lang unsern Herrn Gott mit Meßhalten gekreuzigt und gemartert, darum könne er ihm auch einen guten Trunk zu gute halten, die Welt lege es aus, wie sie wolle²)." Ja er gab — und zwar wohl in Folge der steten ihn quälenden Zweifel und Gewissensbisse — seiner Neigung zum Weine selbst bis zur Untergrabung seiner Gesundheit nach³). Im Jahre 1529 hatte er in Amsdorf's Gesellschaft so viel Malvasier getrunken, daß er ein Unwohlsein, das ihm fast tödtlich geworden wäre, davon trug⁴). Im nächsten Jahre, als er während des Reichstages zu Augsburg in Coburg sich aufhielt, überfiel ihn wieder in Folge des Weintrinkens, ein hartnäckiges Kopf-Sausen, und dazu eine Halsentzündung — wiewohl er beide Leiden lieber dem Satan zugeschrieben hätte⁵). Zehn Jahre darauf am 2. Juli 1540 schrieb er an seine Frau: „Ich fresse wie ein Beheme und saufe wie ein Deudscher, das sei gott gedanckt⁶)." Und im Jahre 1522 schon schrieb Graf Hoyer von Mansfeld dem Grafen Ulrich von Helfenstein; „Er sei hievor und zu Worms gut lutherisch gewesen, er habe aber befunden, das Luther ein — — sei, denn er saufe sich voll, wie der Mansfeldischen Gewohnheit, habe gern schöne Frauen bei sich, schlage auf der Laute und führe ein leichtfertiges Leben, deßhalb sei er ganz abfällig geworden⁷)." In jenen Jahren macht auch Valentin Ickelshammer, der zu Wittenberg studirt hatte, Luthern bittere Vorwürfe wegen seiner selbst in seinem äußeren Aufputz sich zeigenden geckenhaften Eitelkeit, und wegen des „gottlosen und tollen Wittenbergischen Lebens⁸):" und dreizehn Jahre später

---

1) Opp. lat. Witeberg VI. 401. — Tischreden. Eisleben 1566. f. 123. b. 87. a. 33. a.

2) Mathesius, Leben Luthers f. 151.

3) Walch, Bd. XXII. S. 183.

4) Vgl. Döllinger, die Reformation Bd. 3, S. 239—253: Luthers Charakter und Leben unter dem Einflusse seiner eigenen Lehre; seine Zweifel und Gewissensbisse, Unglaube und satanische Versuchungen, Quelle und Charakter der letzteren; innerer Grund seiner polemischen Ueberspannung.

5) De Wette, Briefe Luthers Bd. III. S. 442.

6) *Schleggl*, initia reform. Coburg. p. 100. 101. Vgl. Döllinger a. a. O. S. 241.

7) Burkhardt, Dr. M. Luthers Briefwechsel. Leipzig 1866. S. 357.

8) Ickelshammers, Klage etlicher Brüder über Luther wegen Karlstadt. Siehe eine längere, den Reformator charakterisirende Stelle daraus bei Döllinger, a. a. O. S. 242.

machte der Humanist Lemnius, der lange in Wittenberg gelebt hatte und besonders mit Melanchthon in vertrauten Verhältnissen gestanden, Luthern gleichfalls den Vorwurf, daß er durch sein unerbauliches Leben, namentlich durch seine Unmäßigkeit, Aergerniß gebe¹)! Und Luther selbst gesteht: Das Aergerniß, welches an sein und seiner Collegen Persönlichkeit, an ihrem Charakter und ihrer Lebensweise genommen worden, sei bisher bei Allen die erste Veranlassung zur Verwerfung ihrer Lehre gewesen²).

Eine furchtbar harte, aber eine durch Luthers Schriften und Leben und durch das Zeugniß der Geschichte vollkommen gerechtfertigte Anklage ist es, wenn Döllinger am Schlusse seiner Charakteristik Luther's sagt: „Mit diesen Zügen zu einem Bilde des Reformators müssen wir uns hier genügen lassen; nur das darf nicht unerwähnt bleiben, daß Luther besonders seit dem Jahre 1520, über Geschlechtsverhältniß, Ehe und Cölibat Behauptungen aufstellte und unter dem Volke verbreitete, die in den weitesten Kreisen, nach dem Urtheile der Zeitgenossen, einen höchst nachtheiligen moralischen Einfluß ausübten. Er ist wohl seit der Stiftung der christlichen Kirche der Erste gewesen, der die Lehre aufstellte, der Mensch sei ein Sklave seines mit unwiderstehlicher Macht herrschenden Naturtriebes, und das Gebot, sich zu verheirathen, sei daher nicht nur ein Jedermann verpflichtendes, sondern verbinde auch noch strenger, als jene Gebote des Dekaloges, welche Mord und Ehebruch verbieten³).“ In der

---

1) Lutheri vita ita omnibus est perspecta, ut pauci sint, qui eam laudibus dignentur. Dum se episcopum jactitat evangelicum, qui fit, ut ille parum sobrie vivat? Hausen's pragm. Geschichte d. Protest. in Deutschland, I. Beilage, S. 9. Vgl. Döllinger, S. 243.

2) „Es ist ein unerfahrener Mensch — sagt er von dem Prediger Karg — und hat vielleicht erstlich an unseren Personen sich geärgert, und hernach an der Lehre desto lüderlicher gehalten; wie sie denn alle bisher gethan, die unter unserer Lehre Rotten angerichtet, zuerst unsere Person verachtet." De Wette, V. 95. — Daß die Wiedertäufer ihr Hauptargument gegen die lutherische Lehre von der Sittenlosigkeit der Wittenberger überhaupt hernahmen, berichtet Luther selbst: Colloquia, meditationes etc. ed. Rebenstock II, 35. Vgl. Döllinger, S. 242.

3) Döllinger, Luther, S. 60. — Vgl. Döllinger, die Reformation, Bd. 2, Kap. 15.: Der Einfluß der Reformation auf die sittliche Haltung des Volkes in geschlechtlicher Beziehung S. 426—452. — Jarcke, Luthers Eherecht in den historisch-politischen Blättern Bd. 11. S. 410—435. — Und auch der berühmte protestantische Theologe Thiersch beklagt diese folgenschweren Verirrungen des Reformators, wenn er in seinem unter den Protestanten vielverbreiteten Buche: Ueber christliches Familienleben S. 15 sagt: „Es gibt eine eigenthümliche Gabe der Enthaltung, welche Paulus hatte, und wie kann man übersehen, daß er den Besitz und die Bewahrung dieser Gabe höher stellt als die Führung eines tadellosen Ehestandes, und daß er

That, das alte heidnische Rom hat selbst in der Zeit seines tiefsten sittlichen Verfalles die Hochachtung vor der Tugend der Jungfräulichkeit nicht verloren und sie in der Vestalin hochgeehrt und vor dieser erhabensten und idealsten aller Tugenden sich gebeugt. Dem Manne aber, der sich rühmte, das reine Evangelium an's Licht gebracht zu haben, war es vorbehalten, diese erhabenste und idealste aller Tugenden in seinen Reden, in seinen Predigten und Schriften in einer Weise zu beschimpfen und zu schmähen, wie kein Anderer vor ihm gethan. Doch Luther hat nicht bloß die Würde und Erhabenheit der jungfräulichen Reinheit so vollständig verkannt; er hat zugleich auch in wahrhaft empörender Weise die Würde und Reinheit und Heiligkeit der christlichen Ehe verkannt, und in Bezug auf die Ehe und eheliche Treue Grundsätze ausgesprochen, vor denen die alten heidnischen Germanen, wie Tacitus sie uns schildert, mit Abscheu zurückgeschaudert wären.

In der That ein seltsamer Wiederhersteller des reinen Evangeliums der für die reinsten und erhabensten aller christlichen Tugenden, wie sie uns aus dem Evangelium und aus dem Leben des Herrn allüberall entgegentreten, vollkommen blind war und für sie geradezu alles Verständniß verloren zu haben schien. Wie groß und ideal müssen uns im Vergleiche zu ihm erscheinen, jene Heroen christlicher Tugend und Frömmigkeit, wie sie aus der Kirche uns entgegenleuchten in einem heiligen Carl Borromäus, Franziscus Xaverius, Ignatius von Loyola, Pius V., Philippus Neri, Thomas von Villanova, Petrus Canisius, Vincenz von Paul, Franz von Sales, Bartholomäus de Martyribus, Johann vom Kreuze, Cajetan von Thiene. Sie haben in ihrem Leben nicht viel vom „reinen Evangelium" geredet, aber in ihrem ganzen Denken und Leben und Wirken in der vollkommensten und aufopferungsvollsten Weise das „reine Evangelium" geübt. Luther dagegen hat unaufhörlich das „reine Evangelium" im Munde geführt; aber in seinem eigenen Leben und in seinem eigenen Denken und Reden und Schreiben und Wirken läßt er das „reine Evangelium" allenthalben — nur allzusehr vermissen! Ein mit außergewöhnlichen Geistesgaben ausgerüsteter Mann war Luther; aber ein reiner, erhebender und ächt christlicher Charakter war er nimmer!

---

dem Streben nach dieser Gabe seine Gutheißung und Aufmunterung werden läßt. Dieß wurde von Luther, mehr noch von seinen Anhängern verkannt. In der ganzen altprotestantischen Ansicht spricht sich eine voreilige Verzweiflung an der Möglichkeit des geheiligten Cölibates aus. Diese Verirrung muß gerügt werden." Ebenso warnt Thiersch (a. a. O. S. 171) vor jener höchst schädlichen Schlaffheit, welche sich z. B. in Luthers Auslegung von 1. Cor. 7, 3. 4. über das Verhältniß der Ehegatten äußert.

Drittes Kapitel.
Die Einführung der neuen lutherischen Lehre in deutschen Territorien, in Schweden, Dänemark, Norwegen und Island.

> Historisch ist nichts unrichtiger, als die Behauptung, die Reformation sei eine Bewegung für Gewissensfreiheit gewesen. Gerade das Gegentheil ist wahr. Völlige Unterdrückung und Ausrottung der katholischen Kirche betrachteten alle Reformatoren als sich von selbst verstehend. So war es im ganzen protestantischen Europa. Freiheit für uns Unterdrückung für jede andere Partei war die herrschende Losung.
> Döllinger[1]).

Die Haupttriebfedern bei dem großen Glaubensabfalle im sechzehnten Jahrhundert. — Die Einführung der neuen Lehre in Kursachsen, Hessen und Preußen. Sächsische Kirchenordnung und freie Schriftforschung. Luthers und Melanchthons Instructionen zur Täuschung des Volkes bei Abschaffung des katholischen Gottesdienstes. Der Deutschordensmeister Albrecht von Brandenburg und seine evangelischen Rathgeber. — Reformation und Reformatoren in den deutschen Reichs- und Landstädten, insbesondere in den Städten Magdeburg, Nürnberg, Ulm und Frankfurt. Magdeburgs erster Superintendent. Der letzte Probst von St. Sebaldus in Nürnberg und andere Vertreter des reinen Evangeliums. Osiander und seine Controversen. Wilibald Pirkheimer. Ein reformatorisches Dreigestirn über Ulm. Frankfurt und sein Reformator. — Das Reformationsdrama in Mecklenburg, Pommern und Würtemberg, in Kurbrandenburg, im Herzogthum Sachsen, in Naumburg, Braunschweig und Hildesheim. Gewaltsame Protestantisirung der Universität Tübingen. Der katholische Bischof Erasmus von Manteuffel. — Kurfürst Joachim I. und seine Söhne. Sein Testament. Der apostasirte Bischof Jagow und die katholischen Bischöfe Busso von Alvensleben und Georg von Blumenthal. Herzog Georg von Sachsen und sein Testament. Der katholische Bischof Johann von Schleinitz. Luther auf Pfingsten 1539 endlich in Leipzig. Widerwille der Stadt gegen Luthers Reformation. Gutachten der Wittenberger Theologen zur gewaltsamen Protestantisirung der Universität Leipzig. Gewaltthaten an Naumburg und Braunschweig. Luther consecrirt einen Bischof. Das heilige Cöln. — Gustav Wasa und seine Motive zur Reformation Schwedens. Die Reformatoren Lorenz Anderson, Olof und Lorenz Peterson und die katholischen Bischöfe Magnus Knut von Upsala, Peter Jacobson von Westeräs und Johann Brasle von Linköping. — Dänemark und seine reformatorischen Fürsten. Luthers Brief an Christian III. nach seiner Gefangennehmung der katholischen Bischöfe. Der katholische Bischof Rönnew von Rooskild. — Reformation in Norwegen und Island. Jon Arasen, der letzte katholische Bischof von Island.

Den Fürsten hatte Luther hingeworfen die Kirchen- und Klostergüter, den Priestern und Mönchen die Emancipation des Fleisches, dem Volke eine überaus angenehme und allen Leidenschaften schmeichelnde Seligkeitslehre,

---

1) Döllinger, Kirche und Kirchen. S. 68 und 74.

welche vom Menschen nichts weiter verlangte, als nur „den Glauben allein," und die Beobachtung der zehn Gebote als etwas zum Heile vollkommen Gleichgültiges darstellte. Nicht minder verstand es Luther und die Seinen, die alte Kirche mit einer Fluth von Schmähungen und Verleumbungen zu überhäufen und sie dem Volke im häßlichsten Lichte zu zeigen als das „Reich des Teufels und des Götzendienstes," und dann im Gegensatze dazu mit einer Vermessenheit und Keckheit, die ihres Gleichen sucht, die neue Lehre und Alles, was an ihr dem sinnlichen Menschen schmeichelte, mit dem Nimbus des reinen Evangeliums zu umgeben und als wahrhaft „christlich" und „evangelisch" und ganz und gar dem „reinen Evangelium und lauteren Gottesworte" entsprechend darzustellen. Die Fürsten konnten nun ohne alle Gewissensbedenken gierig ihre Hand nach den Kirchen- und Klostergütern ausstrecken, und indem sie in der ungemessensten Weise ihre Habsucht und Herrschsucht befriedigten, konnten sie noch mit zum Himmel emporgewandtem Blicke sich als die wahren „Gotteshelden und Gotteskämpfer des reinen Evangeliums" betrachten und wurden als solche von den Reformatoren und ihrem Anhange gepriesen. Unenthaltsame Priester, Mönche und Nonnen konnten nun im Geiste des neuen Evangeliums ohne alle Gewissensbedenken ihre heiligsten Eide und Gelübde freventlich brechen, und weit entfernt, dadurch zu sündigen, verübten sie vielmehr nach Luthers Lehre nur ein rechtes „Gotteswerk," indem sie einen „Stand der Sünde und Gottlosigkeit," des „Aufruhrs wider Christum" und der „Gotteslästerung," als welchen Luther den Stand der Jungfräulichkeit und des Ordenslebens bezeichnet, verließen, und durch Brechen ihrer heiligsten Gelübde und unmoralische Emancipation zum „reinen und lauteren Evangelium" sich bekehrten. Das Volk aber brauchte nicht mehr sein Gewissen zu erforschen, nicht mehr zu beichten, nicht mehr zu fasten, nicht mehr zu beten, nicht mehr Almosen zu geben, nicht mehr gute Werke zu üben, und indem es alles das, was in der alten Kirche die Sinnlichkeit des Menschen zügelte und dem Menschen Selbstverläugnung und Abtödtung auflegte, mit Füßen trat und sich mit dem Glauben allein begnügte, durfte es nach Luthers Lehre sich einbilden, nunmehr auf dem Boden des „reinen Evangeliums" und des „lauteren Gotteswortes" zu stehen und nun wahrhaft unter die „Schaar der rechten und lieben Gotteskinder" zu gehören! Kein Wunder, daß eine Lehre, die alle Leidenschaften wach rief und zugleich noch die Befriedigung der Leidenschaften mit dem Nimbus des reinen Evangeliums zu umgeben wußte und alle Gewissensbedenken im Namen des „reinen Evangeliums" abschnitt, bei Fürsten und Völkern, bei Priestern und Mönchen großen Anklang fand. Kein Wunder, daß diese Lehre in einer Zeit, in welcher im politischen und socialen, im religiösen und sittlichen Leben der Nationen so viel Zündstoff sich angehäuft, wie ein zündender Funke in die menschlichen Leidenschaften hineinfuhr und sie in helle Flammen setzte. Und kein Wunder, daß diese in hellen Flammen emporlobernden menschlichen Leidenschaften, in vielen größeren und kleineren Territorien die alte, schöne und ehrwürdige katholische Kirche niederbrannten und an ihre Stelle das arme und unschöne Menschenwerk protestantischer Territorialkirchen und Territorialkirchlein setzten. Während das Evangelium im apostolischen Zeitalter dadurch sich verbreitete, daß es allen Leidenschaften des Menschen den Krieg erklärte, verbreitete sich das neue Evangelium im Reformationszeitalter vorwiegend dadurch, daß es den menschlichen Leidenschaften schmeichelte und sie in seinen Sold nahm. Und Friedrich der Große hatte insofern vollkommen Recht, als er den bekannten Ausspruch that: „Wenn man die Ursachen der Verbreitung der Kirchenreform auf einfache Principien zurückführen will, so wird man finden: daß es in Deutschland das Werk des Interesses, in England das der Liebe und in Frankreich der Reiz der Neuheit war[1].” Habgier, Sinnlichkeit und Gewalt[2] waren die drei Hauptfactoren, durch welche in den einzelnen Territorien die alte Kirche zerstört und dem neuen Evangelium Eingang verschafft wurde. Die Geschichte ist dessen, wie die folgenden Thatsachen zeigen werden, unwiderleglich Zeugniß!

In Kursachsen ernannte der Nachfolger Friedrichs des sogenannten Weisen, Kurfürst Johann, auf Luthers Betrieb eine „Kirchenvisitation,” welche in den Jahren 1527 und 1528 das neue Kirchenwesen in eine bestimmte Ordnung brachte. Aller freien Forschung zum Trotz wurde von den beiden Reformatoren Luther und Melanchthon den lutherischen Predigern genau vorgeschrieben, was und wie sie lehren sollten,

---

[1] „Si on veut réduire les causes du progrès de la réforme à des principes simples, on verra, qu'en Allemagne ce fût l'ouvrage de l'intérêt, en Angleterre celui de l'amour, et en France celui de la nouveauté.” (Memoires de Brandenbourg.)

[2] Dieß gesteht unter vielen andern Protestanten auch der reformirte Theologe Jurieu einfach zu, wenn er sagt: „Es ist unstreitig, daß die Reformation durch die Gewalt der Staatenbeherrscher geschehen ist. So ging es in Genf durch den Senat und in anderen Theilen der Schweiz durch den großen Rath jedes Cantons, in Holland durch die Generalstaaten; in Dänemark, Schweden, England und Schottland durch König und Parlamente. Und die oberste Staatsgewalt blieb nicht dabei stehen, daß sie den Anhängern der Reformation volle Freiheit gab: sie ging soweit, daß sie den Papisten die Kirchen nahm und die öffentliche Religionsübung verbot.”

um das Volk in Einigkeit des Glaubens zu erhalten; und dem Kurfürsten wurde eingeschärft, daß es seine Pflicht sei, durchaus keine Abweichung von der aufgestellten Norm zu dulden. Das arme Volk aber, das noch immer an seinem alten katholischen Gottesdienste hing, hinterging man damit, daß man in der Messe noch die lateinische Sprache und auch die Elevation beibehielt, dagegen den Canon der heiligen Messe wegließ. Hatte ja doch Luther bereits in seiner Schrift: „Weise, christliche Messe zu halten vom Jahr 1523," den Predigern der neuen Lehre anbefohlen, „in den Collecten und in dem Canon alle Worte zu meiden, welche auf ein Sacrificium lauten. Es kann aber der Priester solches wohl meiden, daß der gemeine Mann nimmer erfährt, und ohn Aergerniß ausrichten." Und in dem von Melanchthon auf Luthers Betrieb verfaßten „Unterricht der Visitatoren für die Pfarrherrn" heißt es ausdrücklich: „Weß' sich die Priester mit dem Canon halten sollen, wissen sie wohl aus andern Schriften, ist auch nicht vonnöthen, den Layen viel davon zu predigen." Die Prediger des neuen Evangeliums, fast durchweg apostasirte Priester und Mönche, die sich Weiber genommen hatten, waren zum großen Theile unlautere und sittlich verkommene Individuen[1]), die sich zeitweise von dem Dictator in Wittenberg tüchtig mußten ausschimpfen lassen[2]), und die bei dem Volke allenthalben, wie sie es verdienten, wenig Ansehen und Achtung genossen. Das Volk kümmerte sich nicht viel um sie, und Luther und Melanchthon hatten ihr ganzes Leben lang Klage darüber zu führen, daß das Volk, das ehedem in katholischer Zeit so freigebig und opferwillig gewesen, für das reine Evangelium so undankbar sei und nicht einmal für den nöthigsten Lebensunterhalt der neuen Prediger und ihrer Familien sorgen wolle und sie hungern und darben lasse[3]).

Die Hauptstütze und der Hauptbeförderer der Reformation in Deutschland war seit 1526 der Landgraf Philipp von Hessen[4]). Zur Zeit des Reichstages von Worms war Landgraf Philipp noch katholisch und verbot, daß auch in seinem Lande ein abtrünniger Augustiner im Geiste

---

1) Vgl. Wicels Schilderungen hierüber bei Döllinger, die Reformation Bd. 1. S. 102—111.

2) So nannte sie z. B. Luther, weil sie den von ihm verfaßten „Größeren Katechismus" nicht gebrauchen wollten: „schändliche Freßlinge und Bauchdiener," „die billiger Säuhirten oder Hundeknechte sein sollten, denn Seelwärter und Pfarrherrn." Vgl. Riffel a. a. O. Bd. 2. S. 63.

3) Vgl. Döllinger, die Reformation Bd. 1. S. 320—331.; S. 384—388.

4) Vgl. Historisch-politische Blätter Bd. 14, 337 ff.; v. Rommel, Geschichte von Hessen; K. A. Menzel, Geschichte der Deutschen.

Luthers predige, und noch im Jahre 1523 bestätigte er ein Kloster der Franciscanerinnen. Erst um 1524, etwa um die Zeit des Nürnberger Reichstagsabschiedes, scheint der Landgraf sich für die Einführung der neuen Lehre in seinem Lande entschieden zu haben. Er trat zu diesem Zwecke mit Melanchthon in Unterhandlung. Dieser sandte ihm eine Unterweisung in der neuen Religion und fügte zugleich in der ihm eigenthümlichen schleichenden Weise den guten Rath bei: der Landgraf möge vorläufig nur die Predigt des Evangeliums gestatten und sich hüten, durch die plötzliche und gewaltsame Abschaffung aller kirchlichen Ceremonien dem Volke über den wahren Sinn der Neuerung die Augen zu öffnen. Diese Weisung wurde denn auch vorerst befolgt. Während aber die vornehmen Prälaten zu der Neuerung schwiegen und das arme Volk vielfach gar keine Ahnung von dem zu haben schien, was mit ihm vorgehen sollte, da erhob sich ein einfacher und gelehrter Franciscanermönch, Nicolaus Ferber, und übersandte dem Landgrafen ein Buch gegen die neue Lehre, und in der rührendsten und ergreifendsten Weise bat er ihn, sich und sein Land vom Glauben der Kirche nicht zu trennen, und dem Einreißen der neuen Lehre zu steuern; denn schon gingen, wie Ferber in seiner Schrift klagt, „die wilden Mönch durch das ganze Fürstenthum und predigten gegen die göttliche und päpstliche Gehorsamkeit." Allein der Landgraf wies ihn ab und ließ bereits im März 1525 die bedeutsamen Aufzeichnungen der Kirchen= und Klostergüter im ganzen Lande vornehmen. Auch die Bitten seiner Mutter, einer mecklenburgischen Prinzessin, und die Vorstellungen seines Schwiegervaters, des edlen Herzogs Georg von Sachsen, sowie die Mahnungen des Papstes Clemens VII. blieben erfolglos. Im Mai 1526 schloß er mit dem Kurfürsten Johann von Sachsen zur Aufrechthaltung der lutherischen Lehre ein Bündniß zu Torgau, dem auch bald mehrere norddeutsche Fürsten und Städte beitraten, und auf dem Reichstag zu Speier trat er bereits als Führer der lutherischen Partei auf und wußte einen für dieselbe günstigen Reichstagsabschied zu erwirken. Nachdem so Alles in der gehörigen Weise vorbereitet war, ließ er im Spätherbst des Jahres die große Synode zu Homberg halten, auf welcher der durch Philipp berufene apostasirte Minorit Lambert von Avignon, welcher 1523 zu Wittenberg ein Weib genommen, und welchen den Straßburger Reformator Bucer in einem Briefe an Zwingli als „einen leeren, nichtigen, von Eigenliebe aufgeblasenen Menschen[1]" bezeichnet, die Hauptrolle spielte. Als der ehrwürdige Franciscaner Ferber sich gegen ihn erhob und ihn zu widerlegen anfing, da gerieth Lam=

---

1) *Zwinglii* Epp. p. 166.

bert in eine solche Wuth, daß er wie ein Rasender und Besessener brüllte: „Schlagt die Bestie todt, schlagt ihn todt, den Feind des göttlichen Wortes!" Aengstlich und erschreckt und aus Furcht vor dem Landgrafen und seinem wüthenden Reformator schwiegen die übrigen in der Versammlung anwesenden katholischen Geistlichen und Stände. Lambert schloß dann mit den Worten: „Gelobt sei der Herr Gott Israels; denn er hat sein Volk besucht und erlöst!" Das Evangelium hatte somit den Sieg errungen! Sofort wurden die Kirchen- und Klostergüter im Lande eingezogen, der alte schöne katholische Gottesdienst zum Schmerz des Volkes gewaltsam abgeschafft und eine neue Kirchenordnung mit demokratischen Elementen wurde eingeführt, der demokratische Theil jedoch von Philipp bald wieder beseitigt. Da ein Theil der Ordensgeistlichkeit standhaft blieb und von der neuen Lehre nichts wissen wollte, so rief Philipp am Anfang des Jahres 1527 auf's Neue Abgeordnete der Klöster in Marburg zusammen. Auch diesmal war es wieder ein Franciscaner, der die Anträge auf Annahme der neuen Lehre zurückwies. Der Landgraf verfügte nun, daß die Ordenspersonen, die ihre Gelübde nicht brechen wollten, noch eine Zeit lang geduldet werden, aber keinen Gottesdienst mehr halten und die katholischen Gnadenmittel nicht mehr empfangen und nicht mehr spenden dürften und statt dessen aus dem Munde lutherischer Prediger „die Predigt des Evangeliums hören" sollten.

Die Reformatoren, die nun an der Spitze des neuen Kirchenwesens standen, waren zum Theil höchst verkommene Menschen, und der im Jahre 1542 nach Marburg berufene protestantische Professor Andreas Hyperius aus Ypern findet nicht Worte genug, um den entsetzlichen Zustand der neuen Kirche zu schildern und zu beklagen[1]). Der ehrenwerthe, im Jahre 1543 aber nach der neu errichteten Universität Marburg berufene Theobald Thamer kehrte nach 1547 wieder zur katholischen Kirche zurück, wofür er dann von dem „sanften" Melanchthon mit wüthenden Schmähungen überhäuft wurde[2]).

Preußen wurde der Reformation zugeführt durch den Hochmeister des deutschen Ordens, Markgraf Albrecht von Brandenburg, welchem Luther und Melanchthon den Rath gegeben hatten, „die tolle und verkehrte Regel," wie sie den Orden nannten, fahren zu lassen, zu

---

1) Vgl. Döllinger, die Reformation und ihre innere Entwickelung Bd. 2. S. 204—224.
2) Vgl. Theobald Thamer, „Eine Belehrung aus den Zeiten der Glaubensspaltung des sechszehnten Jahrhunderts" in den Historisch-politischen Blättern Bd. 10. S. 841—863.

heirathen und Preußen zu einem weltlichen Fürstenthum zu machen. Albrecht befolgte diesen reformatorischen Rath, riß in der ungerechtesten Weise das ihm anvertraute Gut des deutschen Ordens an sich, unterdrückte gewaltsam den katholischen Glauben, brach sein Gelübde und heirathete 1526 die Tochter des Königs von Dänemark — welchen reformatorischen Schritt er obendrein noch durch eine höchst plumpe Vertheidigungsschrift zu rechtfertigen versuchte.

Um jene Zeit hatte die neue Lehre auch schon in vielen deutschen Reichs= und Landstädten Eingang gefunden [1]. Apostasirte Mönche, die sich Weiber genommen, sorgten hier gewöhnlich für die Predigt des reinen Evangeliums, und herrschsüchtige und habgierige Stadtmagistrate für die nothwendigen Gewalt= und Zwangsmaßregeln um den katholischen Gottesdienst zu unterdrücken und dem reinen Evangelium Raum zu machen. Nicht selten bildete auch ein roher und fanatisirter Pöbelhaufe, der in die Kirchen einbrach und die Altäre entweihte, die Beichtstühle und Heiligenbilder zertrümmerte, den würdigen Chorus in diesem Reformationsdrama, wie es sich damals in so vielen größeren und kleineren Städten unseres deutschen Vaterlandes abspielte. Magdeburg war die erste Stadt, welche in den protestantischen Fürstenbund aufgenommen wurde, wie sie auch in Annahme der neuen Lehre allen anderen vorangegangen ist. Nachdem vorher schon einige apostasirte Mönche ihr Unwesen hier getrieben hatten, berief der Magistrat im Jahre 1524 gegen den Willen des Klerus und des Volkes, das erst kurz vorher den lutherischen Prediger Weidensee vertrieben hatte, Luthers Collegen, Nicolaus Amsdorf [2], von Wittenberg, der der erste Superintendent von Magdeburg wurde. Vortheilhaft unterscheidet er sich von den meisten übrigen Reformatoren dadurch, daß er in seinem Leben sittlich ernst und wenigstens so anständig war, nie seinen Priestereid zu brechen und zu heirathen. Im Uebrigen war er ein ziemlich bornirter und zänkischer Mann, der schon im Jahre 1523 in einer Schrift den Beweis führte, daß der Papst der Antichrist sei, und der nachher mit fast allen seinen früheren Wittenberger Freunden und Collegen sich überwarf und in ewigem Hader und Streit lag mit allen den auf dem Gebiete der neuen Kirche frühzeitig schon sich bildenden Schulen und Secten, mit den Wiedertäufern, Schwenkfeldianern, Zwinglianern, Adiaphoristen, Synergisten, Osiandristen, Majoristen. — Nürnbergs Reformatoren waren Georg Besler der letzte Probst bei

---

[1] Riffel, Kirchengeschichte, Bd. 2. S. 182—250.
[2] Vgl. Döllinger, Bd. 2. S. 117—123.

St. Sebaldus, der sich ein Weib nahm, später von den nach seiner Pfründe gierigen Rathsherrn derselben beraubt wurde und sich 1536 mit einem Schweinspieß erstach; ferner der junge Osiander, ein feiner und geistreicher Kopf, der nachher die Beicht wieder einführen und die Elevation als äußeres Zeichen des realen Glaubens an die Gegenwart Christi im heiligen Abendmahle beibehalten wissen wollte und sich später, insbesondere auch wegen seiner vernünftigeren Rechtfertigungslehre, mit Luther und Melanchthon vollständig überwarf [1]), der apostasirte Dominicaner Thomas Venatorius, der nicht bloß heirathete, sondern obendrein auch noch im scandalösesten Ehebruch lebte und nach dem Tode seiner ersten Frau seine Magd heirathete; der Prediger an St. Sebaldus Dominicus Schleupner, der nachher, lüstern nach der reichen Pfründe Beslers, durch Intriguen diesen stürzte, dann aber dennoch leer ausging, da der Rath die Pfründe selbst behielt [2]). In Nürnberg waren Luthers Ordensgenossen unter Anführung ihres Provinziales Wenceslaus Link, der ein vertrauter Freund Luthers war und 1525 offen apostasirte, für die neue Lehre; die Dominicaner und Franziskaner gegen dieselbe. Allein der Magistrat griff mit Gewalt durch, verbot den katholischen Mönchen zu predigen und Beicht zu hören, hob die widerstrebenden Klöster auf und unterdrückte den katholischen Gottesdienst. Im Jahre 1528 war Nürnberg bereits vollständig reformirt und erfreute sich aller Segnungen der neuen Lehre. Wie sich aber unter der Sonne des reinen Evangeliums die religiösen und sittlichen Zustände Nürnbergs binnen weniger Jahren gestaltet, davon gibt in seinen Schriften und Briefen Zeugniß einer der hervorragendsten Männer der damaligen Zeit, der berühmte Gelehrte und Staatsmann Wilibald Pirkheimer in Nürnberg, der, nachdem er zuerst der lutherischen Lehre sich angeschlossen und sogar eine Schutzschrift für Luther an Papst Hadrian VI. geschrieben hatte, nachher mit sittlicher Entrüstung von der neuen Lehre und ihren Anhängern sich wegwandte und in den Schooß der Kirche zurückkehrte [3]). — In Ulm gingen die ersten reformatorischen

---

1) Vgl. Döllinger, Bd. 2. S. 81—88. Bd. 3. 397—437.
2) Ueber die Nürnberger Reformatoren vgl. Döllinger, Bd. 2. S. 81—111.
3) Vgl. Wilibald Pirkheimer in Döllinger, Reformation Bd. 1. S. 162—174. u. S. 533. — Schon in der Mitte der zwanziger Jahre hatte Friedrich Böhmer den Plan gefaßt, zur Charakterisirung der „traurigen Reformation" eine große Briefsammlung aus dem Reformationszeitalter herauszugeben, und zwar 1. Briefe der Reformatoren und ihrer Anhänger, 2. Briefe aus nicht reformatorischen Kreisen. In dieser letzteren Briefsammlung wollte er von allen bedeutenden Zeitgenossen charakterisirende Proben liefern, deren Mittelpunkt aber die Pirkheimer'sche Familie sein sollte, um die damalige Bildung und Bewegung in

Bewegungen und zwar schon um 1518 von zwei abgefallenen Mönchen und der ihnen anhängenden Populace aus. Der Magistrat der Stadt war anfänglich gegen die neue Lehre; später aber, da er die Vortheile der Reformation besser kennen lernte, ließ auch er durch das Beispiel und die Zusprüche protestantischer Fürsten und Städte sich bestimmen, der reformatorischen Bewegung sich anschließen. Er legte deßhalb den eifrigen katholischen Geistlichen Stillschweigen auf, zwang dann, nachdem die Majorität der Zünfte 1530 sich gegen den Augsburger Reichstagsbeschluß ausgesprochen und sich, freilich wiederum sehr im Widerspruch mit dem Princip der „freien Schriftforschung," dafür erklärt, „bei dem verbleiben zu wollen, was die Rathsherrn in geistlichen Dingen anzuordnen für gut finden würden," auch den Katholiken eine von Bucer, Oecolampad und Blaarer[1]) abgefaßte Summe

---

diesen Aktenstücken darzulegen, und dabei zu zeigen, wie eifrige Gemüther die Reformationsideen ergriffen, sie hier weiter trieben und übertrieben, dort nach gewonnener Einsicht wieder umkehrten, wie Wilibald Pirkheimer, denen dann andere gegenüber treten sollten, die nie gewankt, wie dessen Schwester Charitas. Böhmer hoffte durch diese Schrift gleichsam eine Ergänzung zu liefern zu Bossuets Histoire des variations des églises protestantes. „Die Darlegung dieser Gesinnungen," schreibt er am 10. December 1825 an Clemens Brentano, „welche in dem Kreise der edlen Pirkheimer'schen Familie herrschten, wird Vieles von dem, was Bossuet sagt, bestätigen und in noch helleres Licht setzen." Und im Hinblick auf die Anschauungen und Absichten, welche ihn bei seinen Studien über das Reformationszeitalter leiteten, schrieb der große protestantische Historiker, der edle deutsche Mann, damals die bemerkenswerthen Worte, die freilich etwas anders lauteten, als die einseitigen und überschwänglichen Phrasen, welche die Herren Schenkel, Schlottmann und ähnliche Causeurs auf dem Wormser Lutherfeste zum Besten gegeben haben. Er schreibt: „Von der Reformation an wurde das deutsche Volk innerlich krank und seine Lebenskräfte sonderten sich in zwei sich einander bekämpfende Theile. Wie entstand diese Trennung? Was wollten die, welche sie hervorriefen, und wie stellten sie sich selbst persönlich dar? In welchem Lichte erscheinen diejenigen, welche sich der Bewegung widersetzten oder sie bekämpften, nachdem sie sich ihr eine Zeitlang angeschlossen? Das sind Fragen, die jedes vaterländische Gemüth beschäftigen müssen, und aus ihrer Beantwortung läßt sich vielleicht ein Heilmittel finden für eine Annäherung und einstige Wiedervereinigung der Getrennten." Vgl. Böhmers Leben und Briefe. Bd. 1. S. 132.

1) Ein Dreigestirn dreier der berühmtesten Reformatoren! Der berühmte Straßburger Reformator Bucer, eine höchst charakterlose Persönlichkeit, war ursprünglich Dominicaner und heirathete eine dem Kloster entlaufene Nonne. Der berühmte Schweizer Reformator Oecolampadius war gleichfalls ein apostasirter Priester, der sich eine Wittwe zum Weibe nahm. Blaarer, einer der hervorragendsten Reformatoren Württembergs, war ein dem Kloster Alpirspach entlaufener Benedictinermönch, der eine dem Kloster Münsterlingen bei Constanz entsprungene Nonne geheirathet.

der protestantischen Lehre in achtzehn Artikeln auf und führte nun, ein, namentlich durch das Collegium der „acht Diener der christlichen Zucht," ganz unumschränktes und gewaltthätiges Regiment über Glaube und Gewissen des Volkes. Schon nach wenig Jahren erachtete er es für zweckmäßig, die achtzehn Artikel der drei zwinglianisch gesinnten Reformatoren zu ändern und für die Prädicanten und das Volk das lutherische Glaubensbekenntniß zur Vorschrift zu machen. Der alte Münster aber, dessen herrliche Apostelbilder der Pöbel zertrümmert, und den man außen und innen entweiht hatte, trauerte über den Gräuel der Verwüstung an heiliger Stätte! — In Frankfurt hatte schon frühe ein Humanist Wilhelm Nesenus, der Hauslehrer bei mehreren Patrizierfamilien war, Luthers Schriften unter den vornehmen Ständen verbreitet. Die ersten ächt protestantischen Predigten aber hielt 1522 Hartmann Ibach in der Katharinenkirche, der gleich damit begann, daß den Geistlichen wie den Weltlichen die Ehe frei stehe und erlaubt sei und den Frankfurter Bürgern und dem Volke die Kirchengüter als Köder hinwarf. Als die katholischen Geistlichen in Frankfurt Klage gegen ihn erhoben, zettelten die Raubritter Hartmuth von Kroneberg und Ulrich von Hutten einen Volksaufruhr an, in welchem allen Gegnern der neuen Lehre furchbare Rache geschworen wurde und der Pöbel alle möglichen Frevelthaten an den katholischen Geistlichen und an den katholischen Kirchen verübte. Der Bauernkrieg brachte weitern Fortgang in die Reformation und Luthers berühmter Gegner, der Dechant Cochläus an der Liebfrauenkirche, mußte aus Frankfurt fliehen. Der eigentliche Reformator Frankfurts wurde sodann der bereits oben von uns gekennzeichnete aus dem Dominikanerkloster Ulm entlaufene Dominicaner Dionysius Melander[1]), der am 4. Juni 1524 in der Bartholomäuskirche seine Thätigkeit begann und musterhaft alle Demagogenkünste zu spielen verstand. Dabei war das Leben des Reformators so scandalös, daß selbst der Frankfurter Magistrat es für nöthig fand, ihm deßhalb einen strengen Verweis zugehen zu lassen. 1533 sprach er, um schnell aufzuräumen, von der Kanzel den Bann über alle Katholiken aus und forderte die Gemeinde auf, die vom Rathe nur begonnene, jetzt aber verabsäumte Glaubensänderung mit der Faust zu vollenden, worauf alle Altäre in der Kirche zertrümmert wurden. Obgleich unter sich fortwährend im Haber waren die Prädicanten einig in ihrem Hasse gegen die Katholiken und alles Katholische, und wiederholt mußte sich die katholische Geistlichkeit Frankfurts an den Kaiser, an den König und an die Kammergerichte wenden. 1534 dictirten Kaiser Karl

---

1) Vgl. S. 18.

und König Ferdinand der Stadt eine schwere Geldstrafe wegen Unterdrückung des katholischen Gottesdienstes — aber ohne allen Erfolg. Ganz in ähnlicher Weise, wie in Magdeburg, Nürnberg, Ulm, Frankfurt wurde auch in den übrigen deutschen Reichs- und Landstädten die neue Lehre eingeführt.

In Mecklenburg erhoben sich 1523 die städtischen Behörden, die Universität und der bei weitem größte Theil der Bürgerschaft zu Rostock gegen den von Herzog Heinrich berufenen Prädicanten Joachim Schlüter und erst 1531 ward unter den üblichen Gewaltthaten, Kirchenplünderungen und Pöbelscenen die Bevölkerung des Herzogthums, die in Stadt und Land fast durchweg der katholischen Religion treu ergeben war, der neuen Lehre ausgeliefert. — In Pommern begünstigte Herzog Barnim, der 1518 bis 1520 in Wittenberg studirt hatte und sogar zum Rector der Universität erwählt worden war, auf jede Weise die lutherische Lehre. Es kamen lutherische Prediger aus Sachsen, welche in Verbindung mit einigen aus den Landesklöstern entlaufenen Mönchen herumziehend die protestantische Saat ausstreuten. In Folge ihrer Predigten kam es zur Zeit des Bauernkrieges zu mannigfachen Tumulten. Um dem Unwesen der neuen Prediger zu begegnen, lud der Bischof Erasmus von Manteuffel den Klerus in Stargard im Jahre 1525 zu einer Berathung ein, und das Land blieb katholisch bis 1534. In diesem Jahre drängten die beiden pommerischen Fürsten Herzog Barnim und sein Neffe Philipp auf dem Landtag zu Treptow dem Lande die neue Lehre auf, obgleich der Bischof, die Aebte und Prälaten und ein großer Theil der Ritterschaft dagegen protestirten. Der von Wittenberg herübergekommene Bugenhagen verfaßte eine Kirchenordnung. Erasmus sollte, wenn er sie annähme, Oberhaupt der neuen Kirche bleiben und seine Würden und Güter behalten. Er aber bewährte sich als treuer Hirte. Es wurden deßhalb drei Consistorien errichtet, die nun binnen kurzer Zeit gewaltsam das Land reformirten. Fünf arme Frauenklöster ließ man noch kurze Zeit fortbestehen, die übrigen Klöster wurden in fürstliche Aemter verwandelt. Fast alle männlichen Ordenspersonen wanderten aus, obgleich man ihnen, wenn sie ihre Gelübbe brechen wollten, eine Summe Geldes zur Einrichtung bot! — Zwei Jahre nachher, im Jahre 1536, wurde die neue Lehre auch in Württemberg förmlich eingeführt durch den geächteten Herzog Ulrich von Württemberg, welcher, nachdem er durch Frankreichs Geld und die Truppen des Landgrafen Philipp von Hessen sein verlorenes Land wieder gewonnen, nunmehr sogleich die Kirche reformirte, die geistlichen Güter einzog und damit seine Schulden bezahlte. In Stuttgart wurde 1536 öffentlich verkündigt, wer die evangelischen Prediger verfolge und ihre

Predigten nicht besuchen wolle, solle aus der Stadt verwiesen werden. Die beiden Apostel der neuen Lehre, Blaarer und Schnepf, von denen der erste zwinglisch, der zweite lutherisch war, geriethen übrigens selbst bald in Hader und Streit; und 1544 bildeten die Freunde der Religionsänderung eine so verworrene, unter sich zerfallene Masse, daß der evangelische Pfarrer Hala zu Waiblingen in jenem Jahre in einem Schreiben an den Herzog klagte: „Der Secten seien soviel als Häuser." In hohem Grade rühmlich und erhebend war die Haltung der Universität Tübingen, die nun auch mit gewaltsamer Absetzung und Vertreibung vieler Professoren und Studirenden protestantisirt wurde[1]).

In Kurbrandenburg widersetzte sich Joachim I., den wir bereits als Redner auf dem Reichstage zu Augsburg kennen gelernt, mit aller Entschiedenheit der neuen Lehre. Aber bereits war der märkische Adel dafür eingenommen aus denselben Gründen, aus denen sonst Adel und Reichsstädte der Reformation hold waren. Joachims Gemahlin, Elisabeth, durch ihren Bruder Christian von Dänemark dafür gewonnen, that der Neuerung den größten Vorschub und wirkte auch noch für dieselbe in Brandenburg, nachdem sie ihrem Gemahl entlaufen war. Unglücklicherweise saß zu jener Zeit auf dem bischöflichen Stuhle zu Brandenburg Matthias Jagow, der gewissenlos jedes Mittel zur Ausrottung des Glaubens anwandte, dessen Aufrechthaltung er beschworen hatte. Joachim, dem die Aufrechthaltung des katholischen Glaubens in seinem Lande in hohem Grade am Herzen lag, ließ sich darum von seinen beiden Söhnen schriftlich die eidliche Versicherung geben, daß sie dem väterlichen Glauben treu bleiben und darin ihre Unterthanen erhalten wollten — einen Eid, den sie nach dem Tode ihres Vaters, der am 11. Juni 1535 erfolgte, zur großen Freude der Protestanten brachen. Insbesondere begann Markgraf Johann bald sehr stürmisch zu reformiren und trat 1538 auch dem Schmalkaldischen Bunde bei. Der ältere Sohn, Kurfürst Joachim II., durch den seinem Vater geschworenen Eid und durch das seinem Schwiegervater König Sigismund von Polen feierlich zugesagte Versprechen der Treue gegen den katholischen Glauben gebunden, handelte, obgleich die protestantischen Fürsten auch ihn auf alle Weise für sich zu gewinnen suchten, in den ersten Jahren seiner Regierung nicht sogleich offen gegen seine Gelübde, begünstigte aber auf alle mögliche Weise die Ausbreitung der neuen Lehre. Und vier Jahre nach dem Tode seines Vaters brach auch er 1539 offen den seinem sterbenden Vater gegebenen Eid und fiel von der Kirche ab, indem er zu Spandau aus den Händen

---

1) Vgl. Döllinger, Bd. 1. S. 508—576 und Bd. 2. S. 366 ff.

des apostasirten Bischofs Jagow das lutherische Abendmahl empfing, wobei der neue Probst von Berlin, Georg Buchholzer, die Festpredigt hielt. Nun ging es auf dem Gebiete der drei Bisthümer Brandenburg, Havelberg und Lebus überall an ein stürmisches und gewaltthätiges Reformiren, an die Einziehung der Kirchengüter und Plünderung der Kirchenschätze. Die ehrwürdigen Bischöfe Busso II. von Alvensleben (1522—1548) und Georg von Blumenthal (1523—1550)[1], und mit ihnen der größte Theil des katholischen Clerus thaten, was in ihren Kräften stand, um sich dem hereinbrechenden Abfall zu widersetzen und dem Volke seinen katholischen Glauben zu erhalten; allein sie mußten unterliegen in diesem Kampfe der Gewaltthat, Habgier und Treulosigkeit gegen Recht und Wahrheit.

Im Jahre 1539 wurde nach dem Tode Herzogs Georg von Sachsen in derselben treulosen Weise auch das alte Meißener Land von der Kirche losgerissen, in welchem neben Herzog Georg der im Jahre 1537 verstorbene Bischof von Meißen Johann von Schleinitz und Cochläus für die Reinerhaltung des Glaubens gewirkt hatten. Obgleich in hohem Alter, bestieg Johann von Schleinitz noch oft die Kanzel, um gegen die neue Lehre zu predigen. Herzog Georg aber hatte in seinem Testamente verordnet, daß sein Bruder Heinrich und dessen Söhne als seine Erben die Religion im Lande nicht ändern dürften, widrigenfalls sein Land dem Kaiser und dem König Ferdinand anheimfallen sollte. Allein kaum hatte Georg am 17. April 1539 die Augen geschlossen, als der oberflächliche, leichtsinnige und verschuldete Herzog Heinrich auch bereits das Land zu reformiren begann. Auf Pfingsten des Jahres 1539 zog Luther, der über den Tod seines alten und ehrenwerthen Gegners laut triumphirt hatte[2], mit den Wittenberger Professoren in Leipzig ein und

---

[1] Ueber die unermüdliche Wirksamkeit und die vortrefflichen Eigenschaften dieses Bischofes vergleiche die beiden protestantischen Geschichtsschreiber G. M. Masch, Geschichte des Bisthums Ratzeburg, Lübeck 1835, S. 455—494, und S. Wohlbrück, Geschichte des ehemaligen Bisthums Lebus, Berlin 1829. Bd. 2. S. 268—313.

[2] Ueber die christlichen Gesinnungen, welche die beiden Vertreter des reinen Evangeliums, Luther und Melanchthon bei dem Tode Herzog Georgs an den Tag legten, berichtet uns in Kürze Döllinger, Bd. 1. S. 570. „Zu groß war die Freude, daß endlich die Stunde gekommen, Rache zu nehmen an jenem bitter gehaßten katholischen Leipzig, gegen das Luther seinen Ingrimm in giftersüllten Worten, wie sie die Sprache ihm nur darbot, so oft schon ergossen hatte. Melanchthon, stets bereit, zur Gewalt und zum Zwange zu rathen, ließ seine Feder. Sein eigener Haß ging so weit, daß er dem Herzog Georg noch einige Zeit nach seinem Tode den Fluch nachsandte, er möge doch ja ewig in der Hölle brennen." Im Hinblick auf solche Manifestationen haben wir wohl das Recht zu behaupten, daß der Geist Christi dem Geist Luthers und Melanchthons sehr fremd war.

hielt eine von Haß und Fanatismus erfüllte Predigt gegen die katholische Kirche. Den Geistlichen in der Stadt Leipzig wurde sofort das Predigen und Messelesen in allen Kirchen und Klöstern untersagt. Vergeblich bat der Rath der Stadt Leipzig, die Religionsänderung möge doch bis zur Versammlung der Landstände aufgeschoben werden. Allein da die Stände der Mehrheit nach noch katholisch gesinnt waren und man auf diese Weise nicht zum Ziele gekommen wäre, so ging man darauf nicht ein[1]). Fast alle Ordensleute wanderten von Leipzig aus; nur einige wenige verkommene und heirathslustige Subjecte wurden protestantisch. Luther aber, dem alle diese Gewaltmaßregeln noch nicht genügten, klagt in einem Schreiben an den Kurfürsten Johann Friedrich, daß man im Herzogthum Sachsen über fünfhundert Pfarrer, die alle „giftige Papisten" seien, nicht sogleich abgeschafft und fortgejagt habe[2]). Dann aber ging es namentlich auch an eine gewaltsame Reformation der Universität, die, wie damals die meisten Universitäten, die Stätten der Wissenschaft, von der Wittenberger Weisheit Luthers und Melanchthons nicht viel wissen wollte[3]). Und da die Universität der Einführung der neuen Lehre sehr abgeneigt sich zeigte, so forderten Luther und die Wittenberger Theologen in einem Gutachten, um das sie Herzog Heinrich ersucht hatte, den Herzog auf, unbedenklich Gewalt zu gebrauchen und jeden Professor, der nicht sogleich die lutherische Lehre annehme, abzusetzen. „Es war wohl das Erstemal," bemerkt hiezu Döllinger, „seit eine christliche Kirche und ein christlicher Staat existirte, daß man förmlich das Princip aufstellte, der Regent habe kein Recht, keinen noch so wohl begründeten Anspruch mehr zu achten, und möge nur die brutale Gewalt allein und den Terrorismus absoluter Fürstenmacht gegen jede Corporation mit Hintansetzung aller alten Privilegien walten lassen[4])." Und dennoch ist Luther der auf dem Lutherfeste so vielgepriesene und hochverherrlichte Heros der Gewissens- und Ueberzeugungsfreiheit!

Die nächsten Jahre bringen uns neue Gewaltmaßregeln des Reformators und der fürstlichen Executoren der Reformation! Kurfürst Johann Friedrich von Sachsen riß im Jahre 1542 unter dem nichtigen Vorwand einer Vogteigerechtigkeit der sächsischen Herzöge über die sächsischen Stifter, das Bisthum Naumburg an sich, vertrieb den vom

---

1) Hofmann, Reformationshistorie der Stadt Leipzig S. 336.
2) De Wette, Luthers Briefe, Bd. V. S. 204.
3) Ueber die Stellung der Universitäten und Gelehrten zu Luthers Reformation vgl. Döllinger Bd. 1, S. 410—582.
4) Döllinger, Bd. 1, S. 569.

Domcapitel zum Bischof gewählten Julius von Pflug, einen durch Gelehrsamkeit, edlen Charakter und versöhnliche Gesinnung gleich ausgezeichneten Mann, und drängte ihnen statt dessen den bisherigen Superintendenten von Magdeburg Nicolaus Amsdorf als Bischof auf. Und es geschah nun das Unerhörte, daß Luther — freilich wiederum im flagrantesten Widerspruch mit allen seinen ursprünglichen Principien von der Kirche — den Amsdorf feierlich zum Bischof weihte und diese seine Willkürthat in roher und ruhmrediger Weise der Welt verkündete. Als aber die Stände des Bisthums den Reformator fragen ließen, wie sie ihr Gewissen wegen des Eides verwahren möchten, den sie dem Kapitel geschworen und den sie brechen würden, wenn sie den von Luther consecrirten Bischof Amsdorf anerkennen würden, belehrte er sie, indem er sich als untrüglicher Stellvertreter Gottes gerirte, daß ihre Verpflichtung gegen Gott, d. h. gegen Luther und Amsdorf, jener vorginge, womit sie dem Kapitel verstrickt seien. Der bisherige Superintendent und nunmehrige Bischof Amsdorf fühlte zwar, daß seine Lage eine sehr klägliche sei, tröstete sich aber damit, daß er seine Würde nur aus Haß gegen den Satan und seine Meßpfaffen angenommen habe[1]. Auf diese Gewaltthat folgte sogleich eine zweite. Der katholische Herzog Heinrich von Braunschweig war mit der Stadt Braunschweig, die sich wider seinen Willen dem Schmalkaldischen Bunde angeschlossen hatte, in Streit gerathen. Als er nun im Begriffe stand, die ihm vom Reichskammergericht übertragene Reichsacht an der Stadt Goßlar zu vollziehen, überfielen ihn die Häupter des Schmalkaldischen Bundes (1542), bemächtigten sich seines Landes, nöthigten ihn zur Flucht nach Bayern und führten sofort mit gewaffneter Hand in seinem Lande das Lutherthum ein. Gleichfalls in gewaltthätiger Weise und unter den üblichen reformatorischen Kirchenplünderungen, bei denen man selbst die Särge der Verstorbenen durchwühlte, wurde dem alten Hildesheimischen Stiftslande die neue Lehre aufgedrängt. Ein erfreuliches Bild bietet in jener traurigen Zeit das „heilige Köln!" Hier war der alte, sehr unwissende und beschränkte Erzbischof und Kurfürst Hermann von Wied durch den hinterlistigen Melanchthon und den schlauen Bucer für die Neuerung gewonnen und wollte dieselbe nach einem von diesen beiden Reformatoren verfaßten Entwurf der Stadt und dem Erzstifte Köln aufzwingen. Allein das Domcapitel, der Clerus, die Universität und das katholische Volk leisteten energischen Widerstand und erhielten so

---

[1] „Confortent me (litterae tuae) in hoc misero meo statu, quem tantum in Satanae et suorum sacrificulorum odium suscepi." *Verpoortenii, sacra sup. aevi analecta p. 118.*

die Stadt und das Erzstift Köln dem katholischen Glauben. Den unwürdigen und fast mehr noch unzurechnungsfähigen und durch Melanchthon und Bucer hintergangenen Erzbischof aber traf am 16. April 1546 die Excommunication des Papstes!

Gleichfalls Gewalt war es, welche der „Religion der freien Forschung" in den nordischen Ländern Schweden, Dänemark und Norwegen den Sieg verschaffte und diese Länder von der Kirche, der sie alle Cultur und Civilisation verdankten, losriß. In Schweden wurde sie eingeführt durch den ebenso kühnen und tapferen, als klugen und schlauen König Gustav Wasa, welcher nach Vernichtung der dänischen Herrschaft und nach Auflösung der Union von Calmar das Haupt des nun selbstständigen Reiches geworden war. In Luthers Lehre, die er zu Lübeck kennen gelernt, erblickte er ein sicheres Mittel, die Gewalt der Bischöfe zu brechen und die Einkünfte der Krone durch die Güter der Kirche zu verbessern, um so seinen neuerrichteten Thron mit größerem Reichthum und Glanz zu umgeben und Schweden aus einem Wahlreich in eine erbliche Monarchie umzugestalten. Seinen mit großer Klugheit und Schlauheit angelegten Plan zur Einführung der neuen Lehre führte er aus mit Hülfe der beiden Brüder Olof und Lorenz Peterson, die zu Wittenberg Luthers Schüler geworden waren, und des Archidiaconus Lorenz Anderson, den er zu diesem Zwecke zu seinem Reichskanzler ernannte[1]). Der Hervorragendste unter den Dreien war Olof, der in demselben Jahre, wie sein Herr und Meister in Wittenberg, seinen Priestereid brach und seine Begeisterung für das reine Evangelium durch eine Heirath über allen Zweifel erhaben machte. Mit Gewalt unterdrückte der König den Widerwillen des Klerus und des Volkes gegen die Einführung der neuen Lehre; mehrere Bischöfe wurden abgesetzt, die Dominicaner wurden vertrieben. Während aber so der König Alles that, um den katholischen Glauben auszurotten, heuchelte er in seinen Briefen an Papst Hadrian VI. die wärmste Anhänglichkeit an die katholische Religion und versprach, „jene verderbliche Lehre der Hussiten, die ein gewisser Augustinermönch, Martin Luther, zum Nachtheil der öffentlichen Ruhe eines jeden christlichen Staates von Neuem aufbringt," in keiner Weise aufkommen zu lassen[2]). Im Jahre 1527 veranstaltete Gustav zwischen Olof Peterson und dem gelehrten Professor der Theologie an der Universität Upsala, Peter Gale, eine Disputation, bei der fast dieselben Themata wie zu Leipzig bespro-

---

[1]) Vgl. Schinmeier, Lebensbeschreibung der drei schwedischen Reformatoren, Lübeck 1783.

[2]) Rühs, Geschichte Schwedens, Halle 1805. Bd. 2. S. 61.

chen wurden. Olof, wie Luther in der Kirchengeschichte unwissend, erklärte die heilige Schrift äußerst willkürlich, und was er so nicht zu entkräften vermochte, belegte er mit entehrenden Schimpfreden. Allein Gustav war es nicht um Wahrheit, sondern um die Spoliation der Kirchengüter und um die Zerstörung der bischöflichen Gewalt zu thun, und indem er sich statt auf die heilige Schrift auf Luthers Abhandlung „von der Einziehung der geistlichen Güter" berief, begann er das Werk der Kirchen- und Klosterplünderung. Und als das Volk, namentlich die tapferen Thalbewohner, mit deren Hülfe Gustav einst die Dänen besiegt hatte, dem Reformationswerk Widerstand leistete und zum Theil bewaffnet nach Upsala zum Schutze des Erzbischofs zog, da ließ Gustav den Erzbischof Magnus Knut von Upsala und Peter Jakobson, Bischof von Westeräs, unter dem Vorwande, daß sie die Urheber der ungünstigen Stimmung des Volkes gegen den König und sein Reformationswerk seien, zum Tode verurtheilen. Als sie dann gefangen nach der Hauptstadt gebracht wurden, ließ er sie mit allen nur ersinnlichen Beschimpfungen öffentlich überhäufen und sie dann hinrichten und ihre Leichname den Raubvögeln zur Speise auf's Rad flechten[1]). Es war dies im Februar 1527. Der an diese Gräuelthat sich anschließende Reichstag zu Westeräs 1527 entschied darauf den Sieg des Protestantismus. Die katholische Partei, an deren Spitze der ausgezeichnete Bischof Johann Braske von Linköping mit ebenso viel Muth als geistiger Ueberlegenheit kämpfte, schien zwar anfangs den mit schändlichen Schmähungen auf den katholischen Clerus begleiteten Forderungen Gustav's gegenüber durchzudringen, aber bald nahm die Sache durch die verstellten Drohungen Gustav's, die Regierung niederzulegen und das durch ihn von der dänischen Herrschaft befreite Land der Anarchie zu überantworten und in Folge der dem Adel eröffneten Aussicht auf einen Theil des Kirchengutes, eine andere Wendung. Die Forderungen des Königs wurden von den Ständen bewilligt. Demgemäß wurden die Besitzungen und Einkünfte der Bischöfe, Domcapitel und Klöster zu den Einkünften der Krone geschlagen; und der Adel wurde ermächtigt, die Schenkungen seiner Vorfahren seit 1453 zurückzufordern. Die schwedische Kirche wurde völlig von der Willkür des Königs abhängig gemacht und Gustav bekannte sich nun öffentlich zur lutherischen Lehre und setzte sogleich eine große Kirchen- und Klosterplünderung in's Werk, bei der vielfach selbst die Glocken auf den Thürmen der königlichen Habgier zum Opfer fallen und eingeschmolzen werden mußten. Obgleich das

---

1) Rühs, a. a. O. S. 71.

Volk trauerte und klagte und gegen die königlichen Raubcommissäre, an deren Spitze Olof und Lorenz Anderson standen, sich erhob, so setzte nichtsdestoweniger der König sein Reformationswerk fort, so lange noch goldene Monstranzen in den Altären und goldene Kelche in den Kirchen waren. Der große Kämpfer für den katholischen Glauben aber, Johann Braske, verließ bald nach dem Reichstag trostlos sein Vaterland, aus dem schon ein Jahr vorher ein anderer Vertheidiger des Glaubens, Johann Magnus Gothus, päpstlicher Nuntius und Erzbischof von Upsala, unter einem anständigen Vorwande entfernt worden war. Die dem Glauben treuen katholischen Geistlichen vertrieb der König; die anderen, deren neue Religion größtentheils darin bestand, daß sie zum Aergerniß des Volkes sich Weiber nahmen und den Gottesdienst in der Landessprache hielten, wurden bald die einzigen Hirten des Volkes und drangen ihm das neue Evangelium auf¹). Olof machte durch Schriften in schwedischer Sprache das Volk nun auch näher mit Luthers Geistesprodukten bekannt, und schrieb namentlich auch ein Buch „von der Ehe," in welchem er ganz in Luthers Weise den Cölibat bekämpfte und die gesammte Geistlichkeit aufforderte, Weiber zu nehmen und mit dem schrecklichen Strafgerichte drohte, daß Schweden, falls sein Clerus noch länger sich dem Ehestand widersetzen würde, in Kurzem seinem gänzlichen Untergang entgegeneilen werde. Die Versammlung der schwedischen Geistlichkeit zu Oerebro 1529, auf welcher einerseits die Grundsätze des Lutherthums adoptirt und andererseits, um das Volk zu täuschen, eine Reihe katholische Gebräuche und Ceremonien noch beibehalten wurde, besiegelten das Reformationswerk. Das arme Volk zeigte allenthalben gegen die verheiratheten Geistlichen, gegen die Beraubung der Kirchen und namentlich auch gegen den Gottesdienst in der Landessprache große Abneigung²). 1531 aber erhob der König den Lorenz Peterson zum Erzbischof von Upsala, und fühlend, daß ein verheiratheter Erzbischof nie zu dem Ansehen, welches die schwedischen Prälaten sonst genossen hatten, emporsteigen werde, gab er ihm sogleich eine seiner Verwandten zur Gattin³). Die beiden Häupter der Reformation aber, Olof Peterson und Lorenz Anderson, erhoben sich fünf Jahre später selbst gegen den König und nahmen an einer Verschwörung gegen das Leben des Königs Theil. 1540 wurden darum Beide von den Ständen zu Oerebro zum Tode verurtheilt, wobei Olof's

---

1) *Vertot*, Histoire des revolutions de Suede. Paris 1768. Vol. 2. p. 161 ff. Rühs, a. a. O. S. 81 ff.
2) Vgl. Rühs a. a. O. S. 140.
3) Vgl. Schinmeier a. a. O. S. 99.

Bruder, Lorenz, der Erzbischof von Upsala, als Richter seines eigenen Bruders auftreten mußte! Die großen Reichthümer jedoch, welche die beiden Reformatoren beim Raub der Kirchengüter sich angeeignet, erweichten das Herz des reformatorischen Königs! Jeder der beiden Reformatoren bezahlte dem König 500 Goldstücke und wurde dafür begnadigt. Olof wurde sogar durch Verwenden seines Bruders 1543 wieder in sein Pfarramt zu Stockholm eingesetzt, aber nie mehr erlangte er die Gunst des Königs, dem er einst bei dem Zerstörungswerke der katholischen Kirche so vortreffliche Dienste geleistet. Vom Könige verstoßen und vom Volke verachtet starb er am 14. April 1552. Nur wenige Tage nachher schied auch zu Strengnäs, wo er einst seinen Kampf gegen die Kirche begonnen, der andere Reformator und einstige Kanzler Schwedens, Lorenz Anderson, verachtet und verlassen aus dieser Welt.

In Dänemark faßte der glaubenslose und ebenso grausame als ausschweifende Fürst, König Christian II. schon 1520 den Plan, die Macht und den Reichthum der Krone durch Einführung der Reformation zu vergrößern. Er begehrte daher von Luther einen Prediger, und räumte dem Magister Martin, einem apostasirten Priester aus Würzburg, welchen Luther ihm sandte, eine Kirche zum Predigen ein. Allein derselbe fand wenig Anklang, und die Reichsstände, die Universität, der Klerus und das Volk protestirten gegen eine Neuerung in der Religion. Aber Christian ließ sich dadurch nicht irre machen und suchte mit aller Gewalt die neue Lehre durchzusetzen. Er mißhandelte die Bischöfe und ließ den Erzbischof von Lund hinrichten, untersagte den Geistlichen fernerhin irgend ein Gut zu kaufen, wenn sie nicht in den Ehestand eintreten wollten und verbot die Appellationen nach Rom. Durch seine Willkür und Grausamkeit aber und durch seinen Eifer, mit welchem er seinem Volke das Lutherthum aufzudrängen suchte, machte sich Christian so verhaßt, daß 1523 ein Aufstand gegen ihn ausbrach und er als Flüchtling das Reich verlassen mußte[1]). Die Krone wurde nun seinem Onkel Friedrich, Herzog von Schleswig und Holstein, angeboten und von diesem angenommen. Obgleich der neuen Lehre zugethan, legte er vor seiner Thronbesteigung den feierlichen Eid ab, die römisch-katholische Religion in Dänemark und Norwegen aufrecht zu erhalten. Die Bischöfe bauten auf sein Wort und sahen sich betrogen. Nachdem er die lutherische Lehre bis zum Jahre 1527 persönlich begünstigt hatte, setzte er in demselben Jahre auf dem Reichstag zu Odensee den Beschluß durch, beide Religionen bis zu einem allgemeinen

---

1) Pontoppidan, Reformationshistorie der dänischen Kirche. Lübeck 1734 S. 7 ff.

Concilium neben einander bestehen zu lassen. Zugleich wurde allen Geistlichen der Ehestand erlaubt, die Abholung der Pallien von Rom untersagt und die Bestätigung der Bischöfe der Krone reservirt. 1529 aber ward schon vom König und seinem Reichsrath die lutherische Religion für die allein wahre erklärt und die katholische Religion preisgegeben. Von jetzt an erfolgten stürmische Auftritte, und wo die Katholiken nicht in Güte weichen wollten, wurden sie mit Gewalt ausgetrieben. Sie mußten natürlich meistens unterliegen, da der König und seine Beamten auf Seite der neuen Lehre waren[1]). Sein Sohn und Nachfolger, Christian III. aber, ließ im Jahre 1536 an einem Tage alle Bischöfe gefangen nehmen, und gab ihnen erst die Freiheit und ihre Erbgüter zurück, nachdem sie ihren Würden entsagt und gelobt hatten, der neuen Lehre kein Hinderniß in den Weg zu legen. Der einzige Bischof Rönnow von Roskild mochte unter diesen Bedingungen seine Freiheit nicht erkaufen und starb, nachdem er sieben Jahre im Gefängniß geschmachtet, als Martyrer im Kerker 1544. In die Beute der geistlichen Güter und Einkünfte theilte sich sodann der König mit dem Adel. Alle Seelsorger aber, welche die lutherische Lehre nicht annahmen, wurden ihrer Stellen entsetzt; Mönche und Nonnen wurden aus ihren Klöstern vertrieben. Dieß war die Freiheit des Evangeliums. Luther aber war hocherfreut, als er die Gefangennahme der dänischen Bischöfe vernahm und bezeugte dem König brieflich sein Wohlgefallen, daß er die Bischöfe „ausgerottet" habe und versprach auch gleich, er wolle „solches, wo er könne, zum Besten helfen deuten und verantworten[2])." Der König berief sodann Luthers Collegen, Johann Bugenhagen, von Wittenberg, um der neuen Kirche eine Verfassung zu geben. Er kam mit seinem Weib und einem Neffen und sein erster Act war, den König und seine Gemahlin zu krönen. Sodann entwarf er ganz im Geiste des absolutistischen Königs die gewünschte Kirchenordnung, wodurch die neue Kirche in eine knechtische Abhängigkeit von dem König gebracht wurde und weihte die ersten sieben, vom König ernannten Superintendenten, welche jedoch bald wieder den bischöflichen Titel annahmen. Hinsichtlich des Gottesdienstes hatte Bugenhagen von den äußeren Ceremonien viel bestehen lassen, sodaß das gewöhnliche Volk kaum eine wesentliche Veränderung vermuthete und darum auch das neue Kirchenwesen sich um so leichter gefallen ließ. Der Reichstag zu Odensee 1539 bestätigte diese Kirchenordnung und der zu

---

1) Holberg, dänische und norwegische Staatshistorie. Kopenhagen 1731. S. 127 ff.; Pontoppidan, S. 155 ff.
2) Vgl. Döllinger, Luther S. 47.

Kopenhagen 1546 vernichtete die politischen Rechte der katholischen Kirche vollends. Die Katholiken wurden für unfähig zu allen Aemtern und des Erbrechtes für verlustig erklärt; oft wurde ihnen nur die Wahl zwischen Abschwören oder Auswandern gelassen. Den katholischen Geistlichen wurde unter Todesstrafe der Aufenthalt im Reiche verboten; wer einen Priester beherberge, solle gestraft werden, wie diejenigen, welche geächteten Personen eine Zuflucht gestatten[1]).

In dem von Dänemark abhängigen Norwegen, in welchem gleichfalls das Volk die größte Abneigung gegen die neue Lehre an den Tag gelegt, wurde die Reformation auf ähnliche Weise eingeführt. Der Erzbischof von Drontheim, der die Partei Christians II. ergriffen und als solcher der Neuerung Vorschub geleistet, mußte 1537 vor Christian III. nach den Niederlanden fliehen. Von den beiden andern Bischöfen legte der eine freiwillig seine Würde nieder, der andere wurde gefangen weggeführt. So war auch hier die bischöfliche Gewalt gebrochen und das Lutherthum wurde durch ein dänisches Heer, das mit gezücktem Schwerte und brennenden Lunten erschien, dem Volke aufgenöthigt. Die Geistlichen mußten entweder lutherisch werden oder ihre Stellen verlassen. Ein großer Theil der Ordensgeistlichen zog die Verbannung vor und wanderte aus.

Nur mit dem allergrößten Widerwillen ließen sich die Isländer die neue Religion aufdrängen. Ihr lebendiger katholischer Glaube empörte sich gegen die Zumuthung, lutherisch zu werden. Und als 1540 eine königliche Verordnung bekannt gemacht wurde, nach welcher die Glaubenslehre und der Gottesdienst verändert werden sollte, erklärten die Isländer dem König in einem Schreiben, sie wollten lieber das Land räumen, als sich eine neue Lehre aufbürden lassen. Aber 1550 ließen die Dänen den Bischof Jon Arasen, welcher sich der Religionsveränderung am nachdrücklichsten, selbst mit Gewalt widersetzt hatte, hinrichten und nach diesem unwiderstehlichen Beweise für die „Religion der freien Forschung" gewöhnte sich auch das katholische Volk in Island allmälig an die Neuerung und beugte sich geduldig unter das Joch des Protestantismus[2].)

---

1) Holberg, S. 145—147.
2) Harboe, von der Reformation in Island. (Hist. Abhandl.) Altona 1796. Bd. 6 und 7.

Viertes Kapitel.
Kirche und Protestantismus.

> Die Kirche des lebendigen Gottes, die Säule und Grundveste der Wahrheit.
> 1. Tim. 3, 15.
>
> Der erwartete Phönix einer neuesten, allgemeinen Kirche kann nur in der Rückkehr zur ältesten sich verwirklichen.
> Görres[1]).

Größe und Erhabenheit der katholischen Kirche. Urtheil Marheinekes und Fitz-Williams über die Kirche und Urtheil Lessings und Schellings über den Protestantismus. — Innere Unwahrheit und Inconsequenz des protestantischen Principes. Dorner's Geschichte der protestantischen Theologie. Luther durch sich selbst widerlegt. — Die Hauptphasen in der geschichtlichen Entwicklung des Protestantismus in Deutschland. Die Herrschaft der lutherischen Hyperorthodoxie. Die plötzliche Abkehr von derselben und das Umspringen in Hyperrationalismus. Die protestantischen Prediger in Deutschland und die katholischen Priester in Frankreich am Ausgang des vorigen Jahrhunderts. Protestantische Sehnsucht nach religiöser Vertiefung und unglückliche Art dieselbe zu befriedigen. Positivere Strebungen und Strömungen. Stand der Parteien und kirchliche Zustände auf protestantischem Gebiete in der Gegenwart. — Protestantische Lichtblicke. Leibnitz, Hugo Grotius, Lessing, Delbrück, Kahnis, Perthes u. A. über Schrift und Tradition. Kant vom Bibellesen. Protestantische Stimmen über Bibel und Volk. „Der Artikel der stehenden und fallenden Kirche." Clausen, Ammon, Billroth, Luthardt, Münscher, Calvin, Delbrück, Wiesinger, Beyschlag, die Berliner Evangelische Allianz über die Lehre von der Rechtfertigung, über Willensfreiheit, Glaube und gute Werke. — Die Lehre von den Sacramenten. Beschränkung der altchristlichen Sacramentenlehre durch die Solafideslehre. Anerkennung, daß die Sacramentenlehre wieder zu ihrem Rechte kommen müsse. Delitzsch, Thomasius, Hengstenberg u. A. hierüber. Leibnitz für die sieben Sakramente der katholischen Kirche. Protestantische Zeugnisse für das Sacrament der Firmung. Das Sacrament der Buße. Wiederanerkennung seines sacramentalen Charakters. Die neueren Bewegungen für die Wiedereinführung der Beichte. Pestalozzi, Hallam, Steffens, Wagner u. A. über die Beichte in der katholischen Kirche. Das heilige Abendmahl. Impanation und Transsubstantiation. Communion unter Einer Gestalt. Die Wiederanerkennung des Opfercharakters der heiligen Eucharistie. Thiersch, Rodatz, Olshausen, Kahnis u. A. hierüber. Protestantische Bestrebungen, die Abendmahlsfeier zum Mittelpunkt des Gottesdienstes zu machen und überhaupt den bisherigen Gottesdienst mehr zu einem Anbetungsgottesdienst zu erheben. Die neuen Liturgien. Pastor Löhe und seine Schule. v. Zezschwitz über die tägliche Messe. Protestantische Zeugnisse für die heilige Oelung, für die Priesterweihe und für den sacramentalen Charakter und die Unauflöslichkeit der Ehe. Göthe über die sieben Sacramente. — Protestantische Zeugnisse für Cölibat und Ordensleben, für die Lehre von einem Läuterungszustand im jenseitigen Leben und vom Gebet für die Verstorbenen, für Heiligen- und Reliquienverehrung und für die Lehre von der Ge-

---

1) **Görres**, die Triarier. S. 65.

meinschaft der Heiligen. Leo über die evangelische Unmittelbarkeit im katholischen Leben. b. Gerlach und Eilers über die Wirksamkeit der katholischen Kirche im Leben. — Die Christenheit in Folge der Glaubensspaltung innerlich krank. Nothwendigkeit der Rückkehr zur Kirche. Das apostolische Schreiben des heiligen Vaters Papst Pius IX. an die Protestanten. In der Kirche allein ist Heil, in ihr allein die Fülle aller Gnade und Wahrheit des Christenthumes.

Es gibt keine großartigere und erhabenere, keine gewaltigere und imposantere Erscheinung in der Weltgeschichte, als die katholische Kirche. „Wir," gesteht selbst der berühmte protestantische Theologe Marheinete, „die wir sonst draußen stehen und nur historisch von innen das wunderbare Gebäude vom Fundamente bis zu seinem Gipfel mit all' seinen Articulationen und Fugen betrachten, gestehen unsererseits, daß uns weder in philosophischen noch in sonst wissenschaftlichen Dingen ein Lehrgebäude vorgekommen ist, das nach einmal gelegtem Fundamente mit solcher Gewißheit und Sicherheit aufgebaut, dessen Aufbau mit so viel Kunst, Scharfsinn und Consequenz durch alle, auch die kleinsten Theile durchgeführt worden wäre[1]." „Ich kann nicht umhin, mich selbst zu fragen," sagt der protestantische Schriftsteller Englands Fitz-William, „ob eine Religion, die so augenscheinlich und auf eine so dauerhafte und bewunderungswürdige Weise zum Glücke der Menschen beiträgt, in allen ihren Geboten nicht eine göttliche Religion sei? Wie sehr auch bin ich erstaunt, wenn ich das Alter dieser erhabenen römischen Kirche betrachte, ihre ungeheuere Ausdehnung, ihre Majestät, ihre prächtigen und symmetrischen Gebäude, ihre bewunderungswürdige Disciplin, die von einer übernatürlichen Weisheit entworfen zu sein scheint; die unerschütterliche Standhaftigkeit gegen alle Verfolgungen, die sie erlitt, die Ohnmacht ihrer Gegner, ungeachtet deren Schmähungen, Geschreies und Verleumdungen; wenn ich die Würde, den Charakter, die Tugenden, die Talente ihrer Vertheidiger betrachte, die Laster, den schlechten Glauben ihrer ersten Angreifer; das Verschwinden so vieler verschiedenen Secten, die sich gegen sie erhoben; die kurze Dauer der gegenwärtigen, deren Verschiedenheit in Glaubenslehren, so daß, wenn Jemand in eine derselben eintreten wollte, er leicht sie überleben könnte und in die traurige Schande versetzt werden dürfte, sich in die Arme einer neuen werfen zu müssen[2]."

„Ich weiß kein Ding in der Welt," schreibt Lessing, „an welchem sich der menschliche Scharfsinn mehr gezeigt und geübt hätte, als an dem

---

1) Marheinete, Symbolik II, 34.
2) Fitz-William, Briefe des Atticus, oder Betrachtungen über katholische Religion und Protestantismus, von einem englischen Protestanten. S. 52. ff.

alten Religionssystem. Flickwerk von Stümpern und Halbphilosophen ist das Religionssystem, welches man jetzt an die Stelle des alten setzen will¹)."
„Im Protestantismus," sagt Schelling, „trat an die Stelle der lebendigen Autorität der katholischen Kirche die andere todte in ausgestorbener Sprache geschriebener Bücher, und da diese ihrer Natur nach nicht bindend sein konnte, eine viel unwürdigere Sclaverei, die Abhängigkeit von Symbolen, die ein bloß menschliches Ansehen für sich hatten²)." Und fügen wir einfach hinzu — an die Stelle der „unwürdigen Sclaverei der symbolischen Bücher," welche der Protestantismus des sechszehnten Jahrhunderts den Geistern auflegte, trat in der Folge der Zeiten einerseits der dumpfe Pietismus und andererseits der seichte Rationalismus und schließlich der vollendete Abfall vom Christenthum und das Untersinken im Nihilmus und die allgemeine Herrschaft einer in's Unendliche wachsenden Begriffsverwirrung. Die Geschichte des Protestantismus ist die Geschichte jenes jüngeren Sohnes im Evangelium, der das väterliche Erbtheil, das er aus dem Vaterhause der alten Kirche mitgenommen, mehr und mehr verloren hat. Wie unberechtigt es war, von der Autorität der Kirche sich zu trennen und an die Stelle dieser göttlichen Autorität der Kirche, die Geist und Leben ist,— unter dem Rufe: „Die Bibel allein" den todten Buchstaben der heiligen Schrift zu setzen — das hat die dreihundertjährige Geschichte des Protestantismus zur Genüge bewiesen. Und wie viel hohle und gleißende Phrasen auch neuerdings der Schleiermacher'sche Vermittelungstheologe Professor Dorner in Berlin in seiner Geschichte der protestantischen Theologie³) aufgewandt hat, um alle die Widersprüche, in welche das sogenannte protestantische Glaubensprincip seit drei Jahrhundert fortwährend um- und überspringt, als stete principielle Entwickelung und Entfaltung des Christenthums darzustellen und zu verherrlichen, so treten eben doch in jedem Abschnitt und auf jeder Seite fast die logischen Blößen und der unchristliche Charakter des protestantischen Princips offen und klar zu Tage. Als wir das Buch durchgelesen, legten wir es mit einem wehmüthigen Lächeln aus der Hand, und dankten Gott dafür, daß wir unseren einfachen, gesunden Menschenverstand haben und als Katholik auf einem positiven, klaren und consequenten Boden stehen. Solche Geschichtsmanipulationen, wie sie Dorner entwickelt, haben gerade ungefähr eben soviel

---

1) Brief vom 2. Februar 1774.
2) Schelling, Vorlesungen über die Methode des akademischen Studiums. 9 Vorl.
3) Dorner, Geschichte der protestantischen Theologie, besonders in Deutschland, nach ihrer principiellen Bewegung. München, Cotta 1867.

Werth, als das Hegelsche Religionssystem, d. h. gar keinen — es sind leere Gedankenspiele und hohle Phantasmagorien.

Die ewigen Widersprüche, in denen sich der Protestantismus seit seiner Entstehung ununterbrochen hindurchbewegt, sind in der That seine beste Widerlegung und der klarste Beweis dafür, daß der Protestantismus nicht aus Gott ist und daß auf protestantischem Gebiete die Kirche Christi nicht zu suchen und nicht zu finden ist. Gleich mit Luther und in Luther beginnen schon diese choquirenden Widersprüche und Inconsequenzen. Wenn Luther nicht Worte genug fand, um die Kirche zu schmähen und sie als „das Reich des Antichrist" hinzustellen und ihr gegenüber „die Bibel allein" als Princip des christlichen Glaubens hinzustellen, so vergaß er dabei eben nur das Eine, daß er die heilige Schrift selbst von dieser „verteufelten und durchteufelten Kirche" herübergenommen, und daß er überhaupt nur auf das Zeugniß der lebendigen und unfehlbaren Tradition der Kirche hin wußte, welche unter den aus dem christlichen Alterthum auf uns gekommenen zu den göttlich inspirirten und heiligen Büchern gehören und welche nicht; Luther übersah, daß die Voraussetzung, von der er ausging und auf die er seine ganze Lehre aufbaute, tief in der von ihm so sehr geschmähten und gehaßten Tradition der katholischen Kirche wurzelt und ohne sie vollständig in der Luft steht. Er übersah, daß er, indem er die Tradition in aller Weise schmähte und verwarf, nichtsdestoweniger selbst wiederum eben diese Tradition zum Stütz- und Ausgangspunkt seiner ganzen weiteren Entwickelung nahm[1]).

In ruhigen und lichten Momenten hat Luther freilich dieses mitunter eingesehen, ohne daß er sich jedoch der ganzen Tragweite des seinem Lehrbegriffe in der Geburt schon anhaftenden Widerspruches vollkommen klar bewußt geworden wäre. So z. B. schreibt er eilf Jahre nach seiner Lossagung von der katholischen Kirche sich selbst und seiner ganzen Lehre das Urtheil, wenn er sagt: „Wir bekennen, daß bei dem Papstthum viel christliches Gut, ja alles christliche Gut sei, und auch da-

---

[1]) Diese Inconsequenzen des protestantischen Principes hat in sehr klarer, und scharfer und gewissermaßen militärisch strammer Weise Radowitz dargelegt in einer Reihe von Fragen, die er an die Protestanten richtet. Vgl. Radowitz, gesammelte Schriften, Bd. 5. S. 130—139: Der Glaubensgrund des Protestantismus. — Vgl. auch in dem schönen Buche: Die katholische Wahrheit. Worte des Friedens und der Wiederversöhnung an gottesfürchtige protestantische Christen von Ludolph von Beckedorff. 3. Aufl. 1852, die Beantwortung der fünf Fragen: Wer ist katholisch? Was ist katholisch? — Was ist die katholische Kirche? — Was ist die heilige Schrift? — Was ist Glaube? Was sind Werke? — Was ist Freiheit und was ist Gehorsam? S. 1—170.

selbst herkommen sei an uns, wir bekennen, daß im Papstthum sei die rechte heilige Schrift, rechte Taufe, rechtes Sakrament des Altares, rechter Schlüssel zur Vergebung der Sünden, rechtes Predigtamt, rechter Katechismus. Ich sage, daß unter dem Papst die rechte Christenheit ist, ja der rechte Ausbund der Christenheit und viele fromme, große Heilige¹)…" Und zehn Jahre später, im Jahre 1538, also einundzwanzig Jahre nach seinem Austritt aus der katholischen Kirche, schrieb er: „Wahr ist's, im Papstthum ist das wahre Wort Gottes, Apostelamt, und daß wir die heilige Schrift, Taufe, Sakrament und Predigtstuhl von ihnen genommen haben; was wüßten wir sonst davon? Darum muß auch der Glaube, christliche Kirche und der heilige Geist bei ihnen sein²)." Ebenso gerieth Luther mit sich selbst in Widerspruch hinsichtlich seiner Behauptung, daß die heilige Schrift der Auslegung nicht bedürfe, indem sie für sich selbst vollkommen evident sei. Wenn er in den früheren Jahren seiner reformatorischen Thätigkeit behauptete: „es sei kein klarer Buch geschrieben auf Erden, denn die heilige Schrift," und „eine Müllersmagd oder ein Kind von neun Jahren könne die Schrift besser verstehen, als Päpste, Concilien und alle Gelehrte³)," und daß darum die heilige Schrift der Auslegung durch die Kirche nicht bedürfe, so beugte er sich am Ende seines Lebens nach all' den bitteren Erfahrungen, die er mit den „Sakramentirern" und „Schwarmgeistern" gemacht, vor der Schwierigkeit, vor der Unergründlichkeit und dem geheimnißvollen Tiefsinn der heiligen Schrift, indem er schrieb: „Virgils Schäfergedichte kann Keiner verstehen, der nicht fünf Jahre ein Landmann gewesen; Cicero's Briefe Keiner, der nicht zwanzig Jahre einen Staat regiert hat. Die heilige Schrift soll Keiner hinreichend geschmeckt zu haben scheinen, wer nicht hundert Jahre mit den Propheten Elias und Elisa, mit Johannes dem Täufer, mit Christo und den Aposteln die Kirche regiert hat⁴)." Und wenn Luther im Anfange seiner reformatorischen Laufbahn als Fundamentalsatz seiner Lehre aufgestellt, daß die Bibel die alleinige Glaubensregel sei, so wurde er selbst bereits im Jahre 1529 diesem seinem Fundamentalsatze untreu. In demselben Augenblicke, wo Luther die Feder ergriff, um seine siebzehn Schwabacher Artikel, und in demselben Augenblicke, wo Melanchthon im Auftrage Luthers seine Confessio Augustana schrieb, gaben die Reformatoren zu erkennen, daß die

---

1) *Luther.* opp. T. IV. p. 320. a. ed. Jen.
2) *Luther.* opp. T. VII. p. 169. b.
3) Luther, W. W. XII., Predigt v. J. 1522.
4) Vgl. Alzog, Bd. 2. S. 316.

heilige Schrift als alleinige Glaubensregel nicht ausreiche. So haben die beiden Häupter der Reformatoren selbst schon das ganze Formalprincip des Protestantismus, als welches besteht in der Evidenz und Sufficienz der heiligen Schrift, als unbrauchbar erfunden und sich veranlaßt gesehen, demselben durch die verschiedenen Bekenntnisse, Schwabacher, Augsburger, Schmalkaldener abzuhelfen. An die Stelle der lebendigen und großen kirchlichen Autorität, wie sie aus der katholischen Kirche uns entgegentritt, hatten die Reformatoren nun gesetzt die Sclaverei der von ihnen verfaßten Bekenntnißschriften, und ihnen zur Seite als „Wächter und Hüter" des in den Bekenntnißschriften niedergelegten Glaubens die Fürsten und Fürstlein mit ihren Oberconsistorien und Bureaukratencollegien. Um den schönen, altehrwürdigen Gottesbau der katholischen Kirche hatten sich nun aufgebaut die dumpfen und bretternen Hütten der protestantischen Territorialkirchen und Territorialkirchlein in ungemessener Zahl, in denen Symbolzwang, Fürstenwillkür und geisttödtender Bureaukratismus das Scepter führten, und in denen von dem angeblichen reformatorischen Grundprincip der „freien Bibelforschung" kaum noch die Rede sein durfte. „Deutschland," sagt ein protestantischer Schriftsteller des vorigen Jahrhunderts Ernst Salomo Cyprian, „hat allein in seiner Particularevangelischen Kirche, wenn man die reichsfreie Ritterschaft dazu rechnet, mehr als tausend ganz independente Regenten, deren ein jeder in seiner Gemeinde Alles zu thun vermag, was der Papst in der Römischen thut." Im Uebrigen klagt er über „die unzähligen Greuel und Gebrechen in diesem deutschen Kirchenwesen," tröstet sich aber damit, daß „die Lehre glücklicherweise überall gut lutherisch sei[1]." Die geistlichen Lenker und Leiter dieser Kirchen und Kirchlein mit ihren symbolischen Büchern und ihrer unfehlbaren lutherischen Bibelauslegung — das waren dann „unsere Päpstchen," die Lessing „gern wieder mit dem Papste vertauschen möchte[2]." So unnatürlich, unvollkommen und kläglich aber auch dieses ganze Kirchenwesen war, so lebte doch unter dem Volke viel frommer und ächt christlicher Sinn. Das lutherische Volk war in vieler Beziehung hundertmal besser, als seine Glaubenslehre und seine Kirchenverfassung. Nachdem die verheerenden Stürme des Reformationszeitalters mit all' ihren schlechten Beispielen und verderblichen Grundsätzen, durch welche christliche Frömmigkeit und christliche Sitte in jener Zeit so tief geschädigt worden, wiederum vorübergegangen, da lebte und blühte der alte, gläubige, fromme und christliche Sinn, das Erbtheil

---

[1] Vorrede zu Grosch: Nothw. Vertheidigung der evangelischen Kirche 1745. S. 83.
[2] Lessings Werke. Bd. VI. S. 113.

aus der katholischen Vorzeit, auch unter dem von der Kirche gewaltsam abgerissenen Volke fast allenthalben wieder auf und mit der ganzen Energie seines frommen und gläubigen Sinnes ergriff das lutherische Volk das, was ihm in der neuen Lehre an positivem Christenthum noch geblieben war. Das ganze Kirchenthum aber, wie es die Reformatoren geschaffen, war ein auf Widersprüche basirtes, und diese inneren Widersprüche mußten es auseinandertreiben und zerstören. Die Magna charta der symbolischen Bücher, welche die Reformatoren für ewige Zeiten ihren Kirchen und Kirchlein hinterlassen zu haben glaubten, vergilbten allmählig und wurden immer mehr abgängig. Die gesunde Vernunft reagirte gegen die „unwürdige Sclaverei der symbolischen Bücher," die, obgleich sie in ihrer Abfassung pures Menschenwerk waren, nichtsdestoweniger unfehlbares und göttliches Ansehen prätendirten und reagirte gegen alle die Widersprüche und unvernünftigen Irrthümer, wie sie in den Bekenntnißschriften des 16. Jahrhunderts in nicht geringer Zahl enthalten waren. Die durch die symbolischen Bücher unterdrückte Vernunft fing an, sich zu rächen und zerriß diese symbolischen Bücher für immer. Und nun gerieth man mit Einemmale aus einem Extrem in das andere; aus dem Extrem der bisherigen lutherischen Hyperorthodoxie verfiel man in das Extrem des ordinärsten und seichtesten Hyperrationalismus. Binnen wenigen Jahren ging fast die ganze deutsche Predigerschaft unter klingendem Spiel aus dem Lager der abstrusesten Hyperorthodoxie in das Lager des seichtesten Hyperrationalismus über und plätscherte nun lustig in den seichten, rationalistischen Wässern. Der Protestantismus zeigte mit Einemmale ein vollständig anderes Gesicht. Während bisher der Glaube Alles und die Vernunft in Glaubenssachen gar nichts war und sich Alles gefallen lassen mußte, so war nun auf Einmal auf protestantischem Gebiete die Vernunft Alles, und der Glaube — so gut wie gar nichts. Unaufhörlich hatte Luther bekanntlich der katholischen Kirche den Vorwurf in's Angesicht geschleudert, daß sie der Vernunft, dieser „Teufelsmetze," einen allzu großen Gebrauch in religiösen Dingen gestatte, und daß sie dadurch die ganze christliche Glaubenslehre „verderbt und verteufelt" habe. Und nun war mit Einemmale unter Luthers Epigonen auf protestantischem Gebiete selbst die Vernunft Alles in Allem, und zwar die trivialste, ordinärste und seichteste Vernunft, die sich nur denken läßt. Und während nach der bisherigen Lehre Luthers und seiner symbolischen Bücher die Gnade Alles und der menschliche Wille gar nichts, ein purer „Kloß, Block und Stein" war, so war nun auf einmal der menschliche Wille Alles und die Gnade gar nichts. Und während bisher nach der Lehre Luthers die ganze Religion einzig und allein im Glauben bestand und der Ausdruck „gute

Werke" über alle Maßen verpönt war, so bestand nun auf einmal die ganze Religion in den guten Werken, d. h. in einem loyalen, sittlichen Leben und der Glaube erschien ganz und gar gleichgiltig und unnütz. So hatte sich mit Einemmale Alles geändert. Der Baum des alten Lutherthums lag entwurzelt zu Boden und der kalte und stürmische Nordwind des seichtesten Rationalismus spielte in seiner dürren und entlaubten Krone. Daß Luthers Epigonen die unwürdigen Fesseln der symbolischen Bücher und mit ihnen eine ganze Reihe der verkehrtesten Irrthümer abgeworfen, können wir nur als ein freudiges Ereigniß begrüßen. Allein über alle Maßen tragisch, traurig und beklagenswerth war es, daß mit den symbolischen Büchern nun mit Einemmale den Protestanten in jener Zeit zugleich auch die Stützen des positiven Christenthumes zusammenbrachen, und daß man nun im verkehrtesten und ungesundesten Rationalismus die Uebernatürlichkeit und Göttlichkeit des Christenthums selbst verkannte und sich mit dem baarsten Deismus und einer seichten Vernunftmoral begnügte. Die protestantischen Prediger waren nun mit Einemmale aus Predigern eines, wenngleich durch die lutherischen Bekenntnißschriften mit vielen und großen Irrthümern zersetzten und entstellten, positiven Christenthumes Prediger eines glaubenslosen Rationalismus geworden. Und gerade sie, die Wächter und Hüter des christlichen Glaubens, waren es nun, die in ihren Schriften und Predigten bis in die entlegensten Dorfgemeinden hinab allüberall den im Herzen des Volkes noch vorhandenen positiven, christlichen Glauben zerstörten und so jenen Abfall der Massen vom Christenthum einleiteten, den wir heute noch zu beklagen haben. Die Prediger des Christenthums waren die Zerstörer des Christenthums geworden! So furchtbar hatte sich der Abfall des 16. Jahrhunderts von der Kirche gerächt! Wie großartig und erhebend erscheint uns im Vergleich mit diesen protestantischen Predigern und ihrer antichristlichen Thätigkeit ganz in derselben Zeit die Haltung der katholischen Geistlichen Frankreichs mitten in den furchtbaren Stürmen der französischen Revolution! Während in Deutschland die protestantischen Prediger selbst die Hauptverbreiter des Unglaubens und des Antichristenthums wurden, blieben in Frankreich die katholischen Geistlichen selbst während der schwersten Verfolgungen dem Christenthum treu. Nur eine verhältnißmäßig geringe Zahl von Bischöfen, Priestern und Mönchen fiel in den Stürmen der Revolution vom Christenthum und der Kirche ab, und diese apostasirten Priester wurden dann freilich vielfach, ganz wie auch im Zeitalter der Reformation, die ärgsten revolutionären Scheusale; denn corruptio optimi pessima! Die weitaus größte Mehrheit des französischen Klerus aber blieb, auch mitten unter den Stürmen und dem Blutvergießen der Revolution dem christlichen

Glauben treu und legte in Wort und That, im Leben und im Tode in der heldenmüthigsten Weise Zeugniß ab für Christus und das Christenthum¹). Jene rabiate „Aufklärerei" aber, wie sie am Ende des vorigen und am Anfange dieses Jahrhunderts namentlich unter den protestantischen Predigern und Theologen sich geltend machte, wurde von Schelling treffend als „Ausklärerei" bezeichnet. Und im Hinblick auf deren Vertreter an den deutschen Hochschulen und theologischen Facultäten bemerkt er in seinen Vorlesungen über das akademische Studium in geistvoller Weise: „Nicht geistreich, aber ungläubig, nicht fromm und doch auch nicht witzig und frivol, ähnlich den Unseligen, wie sie Dante im Vordergrunde der Hölle existiren läßt, die weder rebellisch gegen Gott noch treu waren, die der Himmel ausstieß und die Hölle nicht aufnahm — haben vornehmlich deutsche Gelehrte mit Hilfe einer s. g. gesunden Exegese, einer aufklärenden Philosophie und schlaffen Moral alles Speculative und selbst das subjectiv-Symbolische aus dem Christenthum entfernt²)." Der fromme, geistvolle und volksthümliche Protestant Claudius aber sang in elegischem Humor über das erleuchtete Jahrhundert und über das Licht, was die protestantischen Theologen und Prediger nun auf ihren Kathedern und Kanzeln dem christlichen Volke allüberall aufsteckten: „Erleuchtet das Jahrhundert ist; der Esel Stroh und Disteln frißt." Aber auch dieser Aufklärungssturm der protestantischen Prediger ging, nachdem er den Lebensbaum des christlichen Denkens und Lebens tüchtig geschüttelt und viele christliche Blüthen geknickt, wieder vorüber. Eine gewisse geistige Oede und Leere machte sich auf religiösem Gebiete unter den Protestanten vielfach geltend. Man erwachte aus dem Ausklärungsrausch und fühlte, wie

---

1) 50,000 Pfarrer, Vicare u. a. Geistliche in Frankreich besaßen trotz der furchtbarsten und blutigsten Drohungen von Seiten der Revolutionäre Muth genug, den Eid auf die Constitution zu verweigern. Unzählige Priester in allen Gegenden Frankreichs starben als Opfer ihres Heldenmuthes für Christus und das Christenthum. Unzählige schmachteten in den Kerkern, weil sie den Eid verweigert hatten, oder irrten in Deutschland, England und Italien in der Verbannung umher. In Paris allein wurden 1792 in den Septembertagen 300 Geistliche, worunter ein Erzbischof und zwei Bischöfe waren, grausam ermordet. In Avignon wurden von dem Heere Jourdans allein 600 Priester ermordet. Aehnlich ging es in Meaux, Chalons, Rennes und Lyon. Und dennoch wurde von den Priestern nach wie vor standhaft der Eid verweigert. Vgl. *Carron*, les confesseurs de la foi dans l'église gallicane à la fin du 18 siècle. Paris 1820. 4 T. deutsch von Räß und Weis. Mainz 1822—26. 4 Bde. — *Guillon*, les martyrs de la foi pendant la révolution française. Par. 1821. 4 T.

2) Schelling, Vorlesungen über die Methode der akademischen Studien. 2. A. S. 198 ff.

man durch diese seichte und bornirte Aufklärerei in vollen Zwiespalt gerathen war mit der Tiefe und Größe des Christenthums. Man war der rationalistischen Aufklärerei vielfach müde, und man verlangte und sehnte sich wieder nach einer größeren religiösen Vertiefung und Verchristlichung. Zugleich weckten auch die Befreiungskriege unter dem Volke wieder einen ernsteren, religiösen Sinn. Die protestantische Theologie aber, alles selbstständigen inneren Haltes baar, ließ sich nun vielfach von der in damaliger Zeit wie ein glänzender Meteor am Himmel stehenden modernen Philosophie blenden und durch eine, oft geistreiche, Amalgamirung christlicher Begriffe mit den Begriffen der modernen Philosophie suchte sie wiederum eine größere, religiöse Vertiefung zu gewinnen. Der eigentliche Mittelpunkt dieser religiös-wissenschaftlichen Strebung und Strömung wurde Schleiermacher, dem seine Verehrer das bedenkliche Lob ertheilt haben, „daß in ihm die verschiedenen Momente der früheren Entwickelung: Orthodoxie, Pietismus, Rationalismus alle gleich zu ihrem Rechte gekommen wären." Im Grunde aber ist in der Schleiermacher'schen Theologie auf protestantischem Gebiete nichts Anderes zu seinem Rechte gekommen, als der verhüllte Pantheismus, der mit den großen, christlichen Begriffen sein gleißendes und täuschendes, sein geistreiches und sophistisches Spiel trieb und in diesen christlich-pantheistischen Phantasmagorien dem durch den seichten Rationalismus so vernachlässigten und verletzten religiösen Gefühle eine gewisse pseudomystische Befriedigung bot. Man glaubte nun wiederum mitten im Christenthum drinnen zu stehen und im Lichte und in der Wärme des Christenthums sich zu sonnen! Und doch — wie täuschte man sich! An die Stelle des kalten Deismus, wie er in der Periode der Aufklärerei vorherrschend war, war nun getreten der mit christlichen Phrasen umkleidete Pantheismus, und an die Stelle des einseitigen, kalten und seichten Rationalismus war nun getreten eine ebenso einseitige, unklare und empfindsame Gefühlsreligiosität. Dem wahren und lebendigen Christenthum steht die Schleiermacher'sche Theologie so fern, ja in mancher Beziehung fast noch ferner, als der aufklärerische Rationalismus. Im Uebrigen empfahl sich die Schleiermacher'sche Theologie, da sie nirgends die Spitzen klaren und consequenten Denkens hervorkehrte und die ganze Religion auf das unklare und vage Gebiet des Gefühles verlegte, und dabei zugleich den Anschein eines gewissen religiösen Tiefsinnes und großer Christlichkeit vor sich her trug, sehr als Unions-, Hof- und Staatstheologie und wurde darum bei Besetzung theologischer Lehrstühle und höherer Kirchenämter in vielen deutschen Ländern von Staatswegen protegirt. Den eigentlichen Rationalisten aber war und ist sie zu wenig rationalistisch, und den Orthodoxen zu wenig christlich. Namentlich aber reagirte gegen die Gefühlstheologie Schleiermachers die vorwiegend dem Bibelkriticismus hingegebene und in dogmatischer Beziehung ganz an die Hegel'sche Gnosis sich anschließende Tübinger Schule unter der Führung Baur's. Durch eine künstliche und oft sehr frivole Kritik riß sie ein Buch nach dem anderen aus der Bibel heraus, so daß schließlich von „der Bibel allein" fast nichts mehr übrig blieb — als „der Einband allein." Dieser hyperkriticistischen Richtung ganz entsprechend verwarf und läugnete sie alle christlichen Dogmen. Ueberaus naiv aber war es und wie eine Persifflage auf ihr hyperkriticistisches Treiben klang es, wenn diese Tübinger Schule nun an die Stelle des christlichen Dogma den Dogmatismus Hegels setzte, der bekanntlich einst eine seiner Vorlesungen mit den Worten begann: „Ich möchte von mir sagen, nicht bloß, daß ich Wahrheit lehre, sondern mit Christus kann ich von mir sagen: „Ich bin die Wahrheit!" Ihren großen Hexensabbath feierte die Tübinger Schule in dem bekannten „Leben Jesu" von David Strauß, in welchem der unnatürliche Bund von einseitigem Bibelkriticismus und unfehlbaren Hegelschen Dogmatismus ihren adäquatesten Ausdruck gefunden hat.

Im Gegensatze zu der Tübinger und Schleiermacher'schen Schule aber erhob sich namentlich in den letzten drei Decennien immer mehr eine positiv christliche Richtung. Gewissermaßen als ein Vorläufer dieser positiv christlichen Richtung tritt uns schon am Anfange des Jahrhunderts entgegen der geistvolle und gewaltige Volksredner Claus Harms, insbesondere auch bekannt durch seine 95 Thesen, mit denen er beim Reformationsjubelfeste 1817 für die alte Rechtgläubigkeit eintrat. „Alle Lehren," klagte er damals mit bitterer Ironie, „welche noch allgemein geglaubt werden, wolle er auf den Nagel seines Daumens schreiben." Diese positiv christliche Richtung aber, die damals mit der Stimme des Rufenden in der Wüste in die Oede des protestantischen Rationalismus und Unglaubens hineinklang, hat seitdem unter den protestantischen Theologen und Predigern zahlreiche und durch Geist und Gelehrsamkeit hervorragende Vertreter gefunden. Daß die Vertreter dieser Richtung zum weitaus größten Theile wenigstens, den positiv christlichen Standpunkt nicht, wie Claus Harms gethan, mit dem specifisch lutherischen identificiren und in vieler Beziehung auch für die Irrthümer Luthers ein offenes Auge haben und Christenthum und Lutherthum bis zu einem gewissen Grade wenigstens von einander zu trennen wissen, können wir natürlich nur mit Freude begrüßen.

Versuchen wir es nun, die gegenwärtige Gruppirung der protestantischen Parteien in Deutschland zu schildern, so können wir, indem wir nur die Hauptstimmführer ins Auge fassen und von hunderten von Abstufungen und größeren und kleineren Unterarten und Spielarten absehen, etwa folgende Hauptgruppen unterscheiden. Als unterste Species treten uns entgegen die Herren des deutschen Protestantentages, die vom Christenthum eigentlich nur noch den Namen an sich tragen, und die sich dieses Namens nur bedienen, um das Christenthum in jeder Weise zu bekämpfen und auf dem Gebiete der Kirche und des Staates überall den ordinärsten Zeitgeist zur Herrschaft zu bringen. Sie sind geschworene Feinde wie jeder positiv christlichen Richtung auf protestantischem Gebiete, so insbesondere auch der katholischen Kirche. Auf protestantischem Gebiete wäre der Sieg der Tendenzen des Protestantentages der vollendete Sieg des Unchristenthums und der Untergang alles positiv christlichen Denkens, Lebens und Strebens! Und die „protestantische Kirche" und die besseren Elemente in ihr haben die Bestrebungen des Protestantentages sehr zu fürchten; denn er ist Fleisch von ihrem Fleische und Bein von ihrem Beine; und der „protestantischen Kirche" fehlt der Archimedische Punkt, von dem aus sie ihm ihr Noli turbare circulos meos zurufen und die verheerenden und entchristlichenden Wirkungen dieser Richtung von sich abhalten könnte [1]). Die katholische Kirche dagegen lächelt aller seiner Angriffe und Drohungen und hat kaum nothwendig, sich viel um ihn zu kümmern, obgleich er sich sehr viel um sie kümmert, und bei jeder Gelegenheit ihr den Kampf erklärt [2]). Im Uebrigen muß

---

1) In dieser Beziehung bemerkte wohl nicht mit Unrecht Bluntschli auf dem letzten Deutschen Protestantentag in Bremen im Juni d. J.: „Innerhalb der deutschen protestantischen Kirche giebt es Leute, nicht ohne Einfluß, nicht ohne eine gewisse Macht, welche ihre Stellung ihnen gewährt, die nicht übel Lust haben, uns die Thüre zu weisen, und uns zu verbannen aus der Gemeinschaft der bestehenden geschichtlichen protestantischen Kirche. Sie täuschen sich; wir erachten uns als legitime Kinder und Söhne dieses protestantischen Hauses, und wir werden uns nicht verdrängen lassen, sondern unsern Platz behalten . . . . Wir sind auf diesem Felde uns des Erfolges vollkommen sicher." Vgl. Der dritte Deutsche Protestantentag gehalten zu Bremen am 3. und 4. Juni 1868. S. 118.

2) Erst auf dem ebenerwähnten Protestantentag wieder schlägt Herr Bluntschli Allarm: „Viel wichtiger als das (nämlich als der Kampf gegen die besseren und und positiveren Elemente auf protestantischem Gebiete selbst) ist meines Erachtens die Aussicht auf einen viel größeren Kampf, der uns bevorsteht. Auch da haben wir die ersten Anzeichen eines Weltkampfes, der merkwürdiger Weise — wer hätte es möglich gehalten! — erneuert wird. In der That, es ist in unserm Jahrhundert in der zweiten Hälfte desselben, das völlig Unglaubliche geschehen, daß eine Weltanschauung, von der wir angenommen haben, sie sei mindestens seit einem Jahrhundert gänzlich todt, neuerdings mit dem Anspruch auf erneuerte Weltherrschaft hervorgetreten ist und der ganzen gebildeten Welt, unserer Cultur, unserer Wissenschaft, allem unserem freien Leben den Fehdehandschuh hingeworfen hat. Es

anerkannt werden, daß die Herren des deutschen Protestantentages, um mit Bluntschli zu reden, „legitime Kinder und Söhne des protestantischen Hauses," ja daß sie die würdigsten Ausläufer und Repräsentanten des protestantischen Principes sind. Was ihren realen Gehalt an wirklichem Christenthum betrifft, so können sie in dieser Beziehung das Wort eines bekannten Göthe'schen Gedichtes auf sich anwenden und mit vollem Rechte von sich singen: „Ich hab' mein Sach auf nichts gestellt!" In ihren Grundanschauungen nicht viel reicher an wahrhaft christlichem Gehalte, als die Stimmführer des deutschen Protestantentages und seiner Zweigvereine, aber in manchen ihrer Vertreter von der großen Selbsttäuschung befangen, daß man das volle christliche Dogma in zeitgemäßer Form und Ausgestaltung besitze, erscheint die in die mannigfachsten Abzweigungen auseinandergehende Schule Schleiermachers, die denn auch ganz consequent ein ziemliches Contingent zu den Herren des Protestantentages stellt. Die Schleiermachersche Schule ist vorwiegend die wissenschaftliche Schule der Unionstheologen und gegenwärtig namentlich durch Dorner, Beyschlag u. A. repräsentirt. Dem protestantischen Volke, welches für das theologische Phrasenwerk keinen Sinn und kein Verständniß hat, ist die Richtung im großen Ganzen fremd; es zieht, insofern es nicht positiv christlich ist, den nackten Unglauben diesem im Flitterputz christlicher Phrasen einherstolzirenden Unglauben vor! Und darin können wir ihm vom Standpunkte der Consequenz aus nur Recht geben. Gleichfalls in erster Linie unionistisch, aber vorwiegend auf positiv christlichem Boden stehend und zugleich mit vielfältigen Aspirationen für eine Episcopalverfassung erscheint die Richtung, wie sie gegenwärtig namentlich von Berlin aus durch den Herrn Generalsuperintendenten Hoffmann,

---

geht eine große, mächtige über ganz Europa verzweigte Partei darauf aus, die mittelalterliche Weltansicht mit ihrer Hierarchie wieder auf den Thron zu erheben." Vgl. a. a. O. S. 114. Nun, Herr Bluntschli wird wohl noch an Manches glauben müssen, — was ihm jetzt noch „völlig unglaublich" erscheint! Im Uebrigen aber hat er durchaus nicht nothwendig, von Seiten der katholischen Kirche irgend etwas zu fürchten, für die wahre „Freiheit, Bildung, Cultur und Wissenschaft" und kann sich hierüber vollkommen beruhigen. Sollte übrigens Herr Bluntschli nicht allzu sehr in seine eigenen Gedanken verliebt und noch vernünftiger Belehrung zugänglich sein, so würden wir uns erlauben, ihm die gründlichen Abhandlungen von Professor Hettinger zu empfehlen über „Kirche und Bildung," „Christenthum und Heidenthum", „Die göttliche Weltregierung und das Christenthum" in Hettingers Apologie des Christenthums. Bd. 2. Abthlg. 2. S. 531—806. Ueberhaupt können wir nicht umhin, bei dieser Gelegenheit gebildeten Protestanten und Katholiken dieses gelehrte und geistvolle und in Form und Inhalt gleich vollendete apologetische Werk, auf das Wärmste zu empfehlen.

und durch das preußische Cultusministerium und eine große Anzahl von protestantischen Geistlichen vertreten wird. Allen Diesen gegenüber stehen die **confessionalistischen Lutheraner**, die von einer Union nichts wissen wollen, weil sie in ihr ein Mittel erblicken, durch welches in vieler Beziehung nur dem Indifferentismus, dem Rationalismus und kirchlichem Liberalismus unwillkürlich Vorschub geleistet und das positive Christenthum vielfach geschädigt wird. Die Männer dieser Richtung haben jüngst in großer Anzahl in Hannover getagt. Verschwindend klein und kaum noch existirend ist unter den Männern dieser Richtung die Partei der Altlutheraner, da sich eben das consequent durchgeführte Altlutherthum und die altlutherische Hyperorthodoxie im Lichte des 19. Jahrhunderts als völlig unhaltbar und hinfällig erweist. Von um so größerer Bedeutung dagegen für Weckung und Förderung positiv christlichen Denkens und Lebens auf protestantischem Gebiete ist die Partei der Neulutheraner, und unter ihnen insbesondere jene durch **Kahnis, Delitzsch, Kliefoth, Münchmeyer**, den verstorbenen **Stahl** und den jüngst verstorbenen edlen und geistvollen **Vilmar** vertretene Richtung, welche, freilich im vollendeten Widerspruch mit den protestantischen Haupt- und Lieblingsdogmen von der Unsichtbarkeit der Kirche und dem allgemeinen Priesterthum, die göttliche Stiftung des Kirchenamtes behaupten und die über Amt und Ordination, über Sacramente und Opfer Ansichten aufstellen, die ihnen von protestantischer Seite vielfach den Vorwurf des Katholisirens zugezogen haben. Ihren prägnantesten Ausdruck hat diese Richtung gefunden in dem Worte Kliefoth's: „Alles von oben herab! Die Kirche erhebt sich nicht von unten her aus dem Menschengeist, sondern von oben her in den Menschengeist. Es ist daher ein sehr folgenschwerer Irrthum, den Kirchenbegriff nur von seiner subjectiven Seite zu fassen als Gemeinde der Heiligen; das ist eben nur der Begriff der Gemeinde, nicht der Kirche. Die Kirche ist ein **objectives Institut**, ein von Gott gestifteter Organismus mit göttlichen Anordnungen, Aemtern, Ständen und Institutionen. Die Gemeinde ist ein nur empfangendes Organ der göttlichen Gnade und Wirksamkeit und das die Gemeinde Constituirende ist nicht der Glaube der Menschen, sondern die Gnadenmittel[1].“ Einen thatsächlichen Ausdruck aber hat dieser neulutherische Kirchen-

---

[1] Vgl. hierüber Jörg, Geschichte des Protestantismus in seiner neuesten Entwicklung. Freiburg 1858. 2 Bde. Bd. 1. Abschnitt 4 und 5: „Die Bewegung um den Kirchenbegriff und die Frage vom geistlichen Amt." S. 350—444. Und hier insbesondere die Kapitel: „Kliefoth und Münchmeyer über den Kirchenbegriff S. 865 ff.; Herr Vilmar und die Sakramentskirche S. 879 ff.; die symbolische

begriff vornehmlich erhalten in den Organisationen des frommen und energischen Pastor Löhe in Neuendettelsau und seiner Anhänger in Deutschland und Nordamerika¹). Daß diese neulutherische, nach einer sichtbaren Kirche und nach einer würdigen Feier des Gottesdienstes und nach ächt praktischem Christenthum ringende neulutherische Schule die edelsten, die besten und christlichsten Männer unter den deutschen Protestanten zählt, ist uns über jeden Zweifel erhaben. Daß die Männer dieser Richtung, obgleich nur eine, freilich stets sehr im Zunehmen begriffene Minorität, für Weckung und Förderung wahren Christenthums, christlichen Denkens und christlichen Lebens mehr geleistet²), als alle Theologen der Schleiermacher'schen Schule und alle „christlichen Kämpfer" des deutschen Protestantentages zusammen, ist Thatsache. Daß aber diese ganze Richtung auf protestantischem Gebiete eine exotische Pflanze ist und mit den Grundprincipien des Protestantismus und auch des eigentlichen principiellen Lutherthums und seiner Grundideen vom allgemeinen Priesterthum und der unsichtbaren Kirche in diametralem Gegensatze steht, ist gleichfalls eine unleugbare Thatsache. Und insofern haben die protestantischen Gegner dieser Richtung vollkommen Recht, wenn sie ängstlich sagen: „Sie sind schon ganz nahe an die Thore Roms gerückt. Nur noch eine kurze Strecke und sie sind in der ewigen Stadt³)." Und wir pflichten dem protestantischen Prediger Merle vollkommen bei, wenn er seiner Zeit am

---

und neulutherische Lehre und Praxis vom Amt. S. 402 ff. Wir können dieses vortreffliche Geschichtswerk nicht genug anempfehlen. Gebildete Katholiken können aus diesem Buche so recht lernen, was sie an ihrer Kirche haben; und nach **Wahrheit ringende Protestanten**, wo sie das finden, wonach sie streben und ringen!

1) Vgl. Jörg a. a. O. S. 430—444.: Herr Löhe und der nordamerikanische Amtsstreit für und wider das Symbol.

2) Mit Recht sagt Jörg a. a. O. S. 430 von Löhe: „Von dem Dorfe Neuendettelsau in bayrisch Franken aus übt dieser Pastor einen Einfluß in zwei Welttheilen wie kein anderer seiner Standesgenossen." Und welch' großes Verdienst hat Vilmar z. B. nur allein durch seine „Geschichte der deutschen Literatur" sich erworben für Verbreitung christlicher Anschauungen und Gesinnungen unter dem deutschen Volke in der Gegenwart. Es ist das unseres Erachtens das verdienstvollste Buch der ganzen modernen protestantischen Literatur; und nicht allein die Protestanten, auch wir Katholiken in Deutschland sind dafür dem jüngst verstorbenen Vilmar zum Danke verpflichtet.

3) Lehman S. 2, 6. — Im Princip sind sie nicht blos „nahe an den Thoren Roms," sondern sie befinden sich bereits schon mitten in der „ewigen Stadt" selbst! Leider aber ist es oft eine dichte Scheidewand anerzogener und angewöhnter Vorurtheile, die sie zurückhält, um auch in Wirklichkeit ihrem „Princip" zu folgen und einzugehen in die auf dem Felsen Petri erbaute „ewige Stadt!"

Berliner Kirchentag in Bezug auf Pastor Löhe sagte: „Wenn man Ceremonielles, Architektonisches, Traditionelles wolle, so finde man das besser in Rom;" und durch die ganze Richtung gehe „eine Gravitation nach dem Vatican!"

Werfen wir nun einen Blick auf den allgemeinen kirchlichen Zustand der Protestanten in Deutschland, so glauben wir denselben nicht besser charakterisiren zu können, als mit den Worten eines der hervorragendsten protestantischen Theologen der Neuzeit mit den Worten Richard Rothe's, der sagt: „Soll die Majorität derjenigen, die sich zu unserer Kirche zählen, über den Glauben, die Lehre und den Gottesdienst derselben decretiren, so wird die nach ihrem Sinne eingerichtete Kirche, wenn sie überhaupt nur eine solche zu Stande bringt, wenig mehr von einer christlichen Kirche an sich haben[1]).“ Erwägen wir überdieß noch, daß Rothe ein der Vermittelungstheologie angehöriger Theologe ist und daß demnach die Anforderungen, die er an Christenthum und Kirche stellt, auf jeden Fall nur sehr bescheidener Natur sind, so werden wir die ganze Tragweite dieses Wortes zu ermessen wissen. In der That, die größte Anzahl der Protestanten aller Stände in den Städten und auf dem Lande ist der Kirche und dem Christenthum völlig entfremdet. In den düstersten Farben hat am Anfang dieses Jahrzehnts der erste Prälat der sächsischen Kirche, Liebner, den völligen Mangel an christlicher Erkenntniß geschildert, der „theilweise in wahrhaft erstaunenswerthen Maßen gegenwärtig in der deutschen evangelischen Kirche bei der Masse der Gebildeten und Ungebildeten vorhanden sei[2]).“ Es muß anerkannt werden — und mit Freuden erkennen wir es an — daß es in der Gegenwart unter den protestantischen Predigern der verschiedensten Richtungen viele wahrhaft ernste und christlich gesinnte Männer gibt, die sich je nach ihrer Richtung die Weckung und Pflege des christlichen Lebens in ihren Gemeinden sehr angelegen sein lassen. Nicht minder müssen wir freudig anerkennen, daß an den meisten protestantischen Facultäten Deutschlands der alte seichte Rationalismus zu Grab getragen und eine ernstere Richtung gepflegt wird, und daß namentlich gerade auch die positiv christliche Richtung sehr hervorragende und ihren rationalistischen Gegnern an Geist und Gelehrsamkeit vielfach weit überlegene Gelehrte zählt. Allein nichtsdestoweniger trotz aller ernsteren Bemühungen und besseren Bestrebungen auf dem Gebiete der protestantischen Theologie und Pastoration bleiben die Gebildeten und Unge-

---

[1] Rothe, Ethik III., 1041. Vgl. Hengstenberg's K. 3. 1856. S. 53.
[2] Zur kirchlichen Principienfrage der Gegenwart. Zeugnisse aus dem Sächsischen Kirchenregimente. Dresden 1860. S. 19.

bildeten in kirchlicher Beziehung nach wie vor in hohem Grade stumpf, theilnahmlos und apathisch. Die Prediger predigen in unzähligen Kirchen Jahr aus Jahr ein an jedem Sonn- und Feiertag vor fast leeren Bänken. Wie das „Ausland" im Jahre 1864 berichtet, gehen von den 425,000 Protestanten Berlins nur 25,000 in die Kirche[1]); die übrigen sehen nach ihrer Confirmation während ihres ganzen Lebens oft kaum auch nur noch einmal die Wände einer Kirche von innen. Und wie Rothe im Jahre 1865 auf dem Protestantentag in Eisenach sagte, kommen im Protestantismus auf 100 Männer 3—5 Kirchenbesucher. Wenn wir übrigens erwägen, daß die protestantische Kirche dem Volke nichts zu bieten vermag, als eine Predigt, daß die Anzahl eigentlicher Predigtalente immer verhältnißmäßig nur klein ist und daß überdieß ohne die volle Klarheit und Wahrheit des christlichen Dogma die Predigt nur gar zu leicht auf das Gebiet der hohlen, monotonen und nichtssagenden Phrase sich verliert, so werden wir diese Kirchenflucht und Kirchenscheu unter den Protestanten sehr erklärlich und leicht begreiflich finden. Es wäre in der That zu verwundern, wenn es in dieser Beziehung anders wäre! Auf protestantischem Gebiete selbst hat man dieß in neuerer Zeit vielfach eingesehen und dem protestantischen Gottesdienste auf mannichfache Weise, namentlich durch Einführung sogenannter Liturgien, wie sie bereits seit längerer Zeit schon in Preußen bestanden, aufzuhelfen und ihm eine größere Feierlichkeit und Frömmigkeit zu geben versucht. Allein mit sehr geringem Erfolge. Das Volk kann diesen künstlich gefertigten Liturgien, die ja auch im Grunde nur Schalen ohne Inhalt, nur Hülsen ohne Kern sind, keinen rechten Geschmack abgewinnen und in ihnen nicht viel Erbauung finden. Im Königreich Sachsen selbst, wo unter dem Volke vielleicht mehr christlicher Sinn noch zu finden ist, als in manchen anderen deutschen Landstrichen, wird der Gesang- und Gebetsgottesdienst vernachlässigt und erst kurz vor der Predigt kommt das Volk zur Kirche[2]). In Nord- und Mitteldeutschland, sagt Zittel, habe ich oft Gelegenheit gehabt, zu beobachten, wie drei Viertel der Kirchenbesucher erst nach beendigter Liturgie in die Kirche kamen und unmittelbar nach dem Schluß der Predigt sie wieder verließen[3]). Auch Generalsuperintendent Hoffmann in Berlin bemerkt, daß in den meisten Fällen die Gemeinde sich bei der Liturgie theilnahmlos verhalte oder durch einen Kinderchor vertreten werde[4]). So

---

1) Ausland von 1864. Nr. 39.
2) Hengstenberg's K. Z. 1858, S. 1114.
3) Hundeshagen, der badische Agendenstreit. Frankfurt 1859. S. 13.
4) Meßner's Kirchenzeitung 1860 S. 105.

haben sich alle Versuche, dem protestantischen Gottesdienste eine größere Frömmigkeit und Feierlichkeit zu geben und dadurch auch eine größere Theilnahme des Volkes an demselben zu erzielen, im großen Ganzen als durchaus erfolglos erwiesen. Mit dieser Theilnahmlosigkeit des Volkes am öffentlichen Gottesdienste hängt denn auch auf's Innigste zusammen der verwahrloste Zustand, in welchem sich fast aller Orten in den Städten und auf dem Lande die protestantischen Kirchen befinden. Das Volk, das nicht in die Kirche geht, hat auch für die Kirchen selbst und für ihre Erhaltung und Verschönerung keinen Sinn; die Kirchen sind ihm lange gut. Wie manchmal schon hat uns fast das Herz bluten wollen, wenn wir auf unseren Reisen mitunter in protestantische Kirchen eintraten und oft die schönsten und herrlichsten Bauten aus alter, katholischer Zeit in dem Zustand der grauenhaftesten Veröbung, Vernachlässigung und Verwahrlosung sehen mußten. Die Kirchen überdieß, die der Protestantismus im 17. und 18. Jahrhundert selbst gebaut hat, sind an und für sich schon im höchsten Grade unschön, und gewähren nun, da im Laufe der Zeiten für ihre Erhaltung wenig oder gar nichts mehr geschehen ist, den allertraurigsten und trübseligsten Anblick. Während der Gustav-Adolphs-Verein alljährlich beträchtliche Summen verausgabt, um in katholische Gemeinden seine modern-gothischen Kirchlein hineinzubauen, sehen in den meisten protestantischen Gegenden Deutschlands die protestantischen Kirchen oft aus, wie alte Scheunen, und befinden sich in einem Zustande, „daß man," wie Hengstenbergs Kirchenzeitung gelegentlich sagt, „ohne Schamröthe keinen Heiden hineinführen könnte[1]."

Jener traurige Zustand der protestantischen Kirchen aber ist ein sprechendes Symbol von dem öden und traurigen Zustande der protestantischen Kirche selbst! „Die Kirche" — sagt ein protestantischer würtembergischer Geistlicher — ist bis auf den Namen fast in Deutschland verschwunden beim Volke und bei den Gebildeten. Der Cäsaropapismus und noch mehr der Bureaukratismus hat im Bunde mit dem Rationalismus die Kirche vollständig aufgelöst und aus dem Sinn der politischen Gemeinde weggewischt; der Pietismus aber hat dabei den letzten Ueberrest von Kirchen- d. h. Gemeinschaftsbegriff in seine „Gemeinschaften" zurückgezogen. An die Stelle objectiven kirchlichen Glaubensbekenntnisses ist allenthalben „mein subjectiver Standpunkt," mein souveränes Ich und der Geist meiner Zeit mit seinen Zeichen und seinen Fesseln getreten, die man lieber trägt, als Christi Joch und reformatorisches Bekenntniß[2]." Nicht minder düster

---

[1] Hengstenberg's Kirchenzeitung 1857. S. 529.
[2] Schaff's Kirchenfreund, 1857. S. 416.

lautet das Urtheil einer andern in Sachsen erscheinenden protestantischen Zeitschrift: „Die Kirche weiß nichts von der Noth und von den Seelenzuständen ihrer Glieder, sie hat kein Auge, hat keine Hand und Herz für sie; sie hat keine Beziehung zu dem täglichen Leben; sie ist ein Sonntagsinstitut, welches die ganze Woche über nicht wahrgenommen wird. Predigen und Taufen und Stolgebühren und theologisches Gezänk sind fast die einzigen Zeichen, an denen man ihr Dasein merkt[1])." Das sind Alles höchst trostlose Zustände, für welche der vorübergehende kurze Rausch des Wormser Lutherfestes keinen Ersatz zu bieten vermag; und die man mit den streitbaren und salbungsvollen Phrasen, wie sie beim Wormser Lutherfeste in Strömen geflossen, nicht zu verhüllen und am allerwenigsten zu heilen vermag. Soviel ist ganz gewiß, daß wenn man am Fuße des Luthermonumentes steht und einen Blick wirft auf Luthers Werk, wie es in der Gegenwart sich uns darstellt, man eher alles Andere sagen kann, als: „das Werk wird seinen Meister loben." Denn Luthers Werk, die protestantische Kirche in Deutschland, befindet sich, trotz aller hohen Protectionen und trotz aller Allianzen mit dem modernen Cäsaropapismus und mit der modernen Wissenschaft, nach innen und außen in einem höchst traurigen und kläglichen Zustande.

Die geschichtliche Entwickelung des Protestantismus aber und der traurige, dem Christenthum fast gänzlich entfremdete und hoffnungslose Zustand, in welchem er in der Gegenwart im großen Ganzen angelangt ist, sind der lautsprechendste und zugleich ein wahrhaft furchtbarer und tragischer Beweis dafür, daß die sogenannte Reformation des sechszehnten Jahrhunderts eine in ihrem Grundprincipe falsche und verkehrte und dem Geiste des Christenthums widerstrebende war. Drei Stadien sind es, welche das protestantische Princip im Kreislauf seiner Entwicklung durchlaufen. Das erste war das Stadium des Abfalles von der göttlichen Autorität der Kirche im Reformationszeitalter; das zweite das Stadium des Abfalles von Christus und aller übernatürlichen Offenbarung in dem protestantischen Rationalismus und Deismus des achtzehnten Jahrhunderts; das dritte das Stadium des vollendeten Abfalles von Gott im Schleiermacher'schen und Hegel'schen Pantheismus, und im einseitigen und frivolen Bibelcriticismus. Im sechszehnten Jahrhundert protestirte das protestantische Princip im Namen der Bibel gegen die göttliche Autorität der Kirche; im achtzehnten Jahrhundert drückte es die göttliche Autorität der Bibel zu einer bloß menschlichen herab und protestirte im Namen der Vernunft

---

1) Kirchen- und Schulblatt von Teuscher und Hanschmann, Weimar 1852 S. 65.

gegen Christus und das Christenthum; im neunzehnten Jahrhundert verwarf es die Bibel bis auf den Einband und protestirte im Namen des pantheistischen und atheistischen Fortschrittes gegen Gott und Christus, gegen Bibel und Kirche und gegen alles, was christlich und göttlich ist. So hat dieses protestantische Princip des Abfalles seinen Kreislauf durchlaufen und ist im vollendeten Unchristenthum und Antichristenthum und in einem modernen Heidenthum angekommen. Fast alles was auf protestantischem Gebiete heutzutage ächt protestantisch ist und auf ächt protestantischem Boden steht, ist unchristlich und antichristlich geworden. Alles aber, was noch an christlichen Anschauungen, Tendenzen, Institutionen auf protestantischem Gebiete uns begegnet, ist seinem innersten Wesen nach katholisch und steht auf katholischem Grunde.

Während so auf der einen Seite das protestantische Princip des Abfalles im vollendeten Unglauben und in der vollendeten Lossagung vom Christenthum sich ausgeboren und so sich selbst das Urtheil gesprochen hat, tritt uns auf der andern Seite die erfreuliche Thatsache entgegen, daß man im Laufe der Zeit auch auf protestantischer Seite vielfach die Irrthümer der Reformatoren mehr oder minder klar eingesehen, und allen den von ihnen verworfenen katholischen Dogmen und Institutionen in vieler Beziehung wiederum mehr oder minder gerecht geworden ist. Als die beiden Grundirrthümer der Reformatoren, aus denen alle ihre übrigen Verirrungen hergeflossen sind, erscheinen die Lehre von der Evidenz und Sufficienz der heiligen Schrift und die Lehre von der Rechtfertigung. Die erstere Lehre, daß die Bibel allein Glaubensregel sei und daß Jeder im Stande sei, sich durch Bibellesen in den Besitz des wahren, vollen christlichen Glaubens zu setzen, bildete gewissermaßen das Formalprincip, die Lehre von der Rechtfertigung das Materialprincip des reformatorischen Bekenntnisses. Wir haben bereits oben darauf hingewiesen, wie Luther selbst mit diesem seinem Grundprincip in Conflict kam und es in Wort und That hundertfältig verläugnet und so schon an sich selbst die Unhaltbarkeit dieses Principes erwiesen und dargestellt hat. Im siebzehnten Jahrhundert aber trat namentlich der geistvolle und gelehrte protestantische Theologe Georg Calixt gegen dieses einseitige Schriftprincip und für die Tradition ein. Ebenso der scharffinnigste unter den deutschen Philosophen Leibnitz, wenn er an Pirot schreibt: „Alles, was zum göttlichen Glauben gehört, kann uns, da uns neue Offenbarungen mangeln, nicht anders, als durch die heilige Schrift oder durch die Ueberlieferung der alten Kirche zukommen." Und wenn er an Bossuet schreibt: „Die Frage ist, ob die alten Offenbarungen alle in der heiligen Schrift enthalten sind, oder ob sie wenigstens eine apostolische Ueberlieferung für sich haben; dieß letztere nehmen selbst gemäßigtere Protestanten an¹)." Sein Zeitgenosse aber, der berühmte protestantische Theologe Molanus gesteht, „daß wir nicht allein die heilige Schrift selbst der Ueberlieferung verdanken, sondern auch bei den Grundartikeln den ächten und rechtgläubigen Sinn der heiligen Schrift." Der berühmte protestantische Gelehrte jener Zeit aber, Hugo Grotius sagt: „Das ganze Wort Gottes beruht auf zwei Zeugen, auf der Schrift und auf der Erblehre, die sich gegenseitig erhellen. Die Erblehre erklärt die Schrift, wie die Gewohnheit das geschriebene Gesetz¹)." Im achtzehnten Jahrhundert war es unter den Protestanten namentlich Lessing, der in seinem bekannten Kampfe gegen den Pastor Götze die logische und historische Unhaltbarkeit des einseitigen protestantischen Schriftprincipes darlegte und ihm das katholische Traditionsprincip in seiner inneren und äußeren, in seiner logischen und historischen Berechtigung gegenüberstellte. Unter den Thesen, welche Lessing gegen den lutherischen Pastor Götze aufstellte und in sieghafter Weise vertheidigte, heben wir in Kürze folgende hervor:

§. 1. Der Inbegriff der Glaubensbekenntnisse hieß bei den alten Vätern Regula fidei.

§. 2. Diese Regula fidei ist nicht aus den Schriften des Neuen Testamentes gezogen.

§. 3. Diese Regula fidei war, ehe noch ein einziges Buch des Neuen Testamentes existirte.

§. 5. Mit dieser Regula fidei haben sich nicht allein die ersten Christen zu Lebzeiten der Apostel begnügt, sondern auch die nachfolgenden Christen der ersten vier Jahrhunderte haben sie für vollkommen hinlänglich zum Christenthum gehalten.

§. 6. Diese Regula fidei also ist der Fels, auf welchem die Kirche Christi erbaut worden, und nicht die Schrift.

§. 12. Die christliche Religion ist in den ersten vier Jahrhunderten aus den Schriften des Neuen Testamentes nie erwiesen, sondern höchstens nur beiläufig erläutert und bestätigt worden.

§. 13. Der Beweis, daß die Apostel und Evangelisten ihre Schriften in der Absicht geschrieben, daß die christliche Religion ganz und vollständig daraus gezogen und erwiesen werden können, ist nicht zu führen.

---

1) Vgl. *Oeuvres de Bossuet.* T. XXVI. p. 281 und 349.

2) Hugo Grotius. Votum pro pace. p. 187: Prolegom in librum de jure belli et pacis; Brief an Uptentogarb vom 6. Juni 1614. — Epp. eccles. praest. viror. p. 308.

§. 14. Der Beweis, daß der heilige Geist durch seine Leitung, es dennoch, selbst ohne die Absicht der Schriftsteller, so geordnet und veranstaltet, ist noch weniger zu führen.

§. 16. Auch nicht einmal als authentischer Commentar der gesammten Regula fidei sind die Schriften der Apostel betrachtet worden.

§. 17. Und das war eben der Grund, warum die älteste Kirche nie erlauben wollte, daß sich die Ketzer auf die Schrift beriefen; das war eben der Grund, warum sie durchaus mit keinem Ketzer aus der Schrift streiten wollte [1]).

Und in einer weiteren Reihe von Thesen sagt er Bd. VII. S. 4:

§. 4. Nicht allein die Geschichte Christi war bekannt, ehe sie von den Evangelisten gemacht wurde, die ganze Religion Christi war bereits im Gange, ehe einer von ihnen schrieb.

§. 15. Entweder wir müssen von der christlichen Religion auf bloß historische Gründe gar nichts annehmen, oder wir müssen auch das annehmen, daß es zu jeder Zeit eine authentische Glaubensregel gegeben hat.

§. 20. Die ihre Glaubwürdigkeit aus sich selbst hatte.

§. 21. Die allein der unstreitige Probirstein der Rechtgläubigkeit war.

§. 22. In die alle Ketzer erst einstimmen mußten, ehe man sie würdigte, mit ihnen über Glaubenslehren zu streiten.

§. 23. Kurz mit der die Schrift Alles, ohne welche die Schrift Nichts war.

Gleich Lessing urtheilt auch der protestantische Dogmenhistoriker Münscher, wenn er auf Grund seiner umfassenden dogmengeschichtlichen Untersuchungen sagt: „Aus allen bisher angestellten Untersuchungen geht die Folge hervor, daß die Protestanten, wenn sie gegen den Gebrauch der Tradition kämpften, die unbefangene Geschichte nicht auf ihrer Seite hatten. Die katholische Kirche hatte nicht Unrecht, wenn sie behauptete, daß bei den älteren Christen die Tradition in großem Ansehen gestanden habe [2])." Ganz ebenso urtheilt Köppen in seiner Philosophie des Christenthums [3]). Und mit aller nur wünschenswerthen Klarheit verurtheilt der berühmte protestantische Theologe Delbrück die Lehre von „der Bibel allein" und damit die ganze protestantische Glaubensregel, indem er sagt: „Wer das Schriftwort des Neuen Bundes zur höchsten Erkenntnißquelle des Glaubens erhebt, der erklärt es für etwas, das es seiner Natur nach

---

1) Lessings Werke. Berlin 1825. Bd. VIII. S. 22 ff. Karlsruher Ausgabe. Thl. XXV. S. 21—25. — Ueber den Kampf Lessings mit Götze vgl. Stahr, Lessings Leben, Bd. 4.

2) Münscher, Handbuch der Dogmengeschichte 2 Thl. Erlangen 1823.

3) Köppen, Philosophie des Christenthums. 2 Thl. Leipz. 1813.

nicht sein kann, der Absicht des Herrn gemäß nicht sein soll, seinem eigenen Zeugnisse zufolge auch nicht sein will, und, setze ich hinzu, für etwas, wofür es in den ersten Jahrhunderten, als das Christenthum in der Fülle seiner Kraft bestand, nicht galt[1])." Klarer und wahrer, als hier in wenigen Worten geschieht, kann man in der That die Insufficienz der heiligen Schrift nicht aussprechen. Ganz auf den katholischen Boden stellt sich Professor Kahnis in Leipzig, wenn er sagt: „Ein junger Theologe mit guten Kräften und kirchlichem Sinn kommt auf die Universität. Er sucht natürlich einen Leitstern für seine theologischen Studien. Die Bibel kann es nicht sein, da in ihr alle Confessionen und Richtungen ihre Lehre suchen und finden[2])" „Der Mensch," sagt Perthes, vergißt oder verschleudert oder verschiebt oder verdreht die Worte nur zu leicht, oder starrt stumpf in sie hinein. Um die dargebotene Hülfe ergreifen zu können, bedarf er wiederum eines Helfers. Wer aber führt ihn in die Tiefe des Verständnisses, wer löst ihm den Sinn der Worte, wer bewahrt die Worte und breitet sie aus? Das ist die große und schwere Frage. Die Schrift bedarf eines Schutzes gegen Menschenwillkür und der Mensch eines Auslegers der Schrift. Die Anstalt, welche dieses Doppelbedürfniß befriedigen soll, ist die Kirche, aber wo ist sie, wer hat sie? . . . . . Wäre nicht der Scham und die Scheu vor der katholischen Kirche, wie laut, wie verzweiflungsvoll würden wir die Rufe gläubiger Protestanten nach der Hülfe und Autorität einer Kirche ertönen hören[3])!" Ueber die Verschiedenheit der katholischen und protestantischen Anschauungen hinsichtlich des Bibellesens aber bemerkt Kant: „Im Römisch-Katholischen Kirchenwesen ist in diesem Punkt (des Bibellesens) mehr Consequenz, als im protestantischen. Der reformirte Prediger La Coste sagt zu seinen Glaubensgenossen: Schöpft das göttliche Wort aus der Quelle (Bibel) selbst, wo ihr es dann lauter und unverfälscht einnehmen könnt; aber ihr müßt ja nichts Anderes in der Bibel finden, als wir darin finden. Nun, liebe Freunde, sagt uns lieber, was ihr in der Bibel findet, damit wir nicht unnöthigerweise in der Bibel selbst suchen und am Ende, was wir darin gefunden zu haben vermeinten, von euch für unrichtige Auslegung erklärt

---

1) Delbrück, Philipp Melanchthon. Bonn 1826. S. 27.
2) Kahnis, die Sache der lutherischen Kirche gegenüber der Union. Leipzig 1854. S. 54.
3) Perthes' Leben III. S. 201.

werde¹)." Wie wenig aber dem chriſtlichen Volke damit gedient iſt, wenn man es auf die „Bibel allein" hinweiſt und ihm zumuthet, ſich aus der Bibel ſeinen Glauben zu ſchöpfen, das mögen uns folgende proteſtantiſche Zeugniſſe zeigen: „Unter hundert chriſtlichen Haushaltungen" ſagt Tholuck's literariſcher Anzeiger²) „findet ſich kaum eine, in der die Schrift noch geleſen würde." „Das Volk, ſagt Güder³) nährt ein geheimes Mißtrauen gegen die heilige Schrift; es weiß nicht ſicher, woran es mit ihr iſt." „Im finſteren Mittelalter," klagt Hengſtenberg's evangeliſche Kirchenzeitung⁴)," wo die Bibel ſo viele hundert Thaler koſtete, als ſie jetzt um Groſchen zu haben iſt, wo aber das ganze Leben mit ſeinen Sitten, Feſten, Nahrungszweigen und Nahrungsmitteln in die Kirche eingerahmt war, war die Unbekanntſchaft mit der Bibel, war die Verlegenheit, eine chriſtliche Frage zu beantworten, nicht ſo groß, als bei dem gegenwärtigen Geſchlecht."

Wie aber das Formalprincip des „reformatoriſchen Bekenntniſſes" von der „Bibel allein" ſich als ein durchaus irriges und verkehrtes erwieſen hat, ſo nicht minder das Materialprincip, die lutheriſche Lehre von der Rechtfertigung, wie ſie verläuft in den Sätzen, daß der Menſch vor Gott gerecht werde durch einen bloßen Act des gläubigen Vertrauens auf die Verdienſte Jeſu Chriſti, daß dieſe Gerechtigkeit aber keine wahre und innerliche, ſondern nur eine dem Menſchen äußerlich angerechnete ſei, und daß der Menſch dieſe Gerechtigkeit in guten Werken nicht auszuwirken brauche, da er zu allem und jeglichem Guten abſolut unfähig ſei. Vor Allem conſtatiren wir, daß die lutheriſche Rechtfertigungslehre, die Luther einſt als das „reine, wahre und lautere Evangelium" bezeichnet hat und um derentwillen er die katholiſche Kirche während ſeines ganzen Lebens unabläſſig geſchmäht und unzähligemal als eine Verfälſcherin des Evangeliums angeklagt hat, von der ganzen neueren Bibelforſchung als unſchriftgemäß, unvernünftig und unhaltbar aufgegeben worden iſt. Olshauſen, Schleiermacher und ſeine ganze Schule, de Wette, Heydenreich, Nitzſch, Ullmann, Neander, J. T. Beck, Gerok, Hundeshagen, Rothe, J. P. Lange, Ebrard, v. Hofmann, Lipſius, Julius Müller, Dorner, Weizſäcker, Stier, Hagenbach, Hengſtenberg — ſie Alle ſind von der lutheriſchen Rechtfertigungslehre abgefallen, und Theologen, die als die ächteſten Lutheraner in unſeren Tagen gelten,

---

1) Kant, Streit der Facultäten. W. W. Herausgegeben von Roſenkranz. Bd. X. S. 316.

2) Jahrgang 1845. S. 239.

3) Deutſche Zeitſchrift 1855. S. 151.

4) Jahrgang 1861. Nr. 101.

wie Kliefoth[1]), Thomasius, Harleß, Preger[2]), Guerike[3]) u. A. vermochten sie nicht zu halten und sind ihr untreu geworden. Der „Kern und Stern des reformatorischen Bekenntnisses" ist erblichen, „der Artikel der stehenden und fallenden Kirche" ist gefallen. Die von den Reformatoren und früheren protestantischen Theologen aber so viel verkannte und verlästerte katholische Rechtfertigungslehre ist in neuerer Zeit auch auf protestantischem Gebiete wieder vielfach zu Ehre und Ansehen gekommen. So sagt Clausen: „Der Augenschein zeigt, wie die katholische Lehre darnach gestrebt hat, den religiösen Glauben mit den Thatsachen des Selbstbewußtseins zu verbinden, und dadurch vorzüglich ist es, daß sie sich der allgemeinen Meinung empfiehlt. Sie bestätigt nämlich den Glauben an eine gnadenvolle Leitung der Vorsehung, während sie bei der Behauptung der menschlichen Freiheit in der eigenen inneren Erfahrung eines Jeden Bestätigung findet; sie gibt Gott die Ehre, indem sie das Wort der Wiedergeburt im ersten Anfange von der göttlichen Gnade ausgehen läßt, dessenungeachtet aber dem Menschen seinen Theil des Verdienstes einräumt, weil die Anwendung der angebotenen Gnade des Menschen eigenes Werk ist; sie fordert also den Menschen zur Selbstthätigkeit auf, während sie zugleich das Vertrauen auf einen höheren Beistand unterhält." Sofort spricht Clausen von den Uebertreibungen der Reformatoren und der symbolischen Bücher der protestantischen Kirche, durch welche der Mensch zu einem Automat der Gottheit herabgesetzt werde, was der Schrift und der inneren Erfahrung zugleich widerspreche. Endlich bemerkt er, daß, wenn die lutherische Lehre bei Jemand zur Ueberzeugung gelangt sei, dieser sich selber zum Gegenstand der Verachtung und des Abscheues werde[4]). Die Schrift: „Mahnung und Betrachtung bei dem Vorschlage zur Verbesserung des Kirchengesetzes und der Kirchenordnung in Schweden[5])" spricht sich hierüber also aus: „Die Augsburgische Confession befindet sich, besonders was die Lehre von der Rechtfertigung betrifft, in offenem Streite gegen das Wort Gottes, ja in dem schärfsten Gegensatze gegen die allgemeinsten klaren Wahrheiten des Wortes." In gleicher Weise lautet das von Ammon Ausgesprochene: „Unsere symbolischen Bücher enthalten mehrere unrichtige und nachtheilige Behauptungen z. B. über den freien Willen

---

1) Zeitschrift für lutherische Theologie 1850. S. 84.
2) Kliefoth's kirchl. Zeitschrift 1858. S. 404.
3) Tholuck's theol. Anzeiger. 1843. S. 232 ff.
4) Clausen, Kirchenverfassung Lehre und Ritus des Katholicismus und Protestantismus.
5) Vom Jahre 1828.

des Menschen¹)." Ebenso spricht Billroth in einer längeren Auseinandersetzung gegen die reformatorische Lehre, daß in Folge der Erbsünde der Mensch die Freiheit des Willens verloren und für „die Lehre des Katholicismus, welcher mit Recht behauptet, das arbitrium (Wahlvermögen) sei durch die Sünde nicht verloren gegangen, sondern nur geschwächt²)." Und daß überhaupt die ganze neuere Theologie die Lehre von der absoluten Unfreiheit und Passivität des menschlichen Willens im Rechtfertigungswerke, jene alte Klotz=Block=Stock= und Steintheorie Luthers glücklicher Weise hat fallen gelassen, ersehen wir auch aus der kurzen Aeußerung Professor Luthardt's in Leipzig, wenn er sagt: „Diese Beschränkung des alt=dogmatischen Satzes: In conversione homo se habet mere passive (durch die die Freiheit des Willens anerkennende Lehre von dem selbstthätigen Verhalten des Gnadenempfängers nämlich) ist jetzt so gut wie allgemein anerkannt³)." Der Dogmenhistoriker Münscher aber erklärte mit wenigen Worten, die katholische Lehre befinde sich, im Gegensatz mit der protestantischen, in voller Uebereinstimmung mit der ältesten Kirchenlehre. „Nach diesem allen kann es nicht zweifelhaft sein, daß der Begriff von Vergebung der Sünden und von Rechtfertigung, den Luther mit so viel Nachdruck gegen die römische Kirche festsetzte, die Einstimmung der älteren, christlichen Lehrer nicht für sich hat, und daß die Katholischen in diesem Punkte nicht mit Unrecht auf das ihnen günstige Zeugniß des christlichen Alterthums sich berufen konnten⁴)." Und vor ihm schon haben die Theologen und Prediger von Rostock erklärt: In den Artikeln vom freien Willen, von der Gnade und Rechtfertigung stimme die Lehre des orthodoxen Alterthums völlig mit der der katholischen Theologen überein⁵). Und selbst Calvin schon hat es bekannt, daß von der neuen Rechtfertigungslehre in der Tradition und bei den Vätern nichts zu finden sei⁶). Wie einseitig und verderblich aber die Lehre sei, daß „der Glaube allein" rechtfertige, und daß auf die guten Werke zum Heile nichts ankomme, darüber spricht klar Delbrück: „Sagen, daß es einzig darauf ankommt, wie der Mensch gesinnt sei, gar nicht, wie er handle; daß der Glaube Alles in Allem ist, das Thun unwesentlich; daß dem Evangelium, welches Liebe verlangt, das Gesetz, welches Unterwerfung

---

1) Ammon, Wissenschaftlich=praktische Theologie. S. 287.
2) Billroth, Vorlesungen über Religionsphilosophie. S. 96.
3) Luthard, Compendium der Dogmatik. S. 187.
4) Münscher, Handbuch der christl. Dogmengeschichte II. Bd.
5) Bei Bertram's Evangel. Lüneburg. Beil. S. 271.
6) Vgl. Döllinger, Kirche und Kirchen S. 486.

fordert, feindselig gegenüberstehe; daß guter Werke Ausübung gleichgiltig ist, die Vernachläſſigung derſelben dem Erwählten die göttliche Gnade nicht entziehen, Befleißigung derſelben den Verſtoßenen die göttliche Gnade nicht erwerben kann; daß des Menſchen Verhältniß zu Gott von dieſem willkürlich beſtimmt wird, und ganz unabhängig von dem Beſtreben des Willens — ſo ſagen heißt, gewaltſam trennen, was ſeiner Natur nach innigſt verbunden iſt; heißt die Erwählten der Vermeſſenheit, die Nichterwählten der Troſtloſigkeit preis geben; es iſt eine der Tugend und ächten Frömmigkeit gleich verderbliche Lehre, welche ſelbſt die geſellſchaftliche Ordnung in ihren innerſten Gründen erſchüttert. Dieſe Ueberzeugungen ſind es, die ich über den Zuſtand der Rechtfertigung, und der Verdienſtlichkeit der guten Werke zu unſeren Hauptſtücken mitbrachte [1])." Gleichfalls im katholiſchen Sinne ſpricht ſich Clauſen aus, wenn er ſagt: „Als Einſeitigkeit muß es immer erkannt werden, wo man in Bezug auf die Lehre von der völligen moraliſchen Kraftloſigkeit, von dieſem Hinfließen zu der göttlichen Gnade, Veranlaſſung nimmt, jede Verdienſtlichkeit des menſchlichen Thuens zu leugnen, welches nichts Anderes iſt, als die Aufhebung jeder moraliſchen Verſchiedenheit der menſchlichen Handlungen; denn auch hier widerſetzt ſich das moraliſche Bewußtſein — und zwar im Einklang mit der heiligen Schrift — mit zu lauter Stimme, als daß dieſe von irgend einem ſpeculativen Dogmatismus ſollte übertäubt werden können. Wo Freiheit iſt, da iſt auch Verdienſt, ſo wie Schuld. Nur Mißverſtand und Mißbrauch kann dieſe Wahrheit als frevelhaft in üblen Ruf bringen... Das Verdienſt iſt vorhanden, obgleich die Gnade der letzte Grund deſſelben iſt; denn eine reale Cauſalverbindung zwiſchen Tugend und Glückſeligkeit bleibt immer, und der Tugend wird die Wirkung, den verheißenen Lohn zu gewinnen, beigelegt, ſo wie wir von den Wirkungen phyſiſcher Kräfte ſprechen, deren letzten und in der höchſten Bedeutung einzigen Grund wir in Gott finden [2])." Wie tief aber die Verkennung der Lehre von der Nothwendigkeit der guten Werke das ſittliche Leben ſchädige, ſpricht neuerdings in ſehr ernſter Weiſe Profeſſor Wieſinger in Göttingen aus, wenn er ſagt: „Ich fühle mich gedrungen, auch hier auszuſprechen, daß unſere Lehrpraxis vielfach mit Recht der Vorwurf trifft, ſich zu wenig von dem Canon des einſtigen Gerichtes beherrſchen zu laſſen. Es thut unſerer Praxis vielfach wirklich Noth: daß ſie ſchärfer ſcheiden lerne

---

1) Delbrück, Philipp Melanchthon. Bonn 1826.
2) Clauſen, Kirchenverfaſſung, Lehre und Ritus ꝛc.

zwischen den „Gesetzeswerken" und den „Glaubenswerken"... Nur wenn sie das thut, nimmt sie dem Glauben die Ehre nicht, indem sie die Werke des Glaubens anpreist und als Norm des Gerichtes bezeugt, und raubt sie damit den Trost der Sündenvergebung nicht; aber sie verschuldet auch ihrerseits den seelenverderblichen Irrthum nicht, als sei die in Gnaden dem Glauben zugerechnete Gerechtigkeit das endliche Ziel und der Ruhepunkt, in dem sich das innere Leben abschließt, statt der Ausgangs- und Anfangspunkt eines neuen Lebens... Nur der Glaube, der nichts empfängt, kann ohne sittliche Wirkung bleiben und die Gerechtigkeit Christi als Ersatz der eigenen sittlichen Unfruchtbarkeit ansehen; der wahre Glaube, in seiner Wurzel vom Geiste Gottes gewirkte sittliche Entscheidung führt zur sittlichen Entschiedenheit, und das um so mehr, je bußfertiger und gläubiger er ist... Dem todten Glauben aber der vermeintlich Bußfertigen und Gläubigen (und das ist namentlich der **Krebsschaden** unserer äußerlich noch kirchlichen Landgemeinden) ist zu bezeugen, daß der Glaube ebensoviel Werth hat, als er sittliche Lebenskraft entfaltet, die Gerechtigkeit des Glaubens nur da Wahrheit ist, wo sie in Gerechtigkeit des Lebens sich bewährt, und daß eben darum diese Bewährung des Glaubens und seiner Gerechtigkeit der einzige Maßstab des Gerichtes sein wird; mit Einem Worte, es gilt ihm gegenüber, das „Gesetz der Freiheit" in seinem ganzen Ernste zu handhaben und allen falschen Trost der Gnade zu vernichten [1]." Welch' unermeßlichen Nachtheil aber jene den ethischen Charakter des Christenthums gänzlich verkennende Rechtfertigungslehre des 16. Jahrhunderts der christlichen Moral und überhaupt dem ganzen Christenthum gebracht, das hat unlängst Professor Beyschlag in Halle ausgesprochen, wenn er sagt: „Die größere Schuld trägt an diesem folgenreichen Irrthum (des Rationalismus) die **theologische** Entwicklung von Luther an bis auf Lessing. Wenn Jahrhunderte hindurch der **Zusammenhang** zwischen dem positiv Christlichen und allgemein Menschlichen verabsäumt, wenn die Moral, die **unzertrennliche Schwester der Religion**, Jahrhunderte lang wie ein Aschenbrödel behandelt wird — dann ist es nur natürlich und nothwendig, daß das allgemein Menschliche zum Panier gegen das positive Christenthum gemacht und der Verstand zur Empörung gegen die Offenbarungsthatsache getrieben wird [2]." Ebenso beklagten die Männer der Berliner Evangelischen Allianz im Jahre 1856, daß die Lehre der symbolischen Bücher, die „einseitige

---

[1] Wiesinger, der erste Brief des Apostels Petrus. Königsberg 1856. S. 102.
[2] Beyschlag, Lessings Nathan der Weise. Berlin 1863. S. 80.

Ausbildung des Bekenntnisses" mit ihrer Rechtfertigungslehre von der justitia forensis, den „Untergang alles geistlichen Lebens" bewirkt habe¹).

Im innigsten Zusammenhange mit der lutherischen Rechtfertigungslehre „aus dem Glauben allein" steht Luthers irrige Auffassung und gänzliche Verkennung der Lehre von den Sakramenten. Denn wenn das bloße innere gläubige Vertrauen auf die Verdienste Jesu Christi schon vollständig genügt und sogar der einzige wahre Weg ist, um sich in den Besitz aller Gnade vor Gott zu setzen, dann erscheinen im Grunde die Sakramente als äußere und wirksame Zeichen der Gnadenmittheilung vollständig überflüssig. Und wäre Luther ein klarer und consequenter Denker gewesen, was er nun freilich gar nicht war, dann hätte er vom Standpunkte seiner Rechtfertigungslehre aus nicht bloß vier, beziehungsweise fünf, sondern überhaupt alle Sakramente verwerfen müssen. Daß durch die einseitige Solafideslehre die Sakramentenlehre auf protestantischem Gebiete allzu sehr in den Hintergrund gedrängt und eine ganz verkehrte Stellung angenommen habe, und daß die Sakramentenlehre wieder mehr zu ihrem Rechte kommen müsse, das haben gerade auch in den letzten Jahrzehnten viele der hervorragendsten protestantischen Theologen klar eingesehen. „Erst in neuester Zeit hat man es vernommen", klagt die rationalistische Darmstädter Kirchenzeitung²) „aus dem Munde von Hengstenberg, daß dem Protestantismus mit wohl oder übel verstandener Paulinischen Rechtfertigungslehre nicht mehr aufzuhelfen sei; aus dem Munde von Stahl, daß das Princip der lutherischen Kirche eigentlich in etwas Anderem, nämlich in der Durchdringung alles Menschlichen mit dem Göttlichen bestehe; aus dem Munde von Thomasius, daß die Sakramentslehre nun einmal nicht könne entwickelt werden aus dem Grundprincip des Protestantismus³)." „Daß die lutherische Lehre vom Glauben mit der vom Sakrament in einem unausgeglichenen Widerspruch stehen geblieben, ist nicht schwer zu sehen," sagt der rationalistische Theologe Schwarz⁴). Der berühmte, auf positiv-christlichem Boden stehende

---

1) Vgl. Verhandlungen der Berliner Evangelischen Allianz. S. 186—195.
2) Darmst. K. Z. vom 25. April 1857.
3) Das Alles haben die katholischen Theologen des 16. Jahrhunderts bereits schon sehr klar eingesehen und oft darauf hingewiesen. Und in unserem Jahrhundert hat namentlich auch Möhler in seiner Symbolik das Alles schon ebenso klar, als gründlich dargelegt. Vgl. Möhler, Symbolik §. 29.: Lutherische Lehre von den Sakramenten überhaupt. Folgen dieser Lehre. §. 30. Fernere Folgen der ursprünglichen Vorstellung von dem Wesen des Sakramentes. S. 257—271.
4) Schwarz, Zur Geschichte der neuesten Theologie. S. 375 ff.

Bibelforscher Delitzsch spricht es offen als einen Mangel der reformatorischen Lehre von der Kirche aus, daß die Sakramentenlehre nicht den ihr gebührenden Einfluß auf sie erlangt habe, daß die Sakramente wohl als die notas ecclesiae, nicht aber als ihr Lebensgrund erkannt seien, daß man nicht die Sakramente, diese sichtbaren und Allen erkennbaren Gnadenträger, sondern eine Wirkung des Wortes, den unsichtbaren, nur dem Herzensverkündiger offenbaren Glauben zum Bande der Kirche gemacht habe[1])." Gleichfalls gegen die bloße "Glaubenskirche" und für "die Sakramentskirche" trat Vilmar ein in seinem vortrefflichen Buche "Theologie der Thatsachen wider die Theologie der Rhetorik[2])." Ueberhaupt ist die ganze neulutherische Richtung in ihren edelsten und besten Vertretern ganz von dem Gedanken erfüllt, die von den Reformatoren auf Kosten der Solafideslehre unterdrückte Sakramentenlehre wieder zu ihrem Rechte zu bringen. "Ist die Lehre von der Rechtfertigung, sowie die Lehre von den Sakramenten, jede in ihrer Besonderheit zum Abschluß gekommen" sagte mit aller nur wünschenswerthen Klarheit der Redacteur des lutherischen Organes der pommerischen Vereine Pastor Euen zu Contred in seinen Thesen auf der Conferenz zu Naugardt am 13. Mai 1857 "so handelt es sich in der gegenwärtigen Lehrentwicklung um die gegenseitige Integrirung und Durchdringung beider zur Einheit in der vollen Lehre vom subjectiven Heile. Der springende Punkt ist die heilsökonomische Bedeutung der Sakramente, und der Gegensatz eine falsche Ueberspannung des Artikels von der Rechtfertigung. Der Schwerpunkt der Lehrentwicklung hat sich aus dem Artikel von der Rechtfertigung in die Lehre von den Sakramenten, und insbesondere von der heilsökonomischen Bedeutung derselben verlegt.... Die Lehre von der Rechtfertigung hat aufgehört, Fundamentalartikel im reformatorischen Sinne zu sein[3])." Und wie sehr seitdem während der letzten zwölf Jahre diese Anschauungen immer mehr zum Durchbruch gelangt sind, ersehen wir aus einer im vorigen Jahre erschienenen "Denkschrift des Berliner Oberkirchenrathes" und ebenso aus der vorletzten Nummer der in Kassel erscheinenden rationalistischen[4]) "Evangelischen Blätter,"

---

1) Vgl. Schwarz a. a. O. S. 383.
2) Vgl. Jörg a. a. O. Vilmar und die Sakramentskirche S. 379—389.
3) Halle'sches Volksblatt vom 9. Mai 1857.
4) Wie tief diese Jahr aus Jahr ein ununterbrochen gegen die katholische Kirche und ebenso gegen die kirchliche Richtung auf protestantischem Gebiete selbst im Kampfe und auf der Mensur liegenden "Evangelischen Blätter" der Wahrheit und dem Geiste des Christenthums entfremdet sind, zeigt sich in jeder ihrer Num-

worin dieselben in ihrer Art bitter Klage darüber führen, daß die für so orthodox und bekenntnißtreu von Oben her gehaltene kirchliche Richtung in nicht wenigen ihrer Angehörigen und gerade in den eifrigsten zu einer katholisirenden, romanisirenden wurde," und daß, „ihre Anschauungen von der Kirche selbst, von der Bedeutung der Bekenntnißschriften, von den Sakramenten, von dem geistlichen Amte in ihrem tiefsten Grunde in denen der römisch-katholischen Kirche wurzeln und consequent zuletzt in diese führen¹)."

Wie aber so auf dem protestantischen Gebiete der Gegenwart in Theorie und Praxis vielfach eine im hohen Grade erfreuliche Rückkehr zu den Grundprincipien der katholischen Sakramentenlehre sich vollzieht, so ist man längst schon zur Einsicht gelangt, daß Luther sehr mit Unrecht und in sehr voreiliger Weise die größere Anzahl der altchristlichen Sakramente verworfen und ihren sakramentalen Charakter geläugnet hat. Bereits schon Leibnitz trat in seinem „System der Theologie" für alle sieben Sakramente der katholischen Kirche ein²). Was aber die von Luther verworfenen Sakramente im Einzelnen und zwar zunächst das Sakrament der Firmung betrifft, so treten unter den früheren protestantischen Theologen Feßler³), Kaiser⁴) u. A. im Principe der katholischen Lehre bei, wenn sie, freilich mit Unrecht, der bei den Protestanten üblichen sogenannten Confirmation sakramentalische Kraft vindiciren; Febbersen⁵) anerkennt sie geradezu als Sakrament. Und längst vor ihm hat Leibnitz den sakramentalen Charakter der Firmung ebenso kurz als klar ausgesprochen, wenn er sagt: „Für das Sakrament der Firmung, welches einige in Zweifel ziehen, haben wir außerdem, was die Schrift von der Handauflegung kurz andeutet, die apostolische Ueberliefer-

---

nern und zeigte sich erst jüngst in wahrhaft humoristischer Weise darin, daß sie den durchaus pantheistischen und ebenso confusen, als ungläubigen Moritz Carrière, den bekannten Münchener Panegyriker Muhammeds und des Islam, in mehreren Artikeln so als eine Art modernen Kirchenvater, als einen „apologetischen Missionär für die gebildeten Schichten unsers Volkes, der in seiner Weise (!) dem Heiland mehr Seelen gewinnen wird, als dutzende der Hermannsburger Missionäre dieß in ihrer Weise draußen in der Heidenwelt thun werden" feierten und verherrlichten und seine neueste Schrift auf Dringendste als Studium und Lectüre für die protestantischen Pfarrhäuser anempfahlen. Sapienti sat! So etwas ist doch wahrhaftig für einen gläubigen Protestanten — um katholisch zu werden.

1) Evangelische Blätter vom 3. October 1868.
2) Leibnitz, System der Theologie S. 197 ff.
3) Feßler, liturgisches Handbuch.
4) *Kaiser*, Monogrammata theolog. christ. dogmat. Erlang. 1819.
5) Febbersen, Katechismus der christlichen Pflichten.

ung der ersten Kirche, wovon Cornelius, Bischof von Rom, bei Eusebius, und Cyprian der Martyrer, das Concil von Laodicäa, Basilius und Cyrill von Jerusalem, und andere Väter mehr zeugen. Gelehrte Männer glauben, die Firmung sei vormals mit der Taufe ausgespendet worden; es waren jedoch zwei von einander unterschiedene Sakramente [1]." Wie Leibnitz sich für den sakramentalen Charakter der Firmung vornehmlich auf die Tradition, so beruft sich in jüngster Zeit Vilmar in sehr energischer und für Protestanten sehr beachtenswerther Weise auf die heilige Schrift, wenn er sagt: „Die Handauflegung zur Mittheilung des heiligen Geistes gehört nach Hebr. 6, 2. zu den Anfängen der christlichen Lehre, den Grundlagen derselben, und so würde sie denn auch, da der Herr diese Machtverleihung gewährt hatte, von den Aposteln fortgepflanzt. Wenn das Phrasen sind und nicht der wirkliche heilige Geist mitgetheilt wird, dann ist das ganze Neue Testament eine einzige lange Redensart, ein Buch voll Täuschungen und Gaukeleien. Und wenn diese Gabe sich nicht fortgepflanzt hat, dann ist die ganze Berufung auf das neue Testament nichts als eine Posse [2]."

Was das Sakrament der Buße betrifft, so haben Augusti[3], Daub[4], Feßler[5] u. A. der Absolution eine sakramentalische Kraft vindicirt. Dasselbe thuen hinsichtlich der Beichte d. i. des privaten Sündenbekenntnisses vor dem Geistlichen als eines nothwendigen Erfordernisses des Bußsakramentes Claus Harms[6], Horst[7], Feßler, Weingart[8], Bretschneider[9], Breiger[10] u. v. A. Schon die Augsburgische Confession erklärte sich für Beibehaltung des privaten Sündenbekenntnisses[11]. Und in der Apologie des Augsburgischen Bekenntnisses sprach Melanchthon noch ganz ausdrücklich von einem „Sacramentum poenitentiae," und Luther selbst lehrte im Jahre 1546, im Jahre

---

1) Leibnitz, System der Theologie S. 213.
2) Vilmar, Theologie der Thatsachen S. 61.
3) Augusti, System der christlichen Dogmatik. Leipzig 1809.
4) Daub, Theologumena.
5) Feßler, liturgisches Handbuch.
6) Harms nähere Erklärung in der Evangelischen Kirchenzeitung 1829. Nr. 81.
7) Horst, Mysteriosophie.
8) Weingart, Abhandlung über die Nothwendigkeit der Wiedereinführung der Privatbeicht.
9) Bretschneider, Handbuch der Dogmatik der evangelisch-lutherischen Kirche. Bd. 2.
10) Breiger, Ueber das Beichtgeheimniß. Hannover 1827.
11) Confess. Aug. Art. IV. de confessione.

seines Todes, „daß die Beicht ein Sakrament sei, und daß man beichten müsse, wie die Katholiken noch beichten¹)." Auf Grund der geschichtlichen Zeugnisse gesteht denn auch der bekannte protestantische Kirchenhistoriker und Polemiker Hase zu: „**Der Protestantismus hat nach früherer Anerkennung der Buße als Sakrament sie als solches aufgegeben**²)." Wie unrecht man aber daran gethan hat, das Sakrament der Buße und mit ihr die Beicht aufzugeben, darüber sind gerade in den letzten fünfzehn Jahren unzählige Stimmen auf protestantischem Gebiete laut geworden: „Sünde und kein Leid sei die grauenhafteste Signatur der Zeit und der Verfall des Beichtwesens hauptsächlich daran Schuld," mit diesen Schlagworten bezog die lutherische Strömung der inneren Mission im Jahre 1852 den Bremer Kirchentag; einer der Pastoren nannte den Beichtstuhl geradezu die rechte Thüre des Evangeliums für die erwachten Gewissen. „Privatbeichte ist das Ziel, das die Kirche zu erstreben hat," erklärte bald darauf eine Conferenz protestantischer Geistlichen zu Neudietendorf. „Die Rückkehr zu der Privatbeicht und Privatabsolution sei als **heilsam und nothwendig anzuerkennen**," erklärte die protestantische Conferenz zu Dresden³). „Alle specielle Seelsorge nebst Kirchenzucht habe ihr Centrum in der Beichtordnung, welche ihrerseits nichts anderes ist, als die Thürhüterin zum Allerheiligsten des Abendmahles" erklärte die Wittenberger Generalconferenz 1857⁴). Auf dem Kirchentag zu Lübeck beantragte der Referent über die Beichtfrage gründliche Renovation des sechsten Hauptstückes des lutherischen Katechismus: „von der Beicht und dem Schlüsselamt" und vindicirte dabei den protestantischen Geistlichen „richterliche Gewalt⁵)." Ganz in demselben Sinne nahm Pastor Wucherer auf Grund der Augsburger Confession Art. 28 die „Schlüsselgewalt" für die protestantischen Geistlichen in Anspruch⁶). Ebenso verlangte Kliefoth die Beicht und Absolution kraft des „Amtes der Schlüssel," welches Christus mit dem Predigtamt zugleich seinen Jüngern, damit sie es wiederum treuen Menschen befehlen, übertrug⁷).

---

1) Vgl. Historisch-politische Blätter Bd. 11. S. 493 ff.: Ueber die religiöse Bewegung unserer Zeit. Worte eines Convertiten an seine irrenden Brüder.

2) Hase, Polemik 2 Aufl. S. 377.

3) Vgl. Jörg, Geschichte des Protestantismus in seiner neuesten Entwicklung Bd. 1. S. 445 ff.: Die protestantische Privatbeichte.

4) Hengstenberg's, Evangelische Kirchenzeitung vom 18. Juli 1857.

5) Verhandlungen des Lübecker Kirchentages. S. 35.

6) Freimund vom 25. Nov. 1856.

7) Kliefoth, Liturgische Abhandlungen Bd. 2. S. 7 ff.

Allen diesen Anschauungen vollständig entsprechend ist es, wenn man nun hinsichtlich der Absolution vielfach die Definition aufstellen hörte: „daß durch die Absolution die Vergebung der Sünden nicht bloß verkündet, sondern wahrhaft zugeeignet, applicirt und obsignirt, daß sie nicht erst nachträglich im Himmel ratificirt wird, sondern die himmlische Absolution selber ist [1]." „In weiten Kreisen," erklärte Wichern auf dem Bremer Kirchentag herrsche die Ueberzeugung, daß es zur Privatbeichte nicht wieder kommen werde; er aber sage, es müsse zu ihr kommen, das Bedürfniß müsse die amtliche Form wieder finden[2]." Von diesem Gedanken geleitet, daß es durchaus zur Privatbeichte wieder kommen müsse, erließ das Oberconsistorium zu München unter Führung des Oberconsistorialpräsidenten v. Harleß[3], unstreitig eines der geistvollsten und gelehrtesten protestantischen Theologen der Gegenwart, zur Wiedereinführung der Privatbeichte den berühmten Erlaß vom 2. Juli 1856 über „die hohe Bedeutung des Beichtstuhles und die Nothwendigkeit einer kirchengemäßeren Ordnung des Beichtwesens" und gab dadurch Veranlassung zu dem bekannten, und in so vieler Beziehung höchst lehrreichen Beichtstreit, für dessen nähere geschichtliche Darstellung wir uns begnügen müssen, hier auf das mehrfach erwähnte Werk von Jörg zu verweisen[4]. Alle die Wahrheiten, welche in der Gegenwart auf protestantischem Gebiete für die Wiedereinführung der Beicht zum Vorschein kommen, hat vor zweihundert Jahren schon der größte und scharfsinnigste unter allen protestantischen Denkern, Leibnitz in der klarsten Weise ausgesprochen, indem er das katholische Beichtinstitut als ein nach allen seinen Theilen dem Geiste des Christenthums vollkommen entsprechendes anerkannt und als solches gerechtfertigt hat[5]. Auch der berühmte protestantische Pädagog Pestalozzi hat die hohe Bedeutung der katholischen Beicht gewürdigt und ihre Verwerfung in Folge der Reformation beklagt, wenn er sagt: „Die Beicht hat in ihrem Wesen gewiß große Kräfte für die Bildung des Volkes. Die Reformation hat das Band aufgelöst, welches das Volk zu dem Ohr seiner Seelsorger hinzulenkte, und man darf sich nicht verläug-

---

[1] Vgl. Jörg a. a. O. S. 454.
[2] Berliner Allg. K. Z. vom 23. Oct. 1852.
[3] Seine „Christliche Ethik" hat eine große Anzahl von Auflagen erlebt; sein gelehrter und geistvoller Commentar zum Ephesierbriefe wird auf lange hin eine Zierde der exegetischen Literatur Deutschlands bleiben. Als Gründer und Redacteur einer periodischen Zeitschrift hat er sich große Verdienste um Verbreitung positiv christlicher und kirchlicher Anschauungen auf protestantischem Gebiete erworben.
[4] Vgl. Jörg, Bd. 1. S. 456 ff.
[5] Leibnitz, System der Theologie S. 260—275.

nen, das Wesentliche der priesterlichen Seelsorge, die enge, nahe Kenntniß der Pfarrkinder, verliert sich durch die Folgen der zu allgemein und zu unbedingt weggeworfenen Beicht täglich mehr, und ebenso entkräften sich die engen, das Herz wahrhaft zusammenbindenden Verhältnisse zwischen den Pfarrern und dem Volke immer sichtbarer.... Die Priester des Landes sind in unserer Mitte vielseitig gesunken zu gelehrten, vom Volke nicht verstandenen Predigern und zum Spott der armseligsten, niedersten Laune eines jeden, auch des unwürdigsten Beamten im Land, sowie jedes Reichen [1]." „Die lebenskräftigste Disciplin der katholischen Kirche," sagt der englische Protestant Hallam, „die Quelle des meisten Guten, das sie zu wirken vermag, findet sich im Beichtstuhle. Hier ist es, wo die Schlüssel bewahrt werden, hier, wo die Lampe brennt, deren Strahlen sich über jede Seite des kirchlichen Lebens verbreiten. Keine Kirche, welche diese Prärogative aufgegeben hat, kann jemals eine bleibende Herrschaft über die Menschen begründen, keine, welche sie in wirksamem Gebrauche sich bewahrt, kann die Hoffnung oder Aussicht, die Lenkerin der Menschen zu werden, verlieren [2]." „Man muß beklagen," sagt der protestantische Dogmatiker Martensen, „daß die Privatbeicht als Institution sich verloren hat. Denn dadurch fehlt der objective Anknüpfungspunkt für die Vielen, welche das Bedürfniß fühlen, ihre Seele frei zu machen, ... welche das Bedürfniß des Trostes der Sündenvergebung fühlen [3]." Wie wenig der Seele des sich bekehrenden Sünders mit jener gewöhnlichen allgemeinen protestantischen Sündenverkündigung gedient sei, sondern wie vielmehr die zerknirschte Seele des Sünders nach einer Sündenvergebung und nach „einem Amte," welches „das Recht und die Macht habe, die Sünden zu vergeben" verlange, darüber hat Vilmar, der ja bekanntlich auch mit aller Entschiedenheit für den sakramentalen Charakter der Sündenvergebung eintrat, in seiner „Theologie der Thatsachen" sehr schön gesprochen [4]. „Eine allgemeine Beicht," hat in sehr treffender Weise der bekannte protestantische Denker Steffens gesagt, „ist gar keine. Sie erscheint nur dann beseligend, wenn durch sie die Kirche meine Qual, meinen bangen Streit theilt, und innigst mit meinem Schmerze verwandt, das eigene verworrene Dasein für sich selber rettet. Eine jede Selbstprüfung ist eine fortdauernde Selbsttäuschung; Furcht und Hoffnung verschlingen sich wechselseitig; wer aber in der Kirche seine Zuversicht findet,

---

[1] Pestalozzi, Sämmtliche Werke Bd. VIII. S. 5.
[2] *Hallam*. Introduction to the literat. of Europ. III. London 1839. p. 318
[3] Martensen, Dogmatik. S. 421.
[4] Vilmar, Theologie der Thatsachen S. 90.

der mag nicht ruhen, bis sie jeden Streit getheilt, jeden Widerspruch geschlichtet, jede böse That vernichtet hat¹)." „Für das Eingreifen des Cultus in das Mark des Lebens der einzelnen," sagt der geistreiche protestantische Philosoph J. J. Wagner, „ist die Beichte das wesentliche und natürliche Mittel. Die Idee der Beichte ist, daß der Mensch sich religiös und sittlich selbst schaue, und dieses Schauen einem andern ausspreche, der es prüft und läutert und durch zweckmäßige Ermahnung die Wirkung dieses Selbstschauens in dem bekennenden Menschen vollende. Dieß setzt nun einen Beichtvater voraus, der, nachdem er seine eigene Beichte schon abgethan, über seinen eigenen Zustand der Sünde oder der Reinheit im Klaren und voll Einsicht und brüderlicher Liebe sei, um in das Innerste des beichtenden Individuums einzugehen. Durchschaut er das Beichtkind klar und mit Liebe, so darf er darauf rechnen, was Christus verspricht: „„Was ihr binden werdet auf Erden, das soll auch im Himmel gebunden sein; und was ihr lösen werdet auf Erden, das soll auch im Himmel gelöset sein"" ... Uebrigens muß die Beichte Privatbeichte sein und das Siegel unverbrüchlicher Verschwiegenheit haben, auch soll niemand aus der Welt gehen, ohne gebeichtet zu haben; denn es ist nicht genug, daß er seine Sünden erkenne; diese Erkenntniß soll auch in einem Bekenntniß objectiv werden, sich an der Gegensprache des Beichtvaters läutern, und von diesem, nicht von sich selber, die Absolution nehmen. Wer ohne Beichte verscheidet, ist mit sich und der Welt nicht fertig geworden²)."

Was die Lehre vom heiligen Abendmahle betrifft, so haben wir oben bereits wiederholt darauf hingewiesen, wie Luther in seinem Streite mit den Zwinglianern während seines ganzen Lebens für die wahre und wirkliche Gegenwart Christi im heiligen Abendmahle eintrat. Er irrte nur darin, daß er an die Stelle der in den Worten der heiligen Schrift und in der philosophischen Lehre von der Substanz tiefbegründeten kirchlichen Transsubstantationslehre seine sogenannte Impanationslehre setzte, die, wie ihm auch die Zwinglianer mit Recht nachgewiesen, unschriftgemäß und unvernünftig zugleich war. Auch hier ist es vor allen Andern wiederum der Philosoph Leibnitz, welcher diese Impanationslehre zurückgewiesen und die katholische Transsubstantationslehre als die einzig richtige erkannt und zugleich eine ganze Reihe von Vernunftbeweisen für deren Möglichkeit entwickelt hat. Es genügt, in Kürze folgende Stelle hier an-

---

1) Steffens, Die gegenwärtige Zeit. Thl 1.
2) Wagner, Religion, Wissenschaft, Kunst und Staat. S. 279—281.

zuführen: „Es gibt noch Andere, welche die wesentliche Gegenwart annehmen, aber eine gewisse Impanation vertheidigen... Allein das christliche Alterthum hat deutlich genug erklärt, das Brod werde in den Leib Christi verwandelt und der Wein in sein Blut, und die Alten erkennen allgemein die Metastoicheiosis an, welches die Lateiner richtig durch transsubstantiatio gegeben haben [1]." Uebrigens sprach auch noch der Art. X der Confessio Augustana in seiner ursprünglichen Fassung die katholische Lehre aus, wenn er lehrte, das der Leib und das Blut des Herrn sub specie panis et vini gegenwärtig sei, oder wie es in dem Kaiser Karl V. übergebenen Exemplare lautet: „Von dem Abendmahl des Herrn wird also gelehret, daß wahrer Leib und Blut Christi wahrhaftiglich unter Gestalt des Brodes und Weines im Abendmahl gegenwärtig sei, gegeben und da ausgetheilt und genommen wird. Deßhalb wird auch die Gegenlehre verworfen." Nachher wurden, wie mit so vielen anderen Artikeln, so auch mit diesem mannigfache Veränderungen vorgenommen und so namentlich auch von Melanchthon im Jahre 1541 das sub specie panis et vini hinweggelassen [2]. Treffend aber hat ein neuerer protestantischer Schriftsteller gesagt: „Man sollte billig sein, einzugestehen, daß die Einsetzungsworte nichts enthalten, was mit der Transsubstantiation im Widerspruch stünde, und es läßt sich die Transsubstantiation vom lutherischen Standpunkt aus durch Verweisung auf die Einsetzungsworte nicht widerlegen [3]." Was aber die Communion der Gläubigen unter Einer Gestalt betrifft, so hat Luther bekanntlich selbst auf die beiden Gestalten wenig Werth gelegt und auch die Augsburgische Confession erkennt die Communion unter Einer Gestalt als zulässig an. Ueber die Einwürfe aber, die man nachher mitunter von protestantischer Seite gegen die Communion unter Einer Gestalt erhoben hat, hat der protestantische Professor Clausen bemerkt: „Man muß gestehen, daß die Einwürfe, die gegen die Communion unter der Einen Gestalt gemacht worden, in sakramentalischer Hinsicht nur wenig sagen wollen [4]." Und dem ganz entsprechend, bemerkt Robaz: „Wenn sich die Katholiken über den Ernst und die Wichtigkeit, womit die Lutheraner diese Sache behandeln, wie über die Heftigkeit wundern, womit die Letztere wider die katholische Communion, als un-

---

[1] Leibnitz, System der Theologie. 221.
[2] Salig, vollständige Hist. der Augsb. Confession Bd. III. Cap. 1. S. 171. — Vgl. Möhler, Symbolik S. 323. und S. 328.
[3] Robaz, Ueber die Einsetzungsworte. Vgl. Hettinger, Apologie des Christenthums. Bd. II. Abthlg. 2. S. 179.
[4] Clausen, Kirchenverfassung, Lehre und Ritus der Katholiken und Protestanten. 1828. Bd. 3.

christlich eifern, wenn sie hierin einen neuen Beweis tadelnswürdiger Inconsequenz sehen, da doch die Grundlehre von Christi substantieller Gegenwart beiden gemein ist, so läßt sich wohl nicht läugnen, daß die Form des lutherischen Lehrbegriffes einigen Anlaß zu dieser Rüge geben kann¹)." Ganz in demselben Sinne hat übrigens auch schon Leibniz geurtheilt und anerkannt, daß die Kirche „aus guter Absicht und wichtigen Gründen" die heilige Communion nur unter Einer Gestalt reiche²). Eine ganze Reihe solcher Gründe hat auch schon der Doctor christianissimus, der tiefsinnige, fromme und milde Gerson, den man auch von protestantischer Seite mitunter als „Vorreformator" in Anspruch hat nehmen wollen, aufgeführt³).

Als eine überaus erfreuliche Thatsache constatiren wir, daß die neuere protestantische Schriftforschung in der Lehre vom heiligen Abendmahle wiederum vielfach den **Opfercharakter** der heiligen Eucharistie anerkennt und dadurch im Principe vollständig die von den Protestanten so tief verkannte katholische Lehre von der heiligen Messe gerechtfertigt hat. Während Luther und die älteren protestantischen Dogmatiker, wie Chemnitz, Gerhard u. v. A. aus Abneigung gegen die katholische Lehre von der heiligen Messe den Opfercharakter des heiligen Abendmahles in der heftigsten Weise bestritten, erkennen eine ganze Reihe neuerer protestantischer Schriftausleger und Theologen, wie z. B. Schlegel⁴), Scheibel⁵), von Meyer⁶), Horst⁷), Sartorius, Harnack, Olshausen, Thiersch, Löhe, Hengstenberg, Kliefoth, Höfling, Bachmann, Rodatz, Kahnis u. v. A.⁸) auf das Entschiedenste den Opfercharakter des heiligen Abendmahles an. „Je mehr die Kenntniß des kirchlichen Alterthums sich erweiterte," sagt Thiersch, „desto klarer wurde es den protestantischen Theologen, daß die Eucharistie schon in der allerältesten Uebung und in allen alten Liturgien **als ein Opfer aufgefaßt wurde**⁹)." „Hat der Herr," sagt Rodatz, „gleich am Kreuze sein Blut zur Vergebung der Sünden vergossen, so wäre es doch eine **Absurdität**, zu denken, daß er es im Abendmahl zwar darreiche,

---

1) Rodatz a. a. O.
2) Leibniz a. a. O. S. 249—255.
3) Bei *Mansi*, Collect. Concil. XXVIII. p. 431.
4) Schlegel, Jubelpredigt von 1817.
5) Scheibel, das heilige Abendmahl.
6) v. Meyer, Blätter für höhere Wahrheit. 3. Sammlung.
7) Horst a. a. O.
8) Vgl. Döllinger, Kirche und Kirchen. S. 451.
9) Thiersch, Vorlesungen über Katholicismus und Protestantismus Bd. II. S. 264.

aber unter dieser Darreichung seine expiatorische Kraft ihm entziehe, und dieselbe gleichsam suspendire, während es sehr vernünftig ist, zu denken, daß das dargereichte Blut diejenige expiatorische Kraft, welche schon das im Glauben bloß geistige angeschaute Blut hat, auf eminente Weise in sich trage. Die katholische Lehre vom Abendmahl oder der Messe als einem sacrificium propitiatorium ist von den Unsrigen nicht selten einseitig beurtheilt worden. Dieser Ausdruck .. sollte ursprünglich schwerlich etwas Anderes bezeugen, als daß es der zur Versöhnung der Sünden geopferte und sich opfernde Christus, sein Leib und sein Blut sei[1])." „Es ist kein Zweifel," sagt Olshausen, „daß der Apostel das Abendmahl auch als eine Opfermahlzeit betrachtete, d. h. nicht bloß als eine Erinnerung an das Opfer Christi am Kreuze, sondern auch als eine symbolische Darstellung desselben und als Aneignung seines Segens[2])." „Das Abendmahl ist ein Opfer," sagt Kahnis, „nach dem, was der Mensch bietet, nämlich das reale Gedächtniß des Todes Christi[3])." Dieser besseren wissenschaftlichen und exegetischen Erkenntniß ganz parallel läuft auf protestantischem Gebiete das Bestreben, die Abendmahlsfeier wiederum zum Centrum des protestantischen Gottesdienstes zu machen und den kahlen und öden „Predigtgottesdienst" in einen „eucharistischen Anbetungs- und Communiongottesdienst" umzuwandeln. In den letzten zwanzig Jahren sind auf protestantischen Conferenzen und Kirchentagen und nicht minder in zahlreichen Schriften und „liturgischen Gottesdienstordnungen[4])" unzählige Stimmen dafür laut geworden, die alle klagen über „eine ehedem wohl kaum für möglich gehaltene Nichtachtung des Altares und das allmälige Verschwinden des eigentlichen Opferdienstes" und die alle gipfeln in dem Rufe nach einem „eucharistischen" oder wie es mitunter geradezu heißt, nach einem „sacrificiellen Centrum des Gottesdienstes[5])." Einen vielfachen Ausdruck hat diese Richtung gefunden in den zahlreichen Liturgien, wie sie in den letzten Jahrzehnten auf protestantischem Gebiete eingeführt worden sind. So z. B. in der preußischen Agende, in der bayerischen Gottesdienstordnung u. v. A., die alle dem „römischen Missale" nach=

---

[1] Robak a. a. O.
[2] Olshausen Commentar über die Briefe Pauli zu 1 Cor. 10, 18.
[3] Kahnis, die Kirche ꝛc. Leipzig 1865. S. 183 ff.
[4] Bähr sagt hierüber in seiner 1856 in Karlsruhe erschienenen Schrift „Begründung einer neuen Gottesdienstordnung" S. 1, daß in 300 Jahren nicht so viel über den Gottesdienst geschrieben worden sei, als in den letzten 10 bis 20 Jahren.
[5] Vgl. Jörg, a. a. O. Bd. 1. S. 511—537 den höchst interessanten Abschnitt: Die Restauration im kirchlichen Leben. Kap. 1. Cultus-Reformen und geistliche Lebensnormen.

gebildet und von da entnommen sind. Als die Rationalisten Dr. Harleß den Vorwurf machten, seine Gottesdienstordnung sei römisch-katholisch, entgegnete er, „römisch sei die neue Liturgie nicht, wohl aber ächt katholisch; denn in solcher Weise habe die Christenheit von je Gott gedient¹)." Ihren frömmsten, lebendigsten und thatkräftigsten Ausdruck aber hat diese ganze Richtung unter den deutschen Protestanten²) gefunden in der Schule des Pastor Löhe in Neuendettelsau und seiner zahlreichen Anhänger diesseits und jenseits des Ocean. Schon in der ersten Auflage seiner 1844 erschienenen Agende verglich Löhe den Gottesdienst mit zwei Gipfeln eines Berges, deren höherer das Abendmahl sei. In der Auflage von 1853 erscheint das Abendmahl bereits als einziges Ziel und Centrum des christlichen Cultus, die Predigt ohne Communion als haupt- und herzlos, die Eucharistie fast in der Fassung der Transsubstantiation. Löhe vertheidigt die Selbstcommunion des Geistlichen, nur daß dieser sich einen Beichtvater besorge, von dem er öfter die Absolution empfange. Aus dem Meßritual nimmt Herr Löhe soviel er vermag, ohne „dem Verdienst Christi abzubrechen;" unter seinen Diaconissen hat er nach dem Vorbilde des römischen Breviers einen regelmäßigen Gebetsdienst eingeführt. Ebenso hat er nach dem Vorbilde des römischen ein wirklich schönes Martyrologium und eine nicht minder fromme und schöne Heiligenlegende verfaßt³). Wie Löhe will, daß der Prediger im liturgischen Gottesdienste das heilige Abendmal empfange, so machte auch Vilmar in der Ueberzeugung, daß „im Gottesdienste erst die Sakramentsfeier der Höhepunkt und kein voller Hauptgottesdienst ohne diese sei," seiner Zeit den Vorschlag, daß an solchen Sonntagen, wo Niemand von den Gläubigen zum Abendmahl gehe, der Prediger eventuell allein communicire⁴). „Die tägliche Messe," sagt der geistvolle und gelehrte protestantische Professor v. Zezschwitz, „birgt an sich den großen hohen Gedanken, daß wenigstens die Priester und Geistlichen das Ideal apostolischen Lebens den Gemeinden gegenwärtig erhalten sollen⁵)."

Was das von Luther verworfene Sakrament der letzten Oelung

---

1) Nürnberger evang. luther. K. Z. vom 27. Oct. 1853.; vgl. Nördlinger Corresp. Blatt vom 1. Aug. 1853. Vgl. Jörg a. a. O. S. 521.

2) Wir sagen: unter den deutschen Protestanten; denn in England ist ja bekanntlich diese ganze Bewegung noch viel mächtiger und fortwährend im Steigen begriffen.

3) Dr. Merz in den Studien und Kritiken 1854. II. 429 ff.; Darmstädter K. Z. vom 24. Jan. 1857. Vgl. Jörg a. a. O. S. 432.

4) Vgl. Jörg a. a. O. S. 517 f. über die Berliner Conferenzen von 1856.

5) v. Zezschwitz, Zur Apologie des Christenthums. Leipz. 1866. S. 108.

angeht, so hat die „Evangelische Kirchenzeitung" vor vierzig Jahren schon bedauert, daß man in der protestantischen Kirche, und zwar aus Unkenntniß des Neuen Testamentes, rein von dem abgekommen sei, was der Brief Jacobi 5, 14. und 15. über diejenige kirchliche Handlung enthalte, welche die Katholiken das Sakrament der letzten Oelung nennen[1]). Ammon[2]) hat sie ausdrücklich als Sakrament gleich der Taufe und dem Abendmahl anerkannt. Leibnitz spricht sich über dieses Sakrament kurz so aus: „Ueber die letzte Oelung ist es nicht nöthig, vieles zu sagen; sie hat die heilige Schrift für sich und die Auslegung der Kirche, welcher sich fromme und katholische Christen sicher anvertrauen; auch sehe ich nicht, was an jenem Gebrauche, den die Kirche angenommen hat, von Jemand könne getadelt werden[3])." In der That, haben auch Pastor Löhe und manche seiner Schüler die heilige Oelung als „schriftgemäß" bereits wieder eingeführt. Was die Priesterweihe betrifft, so ist es wiederum Leibnitz, der die katholische Anschauung hierüber auf das Correcteste ausgesprochen, und die Priesterweihe als ein auf göttlicher Einsetzung und Einrichtung beruhendes Sakrament dargestellt hat[4]). Wenn Marheinete die Priesterweihe in seiner Kirche wieder dahin erheben will, daß sie sei eine feierliche Mittheilung des heiligen Geistes vermittelst der Handauflegung von selbst schon Geweihten, auf daß die ihnen inwohnende auf den Candidaten fortgepflanzte und übertragene specifische Kraft salbungsvoller Predigt und heilsamer Verwaltung der Sakramente als höherer Abkunft, als ein unverlierbares Zeichen des Priesterthums erkannt und empfunden werde, so fehlt zum vollständigen katholischen Sakramente in der That nur noch der Bischof[5]). Kaiser findet die katholische Ordination in der heiligen Schrift und in der Ureinrichtung der Kirche begründet[6]). Ebenso hält Grundtvig die Priesterweihe für eine ächt apostolische Einrichtung und setzt später, indem er den Bischof von dem Lehrer unterscheidet, noch hinzu: „Es ist gar kein Grund vorhanden, zu bezweifeln, daß die zweifache Ordination zum Lehrer und zum Bischof, die wir von Alters her in der Kirche finden, apostolischen Ursprungs ist[7])." Gleichfalls auf katholischem Boden stehen Kliefoth, Münchmeyer, Löhe, Vilmar u. v. A. in ihren Anschauungen über das geistliche

---

1) Evangelische Kirchenzeitung von 1827. Nr. 18.
2) *Ammon*, Summa theol. christ. ed. 3. Lipsiae 1816.
3) Leibnitz, System der Theologie. S. 275—277.
4) Leibnitz, System der Theologie. S. 288—293.
5) Marheinete, Grundlegung der Homiletik. 1811.
6) Kaiser, biblische Theologie 2. Bd.
7) Dänische theologische Monatsschrift. 1826. Febr.

Amt¹). So z. B. Kliefoth, wenn er erklärt: „Es ist falsch, wenn man sagt, Gott habe die Gnadenmittel und das Mandat ihrer Verwaltung der ganzen Kirche gegeben. Allerdings hat er es der ganzen Kirche (d. i. der Gemeinde der Gläubigen) gegeben, aber für sie, nicht durch sie. Das allgemeine Priesterthum wird nicht aufgehoben durch das geistliche Amt, hat aber auch nichts mit demselben zu thuen²);" Vilmar, wenn er den „Ursprung des geistlichen Amtes aus der Gemeinde" mit aller Entschiedenheit verwirft und für einen von Gott gestifteten „geistlichen Stand" eintritt³); Löhe, wenn er redet von „dem heiligen Amte mit dem Schatze der Gnadenmittel, das auf der Schwelle zwischen sichtbarer und unsichtbarer Kirche stehe⁴):" Münchmeyer, wenn er von dem Doppelamte des Presbyterates und Episcopates redet, das allein an Bau und Leitung der Kirche sich betheiligen dürfe und als Stellvertretung des Herrn über der Gemeinde stehe und sie schaffe, und daß eine Synode nur aus Trägern dieser beiden Aemter bestehen dürfe⁵). Daß alle diese Anschauungen durchaus katholische Anschauungen sind, und einen vollständigen Bruch mit der Lehre vom „allgemeinen Priesterthum," wie Luther dasselbe gefaßt, involviren, ist sonnenklar.

Was das Sakrament der Ehe betrifft, so anerkennt Marheinete, daß die Ehe unter die göttliche Gnade zu stellen sei⁶); Schwarz sagt ganz ausdrücklich, daß sie „mit Unrecht von den Protestanten als Sakrament verworfen sei⁷)." Ebenso zählt Feddersen die Ehe unter die Sakramente⁸). „Man sollte erwarten," sagt Thiersch, „daß die ideale Vergleichung des Ehebundes mit dem Bündniß zwischen Christus und der Kirche den Text der protestantischen Betrachtung der Ehe bilden würde. Aber weit entfernt davon ... zieht eine allzu niedrige Vorstellung von ihrer Bedeutung und ihrem Zweck durch den Protestantismus hindurch, worüber die Theologen verdiente Zurechtweisung von den Juristen bekommen haben⁹)." Diese allzu niedrige Auffassung von

---

1) Vgl. Jörg, a. a. O. S. 402—411: Die symbolische und die neulutherische Lehre und Praxis vom Amt.

2) Berliner protest. Kirchenzeitung v. 27. Januar 1855.

3) Vgl. Vilmar Theologie der Thatsachen S. 47 ff. — Jörg a. a. O. S. 379 ff. —

4) Löhe, Kirche und Amt. S. 22—31.

5) Münchmeyer, Ueber das Dogma der sichtbaren und unsichtbaren Kirche, Göttingen 1854. — Vgl. Studien und Kritiken. 1854. II, 407 ff.

6) Marheinete, System des Katholicismus 3. Bd.

7) Schwarz, Ueber das Wesen des heiligen Abendmahles.

8) Feddersen, Katechismus der christlichen Pflichten und Glaubenslehre 1821.

9) Thiersch, Christliches Familienleben, Frankfurt 1857. S. 13.

der Ehe spricht sich namentlich auch darin aus, daß die protestantische Kirche die Auflösbarkeit der Ehe lehrt und demgemäß den Getrennten die Wiederverheirathung gestattet. In Folge dieser protestantischen Theorie ist in manchen Ländern eine „successive Polygamie" entstanden, welche Thiersch kein Bedenken trägt, der „simultanen Polygamie des Koran" an die Seite zu stellen [1]). Demgegenüber hat es denn auch nicht an Theologen und Gelehrten gefehlt, welche mit aller Entschiedenheit für die Unauflöslichkeit der Ehe eingetreten sind und dadurch direct oder indirect die Wahrheit und Richtigkeit der katholischen Lehre in diesem Puncte anerkannt haben. So z. B. erklärte im Jahre 1826 die „Allgemeine Kirchenzeitung," daß sie „in diesem Stücke der katholischen Lehre von der Unauflöslichkeit der Ehe den Vorzug einräume vor der protestantischerseits behaupteten Trennbarkeit derselben [2])." Daß die Ehe ihrem Wesen nach unauflöslich sei, sprechen Trendelenburg [3]), Stahl [4]), W. v. Humboldt [5]) und selbst Hegel [6]) aus. Ebenso sprachen sich Thiersch [7]), Hengstenbergs Evangelische Kirchenzeitung [8]) und bei Gelegenheit der Berliner Kammerverhandlungen im Jahre 1855 und vorher schon viele protestantische Theologen und Juristen gegen die auf unrichtige Schriftauslegung sich stützende protestantische Ansicht aus, daß die Scheidung um Ehebruches willen gestattet sei [9]). So z. B. erklärten Krause und Hase vollständig im katholischen Sinne: „Christus lehrt die Unauflöslichkeit der Ehe, es ist nicht anzunehmen, daß er auch nur die Eine Ausnahme gemacht und die Scheidung um Ehebruches willen gestattet habe... Auch die sittliche Idee der Ehe fordert geradezu ihre Unauflösbarkeit... Als ein Widerspruch und ein Frevel muß es erscheinen, daß die Kirche das Wort der Weihe: was Gott zusammengefügt hat, soll der Mensch nicht scheiden, über jede Ehe spricht, und doch erforderlichen Falles sie wieder scheidet, oder ihre Scheidung durch die Staatsbehörden anerkennt [10])."

Wie Leibnitz die sieben Sakramente als in Schrift und Tradition

---

1) A. a. O. S. 27. — Als Beleg für diese Zerrüttung der Ehe vgl. Jörg, Geschichte des Protestantismus S. 588 ff. Franz, Handbuch der Statistik S. 25 ff.
2) Darmstädter Allgemeine Kirchenzeitung. 1826. Nr. 48.
3) Trendelenburg, Naturrecht. S. 249.
4) Stahl, Philosophie des Rechtes 3. Aufl. II. S. 457.
5) W. v. Humboldt, die Grenzen der Wirksamkeit des Staates. S. 29.
6) Hegel, Philosophie des Rechtes §. 163. 176.
7) A. a. O. S. 24.
8) Hengstenberg's, Evangel. Kirchenzeitung 1856. S. 1018 ff.
9) Vgl. Jörg a. a. O. S. 538 ff.
10) Berliner, protest. Kirchenzeitung. v. 7. April 1855; 5. Jan. 1856. Vgl. Jörg, S. 561.

wohlbegründete göttliche Institutionen erkannte, so war es Göthe, welcher namentlich die sieben Sakramente in ihrem organischen Zusammenhange und in ihren geheimnißvollen Beziehungen zum Leben des Menschen erfaßte und würdigte. Es würde uns zu weit führen, die ganze Stelle hier mitzutheilen; und wir begnügen uns darum, bloß die Schlußworte hier anzuführen, worin er sagt: „So ist also durch einen glänzenden Zirkel gleich würdig heiliger Handlungen, deren Schönheit von uns nur kurz angedeutet worden, Wiege und Grab, sie mögen zufällig noch so weit auseinander gerückt liegen, in einem stetigen Kreise verbunden. Aber alle diese geistigen Wunder entsprießen nicht, wie andere Früchte, dem natürlichen Boden, da können sie weder gesäet, noch gepflanzt, noch gepflegt werden. Aus einer anderen Region muß man sie herüberflehen, welches nicht Jedem, noch zu jeder Zeit gelingen würde. Hier entgegnet uns nun das höchste dieser Symbole aus alter frommer Ueberlieferung. Wir hören, daß ein Mensch vor dem andern von oben begünstigt, gesegnet und geheiligt werden könne. Damit aber dieß ja nicht als Naturgabe erscheine, so muß diese große, mit einer schweren Pflicht verbundene Gunst von einem Berechtigten auf den andern übertragen und das größte Gut, das ein Mensch erlangen kann, ohne daß er jedoch dessen Besitz von sich selbst weder erringen, noch ergreifen könne, durch geistige Erbschaft auf Erden erhalten und verewigt werden. Ja, in der Weihe des Priesters ist Alles zusammengefaßt, was nöthig ist, um diejenigen heiligen Handlungen wirksam zu begehen, wodurch die Menge begünstigt wird, ohne daß sie irgend eine andere Thätigkeit dabei nöthig hätte, als die des Glaubens und des unbedingten Vertrauens. Und so tritt der Priester in der Reihe seiner Vorfahrer und Nachfolger, in dem Kreise seiner Mitgesalbten den höchsten Segnenden darstellend, um so herrlicher auf, als es nicht er ist, den wir verehren, sondern sein Amt, nicht sein Wink, vor dem wir die Kniee beugen, sondern der Segen, den er ertheilt, und der um desto heiliger, unmittelbarer vom Himmel zu kommen scheint, weil ihn das irdische Werkzeug nicht einmal durch sündhaftes, ja lasterhaftes Wesen schwächen oder gar entkräften könnte! Wie ist nicht dieser **wahrhaft geistige Zusammenhang im Protestantismus zersplittert**, indem ein Theil gedachter Symbole für apokryphisch und nur wenige für canonisch erklärt werden! Und wie will man uns durch das Gleichgiltige der einen zu der hohen Würde der anderen vorbereiten[1])!"

Auch der von Luther einst so geschmähte **Priestercölibat** ist

---

1) Göthe, Aus meinem Leben. Gesammelte Werke 1851. Bd. XVIII. S. 262 ff.

unter den modernen Protestanten vielfach wieder sehr zu Ehre und Anerkennung gekommen. „Im Ganzen," sagt der berühmte protestantische Geschichtschreiber Luden, „hat durch Ehelosigkeit der Geistlichen das gewonnen, warum wir leben und sind: der Geist, die Pflege des Geistes, die Bildung des Menschengeschlechtes. Sie hat wesentlich mitgewirkt, der Kirche die Einheit und in der Einheit die Macht zu verschaffen, die ihr nöthig war, um sich der rohen Gewalt des Schwertes entgegenzustellen und um den erstickenden Druck zu mildern, den das Lehenwesen auf das Leben gebracht. Auch ist vielleicht die germanische Welt nur durch die Ehelosigkeit der Geistlichen vor einem erblichen Priesterthum bewahrt worden[1]." Noch tiefer blickend anerkennt Steffens, daß „der Cölibat auf's Genaueste mit dem Gottesdienste zusammenhängt, damit der Priester lediglich dem göttlichen Willen dienend, ein reines Organ seiner Offenbarung sei[2]." Auf einer Conferenz zu Gnadau aber sprach der Superintendent Sander die bemerkenswerthen Worte: „Wir können uns Manches von der römischen Kirche aneignen, was wir zu schnell weggeworfen haben, und haben uns schon Manches angeeignet z. B. die Diakonissen. Wir sollen auch unseren jungen Theologen sagen: es steht Matthäi 19. geschrieben von denen, die um des Himmelreiches willen ehelos sind. Nicht eine gezwungene, aber eine freiwillige Ehelosigkeit! Wie viel geht an ihnen unter, weil sie sich schon im Voraus gebunden haben[3])!" Auch das von Luther einst so geschmähte Ordensleben hat auf protestantischem Gebiete seinen Einzug wieder gehalten in den Diaconissen und barmherzigen Brüdern. Die Diaconissen sollen, wie Löhe sagt, in „freiwilliger Armuth und in heiligem Magdthum" dem Herrn dienen; ihre „Einsegnung" bezeichnet er ganz im Geiste der katholischen Anschauungen vom Ordensleben als „eine Verlobung mit dem ewigen Bräutigam der Seelen[4])." Freilich sind die Diaconissenanstalten immerhin nur unvollkommene Nachbildungen des katholischen Ordenslebens. „In Kaiserswerth," hieß es auf der Fürther Pastoralconferenz von 1854, „sei ein großes Hinderniß, daß nicht der volle Zweck erreicht werde, das fehlende Gelübde der Ehelosigkeit; viel Segen gehe dort durch die Ehe verloren; denn Viele träten, wenn sie kaum zu einer gewissen Reife in dem Diakonissenberuf gekommen wären, in eigenen Hausstand ein und würden so für den Beruf, zu dem sie vorgebildet seien,

---

1) Luden, Geschichte des deutschen Volkes. Bd. VIII. S. 566.
2) Steffens, Carricaturen des Heiligsten. Bd. II.
3) Halle'sches Volksblatt vom 3. Mai 1855.
4) Vgl. Jörg, a. a. O. S. 433.

verloren¹).“ Wie sehr man übrigens auch auf protestantischem Gebiete wieder gelernt hat, dem von den Reformatoren einst so geschmähten katholischen Ordensleben Gerechtigkeit wiederfahren zu lassen, das haben ja auch die Kriegszeiten des Jahres 1866 tausendfach gezeigt. Unzählige von Protestanten aller Stände und der allerverschiedensten religiösen Richtungen haben Gott gedankt für das, was die barmherzigen Schwestern an ihnen in der Zeit ihrer Wunden und Schmerzen gethan und haben, wenn vielleicht auch sonst ganz ungläubig und der Kirche feindlich, die Religion gesegnet, die so viel Liebe und Aufopferung in das Menschenherz zu legen vermag.

Was den Glauben an einen Läuterungszustand im jenseitigen Leben betrifft, so hat auch hier auf protestantischem Gebiete vielfach die anima naturaliter christiana den Sieg davon getragen über die einseitigen und verkehrten Anschauungen der Reformatoren, die bekanntlich den Reinigungsort geleugnet und dadurch auch das der menschlichen Seele so natürliche Gebet für die Verstorbenen als unnütz und gegenstandslos haben erscheinen lassen, ja zum Theile dieses Gebet für die Verstorbenen unter den heftigsten Ausfällen ganz ausdrücklich verworfen haben. Leibnitz, Köppen, Horst, Wix, Fr. v. Meyer, Kern, Fries, Girgensohn und viele Andere treten mit aller Entschiedenheit für den Glauben an einen Reinigungsort im jenseitigen Leben und für das Gebet für die Verstorbenen ein. In einem „Gutachten der evangelischen Kirchenprovinz Schlesien“ wird — im Widerspruche zu den Bekenntnißschriften und den Aussprüchen der Reformatoren — behauptet, daß ältere und neuere protestantische Theologen immer nur solenne kirchliche Gebete für die Verstorbenen bedenklich fänden, dagegen aber niemals die stillen Gebete für die abgeschiedenen Glieder ihrer Familien haben wehren mögen, wie sie denn wohl auch selbst, wenn sie durch wahrhaftige Liebe mit ihnen verbunden waren, sich ihrer nicht werden haben enthalten können²).“ Wie sehr aber die reformatorische Leugnung des Reinigungsortes im jenseitigen Leben den Glauben an die Unsterblichkeit selbst geschädigt hat, darüber bemerkt sehr richtig Wix: „Die Sitte, für die Todten zu beten, welche im apostolischen Zeitalter begann und durch die ganze Kirche bis zum 16. Jahrhundert dauerte, halten wir für die Zwecke der Religion sehr förderlich. Diese Sitte belebt den Glauben an die Unsterblichkeit der Seele, zieht den schwarzen Schleier vom Grabe zurück, und eröffnet eine Verbindung zwischen dieser und jener Welt. Und wäre dieser Gebrauch beibehalten worden, so würden wir wahrscheinlich

---

1) Nürnberger evangel.-luther. K. Z. vom 27. April 1854.
2) Gutachten der evangelischen Kirchenprovinz Schlesien. Breslau 1862. S. 12.

nie so vielen Scepticismus und Unglauben unter uns gehabt haben¹)." Ganz in demselben Sinne beklagt der protestantische Professor Neumann, daß die Aufhebung jeglicher Verbindung zwischen den Lebenden und den Todten das protestantische Volk bis an den Rand des Zweifels am ewigen Leben überhaupt geführt habe²). Selbst Lessing meint, „jenen mittleren Zustand, den die ältere Kirche glaubt und lehrt, hätten unsere Reformatoren . . . vielleicht nicht so schlechtweg verwerfen sollen" und „es hindere nichts, ihn anzunehmen³)." Auch die Heiligenverehrung und die so erhabene Lehre von der Gemeinschaft der Heiligen hat unter den Protestanten zahlreiche Vertheidiger gefunden. So Wormser⁴), Fr. v. Meyer, Clausen, Horst, Löhe, Martensen⁵), Lange, Dietlein u. v. A. „Es verlangt die Schrift," sagt Lange, „die Anerkennung, daß die Gemeinde der triumphirenden Geister im Himmel, der Gläubigen auf Erden und der leidenden Frommen miteinander in einem innigen Zusammenhange stehen, und daß die Segnungen der himmlischen Gemeinde der irdischen zu gute kommen⁶)." An Löhe und seinen Schülern bemerken rationalistische Protestanten mit großem Unwillen und wir mit der größten Freude „die Hervorhebung der Jungfräulichkeit als eines heiligen Standes und starken Mariencultus, der nur ein Haar breit vom römischen Katholiciren entfernt sei⁷)." Und unlängst erst ist Dietlein in seinem „Evangelischen Ave-Maria" mit aller Entschiedenheit für die Verehrung Mariä und für den Glauben an die unbefleckte Empfängniß Mariä eingetreten. „Nicht in demselben Verhältnisse zur Sünde, wie wir anderen Kinder der Eva muß allerdings diejenige gestanden haben von Anfang an, die von ihrer ersten Entstehung an die Trägerin der Gnade in so einziger Weise gewesen ist." „Es gibt viele Apostel, aber nur eine Mutter Gottes. Hierin ist also die Jungfrau Maria über alle anderen Menschenkinder hinaus, und einzig neben ihren göttlichen Sohn gerückt." Auch weist Dietlein darauf hin, wie das

---

1) Wix, Betrachtungen über die Zweckmäßigkeit, ein Concilium der Kirche von England und der von Rom zu halten, um die Religionsstreitigkeiten zu vermitteln. Aus dem Englischen. Heidelberg 1829.
2) Zeitschrift für lutherische Theologie. 1852, 282. Vgl. Döllinger, Kirche und Kirchen. S. 443.
3) Lessing, theologische Aufsätze, Leibniz von den ewigen Strafen. 1770.
4) Wormser, die reine katholische Lehre vor den Augen seiner protestantischen Glaubensgenossen beleuchtet. Leipz. 1826.
5) Martensen, Christliche Dogmatik. S. 436.
6) Lange, Christliche Dogmatik. Bd. 2. S. 1258.
7) Vgl. Jörg a. a. O. Bd. 1. S. 482.

Baseler Bekenntniß von 1534 ganz ausdrücklich noch Maria bezeichnet als „die reine, unbefleckte Jungfrau¹)." Uebrigens hat Luther selbst, längst nachdem er von der Kirche abgefallen, noch für den Glauben an das Geheimniß der unbefleckten Empfängniß Mariä Zeugniß abgelegt. So, wenn er in seiner Auslegung des englischen Grußes sagt: Auf's erste ist sie voller Gnaden, damit sie ohn alle Sünde erkannt wird. Das ist ein hohes, großes Ding; denn Gottes Gnade macht sie voll alles Guten und ledig alles Bösen. Auf's andere ist Gott mit ihr, das ist, daß all' ihr Thun und Lassen ist göttlich und geschieht in ihr von Gott. Dazu beschützet er sie und bewahret sie vor Allem, was ihr schädlich sein mag²)." Und über die Anrufung Mariä und der Heiligen sagt Luther: „Maria will nicht eine Abgöttin sein. Sie thut nichts; Gott thut alle Dinge. Anrufen soll man sie, daß Gott durch ihren Willen thue und gebe, was wir bitten; also sind auch alle anderen Heiligen anzurufen³)."

Ueber die an die Heiligenverehrung sich anschließende Reliquienverehrung aber hat in ebenso einfacher als treffender Weise Lavater bemerkt: „Nichts natürlicher, wie unnatürlich es auch gemißbraucht worden sein mag, als die Liebe zu Reliquien von guten und frommen Menschen⁴)." „Für solche wenn auch verstorbene und verwesliche Theile ausgezeichneter Menschen eine Art von Verehrung zu empfinden," sagt Krummacher, ist menschlich. „Ist es denn undenkbar und sich widersprechend, daß den Gebeinen der Heiligen, wie die Geschichte berichtet, eine besondere Kraft eingewohnt habe? ... Und liegt darin, daß Gott zur Vollführung seiner heiligen Absichten und zur Belebung und Stärkung seiner gläubigen Boten auch der Gebeine frommer Martyrer und Zeugen sich bedienen könne, und bedient habe, etwas an sich Widersprechendes und Abergläubisches? Wie viel Belege dafür liefern die heiligen Schriften des Alten und Neuen Bundes⁵)." Daß die Reliquienverehrung auch bereits der ältesten Kirche

---

1) Dietlein, Evangelisches Ave Maria. Halle 1863. S. 3. 8. 17.

2) Luther, Kirchenpostille, das ist Auslegung der Evangelien an fürnehmsten Festen der Heiligen. Wittenberg 1567 in Folio. Predigt am Tage der Empfängniß Mariä Blatt 14., mit der Randbemerkung: Wie Maria ohne Erbsünde empfangen sei, und Predigt am Tage der Verkündigung Mariä. Blatt 790. Vgl. Nicolas; Die allerseligste Jungfrau Maria. Studien über das Christenthum. Bd. 2. S. 155.

3) Luther's Werke. Jenaer Ausgabe 1560. Bd. 1. 489, u. Vgl. Historisch-politische Blätter Bd. 11. S. 496.

4) Lavater, Vermächtniß an seine Freunde. I. 49.

5) Krummacher, S. Ansgar, die alte und neue Zeit, Bremen 1828.

angehört, hat unlängst auch Professor Brückner in Leipzig anerkannt¹).
„Die Gemeinde der Heiligen," sagt Leo, „ist nicht bloß auf dieser Erde; sie setzt sich in den Himmel hinein fort und ist dort eine allzeit gegenwärtige in ihren Gliedern, wenn diese auch längst hienieden gestorben sind — mit ihnen und für einander können wir ebenso lebendig und wirksam beten, wie wir jetzt die Fürbitte christlicher Freunde und Gemeinden auf Erden suchen. Und bei den römisch-katholischen Christen ist dieß Gegenwärtigsein der ganzen Christengemeinde in hohem Grade der Fall und gibt der römisch-katholischen Kirche nicht nur die wunderbare, ihr eigene Festigkeit, sondern läßt auch alle von ihr berührten Verhältnisse sofort in die Harmonie des ganzen Baustyles eingehen und an ihm harmonisch sich entwickeln. Heilige Orte, Wallfahrten, Gebetszeiten, Gedenkstiftungen, tausend Stimmen des kirchlichen Lebens erhalten den lebendigen Zusammenhang mit der Geschichte — alle Helden des Christenthums treten als Heilige in stets erneuter Begegnung dem römisch-katholischen Christen entgegen ... Das Marienbild über seinem Lager, das Crucifix über seinem Tische mit ihren so oft erneuerten Palmen, Blumen, Kränzen versetzen die evangelische Zeit auf's Lebendigste in die Gegenwart. Es ist aber keine bloß eingebildete Gegenwart, sondern dem, der diese Atmosphäre geistig auf sich einwirken läßt, ja, der unbesinnlich, nur naiv sich hingebend, in ihr Lebende empfängt aus dieser Umgebung täglich ausströmende Kräfte des göttlichen Lebens, **während der Protestantismus diese reichen Quellen höherer Begabung sich fast alle selbst verstopft hat**²)."

Besondere Beachtung in unserer Zeit dürften auch verdienen die Aussprüche zweier Männer, die, wie Döllinger sagt³), „beide von der Höhe ihrer früheren amtlichen Stellung herab Institutionen und Personen gründlich zu kennen und zu würdigen die beste Gelegenheit besaßen, beide zu den entschiedensten politischen Gegnern der katholischen Interessen gehört haben, beide eifrige Freunde und Förderer der evangelischen Kirche sind." Es sind dieß der Präsident von Gerlach und der preußische geheime Rath Eilers. v. Gerlach sagt: „Wir sehen täglich, wie gering im Vergleich mit der Macht der katholischen Kirche der Einfluß ist, den die evangelische Kirche auf die Erleuchtung und Heiligung des Volkes im Großen und Ganzen und auf die Mehrzahl ihrer Glie-

---

1) Brückner, Die Kirche. Leipzig 1866. S. 90.
2) H. Leo citirt bei Laale, Darf der Protestant für die Verstorbenen beten? 1863. S. 2.
3) Döllinger, Kirche und Kirchen. S. 489.

der übt. Die Ursache ist nicht weit zu suchen¹)." Geheime Rath Eilers, wie Döllinger bemerkt, „einer der einflußreichsten Beamten des Ministeriums Eichhorn, der seiner Zeit gleichzeitig die Leitung von drei der Bekämpfung der katholischen Kirche gewidmeten und von der Regierung subventionirten Zeitschriften in seinen Händen hatte," gesteht: „Ich hatte den Zusammenhang des christlichen Lebens in der katholischen Bevölkerung mit den Einrichtungen und Gebräuchen der katholischen Kirche kennen gelernt, und mich widerstrebenden Herzens überzeugen müssen, daß im Allgemeinen mehr Christliches in der bestehenden katholischen Kirche, als in der bestehenden evangelischen Kirche lebt. Es hatte sich mir als eine ausgemachte Thatsache ergeben, daß die evangelische Geistlichkeit im Allgemeinen in aufopfernder pfarramtlicher Wirksamkeit weit hinter der katholischen zurückstehe²)." Und vor zweiund vierzig Jahren sprach der gelehrte und geistvolle Professor Ammon: „Auch mir kommt es vor, als sei etwas in unserm jetzigen Protestantismus, das einen ehrlichen Mann zwingen kann, katholisch zu werden; ich meine die Kern-, Wesens- und Inhaltslosigkeit unseres Glaubens ... Wehe dem ganzen Protestantismus, wenn er sein urkatholisches Princip verkennt und verläugnet³)."

Wie das Sonnenlicht sich bricht in den Farben des Regenbogens, so bricht sich das himmlische Licht der Wahrheit in all' den oft so schönen, so rührenden und ergreifenden Zeugnissen, wie sie seit den Tagen Luthers bis heute auf protestantischem Gebiete von Protestanten selbst für die Wahrheit der katholischen Kirche abgelegt worden sind. Im Hinblick auf diese Zeugnisse ihrer Gegner darf die Kirche wohl auch auf sich anwenden das Wort des Psalms: „Ut vincas, cum judicaris, du siegest wenn du gerichtet wirst." Und wie der Regenbogen als ein Zeichen des Friedens am Himmel steht, so stehen alle diese mannigfachen Zeugnisse, alle diese besseren Erkenntnisse und Lichtblicke der himmlischen Wahrheit wie ein geheimnißvoller, in siebenfachem Lichte strahlender Bogen des Friedens am Horizont der protestantischen Welt und mahnen alle, die guten Willens sind, zum Frieden und zur Versöhnung mit der alten Mutterkirche, aus der ihre Vorfahren vor zehn Generationen einst ausgezogen sind. Wenn der große protestantische Historiker und edle deutsche Patriot Friedrich Böhmer einst geklagt, daß „seit der Reformation Deutschland gespalten

---

1) Aktenstücke aus der Verwaltung des evangelischen Oberkirchenrathes. Berlin 1856. III. 423.
2) Eilers, meine Wanderung durch's Leben. Leipz. 1857, II, S. S. 266.
3) Ammon, die Einheit der evangelischen Kirche. Dresden 1826.

und innerlich krank sei," so möchten wir noch vielmehr darüber klagen, daß seit jener Krisis des sechszehnten Jahrhunderts die ganze Christenheit "innerlich krank sei." Oder wer möchte behaupten, daß dieser Zustand der Spaltung und Trennung, in welcher sich gegenwärtig die Christenheit befindet, ein gesunder und normaler, dem Wesen, dem Geiste und dem Charakter des Christenthums wahrhaft entsprechender ist? Und müssen wir es nicht als im höchsten Grade unnatürliche, ungesunde und krankhafte Zustände ansehen, daß auf allen Gebieten des Lebens und Denkens ein so unchristlicher und antichristlicher Geist und ein modernes Heidenthum sich breit macht, das in mancher Beziehung noch schlimmer und noch gottentfremdeter ist, als das Heidenthum der antiken Welt? Sind es nicht im höchsten Grade ungesunde, beklagenswerthe und krankhafte Zustände, daß Millionen und Abermillionen von Christen, die auf den Namen Christi getauft sind, fern von Christus in Atheismus und Materialismus versunken, im Grunde nur noch das Leben vernünftiger Thiere führen und völlig stumpf geworden sind für alles höhere Leben? Und sind es nicht wahrhaft ungesunde und krankhafte Zustände, daß selbst auf den Augen so Vieler, die noch an eine höhere Weltordnung und an Gott und Christus glauben, eine Binde liegt, daß sie die Kirche des Weltheilandes, "die Säule und Grundveste der Wahrheit" nicht erkennen und nicht erkennen wollen, und mit unstäter und fieberhafter Hast die große und wunderbare Einheit des Christenthums in Millionen christlicher Lehr- und Privatmeinungen auflösen, und statt aus der ewigen Quelle der Wahrheit zu schöpfen, sich ihre durchlöcherten Cisternen graben? Und wer will es läugnen, daß alle diese traurigen und beweinenswerthen Zustände der Gegenwart in der Spaltung und Trennung der Christenheit ihren tiefsten Grund haben und aus ihr fortwährend ihre Nahrung ziehen? Wahrlich in hohem Grade zeitgemäß muß es darum erscheinen, daß in diesen unsern Tagen der gemeinsame Vater der Christenheit wiederum seine sanfte und milde Hirtenstimme erhoben hat, um die von der Kirche Getrennten zur Rückkehr und zur Wiedervereinigung mit der "Einen heiligen, katholischen, apostolischen Kirche," "der ihre Vorfahren angehörten" und die durch das große, allgemeine Concil in diesen Tagen "einen neuen Beweis ihrer innigen Einheit und ihrer unüberwindlichen Lebenskraft gibt," einzuladen, und sie um der Liebe Christi willen beschworen hat, "sich loszureißen aus einem Zustande, in welchem sie über ihr eigenes Heil nicht sicher sein können" und durch ihre Wiedervereinigung mit der Kirche zugleich dazu mitzuhelfen, daß, "unter den christlichen Völkern das Reich des wahren Glaubens, der Gerechtigkeit und des wahren Gottesfriedens sich von Tag zu Tag mehr begründe und ausbreite." "Gewiß lassen wir niemals ab," sagt der heilige Vater in seinem so ganz vom Geiste Jesu Christi erfüllten Sendschreiben „in allem Gebet und Flehen mit Danksagung Tag und Nacht für sie die Fülle des himmlischen Lichtes und der Gnade vom ewigen Hirten der Seelen demüthig und inständig zu erflehen [1]." Mögen alle frommen und gläubigen Christen und die Priester im heiligen Opfer ihr Gebet vereinen mit dem des gemeinsamen Vaters der Christenheit zum ewigen Hirten der Seelen! Ascendat ad Te oratio nostra et descendat super nos misericordia Tua!

Luther hat einst gesagt: „Es ist keine Ursache so groß und kann es auch nicht werden, daß man sich von der Kirche reißen oder scheiden soll [2]." Möchte für alle jene Protestanten, die an Christus glauben und Christus lieb haben, „keine Ursache so groß sein," die sie zurückhalten könnte, den entscheidenden Schritt zu thuen und sich mit der Kirche, von der sie getrennt und geschieden sind, wieder zu vereinigen. O, es sind so Viele unter den Protestanten, die alles das, wonach sie ringen und streben, nur in der Vereinigung mit der Kirche finden können. Sie wollen Klarheit und Wahrheit in ihrem Glauben, Erhebung und Erbauung in ihrem Gottesdienste, sie haben das Bedürfniß und das sehnlichste Verlangen, Glieder einer sichtbaren Kirche und eines in die Welt hineinragenden und in den Himmel hinaufsteigenden sichtbaren Gottesreiches zu sein, sie haben das Bedürfniß nach einer Religion, die den ganzen Menschen erfaßt und die Geist, Verstand und Herz und Wille gleichmäßig zu erfüllen und zu befriedigen vermag. Das Alles vermögen sie im Protestantismus nur sehr unvollkommen und zum Theil gar nicht zu finden. Klarheit und Wahrheit in religiösen Dingen vermögen sie weder zu finden in den veralteten Bekenntnißschriften des Reformationszeitalters, welche so mannichfach der Vernunft in's Angesicht schlagen und die untereinander voller Widersprüche sind, noch in dem in Tausend der widerstrebendsten „Privatmeinungen" auseinandergestäubten Rationalismus, der Vernunft und Christenthum gleichmäßig verkennt und in Läugnung der heiligen Schrift und in Läugnung Gottes selbst seine zweideutigen Triumphe feiert. Daß auch der vom Leben der Kirche losgerissene Buchstabe der heiligen Schrift der Seele die volle und lebendige religiöse Klarheit und Wahrheit nicht zu bieten vermag, das haben die Reformatoren des 16. Jahrhunderts selbst schon erkannt und gerade die Geschichte der ganzen protestantischen Bibelauslegung ist der allersprechendste Beweis da-

---

[1] Pii IX. Litterae Apostolicae ad omnes Protestantes aliosque Acatholicos. D. Romae apud S. Petrum, die 13. Septembris 1868.
[2] Luthers Werke, Jenaer Ausgabe 1560. Bd. 166, b.

für. Der Protestantismus ist ein trauriges Labyrinth wild durcheinanderfahrender und unentwirrbarer Lehr= und Privatmeinungen¹) geworden; und aus diesem Labyrinth vermag nur zu erlösen und zum Lichte religiöser Klarheit und Wahrheit zu führen, der himmlische Ariadnefaden, welchen die Braut des Weltheilandes, die Kirche des lebendigen Gottes, der in diesem Labyrinthe irrenden und suchenden Seele darreicht. „Der erste Schritt zur Trennung von der römischen Kirche ist der erste Schritt zum Unglauben," hat vollkommen richtig der protestantische Schriftsteller Green gesagt²). Und setzen wir einfach hinzu: Der erste Schritt zur vollen Klarheit und Wahrheit des christlichen Glaubens ist die Wiedervereinigung mit der römischen Kirche. „Daß die römische Kirche vor allen anderen geehrt sei," hat in einem lichten Momente einst Luther gesagt, „ist kein Zweifel; denn daselbst haben der heilige Petrus, der heilige Paulus, sechsundvierzig Päpste und viele hunderttausend Martyrer ihr Blut vergossen, die Hölle und die Welt überwunden, so daß man wohl erkennen mag, wie gar ein besonderes Augenmerk Gott auf die Kirche habe³)." „Nie hat sich Rom vor Ketzereien gebückt, so oft diese es auch mächtig drängten, morgenländische Kaiser, Ost= und Westgothen, Burgunder und Longobarden waren Arianer, einige derselben beherrschten Rom. Rom aber blieb katholisch," sagt Herder in seinen Ideen zur Philosophie der Geschichte der Menschheit⁴). „Die katholische Kirche ist eine vollkommene Weltmacht⁵)," hat uns vor wenigen Monaten einer der principiellsten Feinde der katholischen Kirche in Deutschland, Professor Bluntschli, auf dem dritten deutschen Protestantentag gesagt. Und in der That — die katholische Kirche ist eine Weltmacht; aber ihre Macht ist nicht von dieser Welt. Alles, was in der Welt Macht verleiht, ist auf Seiten ihrer Gegner; und wie einst zu den Zeiten Kaiser Nero's und des Tacitus hat die katholische Kirche auch heute im vollsten Maße wieder die Ehre, das odium generis hu-

---

1) „Ihre Lehre ist eine Privatmeinung (ἰδία δόξα) gegenüber der katholischen Lehre," sagt im zweiten Jahrhundert schon in Bezug auf die von der Kirche Getrennten Hegesippus bei Eusebius H. E. IV. 22. — „Man wird bald an die Stelle der überlieferten Heilswahrheiten Privatmeinungen gesetzt sehen" — schrieb beim Ausbruche der Kirchenspaltung kurz vor seinem Tode der deutsche Kaiser Maximilian am 5. August 1518 an Papst Leo X. Vgl. oben S. 134.
2) *Green*, Extracts from de Diary of a lover of literature.
3) Luthers Werke, Jenaer Ausgabe 1560. Bd. 1. 166, b.
4) Herder, Ideen zur Philosophie der Geschichte der Menschheit Bd. IV. B. 19.
5) Der dritte Deutsche Protestantentag, gehalten zu Bremen am 3. und 4. Juni 1868. S. 57. Elberfeld 1868.

mani zu sein! Nein, ihre Macht ist nicht von dieser Welt! Glaube und Gnade, Gehorsam und Liebe, rein himmlische Mächte sind es, in denen seit achtzehn Jahrhunderten ihre weltüberwindende und weltdurchdringende Macht wohnt! Sie ist eine Weltmacht, weil sie und nur sie allein die von dem Weltheiland gestiftete **Weltkirche** ist! Der Autorität dieser Weltkirche aber in Glaube und Liebe sich zu unterwerfen, ist wahrlich keine Erniedrigung des Menschengeistes, sondern die größte Erhebung! Und die von der Kirche Getrennten vermögen die Wahrheit und Göttlichkeit der Kirche nicht bloß aus ihrer achtzehnhundertjährigen Geschichte, sondern auch aus dem Bibelwort in der klarsten Weise zu erkennen. Denn daß der Primat in der Kirche eminent „schriftgemäß" ist, vermag kein vernünftiger Schriftausleger zu läugnen. Und selbst Marheinete gesteht zu, daß der Primat von Christus gestiftet sei, indem er in seiner Symbolik mit klaren Worten sagt: „Christus vertraute dem Petrus ausdrücklich eine höhere Gewalt als den Uebrigen und die Aufsicht über die Kirche. Er machte ihn zum sichtbaren Oberhaupt derselben mit aller dazu gehörenden Autorität, Jurisdiction und Subordination der Uebrigen unter ihn¹)." Daß aber dieser von Christus gestiftete Primat im Protestantismus nicht zu suchen und nicht zu finden ist, bedarf keines Beweises. Im Gegentheil dürfte auf den Protestantismus in der Gegenwart weit mehr noch, als im Reformationszeitalter Anwendung finden jenes Wort, welches damals der berühmte Schweizer Reformator Capito schrieb: „Ich erkenne die große Unbill, welche wir der Kirche zugefügt haben, daß wir so unüberlegt und voreilig das Ansehen des Papstes verworfen haben. Das Volk ist nun ganz zügellos und verachtet alle Auctorität, als ob wir durch Abschaffung des Papstthums auch alle Macht der Kirchendiener und alle Kraft den Sakramenten genommen hätten²)."

Nur in der Wiedervereinigung mit der alten katholischen Kirche, die allein den von Christus eingesetzten und in der heiligen Schrift, in der Tradition und in der Geschichte gleichmäßig bezeugten Primat des heiligen Apostelfürsten Petrus in ununterbrochener und lebendiger Succession besitzt, ist für die besseren und christlichen Elemente im Protestantismus wahrhaft Heil zu finden! Mögen sie das undankbare Terrain

---

1) Marheinete a. a. O. — Vgl. Glaubens-Einheit als Grundlehre des Christenthums in Bezug auf ältere und neuere Häresien. Von einem protestantischen Laien. Luzern 1889.

2) Ep. ad Farel. inter Epp. Calvini p. 5.

des Protestantismus, für das sie zu gut sind, dem Herrn Daniel Schenkel und den Herren des deutschen Protestantentages zur alleinigen freien Benutzung überlassen, und um mit dem geistvollen Protestanten Ammon zu reden, aus „der Kern-, Wesens- und Inhaltlosigkeit" des protestantischen Principes zurückkehren zu dem „urkatholischen Princip" der Kirche. In ihr werden sie alles das finden, wonach sie auf protestantischem Gebiete vergeblich ringen und sich mühen. Sie werden finden den unfehlbaren, den wahren, vollen und lebendigen Glauben des Christenthums, der ohne allen inneren Widerspruch als volle Consequenz und Harmonie ihnen entgegentritt. „In der That," sagt der protestantische Rationalist, Generalsuperintendent Kähler, „ist der katholische Supernaturalismus der einzig möglich consequente[1]). „So lange der Protestantismus die (gläubige) Ansicht von der Offenbarung festhält," sagt einer der heftigsten Gegner der katholischen Kirche, der Generalsuperintendent Röhr in Weimar, „ist ihm der Katholicismus weit überlegen und steht durch den Widerspruch, dessen sich jener schuldig macht, unerschütterlich fest. Bei solchen Voraussetzungen ist nichts evidenter, als daß die Wahrheit schlechthin auf Seiten des Katholicismus ist. Dieser Widerspruch, der in theoretischer Hinsicht dem Papstthume vor dem Protestantismus ein so entscheidendes Uebergewicht gab, daß der letztere, von dieser Seite betrachtet, in Nichts zerfiel; denn, was sich widerspricht, ist Nichts — dauerte beinahe 300 Jahre lang in der protestantischen Kirche[2])." „Es gibt nur," sagt der bekannte protestantische Philosoph Krug in Leipzig, „einen einzigen durchaus consequenten Supernaturalismus, und das ist der römisch-katholische... Sehet da, ihr protestantischen Supernaturalisten, das ist wahre, streng logische Consequenz! Denn es folgt eins aus dem anderen mit absoluter Nothwendigkeit. Die Consequenz, deren ihr euch rühmt, ist gar keine, ist die größte Inconsequenz. Denn die Schrift, auf die ihr euch immer beruft, ist kein untrüglicher Wegweiser zum Himmel, weil sie so vielerlei Auslegungen fähig ist, daß nicht nur die verschiedenen christlichen Kirchen und Religionspartheien, sondern auch die einzelnen Schriftgelehrten, selbst die supernaturalistischen, über deren Sinn nicht einig sind, und auch zuverlässig nie darüber einig sein werden[3])." „Der katholische Glaube,"

---

[1] Generalsuperintendent Prof. J. Kähler: Sendschreiben an Prof. Hahn. 1827. S. 54.
[2] Generalsuperintendent Röhr, kritische Predigerbibliothek B. X. p. 6. S. 1005. ff.
[3] Krug, Philosophisches Gutachten in Sachen des Rationalismus und Supernaturalismus. Leipzig. 1827.

sagt der berühmte deutsche Historiker Gfrörer zu einer Zeit, wo er noch Protestant und einer der Koryphäen des deutschen Rationalismus war, „ist, wenn man ihm sein erstes Axiom zugibt, das übrigens zuerst nicht Lutheraner, nicht Reformirte, selbst nicht einmal die Anhänger Socins läugneten, so folgerichtig, als die Bücher Euklid's. Die ganze römische Religion ist auf den einen Satz einer **übernatürlichen, für das ganze Menschengeschlecht berechneten Offenbarung** gegründet, die aber, weil sie alle, die gegenwärtigen, wie die künftigen Generationen umfaßt, nie unterbrochen sein kann, da sonst das erhabene, von einem Gottmenschen gegründete und durch seinen Tod besiegelte Werk durch Ueberantwortung an bloße Sterbliche, schnell allen Nachtheilen menschlicher Schwächen und Irrthümer ausgesetzt, und dadurch vernichtet wäre, was gegen die Voraussetzung ist. Diese Folgerungen aus dem obersten Grundsatze sind **unabweisbar**, und es gibt keinen Artikel der katholischen Dogmatik, welcher nicht aus jenem Princip auf das Bündigste gerechtfertigt werden könnte [1])."

Wie aber die Seele in dem Dogma der katholischen Kirche die vollendetste göttliche Harmonie und Consequenz findet, in der alle religiösen Zweifel ihre göttliche Lösung gefunden haben, so findet sie nicht minder in der Kirche die vollendetste Harmonie des schönsten und erhabensten, des frömmsten und innigsten Gottesdienstes. In dem hochheiligen Opfer der Messe tritt ihr entgegen der ursprüngliche und urchristliche Gottesdienst des Neuen Bundes im Geiste und in der Wahrheit, wie er schon zur Apostelzeit in den Katakomben gefeiert wurde. „Wir müssen die Messen lassen bleiben ein **Sakrament** und **Testament**[2])," hat in einem lichten Momente einst Luther gesagt. Und in der That — er hat sie

---

[1]) **Gfrörer**, Kritische Geschichte des Urchristenthums. 1838. Bd. I. Vorrede S. 15 und 17. — Fünfzehn Jahre später, am 27. November 1853, an demselben Tage, wo in allen katholischen Kirchen Badens der berühmte Hirtenbrief des ehrwürdigen Erzbischofes von Freiburg verlesen wurde, was beiläufig den Priestern, die ihn vorlasen, Gefängnißhaft zuzog, legte Gfrörer im Dome zu Freiburg das katholische Glaubensbekenntniß ab. „Es war ein schöner Anblick," sagt der Nekrolog Gfrörers in der Revue de Louvain 1861, „als dieser Mann mit den weißen Haaren, dem kräftigen Körperbau und furchtlos erhobenem Haupte, bereit allen Widerwärtigkeiten zu trotzen, die ihm auf seinem Wege entgegentreten würden, die Kerze in der Hand am Fuße des Altares niederkniete, und als unter den Säulenhallen des hohen Domes seine kräftigen Worte erschallten, mit denen er die an ihn gerichteten Fragen beantwortete, das tridentinische Glaubensbekenntniß las und Alles widerrief, was er je gegen die Glaubenssätze der katholischen Kirche geschrieben hätte." Vgl. **Rosenthal**, Convertitenbilder 1866. Bd. 1. S. 827.

[2]) **Luther's** Werke, Jenaer Ausgabe 1560. Bd. 1. 335. a.

„müssen lassen bleiben," so sehr er sich auch mitunter vom Standpunkte seiner krankhaften und irrigen, und nunmehr gänzlich entwurzelten Rechtfertigungslehre aus gegen das Opfer der heiligen Messe ereifert hat! Und wie wir oben bereits gehört — auch auf protestantischem Gebiete soll der „Altar" wieder Mittelpunkt des Gottesdienstes werden! Den Mangel der sakramentalen Gegenwart des Herrn bezeichnete unlängst Hengstenbergs Evangelische Kirchenzeitung als den eigentlichen und unheilbaren Grund der Kirchenflucht im Protestantismus [1]; „denn der geistig nicht ganz verkrüppelte Mensch will und muß anbeten, er will sich im Gottesdienste auch activ verhalten, nicht bloß erbauen lassen, sondern sich auch erbauen [2]." „Wir haben jetzt fast nichts bewahrt als den Predigtdienst und was im engsten Zusammenhang mit diesem steht; nach demselben wird die Gemeinde, als wenn sie aus lauter Katechumenen bestände, oder wie die Juden in der Verbannung, ohne Sakrament mit dem Segen entlassen... Von dieser Lostrennung der Predigt von dem Altardienst und Erhebung derselben zum Centrum des Cultus war unzertrennlich eine ehedem wohl kaum für möglich gehaltene Nichtachtung des Altars selbst und das allmälige Verschwinden des eigentlichen Gottesdienstes" klagte der preußische Regierungsrath Schede auf dem Kirchentag zu Berlin 1854 in wahrhaft ergreifender Weise [3]. Nach einer „Sakramentskirche [4]" sehnte sich die edle christliche Seele des jüngst verstorbenen Vilmar, wie der Hirsch sich sehnt nach frischen Wassern; nach einem „sacrificiellen Centrum des Gottesdienstes" rief mit dringendem Rufe der preußische Geheimerath Abeken auf den Berliner Novemberconferenzen 1856 [5]. Wir freuen uns unaussprechlich über diese ganze Bewegung; allein wir glauben auch allen jenen ehrenwerthen und christlichen Männern, denen die Hebung des protestantischen Gottesdienstes so sehr am Herzen liegt, und die einen „Altar und Opferdienst," ein „reales Sakrament" und ein „sacrificielles Centrum des Gottesdienstes" erstreben, die Worte zurufen zu müssen, welche Daniel Schenkel zunächst in Bezug auf den protestantischen Professor Scheibel in Breslau aussprach: „Nicht um Wiederaufrichtung der Lutherkirche, wie sie vor dreihundert Jahren

---

[1] Hengstenberg's Evangelische Kirchenzeitung 1866. S. 199.
[2] Hengstenberg's Evangelische Kirchenzeitung vom 16. April ff. 1856.
[3] Verhandlungen des Berliner Kirchentages. S. 78 ff.; vgl. Hengstenberg's evang. K. vom 11. Febr. 1854.
[4] Darmstädter Kirchenzeitung vom 2. Januar 1857.
[5] Gutachten der Conferenz. S. 380. 353 ff. Vgl. Jörg a. a. O. Bd. 1. S. 517.

gewesen war, handelt es sich bei ihnen, sondern um Wiederaufrichtung einer neuen theokratischen Anstalt, oder wie sie selbst so bezeichnend sagen, um **Wiederherstellung des Altares und des Opferwesens und insofern auch des Priesterthums, als wo Altäre mit Opfern sind, auch Priester sein müssen**[1]." Priester aber sind nur zu finden, wo eine Priesterweihe ist. Der Protestantismus, der abgefallen ist von der göttlichen Ordnung und von der gottgeordneten Legitimität in der Kirche, vermag keinem Menschen die Gewalt zu geben, das „reale Sakrament zu vollziehen und das Opfer des Christenthums, das „mysterium tremendum," wie man vollkommen richtig im Geiste der katholischen Kirche auf der Gnadauer Conferenz 1856 das heilige Abendmahl genannt hat, zu feiern. Schon Göthe hat in seiner Apologie der sieben Sakramente mit jenem klaren Blicke, mit dem er alles Objektive zu würdigen und ihm gerecht zu werden wußte, erkannt, daß „**in der Weihe des Priesters Alles zusammengefaßt ist, was nöthig ist, um diese heiligen Handlungen wirksam zu begehen**," und daß der Mensch die Priesterweihe, „diese große mit einer schweren Pflicht verbundene Gunst" „das größte Gut, das ein Mensch erlangen kann, von sich selbst weder erringen, noch ergreifen kann," sondern daß das Priesterthum nur „durch geistige Erbschaft auf Erden erhalten und verewigt werden könne." Und was Göthe mit seinem klaren und objektiven Blicke so richtig gesehen, das sollten doch auch Andere, die an wahrhaft christlicher Gesinnung hoch über Göthe stehen, auch richtig erkennen! Und wir begreifen in der That nicht, warum man, statt mit den neuen aus dem römischen Missale excerpirten Liturgien sich zu begnügen, nicht vielmehr zu der großen und herrlichen Liturgie der Kirche, in der Alles Geist und Leben und Klarheit und Wahrheit ist, zurückkehrt! Wir begreifen nicht, wie protestantische Geistliche den Altar zum Mittelpunkte des Gottesdienstes machen wollen, ohne vorher das Sakrament der Priesterweihe empfangen zu haben! Wenn wir aber diese ganze, so bedeutungsvolle Bewegung betrachten, durch welche die Sakramente wieder zum „Lebensgrund der Kirche" werden, und der Altar wieder in sein urchristliches Recht eingesetzt und die Eucharistie wieder zum Mittelpunkte des Gottesdienstes auf protestantischem Gebiete gemacht werden sollen, und wenn wir betrachten alle die alten, ehrwürdigen Dome und alle die andern Kirchen aus altkatholischer Zeit, in denen vor zehn Generationen noch das heilige Meßopfer gefeiert und die sieben Sakramente gespendet wurden, dann steigen Hoffnungsstrahlen in unserer Seele auf und mit dem Apostel hoffen wir „wider die

---

[1] Darmstädter Kirchenzeitung vom 14. Januar 1855.

Hoffnung," daß einst kommen werde der Tag, an welchem auch auf den verlassenen und verödeten Altären dieser Kirchen wieder gefeiert werden wird das Opfer der heiligen Messe und an welchem diese ihrer wahren Bestimmung entzogenen Kirchen wieder eintreten werden in den Kreis der großen Verheißung des Propheten: „Vom Aufgang der Sonne bis zum Niedergang wird mein Name herrlich werden unter den Völkern und an allen Orten wird meinem Namen ein reines Speisopfer dargebracht werden." (Malach. 1, 11.) Interessant ist, was uns in Bezug auf diese große, prophetische Stelle Professor Dr Lämmer in Breslau, früher Privatdocent an der evangelisch-theologischen Facultät in Berlin, in seinem oben erwähnten herrlichen Büchlein Misericordias Domini aus seinen Erfahrungen in dem exegetischen Seminar zu Berlin erzählt: „In sichtliche Verlegenheit gerieth Hengstenberg einmal bei Gelegenheit der Erklärung des ersten Kapitels vom Propheten Malachias 1, 11. Ich citirte die katholische Auslegung des heiligen Augustin in der „Stadt Gottes" XVIII, 35. vom christlichen Priesterthum und der fortdauernden Darbringung des heiligen, unblutigen Opfers; sie hatte mich gefesselt und in Gedanken viel beschäftigt. Hengstenberg stockte in etwa, kam aber dann mit der alten Cantilene vom allgemeinen Priesterthum[1]." Und wahrhaft rührend ist, was uns Professor Dr. Martens in Pelplin über den tiefen Eindruck, den jene Stelle des Propheten auf seine Seele gemacht, erzählt: „In den letzten Tagen des August beschäftigte ich mich mit dem vierten Theile de sacramentis (in Perrone Praelectiones theologicae.) Schon bei dem Nachweise der Realität des Firmungsfakramentes wurde mir eigen zu Muthe; als ich aber am Vormittage des 29. August an den Tractat von der heiligen Messe kam — da leuchtete mir das göttliche Licht mit blendender Klarheit. Unmöglich konnte ich läugnen, daß die gewaltige Weissagung Malachias 1, 11. von dem einen reinen Speisopfer in der katholischen Kirche erfüllt sei. Dieses prophetische Wort brach endlich den letzten Widerstand, der sich noch vor-

---

1) Dr. Lämmer. Misericordias Domini. S. 89. — Interessant ist auch, was uns Lämmer S. 79 von dem berühmten Berliner Theologen erzählt: „Hengstenberg hat viele lutherisch-reformirte Vorurtheile gegen die katholische Kirche zu beseitigen gesucht, namentlich auch der seit den Tagen des abgefallenen Augustinermönchs stereotyp gewordenen Blasphemie vom Antichrist den Laufpaß ertheilt. Er gibt zu, wie Luther in den Stunden, in welchen das kirchliche Gewissen rege wurde, der Katholicismus habe Wort Gottes, wahre Sacramente, wahre Schlüsselgewalt u. s. w. Er ist klarer und entschiedener, als sein Vorbild, der Gnomon-Bengel. Aber er bleibt auf halbem Wege stehen."

hin gegen die Auseinandersetzungen des Dogmatikers geregt hatte; mich durchschauerte die Erkenntniß, daß die katholische Kirche die wahre sei, und hinsinkend auf die Kniee gelobte ich mit Thränen die katholische Wahrheit zu bekennen¹)." O die alten Dome und Kirchen in unserm deutschen Vaterlande, die nun so öde und verlassen stehen, sehnen sich nach dem Tage, wo an ihnen die große Weissagung des Propheten wieder in Erfüllung gehen und auf ihren Altären wieder dargebracht werden soll das wunderbare und geheimnißvolle Opfer der heiligen Messe. Die Glocken von den Thürmen aus alter katholischer Vorzeit mit ihrem harmonischen Geläute, die verödeten und verlassenen Altäre, auf denen vor zehn Generationen noch an jedem Tage das Opfer der heiligen Messe gefeiert wurde, die ehrwürdigen Mauern der Kirchen, die einst einen wahreren, einen schöneren und erhabeneren Gottesdienst gesehen, rufen an jedem Sonn- und Feiertage den im Glauben von uns getrennten Brüdern jene Worte zu, die vor anderthalb Jahrtausend schon der heilige Augustin den von der Kirche getrennten Donatisten und Manichäern zurief: „Kehret zurück zum Glauben euerer Väter; denn die Voreltern, von denen ihr geboren, hatten nicht den Glauben, welchen ihr jetzt lehrt, ihr seid herausgegangen aus einer Kirche, die das Gegentheil lehrt von dem, was ihr jetzt lehrt²)."

In der Rückkehr zur Kirche würden denn auch die im Glauben von uns getrennten Brüder alles das wirklich finden, wonach gerade die Edelsten und Besten unter ihnen seit Jahren vergeblich ringen. Vor Allem würden sie finden eine wahre, wirkliche und sichtbare Kirche. Was der bekannte protestantische Historiker Schaff von dem edlen und tiefchristlichen protestantischen Theologen Dr. Nevin sagt, daß er nämlich „eine Verkörperung jenes Kirchenschmerzes sei, der durch viele der ernstesten und tiefsten Geister der Zeit hindurchgeht," und daß für ihn „die Kirchenfrage nicht nur das größte theologische Problem der Gegenwart, sondern zugleich eine Frage der persönlichen Seligkeit sei³)" — das gilt auch von so vielen unserer edelsten und besten deutschen Protestanten, Geistlichen wie Laien. „Eine reale, sichtbare Kirche," „eine Kirche als objektives, von Gott gestiftetes Institut mit göttlichen Ordnungen, Aemtern, Ständen und Institutionen," eine „apostolisch-

---

1) Rosenthal, Convertitenbilder. Bd. 1. S. 917.
2) Augustin. Op. imperf. IV. 10.
3) Schaff, Amerika. Berlin 1854. S. 246 ff. — Vgl. bei Jörg a. a. O. den höchst interessanten Abschnitt: Dr. Nevin, der Dualismus des Sektengeistes und der „Kirchenschmerz."

bischöfliche Kirche, mit einer episcopalen Verfassung, wie sie vordem war," das ist der Ruf, wie er in den letzten zwanzig Jahren auf protestantischem Gebiete unaufhörlich wiederklang. „Die Frage nach der wahren Gestalt, das heißt aber Verfassung der Kirche Gottes auf Erden" ist „zur brennendsten Aufgabe der Gegenwart geworden" „unsere Kirche muß aus dem tiefen Misere ihrer dermaligen Verfassung, oder richtiger gesagt, Verfassungslosigkeit, mit Aufbietung ihrer letzten Energie sich herausarbeiten; sie muß der bureaukratischen Umarmung des Staates um jeden Preis sich entwinden, des Cardinalschadens eines rationalistisch-bekenntnißlosen oder auch nur das Bekenntniß unionistisch verwischenden Kirchenregiments und dem entsprechenden Synodalwesens mit aller Kraft sich nothwendig endlich einmal erwehren" und „jene erhabene organisch-leibliche Daseinsform sich wieder gewinnen, in welcher allein das innere Leben der Kirche mit nachhaltigem Segen und Erfolg sich auszuwirken vermag," „sie muß in ökumenischer Gestalt und Entfaltung sich endlich ausbauen zu einem lebensvollen, gotteskräftigen Organismus" — erklärten noch unlängst eine Reihe von Aufsätzen in der Berliner Kreuzzeitung ¹). Allein das Alles, was man in den letzten Jahrzehnten geredet von einer „sichtbaren protestantischen Kirche mit göttlichen Ordnungen, Aemtern, Ständen und Institutionen" „von ökumenischer Entfaltung in einem lebensvollen, gotteskräftigen Organismus" — das Alles ist nur ein schöner und schmerzlicher Traum, der im Bereiche des Protestantismus nie seine Verwirklichung finden wird und nie seine Verwirklichung finden kann; das Alles ist nur ein mehr oder minder unbewußtes, geheimnißvolles Sehnen nach der wahren Gestalt der Kirche, die man in den protestantischen Territorien vor dreihundert Jahren mit voreiliger und grausamer Hand zerstört.

Der Protestantismus ist seinem innersten Princip nach keine Kirche, war nie eine Kirche, und vermag noch viel weniger je eine zu werden. Abfall von der Kirche ist sein Princip und Zerstörung aller wahren und ächten Kirchengemeinschaft seine unauslöschliche Signatur. Das Höchste, wozu es der Protestantismus in kirchlicher Beziehung gebracht und überhaupt bringen kann, sind Territorialkirchen, in welchen die widerstrebendsten Meinungen und die diametralsten kirchlichen Standpunkte durch das Band bureaukratischer Bevormundung äußerlich, mechanisch und nothdürftig zusammengehalten werden. So wenig in dem christlichen Alterthum der Arianismus der Staatsstütze entbehren konnte, so wenig vermag der Protestantismus der Staatsstütze und der staatlichen Bevormundung

---

1) Berliner Kreuzzeitung 1868. Nr. 149. 185.

zu entbehren. Und wie der Arianismus zusammenbrach, als ihm die Staatsstütze entzogen wurde, so würden auch die noch bestehenden protestantischen Kirchengemeinschaften in sich zusammenbrechen und in große, allgemeine Verwirrung sich auflösen in eben dem Augenblicke, wo ihnen die staatlichen und bureaukratischen Stützen entzogen würden. „Nehmet," sagte mit klarem und richtigem Blick vor wenigen Jahren die Neue Berliner evangelische Kirchenzeitung, „der Kirche die Stütze und den Halt, den ihr in ihrer seit dem Jahre 1848 um Vieles größer gewordenen Zerrissenheit der Landesherr als ihr Oberhaupt und Fürsorger verleiht, und ihr sollt erfahren, wie sie in Stücken zerfällt, die Niemand wieder zu vereinigen Kraft haben wird[1]." Wie unwürdig aber dieser Zustand landesherrlicher und bureaukratischer Staatsbevormundung und dieses völlige Aufgehen im Staatsorganismus sei, das hat vielleicht Niemand tiefer gefühlt als Preußens edler König Friedrich Wilhelm IV. „Territorialsystem und landesherrlicher Episcopat," sagte er, „sind von solcher Beschaffenheit in sich, daß Eines allein schon vollkommen ausreichend wäre, die Kirche zu tödten, wäre sie sterblich. Mit allen Kräften seiner Seele sehne er sich nach dem Augenblicke, wo er sein oberbischöfliches Recht wegwerfen, es an Bischöfe, welchen Namen man ihnen auch geben wolle, abtreten könne; er suche die „rechten Hände," in welche er seine oberbischöfliche Gewalt für immer niederlegen könne[2]." Allein diese „rechten Hände," nach welchen der König in richtiger Würdigung des unwürdigen Zustandes der von den Reformatoren und reformatorischen Fürsten einst in die Welt eingeführten protestantischen Kirchenverfassung sich sehnte, werden auf protestantischem Gebiete nie zu finden sein. Weder die von gläubiger Seite projectirte Episcopalverfassung, noch auch die von rationalistischer Seite erstrebte Presbyterial- und Synodalverfassung vermögen die „rechten Hände" zu bieten, in welche der landesherrliche Summepiscopat und mit ihm das Kirchenregiment niedergelegt werden könnte. Die Uebertragung des Kirchenregimentes an Synoden wäre gleichbedeutend mit der Herrschaft ungläubiger und unchristlicher Majoritäten und würde nur darauf hinauslaufen, alles positiv Christliche auf protestantischem Gebiete vollends zu zerstören; und wahrscheinlich sehr bald schon würde die ganze Kirchenverfassung in vollendeter Anarchie und gottlosem Nihilismus endigen. Viel empfehlenswerther möchte auf den ersten Blick die Ein-

---

[1] Meßner, Kirchenzeitung. 1860. S. 84.
[2] L. Richter: König Friedrich Wilhelm IV. und die Verfassung der evangelischen Kirche. Berlin 1861. S. 22, 38. — Hoffmann, Deutschland im Lichte des Reiches Gottes. Berlin 1868. S. 510.

führung einer sogenannten Episcopalverfassung erscheinen, wie sie in „Verschmelzung mit consistorialen und synodalen Elementen" schon vielfach erstrebt wurde und auch in jüngster Zeit von hoher und einflußreicher Seite wieder erstrebt wird. „Es fehlt der Verfassung noch immer," sagt Generalsuperintendent Hoffmann in Berlin in einem unlängst erschienenen Buche, „was ihr der landesherrliche Episcopat nicht ersetzen konnte, nämlich die bischöfliche Regierung. Hier bleibt ein Gegenstand der Sehnsucht aller Derer, die auf die Kirche der ersten Jahrhunderte zurückblicken, das Verlangen Aller, die in geistlichen Dingen den Einfluß geheiligter Persönlichkeiten als den gesegnetsten preisen, hier die Ueberzeugung Luthers und Melanchthons vom wahren Regiment der Kirche zu verwirklichen[1]." Allein auch dieser „Gegenstand der Sehnsucht nach dem wahren Regiment der Kirche" wird auf protestantischem Gebiete stets unerfüllt bleiben, und Herr Generalsuperintendent Hoffmann dürfte aus allen den unangenehmen Erfahrungen, die er in der jüngsten Zeit an den Herrn des deutschen Protestantentages gemacht, sich wohl selbst schon mannigfach überzeugt haben, daß die Einführung des „wahren Regimentes der Kirche" auf protestantischem Gebiete auf sehr große, ja unüberwindliche Hindernisse stößt. Das Höchste, wozu man es auf protestantischem Gebiete in Sachen einer „Episcopalverfassung" bringen kann, ist, daß man, wie das ja auch in anderen protestantischen Ländern der Fall ist und auch in Preußen schon mehrfach der Fall war, den Superintendenten den Titel „Bischöfe" und den Generalsuperintendenten den Titel „Erzbischöfe" gibt. Allein, das ist eben eine Sache de solo titulo! Faktisch ist damit gar nichts gewonnen; und das „wahre Regiment der bischöflichen Regierung" wäre damit auf protestantischem Gebiete eben so wenig vorhanden, als vorher. Denn zu einer „bischöflichen Regierung" gehören wirkliche Bischöfe, die durch die Weihe zu Bischöfen geworden sind und vermöge der durch diese Weihe erlangten Autorität die Kirche regieren. Solche durch die Weihe „geheiligten" und mit höherer Autorität umgebene Persönlichkeiten vermag aber der Protestantismus nicht zu schaffen; denn dazu fehlt ihm die göttliche Weihegewalt, wie sie in der katholischen Kirche seit den Tagen der Apostel in ununterbrochener Succession vorhanden ist. Der Protestantismus ist herausgetreten und losgerissen von der apostolischen Succession und Ordination der Kirche. Luther und Melanchthon vermochten wohl mit Hilfe der Fürstengewalt in vielen Territorien „das wahre Regiment der bischöflichen Re-

---

[1] Hoffmann a. a. O. S. 509.

gierung" „auszurotten." Aber ebenso wenig, als Luther und Melanchthon es vermocht haben, auf protestantischem Gebiete selbst nun „das wahre Regiment der Kirche," wie es schon in „der Kirche der ersten Jahrhunderte" vorhanden war, wiederherzustellen, ebenso wenig vermögen das die heutigen Protestanten. Wollte ein solch' weiheloser protestantischer Nominalbischof eine höhere geistliche Autorität geltend machen und einmal anfangen, in der großartigen, selbstständigen, vom Geiste der Kirche getragenen und geheiligten Weise die Kirche zu regieren, wie ein katholischer Bischof es thut, dann würden die Grundwasser des deutschen Protestantentages und verwandter protestantischer Majoritäten und Tendenzen über Nacht die ganze weihelose und fundamentlose Episcopalverfassung zum Falle bringen und wegschwemmen. Ein solch' protestantischer Nominalbischof würde darum auch stets nur insoweit Macht und Gewalt haben, als der Staat ihn mit solcher umkleidet. Eine solche Gewalt aber — das wäre nicht die heilige bischöfliche Gewalt des Glaubens und der Liebe, sondern vielmehr eine bloße, in geistlichen und kirchlichen Dingen höchst odiose, staatliche Coercitivgewalt; und ein solch' protestantischer Bischof wäre darum eben doch nichts Anderes, als was er vorher war — ein mit höherer staatlicher Coercitivgewalt bekleideter staatlicher Superintendent, der bei seiner Amtsverwaltung voraussichtlich ein über das anderemal mit dem „Grundprincip von der freien Schriftforschung" in Collision und in sehr odiose Conflicte gerathen würde. Facta docent et exempla loquuntur! Das ist alles in der katholischen Kirche ganz anders! Nicht in Namen des Staates, sondern im Namen des Glaubens und der Liebe, im Namen Jesu Christi regiert der Bischof sein Bisthum und der Papst die Kirche; und als den von Gott geordneten Stellvertretern Jesu Christi erweisen das Volk und die Priester dem Bischofe, und die Bischöfe dem Papste Gehorsam. Auf der großartigen und göttlichen Verfassung der Kirche stehen die Worte geschrieben: „Christus regnat, Christus imperat." Auf allen protestantischen Kirchenverfassungen aber wird stets geschrieben stehen, mögen sie nun Episcopal-, Consistorial- oder Synodalform haben: „Im Namen des Staates." Dem Protestantismus eine wahre und wirkliche, ächt christliche Kirchenverfassung zu geben, ist ein Ding der Unmöglichkeit und wird in eben dem Maße, als man sich damit abmüht, zur qualvollen Sisyphusarbeit werden! Wollen die Protestanten eine wahre und wirkliche Kirche, dann müssen sie eingehen in die von Christus dem Herrn auf den Felsen Petri gegründete Kirche, oder aber für immer darauf verzichten, Glieder einer wahren und wirklichen Kirche zu sein, und sich begnügen und trösten mit der „inneren Herrlichkeit" jener „unsichtbaren Kirche," womit Luther und Melanchthon im directesten Widerspruch

mit der ganzen heiligen Schrift und der ganzen Geschichte und dem Grund=
charakter des Christenthums die Welt beglückt haben; und von welch' un=
sichtbarer Kirche einer der scharfsichtigsten und geistvollsten protestantischen
Theologen der Neuzeit, Richard Rothe, in sehr bemerkenswerther Weise
sagt: „Eine unsichtbare Kirche ist eine contradictio in adjecto.
Man kann für sie schlechterdings keinen Inhalt auffinden, den nicht einer
von den beiden Uebelständen drückte: entweder, daß zu seiner Bezeichnung
der fragliche Ausdruck ganz unpassend, oder daß er in sich selbst kein
realer ist. Die Vorstellung ist erst gebildet worden, weil man faktisch
den Begriff der Kirche in seiner vollendeten Entwicklung als Begriff der
katholischen Kirche aufgegeben hatte¹)."

So gewiß aber die nach einer Kirche und nach der vollen Gnade
und Wahrheit des Christenthums sich sehnenden und ringenden Seelen
auf protestantischem Gebiete nie das finden werden, wonach sie suchen und
streben und ringen, so gewiß würden sie das Alles an eben dem Tage
finden und im vollsten Maße besitzen, an dem sie eingehen würden in
die Kirche, von der ihre Voreltern vor zehn Generationen einst in so un=
evangelischer Weise losgerissen worden sind. Statt sich noch länger mit der
reformatorischen contradictio in adjecto von einer „unsichtbaren Kirche"
begnügen zu müssen, würden sie dann wahrhaft und wirklich eine „sicht=
bare Kirche" besitzen „in ökumenischer Gestalt und Entfaltung zu einem
lebensvollen, gotteskräftigen Organismus." In dieser Kirche
aber würden sie für das Heil ihrer Seele alles das finden, wonach sie auf
protestantischem Gebiete vergeblich suchen und ringen. Sie würden finden
das erhabenste Lehrgebäude des Glaubens, in welchem die Gedanken Gottes
in der vollsten Reinheit und Klarheit ihnen entgegentreten und das in
der wahrsten und lebensvollsten Weise den Himmel mit der Erde und die
Seele mit Gott verbindet, — jenes von himmlischem Lichte erfüllte und
durchleuchtete System des wahren Glaubens, das die Vernunft über die
höchsten Wahrheiten in der vollkommensten Weise erleuchtet und das Herz
des Menschen in der vollkommensten Weise befriedigt, und im Vergleich,
zu welchem alle die unzähligen Systeme protestantischer Theologen nur
ephemeres Pygmäenwerk sind. Sie würden finden den erhabensten und tief=
sinnigsten, den frömmsten und innigsten Gottesdienst, den Gottesdienst im Geiste
und in der Wahrheit voll Licht und Wärme, dessen Strahlen alle zusammen=
laufen in dem hochheiligen Opfer des Herrn, den wahren, vollen, leben=
digen Gottesdienst, in welchem von je die Christenheit Gott gedient, und
von welchem der Protestantismus in dem „Predigt= und Wortdienst" nur

---

1) Rothe, Anfänge der christlichen Kirche. S. 100.

ein sehr ungenügendes Fragment und in den neu eingeführten Liturgien nur sehr unvollkommene und wesenlose Nachbildungen herübergenommen hat. Sie würden finden die erhabenste und reinste, ganz vom Geiste Jesu Christi erfüllte Sittenlehre, aus der während achtzehn Jahrhunderten so viele und große Heilige hervorgegangen sind. Sie würden finden den gnadenvollen und unzersplitterten Lebensgrund der sieben heiligen Sakramente und mit ihm die Gnade der sakramentalen Sündenvergebung und das wahre Abendmahl des Herrn. O es sind der Adventseelen so viele im Protestantismus, die ein geheimnißvolles Sehnen haben nach dem sichtbaren Reiche Gottes auf Erden voll der Gnade und Wahrheit, und die alles das, um was sie beten und flehen, und wonach sie streben und ringen, nur in der Kirche und nur in ihr allein finden können. Möge es Weihnachten werden in ihrer Seele, möge das Licht des Heilandes im vollen Glanze seiner Gnade und Wahrheit aufleuchten in ihrem Geiste, und mögen sie erkennen, was ihnen zum Frieden und zum Heile dient, und eingehen in die Kirche des lebendigen Gottes, die allein ist die von dem Weltheiland gegründete Säule und Grundveste der Wahrheit.

Katholische Bemerkungen

über das

Lutherdenkmal zu Worms.

Von

W. v. W.

Freiburg i. Br.
Druck und Verlag von J. Dilger.
1868.

Am 25. Juni 1868 war bekanntlich das große Lutherfest in Worms. Ein im Einzelnen prachtvoll gearbeitetes, mit echt künstlerischem Fleiße ausgeführtes Kunstwerk, das Lutherdenkmal, wurde enthüllt.

Bei dieser Gelegenheit wurden natürlich viele und lange Reden gehalten; jedoch, wie nicht anders zu erwarten war, ohne alle Einheit und Uebereinstimmung. Da hatte man alle Nüancen und Schattirungen vom Schenkel'schen Rationalismus an bis zum Knak'schen Pietismus; so daß selbst die ‚Neue Evangel. Kirchenzeitung'[1] klagte: ‚Das Wormser Lutherfest ließ auch eine dunkle Seite unserer kirchlichen Gegenwart recht deutlich hervortreten. Aus der in so erhebender Weise in Worms dargestellten innern Zusammengehörigkeit der protestantischen Welt heraus ist eine zahlreiche Literatur hervorgerufen, deren sich unsere evangelische Kirche schämen muß.'

Diese erhabene innere Zusammengehörigkeit der protestantischen Welt bekundeten die auf Veranlassung des frommen Prälaten Zimmermann in der Friedrichskirche versammelten Geistlichen, denen der Generalsuperintendent für Rheinpreußen, Dr. Wißmann, vorsaß, über deren Verhandlung die ‚Wormser Ztg.' Folgendes berichten konnte: ‚Alle Deputirten, so gut diejenigen der Universitäten Halle und Basel, wie von Kirchenkreisen Pommerns oder Württembergs, erkannten in Luther den großen Träger der Reformation, und erklärten mit Freuden zu dem Feste gekommen zu sein, ohne Unterschied des lutherischen und reformirten Bekenntnisses. Mit diesem milden versöhnenden Sinn für die ‚Union' verband andererseits diese Versammlung die allgemeine Erkenntniß, daß man sich gebunden erachten müsse an das in der heiligen Schrift ruhende Wort Gottes.' Jene erhabene innere Zusammengehörigkeit bekundete ferner eine bei dieser Gelegenheit verlesene Adresse der theologischen Facultät der Berliner Universität, welche von den großen Ereignissen des Jahres 1866 spricht, durch welche Deutschland seiner politisch-socialen Einigung ein wesentliches näher gerückt sei, und den Kern der Reformation also bezeichnet: ‚Ge-

---

[1] Nro. 30 in dem Schlußartikel über die Wormser Lutherfeier.

wissensdrang des nach Heilsgewißheit verlangenden Geistes, welcher bisher, in alle Gestaltungen und Interessen der wahren Wissenschaft eingehend, doch sich niemals in ein schranken= und zielloses Forschen und Denken verläuft, und Gebundenheit vor Gottes Wort, aus welchem sich, wie hoch und kühn auch menschliche Wissenschaft ihre Systeme baut, der religiöse Geist stets aufs neue zu befruchten, zu reinigen, zu erneuern hat'.[1] Dann bekundet dieselbe Schenkel in seinem Tractat ‚Luther und seine Kampfgenossen', welchen die Wormser Polizei auf einige Tage mit Beschlag belegen mußte[2] und worin der Verfasser gegen die Orthodoxen protestirt, ‚die unter dem Scheinpanier eines erlogenen Protestantismus den Geist auf deutscher Erde mit Bullen dämpfen und bannen'. Ihm schloß sich weiterhin würdig an der hessische Mitprediger Mitzenius; er findet in allem Confessionellen nur ‚heiligen Betrug' und erklärt die Läugner der Gottheit Christi, einen Strauß, Schenkel, Renan, eben so berechtigt, als Spener, Harms, Tholuk und Hengstenberg, und sein von Cynismus strotzendes Pamphlet: ‚Luther und die Kirche unserer Tage' trägt als Titel das Bild des — Wormser Lutherdenkmals! Daran reiht sich in Folge der ‚erhabenen innern Zusammengehörigkeit des Protestantismus' Würkert, Prediger der Freigemeindler von Hanau, welcher in seinem in allen Wormser Buchläden ausgestellten Fabrikate den in Worms versammelten geistlichen Festgenossen alles Ernstes den Rath gibt, auf dem Wege zum Lutherdenkmale die ‚schwarzen Kutten' von sich zu werfen und allem ‚Kirchenthume' Valet zu sagen, wie er gethan. Arthur Müller, der gewaltige Recke, Verfasser des: ‚Gute Nacht, Hänschen', kommt in seinem ‚Wormser Lutherfeste' auf statistischem Wege zu dem Resultate, daß in Preußen die Sittlichkeit gerade unter denjenigen ‚christlichen Secten' am höchsten und besten sei, ‚deren Mitglieder an keinen persönlichen Gott glauben'. Das ‚Magdeburger Kirchenblatt' bemerkt hiezu: Da haben wir schon Zeug genug zu der ‚künftigen deutschen Nationalkirche'. Man sieht, ‚der Spiritus ist geschwunden, der Jammer ist geblieben'. Selbst bei unserer ‚N. Ev. Kztg.' scheint der erhabene Eindruck der ‚innern Zusammengehörigkeit', den sie im Schatten des Lutherdenkmals empfangen, eben nicht nachhaltig gewesen zu sein. Heute schon hat sie statt der friedlichen ‚Halskrause und des Bauschkragens' wieder volle Waffenrüstung angelegt und theilt erbarmungslos ihre Hiebe aus den ‚innerlich zugehörigen' Schleswig=Holsteinern, den

[1] Vgl. A. Allg. Ztg. 1868. N. 184. Frankfurter Zeitung N. 182.
[2] Bad. Lztg. N. 178.

Hannoveranern, Sachsen und unionsfeindlichen Amerikanern, da erhält seine „Schmisse" der incorrecte Schenkel und Bluntschli nicht minder als Stahl und Hengstenberg, der „ärgerliche" Knak sowohl als Lisco mit seinen Berliner Stadtverordneten, und trotz der wilden Hetze findet sie noch Zeit genug, faule Eier zu werfen nach der katholischen Kirche. Schöne nationale Zukunftskirchler das, solche Herren von der Wormser Lutherfeier! Das „Heidelberger Südd. evang.-prot. Wochenblatt" bei Beschreibung des Lutherdenkmals ist vollends in Götzendienst verfallen. Es sagt nämlich, das Bild der „protestirenden" Stadt Speyer sei ein Weib, „schön zum Anbeten!"[1] — Genug. Die sonstigen landläufigen protestantischen Phrasen von der Zerstreuung der ‚egyptischen Finsterniß'[2] durch den theuren Gottesmann, Freimachung des Wortes u. s. w. u. s. w. kann man sich schon selbst denken. Damit sind wir über diesen Theil des Festes hinweg.

Für uns kann sonach auch die zahlreiche Literatur von Traktätchen ꝛc., welche die Lutherfeier hervorgerufen, weiter kein Interesse haben. Wir wollen vielmehr das Wormser Denkmal und Fest uns etwas in die Ferne rücken und von einem höhern Standpunct aus mit freiem Ausblick dieselben betrachten nach ihrem religiös-kirchlichen Werthe, sowie nach ihrer geschichtlichen und nationalen Bedeutung und Berechtigung.

Uns beschäftigt demnach zunächst 1) das Denkmal als Kunstwerk, bezüglich des Totalcharakters und der Grundanlage. Dann werden wir 2) die Persönlichkeit Luthers und die Qualität seines Wirkens in Bezug auf die politische, sowie auf die kirchlich-religiöse und culturhistorische Seite desselben zu untersuchen haben.

1. Das Denkmal bezüglich seines Totalcharakters und der Grundlage.

Um dies genugsam dem Leser zu veranschaulichen, wird es nöthig sein, eine Beschreibung des Monumentes zu geben. Wir glauben dies aber am besten thun zu können, indem wir einem kunstkennenden Correspondenten[3] einer deutschen Zeitung[4] folgen.

Das Monument ist in der That eines der bedeutendsten Sculpturwerke, welche die neuere deutsche Kunst hervorgebracht hat, sowohl

---

[1] Vgl. Freib. Kath. Kirchenblatt 1868. N. 36.
[2] S. Schellenberg in seinem Traktätchen über das Lutherfest.
[3] Wahrscheinlich der Bonner Privatdocent H. Bernays, den wir persönlich kennen zu lernen seiner Zeit das Vergnügen hatten.
[4] Kölnische Zeitung Nr. 183.

durch die Größe als auch durch die Anzahl der einzelnen Gestalten, denn es ist mehr ein Sammel- als ein Einzelmonument, vor Allem aber durch die treffliche Ausführung in allen seinen Theilen. Die räumliche Ausdehnung des Ganzen ist bedeutend. Der sich über zwei Stufen erhebende Unterbau mißt vierzig Fuß in die Länge und in die Breite. Die Postamente an den vier Ecken sind acht Fuß, die Postamente in den Mitten sieben Fuß hoch über dem Unterbaue, das Hauptpostament mißt mit der Lutherstatue an siebenundzwanzig Fuß, wovon auf die Statue selbst zehn und einen halben Fuß kommen. Die vier Eckfiguren sind acht und ein halber Fuß hoch, die sitzenden Figuren in jeder Mitte verhältnißmäßig sechs und die sitzenden Figuren am Hauptpostamente sieben Fuß groß. Die die Postamente verbindenden Mauern sind vier bis fünf Fuß hoch und haben zwischen jedem Postamente vier Zinnen, unter deren jeder an der Innenseite das Wappenschild einer der bei der Reformation besonders betheiligten Städte angebracht ist. Die vier stehenden Eckfiguren sind eben so wie das Luther-Bild gegen die offene Vorderseite des Monumentes gewandt, die sitzende Figur jeder der drei anderen Seiten aber gegen die Mitte, so daß man von jeder anderen als der Vorderseite immer eine mehr oder minder ungünstige Ansicht von den meisten Figuren erhält. Der ganze Umfassungsbau und sämmtliche Postamente sind von geschliffenem hellgrauem Granit, sämmtliches Bildhauerwerk in Bronze gegossen, alle technische Arbeit von höchster Vollendung.

Die Luther-Statue, welche Rietschel als seine letzte größere Arbeit noch vollenden konnte, ist ein sehr schönes Werk. Mit vollem Rechte mochte der Meister noch wenige Tage vor seinem Tode befriedigt und gerührt aus seinem Krankensessel auf das große Modell blicken: es war ein ganz gelungenes Werk, und es war kein leichtes gewesen. Ein höchst bedeutender Mann sollte in seiner ganzen charakteristischen Persönlichkeit dargestellt werden, ein bloßes Portrait genügte nicht. Der Ort, für welchen das Denkmal bestimmt war, schien aber die Auffassung eines ganz bestimmten Momentes seines Lebens zu bedingen, und zu diesem Momente paßte, wollte man historisch richtig bleiben, die später entwickelte Individualität nicht, welche uns im Bilde überliefert und ein allgemein bekannter Typus geworden ist. Rietschel hat diese Schwierigkeit aufs beste gelöst. Nicht ganz so alt, wie in den Cranach'schen Bildern, aber doch schon in vollständig reifer körperlicher Entwicklung hat er den Luther hingestellt, in der Linken die Bibel haltend und die rechte geschlossene Hand darauf drückend, den

rechten Fuß vorgesetzt, in fester Stellung und das Gesicht etwas empor-
gewandt. Es wird somit der Beschauer an jenen bedeutenden Moment
in Worms erinnert, wo der Reformator es wagte, der ganzen Welt
seine persönliche Festigkeit entgegenzusetzen; zugleich aber ist in dieser
Haltung und Geberde das ganze Wesen und Leben des Mannes charakterisirt, der mit allem, was er war und vermochte, für die Autorität
des Bibelwortes eintrat.[1]

Das Postament, welches die mächtige Gestalt trägt, ist in drei
Absätze getheilt und erhebt sich auf drei Stufen über die Plateform des
Unterbaues. Die untere Abtheilung ist von Granit, und springt an
den vier Ecken in vier Postamenten vor, auf welchen vier Figuren sitzen:
vier Vorläufer der Kirchen-Reformation. Es sind dies Petrus Waldus
(1197), Johann Wiklef (1387), Johann Hus (1415) und Hieronymus Savonarola[2] (1498). Diese vier Figuren sind gleichfalls von
hoher Würde und großer Energie. Mit lebhafter Geberde und leiden-
schaftlichem Ausdrucke predigt der Dominicaner Savonarola; innig
und mit sanftem Ausdrucke in sich versunken blickt Hus auf das Crucifix in seinen Händen; Wiklef sitzt ganz vertieft in das Studium der
auf seinen Knieen aufgeschlagen ruhenden Bibel; Petrus Waldus endlich, in Pilgertracht, blickt mit schwärmerischem Ausdrucke in die Ferne,
eine Propheten-Gestalt. Zwischen diesen vier Figuren hat der mittlere
Theil des Postamentes an jeder Seite ein Reliefbild. Vorn die Scene
auf dem Reichstage zu Worms, auf der Rückseite das Anschlagen der
Theses zu Wittenberg, zu einer Seite Luther als Uebersetzer der Bibel
und als Prediger zur anderen die Austheilung des Abendmahles in
beiderlei Gestalt, und die Priesterehe: Luther's Vermählung. Der
oberste Theil des Postamentes enthält an jeder Seite zwei Portrait-
Medaillons: die Bildnisse von den Kurfürsten Johann und Johann
Friedrich, von Hutten und Sickingen, von Zwingli und Calvin und
von Bugenhagen und Justus Jonas. Darüber sind Inschrifttafeln
mit bezüglichen Sprüchen. Am untersten Sockel befinden sich noch die
Wappenschilder von Fürsten und Städten, welche die Augsburgische
Confession unterzeichnet haben.

Die Plateform rings um dieses Mittelstandbild her gewährt nach
allen Seiten hinreichenden Raum, um die Einzelheiten in der Nähe
zu betrachten. Auf den Postamenten der Umgebung steht vorn links
das Standbild Friedrich's des Weisen im Kurfürstenmantel und mit

[1] Vgl. S. 13.
[2] Vgl. S. 10 f.

dem Reichsschwerte in der Hand, die Kaiserkrone, die er bekanntlich nicht annahm, zu seinen Füßen; rechts Philipp der Großmüthige von Hessen, jugendlich und trotzig in reicher fürstlicher Tracht, beide Hände gestützt auf sein Schwert. Hinten stehen links der Humanist Reuchlin, eine Schriftrolle entfaltend, als wolle er ihren Inhalt darlegen, und rechts Melanchthon, in der Linken die Bibel, mit der Rechten eine Geberde machend, als setze er scharfsinnig die Bedeutung einer schwierigen Stelle auseinander. Alle diese Figuren sind äußerst charakteristisch und vom lebendigsten Ausdrucke.

Noch zu erwähnen sind die drei sitzenden weiblichen Gestalten, deren je eine auf jeder Mitte der Umfassungsmauer dem Lutherbilde zugewendet sitzt. Sie sind symbolische Personificationen der Städte Augsburg, Speyer und Magdeburg, ideale Gewandfiguren mit entsprechenden Emblemen und Mauerkronen auf den Häuptern. Magdeburg sitzt trauernd gebeugt, ein zerbrochenes Schwert in der Hand, Speyer mit der Hand auf dem offenen Buche, mit der andern eine heftige abwehrende Bewegung machend, es soll auf die Protestation der evangelischen Stände zu Speyer deuten; Augsburg endlich in ruhiger Würde mit der Palme des Friedens: die Augsburgische Confession und damit der Abschluß des Streites.

Dies die Beschreibung.

Aber auch das Urtheil jenes Kunstkenners über das Denkmal als Kunstwerk möchten wir im Wesentlichen mittheilen, um hernach selbst darüber unsere Ausstellungen machen zu können. Herr H. B. sagt über das Ganze: „Ob, wie von manchen Seiten behauptet wird, die Idee der Gesammt-Composition dem Meister des Werkes von außen her gegeben, ob sie von ihm selbst und allein ausging, weiß ich nicht; Herr Oppermann, der Biograph Rietschel's, der über den Meister und dessen Werke wohl am competentesten berichtet, spricht sich darüber nicht ganz bestimmt aus; wer aber auch der Erfinder ist, die Erfindung ist nicht sehr glücklich; es ist dabei ein Wortbild in eine Kunstform übertragen und das ist eine artistische Procedur, die nie gelingt. Man hat an die ‚feste Burg' des ‚Lutherliedes' gedacht und in diesem Gedanken eine zinnenbekrönte Mauer hergestellt, welche drei Seiten eines quadratischen Raumes umschließt und an ihren Ecken so wie in jeder Mitte ihrer drei Façaden erhöhte Postamente verbindet, auf denen Gestalten stehen und sitzen. In der Mitte der so umschlossenen Plateform steht dann der Kern des Monumentes, das von vier sitzenden Figuren flankirte hohe Postament mit der kolossalen Lutherstatue.'

Ueber die Höhen- und Breiteverhältnisse des Denkmals: ‚Sie sind sehr wohl erwogen, das Ganze stellt sich frei und klar vor das Auge, und nur die umlaufende Wiederholung der kleinen, mit flachen Pyramiden bekrönten Zinnen hat etwas Kleinliches: es ist die unausbleibliche Folge der Uebertragung des Wortbildes, bei welcher immer etwas Spielendes herauskommt.'

Betreffs der vier stehenden Eckfiguren beklagt er den eben wieder durch die fehlerhafte Gesammtcomposition bedingten Uebelstand, daß das Monument in seiner Gesammtheit eigentlich nur Eine Ansicht hat; doch sei dies ein um so geringerer Nachtheil, als das Monument mit seiner Hauptfronte gegen die an demselben vorbeiführende Promenade gewandt und von dieser aus hauptsächlich betrachtet werden wird. Die Lutherstatue selbst hält er, wie wir bereits im Verlauf der Beschreibung ersahen, für sehr gelungen. Aber über die Zusammenstellung der Städtefiguren endlich, dieser abstrakten Idealgestalten mit der Wirklichkeit entnommenen Persönlichkeiten, wird bemerkt: ‚So edel und schön diese Gewandfiguren auch sind, mit Ausnahme vielleicht der ‚Magdeburg', deren Rückseite sich geradezu unschön zeigt, so passen sie doch nicht mitten zwischen die ganz individuellen Costumefiguren hinein, mit denen sie ‚bunte Reihe bilden'. Es ist einmal nicht möglich, der Wirklichkeit entnommene Persönlichkeiten mit abstrakten Idealgestalten zusammen zu kuppeln, unser Auffassungsvermögen sträubt sich gegen die gleichzeitige Zumuthung, den einen Theil für sich selbst hinzunehmen, den andern für einen außer ihm liegenden Begriff. Man mag es anstellen, wie man will, dergleichen Mischungen sind nicht besser, wie die in der Zopfzeit beliebten, wo der Kaiser oder König oder Kurfürst in Gesellschaft von Musen oder Tugenden oder olympischen Göttern glorificirt wird. Man sollte sich diesen Zopf endlich abgewöhnen'.

So also jener Herr B. Wir müssen bemerken, daß wir in der That ihm insoweit vollkommen beistimmen zu sollen meinen. Nur jedoch wundern wir uns, daß dem historischen Sinne des geistreichen Herrn nicht etliche colossale Mißgriffe aufgefallen sind — nämlich schon von vorn herein in der Grundanlage d. h. in der Wahl der geschichtlichen Gestalten, die beim Denkmal bedacht werden sollten! Dieser Umstand nimmt unsere besondere Aufmerksamkeit in Anspruch und demnach einige Worte darüber.

Neben Waldus, Wiklef und Hus sehen wir den Dominikanermönch Hieronymus Savonarola zu Füßen Luthers! Das ist ja derselbe protestantische annexionslustige Unsinn, mit welchem Kaulbach auf seinen Carton des Reformationszeitalters den Jesuiten Jakob Balde gesetzt hat! Auch Reuchlin figurirt hier wie dort: Reuchlin, der schon im Jahre 1521 starb und sich keineswegs zu den damaligen neuen von der Kirche verworfenen Lehren bekannte; weshalb denn die Ehre, als Bedienter Luthers zu figuriren, für ihn abgelehnt werden mußte.[1]

Savonarola zu den Füßen Luthers! Savonarola, dessen Bild neben dem des hl. Thomas von Aquin auf der berühmten Disputa im päpstlichen Palaste prangt; Savonarola, der in des Papstes Benedikt XIV. drittem Verzeichnisse heiligmäßiger Diener Gottes steht! ‚Man wird gestehen‘, sagt mit Recht ein bedeutendes politisches Blatt,[2] ‚daß Rom ausschließlicher ist, als die ‚Reformation‘, und daß diese bei ihren Helden minder wählerisch verfährt, als Rom es thut und vermöge seiner Auswahl es zu thun vermag, ja man wird kaum läugnen können, daß die ‚Reformation‘ bezüglich der Aneignung von Heroen ein wenig vom Geiste des gewaltigen preußischen Grafen erfüllt sei. Denn was ist in Heroen-Annexion nicht alles auf dem Reformationsbilde von Kaulbach geleistet! Wenn also das exclusive Rom und das annexionistische Wittenberg um zwei Männer sich so zu sagen streiten, dann hat Letzteres gewiß das Vorurtheil gegen sich.‘

Wir müssen bei Savonarola zu Luthers Füßen ein wenig stehen bleiben, und betrachten.

Ein Ordensgenosse Savonarolas, P. Rouard du Card, hat ein eigenes Schriftchen[3] verfaßt und wollte er darin vor allem eine ruhige und ernste Erörterung leisten und erwartet Gegner seiner Behauptung, welche dahin lautet: ‚Das Bild Savonarola's ist ein Nonsens, ein historischer Widersinn auf dem Denkmale zu Worms.‘

In der That: Will man den Dominicanermönch Savonarola vom Platze zu Füßen Luthers wissenschaftlich erlösen, so braucht man nur einen Vergleich zwischen beiden Männern selbst anzustellen.

Die Bedeutendheit der Sache zwingt uns, dieß thatsächlich im Nachfolgenden zu thun; und zwar folgen wir hiebei dem ebengenannten Schriftchen.

— Beide gingen sehr jung gegen den Willen ihrer Eltern in das Kloster. Savonarola wegen dem ‚großen Elende der Welt‘, Luther in Folge einer plötzlichen Anwandlung seines excentrischen Charakters.

---

[1] Vgl. Freiburger Kath. Kirchenblatt Nro. 32.
[2] Augsburger Postzeitung Beilage Nro. 42.
[3] Jérôme Savonarole et la statue de Luther à Worms. Löwen, Souteyn, 1867.

Niemals hat Savonarola seinen gethanen Schritt bereut; er beobachtete seine Gelübde und alle Uebungen des Ordenslebens mit ungewöhnlicher Strenge, was ihm seine Feinde bestätigt und Katholiken, wie die Heiligen Katharina von Ricci, Franz von Paula, Philipp Neri, dann die Päpste Paul III., Clemens VIII. und Benedict XIV. anerkannt haben. Luther dagegen hat sich ein Verdienst daraus gemacht, Alles, was Savonarola als heilig beobachtete, als verwerflich offen zu verletzen.

Dieselbe Strenge des Ordenslebens, die Savonarola selbst beobachtete, führte er als Prior von San Marco in Florenz auch bei seinen Untergebenen ein und brachte durch solche nicht „reformatorische" Reformen die Einwohnerzahl seines Klosters in Kurzem von 50 auf 230, worunter Jünglinge aus den vornehmsten Familien und Männer von hoher Stellung oder Gelehrsamkeit; und die so hervorgerufene Bewegung blieb auf San Marco nicht beschränkt, ja sie zog sogar andere Orden in die sehr unlutherische Reformbewegung hinein. Luther dagegen, nicht zufrieden damit, noch als Vierziger während des blutigen Bauernkrieges eine ausgesprungene Nonne zu heirathen, erklärte in seiner Schrift über die Klostergelübde die ganze „Möncherei" grundsätzlich für „Aufruhr wider Christum", für „Lästerung Gottes", so daß Mönche und Nonnen schaarenweise die Klöster verließen, aber „einen großen Gestank", wie Luther klagt, „in den guten Geruch des Evangeliums brachten".

Von San Marco theilte sich die Sittenverbesserung der Stadt und Umgegend von Florenz mit und wandelte dieselbe aus einem Mittelpuncte der schändlichsten Ausschweifungen beinahe in ein großes Kloster um. Durch seine sittenstrengen Predigten (dagegen Luther predigt „vom ehelichen Leben" u. dgl.[1]), durch sein unermüdliches Beichthören (nach Luther eine Seelenmetzgerei), durch die Einführung von Bruderschaften mit fleißigem Sacramentenempfange gewann Savonarola Jung und Alt im Volke; durch seine Pflege der Kunst und Wissenschaft zog er die Gebildeten und Gelehrten an. Er bewunderte die Lehre des hl. Thomas von Aquin, vertheidigte in der von ihm errichteten Academie die Uebereinstimmung des Glaubens mit der Vernunft und ermunterte die Künstler zu lauteren und ernsten Schöpfungen. Der Geist Luthers dagegen hat das Gebiet der religiösen Kunst veröbet,

---

[1] Wie nimmt sich ein Prediger aus, der behauptet: „Sei ein Sünder und sündige tapfer; aber tapferer glaube!" „Man muß sündigen so lange man hier ist. Es ist genug, daß wir durch die Gnadenschätze Gottes das Lamm erkennen, welches die Sünden der Welt hinwegnimmt. Von diesem wird uns die Sünde nicht scheiden, wenn wir auch tausendmal tausend an einem Tage Unzucht oder Mord begingen."

und was die Philosophie betrifft, so hat jener Verfasser offenbar sein Schriftchen mit den Ausdrücken nicht beflecken wollen, mit denen Luther das Meisterwerk des hl. Thomas, und sogar die menschliche Vernunft selber wohl in einem Anfalle von Raserei zu belegen wagte.

In Florenz übrigens mußte die Regierung die Fleischtaxe heruntersetzen, so brachte Savonarola das Fasten in Aufschwung. Damit ist alles Uebrige gesagt. In Wittenberg dagegen war es nach dem Wahlspruche: ‚Wer nicht liebt Wein, Weib ꝛc.‘ so weit gekommen, daß Luther selber es nicht mehr aushalten konnte. ‚Nur fort aus diesem Sodoma‘, schrieb er dem Tode nahe an seine Frau, ‚ich will umherschweifen und eher das Bettelbrod essen, ehe ich meine armen letzten Tage mit den unwürdigen Wesen zu Wittenberg martern und verunruhigen will mit Verlust meiner sauern, theuern Arbeit.‘

Aus der Reform von Florenz kann auf die von Savonarola verlangte Reform der ganzen Kirche geschlossen werden. Diese hatte gewiß mehr Aehnlichkeit mit Reform eines Gregor VII. als mit derjenigen eines Luther. Allein es scheint vor gewissen Leuten genug, das Wörtchen ‚Reform‘ fallen zu lassen, um von ihnen schon blindlings annexirt und auf das Lutherdenkmal gesetzt zu werden.

Aber Savonarola's Auftreten gegen Alexander VI.! ruft man uns entgegen. Es war durchaus nicht grundsätzlich auf eine Läugnung der päpstlichen Gewalt gestützt. Savonarola läugnete nicht das Recht des Papstes, ihn nach Rom zu berufen, ihn zu excommuniciren; und selbst der Versuch eines allgemeinen Concils zur Absetzung Alexanders war nicht gegen den heiligen Stuhl, sondern nur gegen die unwürdige Persönlichkeit auf demselben gerichtet.

Was die Katholicität seiner Lehre belangt, hielt Savonarola sich an den hl. Thomas. ‚Was ich weiß‘, sagt er ein Jahr vor seinem Tode, ‚habe ich von diesem großen Lehrer.‘ Er hatte demgemäß alle die Lehren, welche Luther bekämpfte, die Freiheit des Willens, die Nothwendigkeit der guten Werke zur Rechtfertigung, die Wirksamkeit der Sacramente, die Wesensverwandlung, vertheidigt. Die römische Kirche, von Luther grundsätzlich im Namen der ‚christlichen Freiheit‘ verworfen und mit unwiederholbaren Schmähungen überschüttet, galt dem Mönche von Florenz als ‚unfehlbare Richtschnur‘. Die Anklage der Ketzerei, mehrmals gegen Savonarola erhoben, endete damit, daß unter Paul IV. nach Untersuchung seiner Werke nur einige Predigten (donec emendati prodeant) wegen allzugroßer Schärfe im Tadel auf den Index gesetzt wurden.

Savonarola, von der florentinischen Regierung zum Tode verurtheilt, starb als Ordensmann. Gehorsam seinen Obern legte er sein Ordenskleid ab. ‚O heiliges Gewand, das ich unbefleckt bewahrte bis zu dieser Stunde, lebe wohl!' Er starb als Katholik nach Empfang der heil. Sacramente, er starb nach Annahme des Ablasses aus der Hand selbst eines Alexander VI., indem er Alles widerrief, was er gegen die Lehre der Kirche behauptet haben könnte. Wie anders Luther! Das Alter und der Anblick des Grabes milderte nichts an seinem Charakter. ‚Schem Hamphoras', eine Schmähschrift gegen die Juden, und das ‚Papstthum vom Teufel gestiftet' waren seine letzten Werke. Mit Gedanken der Judenverfolgung und mit einer Verfluchung des Papstthums stieg er unter die Erde. ‚Pest war ich dir lebendig, und todt bin ich Tod dir, o Papstthum'; lautet sein auf Jubelmünzen verkündeter Vers.

Soviel über Savonarola, den Dominikanermönch, zu den Füßen Luthers auf dem Denkmal zu Worms.

Wir kommen nun auf einen andern Punct. Jener Correspondent der Kölnischen Zeitung schrieb, es sei in dem Denkmal ‚das ganze Leben und Wesen des Mannes charakterisirt, der mit Allem, was er war und vermochte, für die Autorität des Bibelwortes eintrat, und er sprach hiemit nur den colossalen Irrthum aus, in dem von jeher alle Protestanten befangen waren. Ja — daraus macht man ein gar großes Wesen, indem man allenthalben Luther mit der Bibel in der Hand darzustellen pflegt, wie dieß besonders auf Kaulbachs bereits erwähntem Carton der Fall, wo er als Mittelpunct und Centralsonne des Reformationszeitalters die aufgeschlagene Bibel der Welt vorhält.

Hiermit sind wir an einem Hauptumstand, den unsere Broschüre ins Auge zu fassen hat, angelangt und bietet uns hiezu jene Behauptung von der Rettung der Autorität des Bibelwortes durch Luther einen passenden Anknüpfungspunct.

Die von jeher gang und gäbe gewordene Meinung, daß man in Luther den Retter des Bibelwortes und den Helden begrüßen müsse, der dasselbe aus den Klauen der Papisten und den Banden der alten Kirche erlöst und als ein weit hinaus strahlendes Licht auf den Söller gestellt — enthält eine himmelschreiende Unwahrheit.

Sehen wir zu.

Daß das ganze protestantische Deutschland heutzutage mehr oder weniger zu jenem Grabe der hl. Schrift gelangt ist, dessen Stein von

David Strauß gewälzt worden ist, — das weiß man recht wohl. Nicht aber weiß man recht wohl, oder will man nicht wissen, daß Luther selbst die Bibel auf die leichtfertigste Weise mißhandelt und verstümmelt hat; während es doch eine unbestreitbare Thatsache ist, daß die alte Kirche mit eiserner Consequenz den ganzen Bibeltext, wie er uns vorliegt, von Anfang an durch alle Zeiten als echt, vom göttlichen Geiste inspirirt, angesehen hat. Luther selbst hat ja gesagt, er habe das rechte Gotteswort von der römischen Kirche überkommen. Freilich, wo anders denn sollte sie herkommen? Wo ist ein anderer Zeuge für ihre Echtheit?

Ja, diese hl. Schrift, Gegenstand einer so fanatischen Verehrung für den Protestantismus, dem sie zum Text so mancher sacrilegischen Thorheit gedient hat, während sie von der alten Kirche allezeit hoch geachtet, allezeit gepredigt, allezeit der Verehrung und dem Glauben der Welt empfohlen worden ist — man weiß, was sie unter der vertilgenden Thätigkeit der protestantischen Exegese geworden ist. Aber was hat Luther selbst damit gemacht? Die Bücher Judith, Tobias, Ecclesiasticus, die Sprüchwörter, die Makkabäer wurden zuerst davon abgeschnitten. Nach dieser Reinigung mochte man glauben, daß dasjenige, was man von der Schrift übrig gelassen, ihm desto heiliger gewesen; daß der Pentateuch, die Grundlage des ganzen historischen Baues der Religion; daß der Ecclesiastes, von der Weisheit selbst dictirt; daß die Evangelien, gleichsam der Herd des christlichen Glaubens; daß die Episteln, gleichsam die Strahlen desselben; daß endlich die Apokalypse, das Zeughaus aller gegen die katholische Kirche geschleuderten Flüche, — für wahr, für heilig, für das eigene Wort Gottes gehalten worden wären. Hören wir, wie diese Bücher beurtheilt werden, nicht von Strauß, sondern von Luther. — Ueber den Pentateuch äußert sich derselbe: ‚Wir wollen Mosen weder sehen noch hören. Denn Mose ist allein dem jüdischen Volk geben und gehet uns Heiden und Christen nichts an. Darum lasse man ihn der Jüden Sachsenspiegel sein und uns Heiden unverworren damit. Gleichwie Frankreich den Sachsenspiegel nicht achtet und doch in dem natürlichen Gesetze wol mit ihm stimmet: das Gesetz gehet die Jüden an, welches uns forthin nicht mehr bindet, — Mose ist aller Henkermeister und Niemand ist über ihn noch ihm gleich mit Schrecken, Aengstigen, Tyrannisiren u. s. w.‘ — Ueber Ecclesiastes: ‚Dieß Buch sol völliger sein, ihm ist zu viel abgebrochen, es hat weder Stiefel noch Sporn, es reit nur auf Socken, gleich wie ich, da ich noch im Kloster war.‘
— Ueber Judith und Tobias: ‚Mich dünket, Judith sei eine

Tragödie oder Spiel, darin beschrieben oder angezeigt wird, was für ein Ende die Tyrannen nehmen; Tobias aber eine Komödie, darin von Weibern gerett wird und viel Lächerliches und närrisch Dings enthält.' — Ueber Ecclesiasticus, ‚der das Buch gemacht hat, ist ein rechter Gesetzprediger oder Jurist, lehret, wie man einen feinen äußern Wandel führen soll, ist aber kein Prophet, weiß noch lehret von Christo nichts.' — Ueber II. Makkabäer: ‚Ich bin dem Buch und Esther so feind, daß ich wollt, sie wären gar nicht fürhanden, denn sie Jüdenzen zu sehr und haben viel heidnische Unart.' — Ueber die 4 Evangelien: ‚Weil 3 Evangelisten viel seiner Werck, wenig seiner Wort beschrieben [1], ist Johannes Evangelium das einzige zarte, recht beglaubt Evangelium und den andern dreien weit fürzuziehen und höher zu heben. Also auch St. Paulus und Petrus Episteln weit über die drei Evangelien fürgehen.' — Ueber den Brief an die Hebräer: ‚Derhalben es uns nicht hindern soll, ob vielleicht etwa Holz, Stroh und Hew mit untergemenget werde.' — Ueber den Brief des hl. Jakobus: ‚Darumb ist St. Jakob's Epistel eine rechte ströerne Epistel gegen die paulinischen Briefe, den sie doch keine evangelische Art an ihn hat.' — Ueber die Apokalypse: ‚Mir mangelt an diesem Buche nit einerlei, das ich's weder Apostolisch noch Prophetisch halte. Auffs erst und allermeist, das die Aposteln nit mit Gesichten umbgehen, sondern mit klaren und dürren Worten weissagen; — halt davon Jedermann, was ihm sein Geist gibt; mein Geist kann sich in das Buch nicht schicken und ist mirbie Ursach genug, daß ich sein nit hochachte.' [2]

Welches Recht hat man nun, in Luther den Retter der hl. Schriften, der Autorität des Gotteswortes zu sehen? Hat er überdies ja doch sich selbst und jeden andern, Laie oder Geistlich, über diese Autorität gestellt!

Ja; aber Luther hat eben doch die hl. Schriften durch seine Uebersetzung zugänglich gemacht dadurch, daß er zuerst sie ins Deutsche übersetzte! Mit Nichten. Es ist aller Welt bekannt: Schon seit dem zwölften und dreizehnten Jahrhundert las das Volk die wichtigsten Bücher der hl. Schrift in approbirten Uebersetzungen in Deutschland, in

---

[1] Dieser Grund der Ausschließung ist merkwürdig und für den Protestantismus charakteristisch.

[2] Alzog Kirchengeschichte 2. Aufl. S. 765. Nach diesem wäre es überflüssig, das Urtheil Luthers über die heiligen Väter zu erfahren: ‚Alle Väter,' so sagt er, ‚haben geirrt, und wenn sie nicht vor ihrem Tode Reue bekommen, so sind sie in alle Ewigkeit verdammt.'

England, in Italien und Frankreich, bis die neuerfundene Buchdruckerkunst ihren mächtigen Beistand bot, um die immer wachsenden Anforderungen der Völker zu befriedigen; in Deutschland allein waren zwischen
dem Jahr 1460 und dem Auftreten Luthers nicht weniger als **vierzehn Bibelausgaben** in hochdeutscher Mundart erschienen, und sechs
andere in niederdeutscher Mundart. Könnte man da der Kirche nicht eher
das Uebermaß als den Mangel zum Vorwurf machen?[1]

Gut, wird man anderseits sagen, aber welche **Sprache** boten jene
Uebersetzungen vor Luther? Sie waren unverständlich und ungenießbar.

Auf dies wollen wir gleich mit einem Beispiel antworten. Wir
erlauben uns nämlich, eine kleine Probe der der lutherischen zunächst
vorhergegangenen hochdeutschen Uebersetzung hier mitzutheilen und dann
die lutherische Uebersetzung derselben Schriftstelle hier beizufügen.

Augsburger Uebersetzung, S. 123 bei Kehrein.

Und do jesus sahe die scharen, do ging er auff ainen berg. vnd do er was
gesessen. sein junger genahelten sich zu jm, * vnd er thet auf seinen mund vnd leeret
sy sagent. * Sälig seind die armen in dem gaist, wann das reych der hymel ist
ir. * Sälig seind die senfftmutigen, wann sy werden besitzen die erd. * Sälig seind
die da klagen, wann sy werden getröstet. * Sälig seind die da hungert vnd durst
die gerechtigkait. wann sy werden ersattet, * Sälig seind die barmhertzigen, wann sy
ervolgen die barmhertzigkait. * Sälig seind die raynes hertzen, wann sy werden
gott sehen. * Sälig seind die fridsamen, wann sy werden gehayssen die sün gots. *
Sälig seind die da durchächtung leyden vmb die gerechtigkait, wann das reich der
hymel ist jr * Jr werdt sälig so euch die menschen fluchen vnd euch durchächten vnd
alles übel wider euch sagen liegent vmb mich. * Freuwet euch vn frolocket, wann
euwer lon ist groß in den hymeln. Wan also haben sy durchächtet die weyssagen
die vor euch waren.

Luthers Uebersetzung. S. 126 bei Kehrein.

Da er aber das volck sahe, steyg er auff eynen berg, vnd satzet sich, vnnd
seyne Junger tratten zu yhm, * vnd er thatt seynen mund auff, leret sie, vnd sprach,
* Selig sind die da geystlich arm sind; den das hymelreych ist yhr, * Selig sind,
die da leyde trage, denn sie sollen getrostet werden, * Selig sind die senfftmutigen,
denn sie werden das erdreych besitzen, * Selig sind die da hungert vnd durstet
nach der gerechtickeyt, denn sie sollen satt werden, * Selig sind die barmhertzigen,
denn sie werden barmhertzickeyt erlangen, * Selig sind die von hertzen reyn sind, denn
sie werden got schawen, * Selig sind die fridfertigen, denn sie werden gottes kynder

[1] Vgl. Kehrein, zur Geschichte der deutschen Bibelübersetzung vor Luther.
Stuttgart 1851. — Ueberhaupt bemerkt ein protestantischer Gelehrter selbst: „Alle
die Rhapsodien über die Finsternisse der mittelalterlichen Zeiten sind uns dergestalt
zur festen Gewohnheit geworden, daß man besser aufgenommen wird, wenn man
beweiset, daß 2 mal 2 5 ist, als wenn man die **tiefen Finsternisse des Mittelalters** läugnet; und doch lassen diese Finsternisse sich mit leichter Mühe zertheilen
und zerreißen. (Daniel, die Bibel im Mittelalter. Cap. VIII. S. 73.)

heyſſen, * Selig ſind, die vmb gerechtickeyt willen verfolget werden, denn das hymelreych iſt nhr, * Selig ſeyd nhr, wenn euch die menſchenn ſchmehen vnd verfolgen, vnd reden allerley arges widder euch ſo fie daran liegen vmb meynen willen. * Habt freud vnd wonne, Es wirt euch ym hymel woll belonet werden, denn alſo haben ſie verfolgt die propheten, die fur euch geweſen ſind.

Hieraus mag Jeder mit einem einzigen Blicke erkennen, daß hier kein anderer Unterſchied obwaltet, als derjenige, dem wir überall in einer noch jugendlich bildſamen und mundartlich ſchwankenden Sprache begegnen.

Wir ſind hiebei weit entfernt, Luthern und ſeinen Helfern ihr unbeſtreitbares Verdienſt für Bibelüberſetzung und Sprachentwicklung ſchmälern zu wollen. Wir läugnen nur, daß dieſes Verdienſt größer ſei, als das vieler Anderer; wir behaupten nur, daß Luther weit mehr Grund hat, ſich bei ſeinen Leſern zu bedanken, als ſeine Leſer bei ihm. Und dieſes ſogar abgeſehen von den vielen Verkehrtheiten ſeiner Ueberſetzung und von den häßlichen Angriffen, die er in den Noten gegen ‚der Papiſten hauff' richtet. Man kann es nicht ohne Wehmuth leſen, wie der ‚Reformator' in den Noten zu demſelben V. Capitel Matth., dem wir die obige Stelle entnommen, von dem Salz der Erde ſagt: ‚Wenn die lerer auff horen Gottis wort zu leren, muſſen ſie von menſchen geſetzen oberfallen vnd zutretten werden'[1] — und wie er in der nächſtfolgenden Note den V. 19. ‚gegen der Papiſten hauff' lehret, der verworfen werden ſolle, weil er die ‚kleyniſten gepotte auff loſet und leret die leut alſo'.[2]

Hiermit genug über dieſen Hauptpunkt. Wir ſind nun von ſelbſt am zweiten Theil unſerer Schrift angelangt; ja wir waren veranlaßt, ſchon ein Stück davon in den erſten vorauszunehmen und behandeln darum weiter

2. Die Perſönlichkeit Luthers und die Qualität ſeines Wirkens.

Wir beginnen ſachgemäß mit der Qualität ſeines Wirkens.

Das iſt aber doch gewiß, daß Luther und die Reformatoren durch ihre Lehre von der Gleichberechtigung Aller im Urtheil über geiſtliche Dinge vermöge der freien Forſchung die Wiſſenſchaft vom Banne der katholiſchen Dogmatik befreit haben, wodurch die Wiſſenſchaft überhaupt und demgemäß die ganze deutſche und europäiſche Cultur in der Folge ſich ſo glänzend entwickelt, die neuen Ideen in der engliſchen, franzöſiſchen und deutſchen Philoſophie ſo herrliche Blüthen getrieben?

Antwort: Wahr iſt freilich, daß der ungläubige Philoſophismus

---

[1] Kehrein a. a. O. Seite 129.
[2] Vgl. Nicolas: Ueber das Verhältniß des Proteſtantismus zum Socialismus. Ueberſ. v. Dr. Hrm. Müller. Mainz, Kirchheim 1853. S. 457 ff.

des vorigen Jahrhunderts der protestantischen Religionsidee zuzuschreiben ist. Jene englischen Philosophen, welche ihre Lehren nach Frankreich und von da nach Deutschland importirten, waren zu klare Köpfe, um die Haltlosigkeit, Widerspruchsfülle und Inconsequenz der christlichen Lehre, wie der Protestantismus ihnen sie darbot, nicht sofort als in die Augen springend einzusehen. Dadurch wurden sie am Christenthum überhaupt irre. Am katholischen Lehrgebäude haben sich die größten und glänzendsten Geister beschäftigt und Großes gewirkt und geschaffen, ohne je innerhalb desselben auf Unklarheit, Inconsequenz oder Widersprüche zu stoßen. Das haben selbst die abgesagtesten Feinde des Katholicismus bestätigen müssen.

Freilich ist die Behauptung ganz alltäglich geworden, daß freie Wissenschaft, freie Ueberzeugung für den Katholiken unmöglich sei. Ja, diese Ansicht steht ohne Weiteres bei einem großen Theile unserer Gegner und der Wortführer in der Tagespresse wie ein unbestrittener Grundsatz fest.

Hiemit sind wir an einem weitern Cardinalpunkt unserer Schrift angelangt. — Etliche concrete Beispiele.

Es berichteten vor etlichen Jahren unter anderm einmal die Zeitungen, daß in Königsberg unter den Professoren der Universität die Frage erhoben worden sei, ob an der bisher ausschließlich protestantischen Lehranstalt in Zukunft auch katholische und jüdische Lehrer angestellt werden dürften. Bei dieser Gelegenheit sei von einem Lehrer der Universität, der wegen seiner freisinnigen Richtung berühmt ist, die Ansicht geltend gemacht worden, daß man Juden ohne Bedenken zulassen dürfe, nicht aber Katholiken, weil bei ihnen eine freie Wissenschaft unmöglich sei. Schlimmeres hat sich an der Universität Tübingen ereignet. Als nämlich die am 8. April 1857 abgeschlossene Convention in Artikel IX. die Bestimmung getroffen hatte, daß die katholisch-theologische Facultät in Bezug auf das kirchliche Lehramt unter Leitung und Aufsicht des Bischofes stehe; dieser daher den Professoren und Docenten die Ermächtigung und Sendung zu theologischen Lehrvorträgen ertheilen und nach seinem Ermessen wieder entziehen, das Glaubensbekenntniß abnehmen, auch ihre Hefte und Vorlese-Bücher prüfen dürfe: da setzte der Senat eine Commission nieder, um zu untersuchen, ob die katholische Facultät unter diesen Verhältnissen noch ein Glied der Universität sein könnte und gab auf Grund eines von Hugo Mohl, Professors der Botanik, erstatteten Referates an die Regierung die Erklärung ab, daß die Professoren der katholischen Theologie von nun an nicht mehr als Vertreter der freien Wissenschaft beachtet werden könnten, und darum auch unfähig geworden seien, Mitglieder des Senates zu bleiben!

Man geht also, wie gesagt, so weit, den Gegensatz zwischen der alten und den neuern reformirten Kirchen eben darauf zurückzuführen und die Welt zu überreden, als ob das Streben nach einer vernünftigen Wissenschaft auf Seiten der Protestanten, und das Widerstreben gegen dieselbe auf Seiten der Katholiken recht eigentlich der Grund der ganzen lutherischen Kirchenspaltung gewesen sei.

Wie ganz anders stellt sich dagegen die Sache dar, wenn wir die offen daliegenden Thatsachen der Geschichte befragen!

Luther stellte als Hauptlehre seines Bekenntnisses der katholischen Kirche gegenüber die Behauptung auf, daß die menschliche Natur in allen ihren höheren Fähigkeiten vollständig durch die Erbsünde verdorben sei. Aus dieser Lehre zog er den Schluß, daß der Mensch mit seinen natürlichen Kräften deßhalb nicht das geringste, auch nur natürlich Gute thun könne, daß vielmehr alle seine Werke Sünde seien. Wenn aber die Menschennatur total verdorben ist, so ist es auch seine natürliche Vernunft. So gewiß dann jedes seiner Werke Sünde ist, ist auch jeder seiner Gedanken Irrthum. Das nahm auch Luther an, und daher stammt sein Abscheu vor aller Wissenschaft. Von diesem Standpunkt aus kam er zu der Lehre von der Rechtfertigung durch den Glauben allein. Weil nämlich der Mensch nach seiner Ansicht gänzlich verdorben ist, so dachte er sich auch die Rechtfertigung nicht als eine innere, das Innerste des Menschen heiligende, sondern zunächst als eine äußerliche, als eine Imputirung und Zudeckung mit der Gerechtigkeit Christi. Bei dieser Auffassung kann von einer Harmonie der natürlichen Seelenkräfte des Menschen und der von Christus ihm zugetragenen Gnade gar keine Rede sein. Der gänzlich verdorbenen Natur, der gänzlich erblindeten Vernunft steht die Wahrheit und Gerechtigkeit Christi rein äußerlich gegenüber. Hier ist also die Annahme eines inneren ganz ungelösten Widerspruches zwischen dem natürlichen Denken des Menschen und der Offenbarung eine logische Nothwendigkeit. Wenn die Vernunft, deren Wesen in der Fähigkeit besteht, Wahrheit zu erkennen, gänzlich verdorben ist, so kann das nur den Sinn haben, daß eben diese Fähigkeit gänzlich verloren sei. Hier ist also eine freie Wissenschaft, eine harmonische Vereinigung der Resultate des natürlichen Denkens und der geoffenbarten Wahrheit rein unmöglich. Hier kann man sich den Zustand eines so beschaffenen Menschen nur denken als einen beständigen entsetzlichen Widerspruch zwischen der denkenden Seele und den Objecten des Glaubens. Nur eines bleibt bei jener Lehre unbegreiflich, wie nämlich eine so verdorbene Menschennatur auch nur zu dieser Sola fides, diesem allein seligmachenden Glauben, zu dieser gläubigen Aneignung der Gerechtigkeit Christi, oder zu den Schrecken über ihren Zustand kommen kann, von denen Luther spricht. — Ist das nicht so?

Gegen diese Lehre von der gänzlich verdorbenen Natur des Menschen und der Unfreiheit des Willens ist die alte Kirche mit der äußersten Entschiedenheit aufgetreten. Dieser Streitpunkt war der Hauptgegenstand der gesammten Controverse zwischen der Kirche und den Reformatoren. Die Lehre Luthers schien die Verdienste Christi zu erheben, — deßhalb die vielen Vorwürfe über die Selbstgerechtigkeit der Katholiken, — sie trat aber in Wahrheit die Vernunft und Freiheit des Menschen mit Füßen und machte vernünftigen Gehorsam, den vernünftigen Gottesdienst, den vernünftigen Glauben unmöglich. Die Kirche dagegen hat nicht nur die Verdienste Christi in demselben vollen Maße anerkannt, sondern auch die Rechte des vernünftigen Denkens und der sittlichen Freiheit gerettet. Was wäre wohl aus der Menschheit geworden, wenn die Lehre Luthers von der totalen Verdorbenheit der menschlichen Natur in Verbindung mit der Allgewalt des Staates nur auf ein Jahrhundert hätte allgemein eingeführt werden können! Noch waren die ersten Reformatoren nicht todt und schon standen die Humanisten, die ihren mächtigen wissenschaftlichen Trieb von der katholischen Kirche empfangen und den Anfängen der Reformation entgegengejubelt hatten, in ihrem Alter vor ihren Gräbern und weinten über den Untergang aller Wissenschaft.[1]

Die Lehre der alten Kirche läßt sich in folgende Sätze zusammenfassen:

Der Mensch hat durch die Erbsünde alle übernatürlichen Gnaden verloren.

Die natürlichen Gaben dagegen, die das Wesen seiner menschlichen, vernünftigen Natur ausmachen, seinen freien Willen, seine Vernunft hat er nicht verloren; sie sind nur geschwächt und beschädigt.

Der Mensch kann folglich nichts übernatürlich Gutes mehr wirken.

Er kann aber ohne übernatürliche Hülfe Christi manches an sich Gute thun, manche natürliche Wahrheiten erkennen.

Deßhalb finden wir auch bei den Heiden viel Gutes und mancherlei Wahrheiterkenntniß.

Deßhalb ist ferner die Erlösung nicht lediglich als eine Zurech-

[1] Vergl. über diesen Punkt insbesondere Döllinger. Die Reformation, ihre innere Entwickelung und ihre Wirkungen im Umfange des Lutherischen Bekenntnisses. Band. I. besonders Seite 410 ff.

nung der Gerechtigkeit Christi und als ein bloß äußerliches Zudecken der Sünde des Menschen, sondern als eine Wiederherstellung und Heilung aufzufassen.

Deßhalb ist endlich die geoffenbarte Wahrheit nicht als ein Widerspruch gegen den verborbenen Menschen anzusehen, sondern als eine tiefinnerliche, glückselige Heilung und Erhöhung des geistigen Menschen.

Diese Sätze hat die alte Kirche ohne Unterlaß gelehrt; sie hat die Behauptung, daß das Christenthum uns nöthige, Unvernünftiges zu glauben, mit Abscheu verworfen. In allen ihren Schulen steht der Satz als Grundsatz da: ‚Was unvernünftig ist, kann und darf nicht geglaubt werden.' Es kömmt daher darauf an, daß die Reformirten der Kirche die Unvernünftigkeit ihrer Lehre nachweisen. Das haben aber bisher alle Feinde des christlichen Glaubens in allen Jahrhunderten noch nicht zu Stande gebracht. Es ist daher eine Unwahrheit und eine Injurie, wenn Protestanten und moderne Auchchristen den Katholiken den Schein anhängen, als ob sie durch ihren Glauben zu dem elenden Zustande der Entwürdigung und der Unterdrückung ihrer Vernunft verurtheilt wären, während vielmehr die Kirche ihre großen Kämpfe mit dem alten orthodoxen Protestantismus hauptsächlich deshalb geführt hat, weil die Protestanten die Freiheit des Willens und die freie vernünftige Mitwirkung des Menschen mit der Gnade Gottes leugneten.[1]

Wir müssen uns noch tiefer in diesen Punkt einlassen.

Das colossale Vorurtheil, welches einzubürgern eine dreihundertjährige Geschichtschreibung und die ganze schöngeistische und wissenschaftliche Literatur der Protestanten sich die Mühe gaben, man habe jener neuen Lehre Luthers und seiner Genossen die ganze moderne Civilisation zu verdanken, ist allgemein gang und gäbe geworden. Aber unter vielen Andern hat der berühmte Spanier Jakob Balmes in sei-

---

[1] Daß es sich im Reformationszeitalter zwischen den Reformatoren und der Kirche um diesen Hauptpunkt handelte, darüber hat Luther sich oftmals und auf's Klarste ausgesprochen; nirgends aber wohl klarer als in seinem Buche ‚vom unfreien Willen' (de servo arbitrio), worin er die gegen ihn gerichtete Streitschrift des Erasmus von Rotterdam für den freien Willen bekämpft. Im Eingang lobt er den Erasmus, weil er wohl erkannt habe, daß es sich in dem Kampfe Luthers mit der katholischen Kirche nicht um solche Nebendinge wie Ablaß, Fegfeuer und Heiligenverehrung, sondern vor Allem und zuoberst um die Frage vom freien Willen und der freien Mitwirkung mit der Gnade handele, und dann stellt er mit einer Rücksichtslosigkeit und Schärfe, die wohl ihres Gleichen nicht hat, als das Fundament seiner ganzen Lehre den Satz von der absoluten Unfreiheit des menschlichen Willens auf. (Vgl. Ketteler, Freiheit, Autorität und Kirche. Mainz 1862. S. 12 f. Dieser vortrefflichen Schrift sind wir hier im Wesentlichen gefolgt.)

nem Buche: ‚Vergleichung des Protestantismus mit dem Katholicismus in ihren Beziehungen zur europäischen Civilisation'‘ in dieser Frage ein= für allemal das letzte Wort gesprochen. Und namentlich eine ernste, gründliche Geschichtschreibung, die der neuesten Zeit vorbehalten blieb, hat aus dem neuerdings in Fluß gebrachten historischen Material andere An= schauungen betreffs jener Frage geschöpft und begründet. Und zwar fällt hier ins Gewicht, daß vornehmlich in jenen protestantischen Ideen erwachsene Männer es waren und sind, welche jenes dreihundertjährige Vorurtheil Lügen zu strafen sich gezwungen sahen. Nennen wir nur die beiden Menzel, Hurter, Gfrörer, Leo und neuestens einen der edelsten Geister, die über diese Erde gegangen, Böhmer, den Her= ausgeber der berühmten Kaiserurkunden. Zwei jener Männer, Hurter und Gfrörer, gaben sich der Gewalt der Beweisgründe, die in den historischen großen Facta für die alte Kirche lagen, gefangen und kehrten in die große allgemeine Mutterkirche zurück. Böhmer, der vor etlichen Jahren heimgegangen und von dem wir hernach erfahren werden, welches seine An= sicht über jene Reformation gewesen, stand auf der Schwelle ins Heilig= thum der alten Kirche. Von Leo ist uns ein Privatbrief an einen bedeutenden Mann bekannt, den wir der Discretion halber nicht weiter erörtern wollen, aus dessen Inhalt uns aber deutlich wurde, wie gering= fügig an sich die Ursachen sind, daß er nicht gleichfalls den Eingang in die alte Kirche betreten will; während andere nur in zu tiefe Betrach= tung der prächtigen Ornamente und der großartigen Glasgemälde ver= loren ins Allerheiligste hinein zu treten versäumen und versäumt haben.[2]

Kommen wir zur Sache. Sehen wir zu, ob das Licht ein so großes sein mußte, wie das, welches Luther auf den Söller gestellt, um die ‚egyptische Finsterniß' zu zerstreuen, die vor ihm auf Europa lag. Wie sah es vorher aus?

Antwort: Als Luther mit seiner Lehre erschien, war alles Begei= sterte, Originelle und Hocherhabene in der christlichen Kunst und in den tiefsten Geheimnissen der Wissenschaft an's Licht getreten, ja sogar zur Sonnenhöhe gelangt. Die großen Quellen der christlichen Civilisation waren geöffnet, und flossen in reichen Strömen. Unsere mächtigsten,

[1] Eine deutsche Uebersetzung dieses vortrefflichen Werkes ist in Regensburg bei Manz erschienen.

[2] Auch Wolfgang Menzel hat ein zu klares Auge und einen zu tiefen Geist, als daß er die Zerrissenheit und Grundlosigkeit der Religionsidee des Reformationszeitalters nicht erkennete. Was ihm den Blick auf den alten Katholicismus trübt und dem= gemäß auch sein Urtheil, wurzelt bei ihm in einem eingefleischten Germanismus, wie wir öfters auch in Gesprächen mit ihm erkennen mochten.

unsere reichsten Schöpfungen der Baukunst waren aufgerichtet seit zwei
und drei Jahrhunderten. Sie geben uns einen Begriff von dem, was
die Gesellschaft war, durch die sie emporgestiegen sind; denn sie sind
jene Gesellschaft selbst, in den Bauwerken ausgeprägt und gewissermaßen
versteinert. Heutzutage, wo der lang verblendete Geschmack für ihre
Wunder die Augen wieder geöffnet, und sie in der barbarischen Verachtung, die so lange auf ihnen lastete, wieder entdeckt hat, betrachtet
man sie mit einer begeisterten Theilnahme und in dem vernichtenden
Gefühle der Bewunderung; und was man in ihnen bewundert, nicht
sie sind es allein, es ist vielmehr Alles, was sie unterstellen, was sie
beurkunden von Wissenschaft und von Geschmack, von Intelligenz, Gefühl, Berechnung, Feinheit, Kraft, Leben, Weisheit und Verstand, wie
auch von Geistesschwung und Glauben in der Welt, welche sie gebar,
und welche man hier gewissermaßen auf der That ihres Daseins betrifft. Wir sehen darin gleichsam eine Ausstellung aller Künste, aller
Wissenschaften und aller Gewerbe jener Jahrhunderte. Die Wissenschaft
der Baukunst, der Statik, der Mechanik, der Optik, der Akustik, der
Metallurgie, der Chemie, die Malerei, die Musik, die Bildhauerkunst,
die Musikkunst, alle Künste, alle Wissenschaften vereinigen und versam-
meln sich hier in jenen unvergleichlichen Schöpfungen, wo aus der Tiefe
der Heiligthümer, die mit allen Meisterwerken von Schreinerarbeit, von
Schlosserarbeit, von Goldarbeit, von Schmelzwerk, von Stickerei und
von Schmuckwerk jeder Gattung bereichert sind, die ewig erhabenen
Gesänge des Dies irae, des Stabat mater, des Miserere, des Te
Deum, die Ausdrücke aller Gefühle der menschlichen Natur in ihren
tiefsten, erhabensten, rührendsten und natürlichsten Stimmungen, wie aus
einem ungeheuren Instrumente, dessen Bogen die menschliche Stimme,
sich emporschwingen, und wiederhallen, in die langen Schiffe und Ge-
wölbe sich ergießen, welche mit magischer Kunst durch Wunder der Baukunst errichtet und getragen sind, mit magischer Kunst durch Wunder
der Glasmalerei erleuchtet sind, mit magischer Kunst durch Wunder
der Bildhauerei und Bildschnitzerei belebt sind, mit magischer Kunst
endlich auswärts durch riesenhafte Thürme gekrönt sind und durch kühne
Spitzen, auf denen, für Jahrhunderte hinaufgeschwungen zu unermeßlichen Höhen, der Kreuzstein, um Gott zu loben, in den himmlischen
Lüften schwebt. Und alles Das ist doch nur der Buchstabe und die
Form; denn jene Wunder der christlichen Kunst in all' ihren Zügen
von Macht und von Zartheit haben nichts von Einbildung und Laune
an sich; sie werden vollkommen vorgezeichnet und vorgeschrieben durch

die Idee, deren Ausdruck sie sind. Sie sind wahre Dichtungen, unermeßliche Epopöen, welche den Ruhm Jesu Christi singen, wie die Himmel den Ruhm des Schöpfers verkünden, und welche das Wunder seiner Menschwerdung zu wiederholen scheinen, indem sie uns die Materie in all' ihren Elementen und die Natur in all' ihren Reichen beseelt, belehrt, christianisirt zeigen durch den Hauch des christlichen Geistes und Glaubens. Sie sind zu gleicher Zeit tiefsinnige Abhandlungen der historischen, dogmatischen und moralischen Theologie, in welchen die geheiligte Wissenschaft in der ausführlichsten, vollständigsten und treuesten Weise die ganze Synthese der Wahrheiten entwickelt, durch welche die natürliche Welt mit der übernatürlichen verbunden ist. Man könnte mit einer unserer Kathedralen einen encyklopädischen Cursus aller Künste, aller physischen und metaphysischen Wissenschaften, aller göttlichen und menschlichen Kenntnisse machen; und der Gipfel der Bildung besteht heute darin, daß wir sie studiren, sie begreifen, sie herstellen, ohne daß wir im Stande sind, sie wiederzuerzeugen, sie wiederzuschaffen und die Herausforderung aufzunehmen, die sie an unsere armselige Industrie zu richten scheinen.

Und welche Namen begegnen uns vor Erscheinen des Protestantismus? Der hl. Anselmus, Bernhard, Bonaventura, Gerson, und Thomas von Aquin mit seiner großen und kleinen Summa! In der Poesie Dante, Petrarka, Tasso, Ariost, und wir Deutsche hatten unsere großartigen Epen der Nibelunga und eine Blütheperiode der Poesie durchlebt, einzig dastehend für alle Jahrhunderte; Wolfram von Eschenbach mit seinen tiefsinnigen Gralbichtungen, Titurel, Lohengrin und dem großen deutschen psychologischen Epos: dem die irdischen und die himmlischen Dinge umfassenden Parcival — dem glänzendsten Gestirn am großen allgemeinen Sternhimmel der Poesie, würdig das einzige Dreigestirn zu bilden mit Dante's großartigem ewigen Terzinen-Gedicht und der wunderbaren Göthe'schen Fausttragödie! In der Malerei glänzte Giotto, Massacio, Fiesole, Michel Angelo, Raphael Sanzio, Correggio, Tizian, u. s. w. Schon hatten der Mönch Baco (Doctor admirabilis) und Gerbert als Papst Sylvester II. den großen wissenschaftlichen Entdeckungen die Bahn gebrochen; und die Kirche war es, welche zuerst diese Erfindungen bei ihrer Geburt bewillkommnete und sie pflegte und heiligte, indem sie sie in den Dienst des Glaubens stellte. „In Italien ging', so sagt ein unverdächtiger Schriftsteller[1], ‚Rom voran in der Aufnahme der neuen deutschen Erfindung (der Buchdruckerei), und die Päpste trugen

---

[1] Wessenberg, Geschichte der Concilien II. S. 544.

mächtig zur Ausbreitung der Wissenschaft und Civilisation bei durch Begrüßung dieser wunderbaren Entdeckung der neuern Zeit.'¹ Und was den Compaß betrifft, so weiß die ganze Welt, daß es spanische und portugiesische, also hochkatholische Segel waren, welche ihn zuerst zum Führer auf den Meeren nahmen, und mit ihm die neuen Welten entdeckten.

Fast alle Universitäten Europa's bestanden schon lange Zeit vor dem Aufleuchten des Lutherthums; sie waren durch die Päpste oder wenigstens unter dem Einflusse der Päpste gegründet, welche an ihren Stiftungen Theil nahmen, ihnen Privilegien bewilligten, und sie durch große Auszeichnungen ehrten. So wurde die Universität von Oxford im Jahre 895 gegründet, die von Cambridge i. J. 915, Padua 1179, Salamanca 1200, Aberdeen 1213, Wien 1237, Montpellier 1289, Coimbra 1290, Perugia 1305, Heidelberg 1346, Prag 1348, Köln 1358, Turin 1405, Leipzig 1409, Ingolstadt 1410, Löwen 1425, Glasgow 1453, Pisa 1471, Kopenhagen 1498, Alcala 1517. Es wäre überflüssig, an das Alter der Universitäten von Paris, Bologna, Ferrara und vieler anderer Orte zu erinnern, welche lange vor dem Erscheinen des Protestantismus den höchsten Ruhm erlangt hatten.

Wie? und die alte Kirche sei die Feindin der Civilisation gewesen! Durch Luther erst sei diese Feindin gestürzt und folgerichtig habe man

---

[1] Danach mag' man — sei hier nur ganz beiläufig bemerkt — beurtheilen, mit welchem Rechte moderne Tageshelden auch den ‚Genius Guttenbergs' damit besonders zu ehren glauben, daß sie ihn als den Lichtbringer in ihrem Sinne darstellen. So mögen als ein Beispiel etliche Zeilen eines Gedichtes hier stehen, das Freiligrath zur Feier des 400jährigen Todestages Guttenbergs (24. Febr. 1868) dem Fortbildungsverein der Leipziger Buchdrucker gewidmet hat, um zu sehen, wie solche Herren so gern in Allen mit ihren höchsteigenen Anschauungen behaftete Leute sehen möchten.

— andrer Waffen braucht' es im Kampf der neuen Zeit, —
Und die hast du geschmiedet, Mann, den wir feiern heut!
Den Geist, den unterdrückten, hast wehrhaft Du gemacht;
Du gabst ihm Schwert und Harnisch, Du führtest ihn zur Schlacht;
Du gabst ihm die goldnen Pfeile, das leuchtende Geschoß, —
Und sieh', zur Hölle wichen die Schatten und ihr Troß!
Klar' und Kron' erblaßten, die Dunkelheit zerrann,
Aufflammte breit die Sonne, — der Tag, der Tag brach an!

Also vor Guttenberg lagerte überall tiefe Nacht! und gegen diese Nacht führte er den ‚unterdrückten Geist' zur Schlacht. Welch' leeres Wortgepränge! Wo war denn der Unterdrücker des Geistes, der Feind gegen das neue Licht? Wann flammte so breit die Sonne auf? Wann brach der Tag an? Wohl mit dem 30jährigen Krieg und den Hexenprocessen! Diesen Leuten schwimmt eben alles in ihrem Nebel herum!

ihm die modernen Errungenschaften, Kunst, Wissenschaft und die ganze Civilisation zu verdanken!

Wir fragen nochmals: ‚Wie möchte der Katholicismus dem Fortschritte der Civilisation zuwider gewesen sein, er, der nicht aufgehört hat, der Retter der Civilisation zu sein? Und wie möchte die Ehre dieses Fortschrittes solchen Lehren zukommen, die uns zur Barbarei geführt haben?

Wunderliche Verwirrung der Begriffe, wunderliche Verkehrung des sittlichen Gefühles und des socialen Sinnes, wunderliches quid-proquo, wodurch wir seit dreihundert Jahren geäfft worden sind. Die Kirche, der Katholicismus angeklagt der Feindseligkeit gegen die Civilisation! was sage ich? angeklagt? verdammt und gerichtet als Feinde derselben! und durch Wen? durch den Protestantismus Luthers und seiner Genossen; durch den Philosophismus, d. h. durch Diejenigen, welche uns Hegel, Louis Blanc und Proudhon gegeben, und welche sich selbst Luther, Johann Hus, Wiklef, die Albigenser und die Waldenser, ꝛc. zu Vorfahren geben, und weiter aufwärts die Neuplatoniker, die Gnostiker, alle Pantheisten, alle Manichäer, alle Communisten, Alles, was sich gegen die Gesellschaft verschworen und empört, und es erst dann gegen die Gesellschaft gethan hat, nachdem es zuvor dasselbe gegen die Kirche gethan!‘ [1]

Treten wir noch näher an die Lutherfeier heran.

Anläßlich des Lutherfestes hat ein in unserer Schrift bereits erwähntes bedeutendes politisches Blatt [2] gleichsam einen Panegyricus

---

[1] Die Vorsehung, so sagt Balmez, wollte, wie es scheint, die Verläumder im Voraus zu Schanden machen. Der Protestantismus erschien gerade zu der Zeit, wo unter dem Schutze eines großen Papstes die lebhafteste Bewegung in der Wissenschaft, in der Literatur und in der Kunst sich entwickelte. Die Nachwelt wird, unsern Streit entscheidend, ein sehr strenges Urtheil über jene Afterphilosophen sprechen, deren beständiges Mühen dahin zielt, zu beweisen, daß der Katholicismus die Entwickelung des menschlichen Geistes gehemmt habe, und daß man den wissenschaftlichen Fortschritt dem in den inneren Deutschland erhobenen Freiheitsrufe verdanke. Ja, für die einsichtigen Männer der kommenden Jahrhunderte, wie für die der heutigen Zeiten, wird die Erinnerung genügen, daß Martin Luther die Verbreitung seiner Irrthümer in dem Jahrhunderte Leo des Zehnten begonnen hat; ja — fügen wir hinzu — haben nicht vorzugsweise in dieser Zeit die Künste mit einander gewetteifert, zu entfalten ihre reichsten Fächer und dann vor der erstaunten Welt sich darzustellen in einem Werke, ‚dessen Aufbau‘ — um die Worte eines neueren Apologeten zu gebrauchen, ‚die Kräfte, die Opferwilligkeit, und die Culturhöhe der ganzen vereinigten Christenheit vor Gott und der Welt repräsentiren sollte‘ — die St. Peterskirche zu Rom! (Bosen, Katholicismus II, 131.)

[2] Vgl. Augsb. Pstztg. 1868 Nr. 151.

über den Reformator gebracht und zwar aus einem Werke Döllingers,[1] den wir dem Wortlaut nach hier geben: ‚Deutschland ist die Geburtsstätte der Reformation; in dem Geiste eines deutschen Mannes, des größten unter den Deutschen seines Zeitalters, ist die protestantische Doctrin entsprungen. Vor der Ueberlegenheit und schöpferischen Energie dieses Geistes bog damals der aufstrebende thatkräftige Theil der Nation demuthsvoll und gläubig das Knie. In ihm, in dieser Verbindung von Kraft und Geist erkannten sie ihren Meister, von seinen Gedanken lebten sie; er erschien ihnen als der Heros, in welchem die Nation mit all ihren Eigenthümlichkeiten sich verkörpert habe... So ist Luthers Name für Deutschland nicht mehr blos der eines ausgezeichneten Mannes; er ist der Kern einer Periode des nationalen Lebens, das Centrum eines neuen Ideenkreises. Luthers Schriften sind schon lange nicht mehr Volksschriften... aber das Bild seiner Persönlichkeit ist noch nicht erbleicht. Sein Name, seine Heroengestalt wirkt noch mit Zaubermacht in höheren und niederen Kreisen, und aus der Magie dieses Namens schöpft die protestantische Lehre fortwährend einen Theil ihrer Lebenskraft.‘

Aus dieser Stelle machten die protestantisch=liberalen Zeitungen Kapital. Sie druckten sie in dieser Form ab und knüpften ihre Glossen an, wie es ihnen paßte. Da konnte man z. B. lesen: Den Katholiken selbst hat Luther den größten Nutzen gebracht. Ein katholischer Theologe selbst sagt ja: — — folgt dann ein ausgerissener Satz jener Stelle.

Auf solch' einen Passus nun, der nur so kurzweg aus einem Buche herausgerissen ist, dürfen wir schon etwas entgegnen. Daß Luther der größte Deutsche seines Zeitalters war, möchten wir nicht so schlechthin unterschreiben; daß der damals aufstrebende Theil der Nation demuthsvoll und gläubig das Knie beugte, vermöchten wir nicht zu erkennen; daß sein Name in höhern und niedern Kreisen noch mit Zaubermacht wirke, können wir nicht einsehen; ebenso wenig können wir einsehen, daß die protestantische Lehre fortwährend einen Theil ihrer Lebenskraft aus der Magie dieses Namens schöpfe.

Die Protestanten sind ja über Luther kraft der freien Forschung längst hinweggeschritten: daher überhaupt das Denkmal. Im Bewußtsein dieser Wahrheit, daß man eben doch längst über Luther hinaus fortgeschritten, wollte man noch in letzter Stunde in einer Anwandlung von

---

[1] Kirche und Kirchen. Papstthum und Kirchenstaat. München, lit.=art. Anstalt der J. G. Cotta'schen Buchhandlung 1861. S. 386 f.

frommer Pietät verzweiflungsvoll genug das protestantische Ur=idol, das ja immer mehr in Nebel, in Nichtdagewesenes zu zerfließen drohete, festbannen, und fixirte es in diesem Denkmal. Dieses Denkmal ist daher das Grabmal des Lutherthums.[1]

Uebrigens stehen ja diese glänzenden Worte über den Reformator in einem Werke, welches sich zur Aufgabe gesetzt hat, ‚eine Rundschau über alle gegenwärtig bestehenden Secten und kirchlichen Genossenschaften‘ zu liefern, um ‚die universale Bedeutung des Papstthums als Weltmacht zu zeigen‘.[2] Das Anziehen gerade dieser Stelle von jenem Correspodenten der ‚A. Postztg.‘ war nicht eben sehr gerathen.

Einem andern und zwar sehr hervorragenden deutschen politischen Blatte, den berühmten, eben doch allezeit tactvollen ‚Kölnischen Blättern‘ wurde es nicht so warm bei der Sache. Es ist kein Wunder. Diese Blätter sagen mit Recht: ‚Wenn wir des am 25. Juni zu Worms gefeierten Lutherfestes gedenken, so thun wir es kühl bis ans Herz hinan. Wir anerkennen in Dr. Luther einen der gewaltigsten Sterblichen; aber sein Werk, die Zerstörung der kirchlichen Einheit, ist und bleibt in den Augen des Katholiken ein unheilvolles und bezeichnet überdies für Deutschland den Anfang seines politischen Niederganges. Seit mehr als einem halben Jahrtausend hatte kein König von Frankreich einen Griff nach Lothringen und dem Elsasse gewagt, und noch Kaiser Karl V., Luther's Zeitgenosse, machte den französischen König Franz I. zum Kriegsgefangenen; aber schon der Sohn dieses Königs entriß dem durch Luther's Reformation entzweiten deutschen Reiche die lothringische Hauptfestung Metz nebst den festen Plätzen Tull und Diedenhofen (Toul, Thionville). Seitdem ist die Rheingrenze die fixe Idee der französischen Nation geworden; und ist nicht der Oberrhein mit Straßburg, dem Thore Süddeutschlands, französisch? Erlitten nicht Worms und Speyer, die in der Reformationsgeschichte hochberühmten Städte, schauderhafte Verwüstungen durch die französischen Heere, und sind an ihnen nicht heute noch die Brandmale sichtbar? Deutschland kommt an Macht und Wohlstand, an Bürgersinn und Nationalgeist im Jahre 1868 dem Deutschland vor 1517 so wenig gleich, als die heutige Stadt Worms der Reichsstadt Worms vor vierhundert Jahren.'[3]

[1] ‚Heute setzt man den Grabstein des Lutherthums‘ — so schließt in der A. Pztg. 1868 Beil. Nro. 42 der Verfasser des Artikels über das Bild Sovonarola's zu Füßen Luthers sein Referat. —‚Das Lutherdenkmal ist das Grabmal des Lutherthums‘ — sagt geradezu das Freib. Kath. Kirchenbl. Nro. 34.

[2] Döllinger, Kirche und Kirchen ꝛc. S. XIX. f.

[3] Kölnische Blätter. 1868. Nr. 179. Erstes Blatt; in der Wochenrundschau.

Hiermit war der wundeste Fleck in Luthers Reformationswerk getroffen. Namentlich von diesem Gesichtspunct kann das Deutschthum dem Lutherthum nicht viel Dank wissen.

Hier stoßen wir auf einen neuen, ebenso gewichtigen, mit den politischen Resultaten des Lutherthums eng in Zusammenhang stehenden, ja darin gründenden Umstand.

Luther hat durch seine Lehre vom unfreien Willen, vermöge welchem und vermöge unserer allgemeinen Verderbtheit durch die Erbsünde jeder menschliche Gedanke Irrthum sei, und durch seine Verwerfung jeder Autorität in Proclamation der freien Forschung (welch' colossaler Widerspruch!) namentlich der Entsittlichung der Fürstengewalt den größten Vorschub geleistet. Die Fürsten hatten keine andere Autorität mehr anzuerkennen, als die eigene; der zufolge regierten sie dann nicht nur die Leiber, sondern auch die Seelen[2]: cujus regio illius religio! Und da wagt man noch zu sagen: Luther habe durch seine Lehre der rechten Gewissensfreiheit zum Siege verholfen!

Hier angelangt, wollen wir doch das Urtheil eines ernsten, großen und zwar protestantischen Geschichtsforschers über die Reformatoren und Reformation bringen. Der wahrhaft kerndeutsche und jetzt erst unter den ersten Geschichtsforschern zu glänzen beginnende Böhmer sagt nämlich in einem Brief an Pertz:

„Das kann ich den Reformatoren nicht verzeihen, daß sie die freigeborene Kirche der weltlichen Gewalt als Magd hingaben. Wenn nun entartete Epigonen, die beim Martyrium der Lutheraner schwiegen oder jubelten, damit noch nicht genug haben, wenn sie allenthalben, auch außer dem Kreis der eigenen Armuth, ja selbst rückwärts in der Geschichte, vor dem Hirtenstab zittern und ihn durch Corporalstock und Knute ersetzen möchten; wenn sie sich an den Jesuiten und dergleichen einen Wauwau erst selbst machen und dann wieder vor demselben sich fürchten: so kann ich darin nur eine bis zum Fanatismus gesteigerte Servilität erkennen. Diese dumme Beschränktheit wird dann aus der einen Coulisse von der Freimaurerei, aus der andern von der Bureaucratie fortwährend galvanisirt und in Zuckungen gehalten. Letztere hat gar ein großes Interesse daran, die Augen der Massen von dem Innern abzuwenden. Es ist wie z. B. in Mailand, wo die Regierung den Leuten Tänzerinnen und Sängerinnen hält, nur ist's nicht so unschuldig und wird auch übler enden. Seit den Rongescandalen wird der confes-

---

[2] So übersetzt nämlich der Bischof Martin von Paderborn den berüchtigten Grundsatz ganz richtig. Vgl. den Brief an die Protestanten seiner Diöcese S. 198.

sionelle Haber wieder mehr wie je geschürt und alles Ehrwürdige, selbst die edelsten Blüthen, welche das Ordensleben auf dem Boden der Kirche getrieben hat, dürfen ungestraft mit Schmutz beworfen werden. Ist das Freiheit? Würde solches ein wirklich freies Volk wohl dulden? Haben selbst die heidnischen Völker, haben Griechen und Römer in Zeiten, wo sie frei und groß waren, die Verhöhnung dessen gestattet, was ihnen heilig war und worauf ihr staatliches und geselliges Leben sich stützte? Was die Spötter, Höhner und Verfolger gegenwärtig antreibt, ist nichts Anderes als der Haß und Ingrimm gegen alles Kirchliche und Christliche überhaupt. Der Ingrimm, den so manche Aufgeklärte gegen die barmherzigen Schwestern haben, kommt mir so diabolisch vor, wie irgend etwas, was ich beobachten konnte. Diese Leute haben vielleicht nie eine barmherzige Schwester gesehen; sie bezweifeln auch gar nicht deren Uneigennützigkeit, Liebe und Dienstwilligkeit, aber sie wollen die Wirkungen dieser Tugenden denen, welche dadurch Linderung in Noth und Elend fänden, blos deshalb entziehen, weil sie besorgen, daß etwas Kirchliches, Katholisches, Christliches mit unterlaufen könnte.

„Der confessionelle Haber reißt immer von neuem die Wunde auf, die uns die Kirchentrennung geschlagen, und von dieser datirt all' unser Unglück. Wie beklagenswerth, daß das Herzvolk Europa's, durch die Streitigkeiten mit der Kirche vom positiven Berufe abgezogen, in seiner Kraftentwicklung unterbrochen, von der Säure der Leidenschaft und der Negation im Innern zersetzt, zu dem kränklichen Zustande gekommen ist, in dem es bald in Mattigkeit verfault. Alles, was bei uns im Innern gährt und sich in revolutionären Ausbrüchen bald entladen wird, unsere politische Machtlosigkeit und Versunkenheit, ja fast alle unsere Streitigkeiten in den letztvergangenen Jahrhunderten, wie heute, haben ihren eigentlichen Grund in der Kirchentrennung, die uns auseinanderriß und die man nicht überbrücken kann. Nur ein neuer Bonifacius, der uns die kirchliche Einheit wiederbrächte, könnte helfen; der kirchlichen Einheit würde bald die politische folgen.

„Nur die Macht der Kirche allein kann in den uns drohenden Stürmen Recht und Freiheit sichern. Alle diejenigen, die den religionslosen Staat anstreben und deshalb alles Religiöse und Kirchliche mit Füßen treten, dabei aber immer von Freiheit und Fortschritt faseln, verdienen nichts Besseres, als daß die eiserne Hand einer Militärherrschaft die von ihnen zerbrochenen Stücke des Hirtenstabes in Gestalt einer Knute über ihrem Rücken schwinge. Und so wird's kommen. Möge nur dann die freigeborne Kirche hüben und drüben solche Hüter finden, die sich nicht mit der Despotie verbinden und ihr Henkersdienste leisten, sondern die, auf göttliche Verheißung vertrauend, furchtlos, wie in besseren Zeiten, der Gewalt entgegentreten, und wenn die Noth dazu drängen sollte, eher auch die letzten Bande lösen, durch die sie noch mit dem modernen Militär- und Beamtenstaat verbunden sind. Der Staat braucht die Kirche, und die Zeit wird schon kommen, wo er bettelnd sich um ihre Hilfe bemühen wird; dagegen kann die Kirche die Hilfe des Staates entbehren, wie er dermalen ist und in seinem Absolutismus, der auch die letzten der Kirche übrig gebliebenen Rechte absorbiren muß, nothwendig sich entwickeln wird. Wir gehen den Tagen eines neuen Cäsarismus entgegen, Gottlob, daß wenigstens die alte Kirche noch niemals sich vor dem Cäsarismus gebeugt und in ihrem Widerstand gegen ihn immer gesiegt hat. **Alle meine kirchlichen Ueberzeugungen schöpfte ich aus der Kenntniß der Geschichte, deren edelstes und großartigstes Erzeugniß die Kirche ist.**'[1]

Und ein anderer protestantischer Geschichtsschreiber, Wolfgang Menzel, gesteht: „Luther hatte eine Besserung verheißen durch das Wort Gottes, aber seine Nachfolger stritten sich über dieses Wort, verbissen sich in wüthendem Haß gegen einander, versenkten sich in die einseitigste und willkürlichste Scholastik der Bibelauslegung, verwilderten in Sprache und Sitten und vergaßen über dem Glauben, der allein rechtfertige (sola fides), die Liebe ganz und gar. Zudem standen unwürdige lasterhafte Fürsten an ihrer Spitze und begannen die Kirche

---

[1] Wir haben mit Fleiß lieber die ganze Stelle gebracht. Siehe in dem vortrefflichen Werke: Joh. Friedrich Böhmers Leben, Briefe und kleinere Schriften durch Johannes Janssen. 3 Bde. Freiburg, Herder 1868. I, 277 f. II, 453. 461. 477.

Nach solchen Anschauungen, wie die hier dargelegten, möchte man doppelt darin einstimmen, was ein Recensent von Janssens eben citirtem Werke am Schlusse seines Aufsatzes bemerkte: „Groß erscheint Böhmer als bahnbrechender, nimmermüder, nur der Wahrheit dienender Forscher, größer noch als sittenreiner, charaktervoller, hochherziger Mensch; und nur eines bleibt den Lesern seines Lebens, seiner Briefe und seiner Werke zu bedauern: daß eine so hoch und edel angelegte Natur, welche dem historischen Katholicismus so viele Ehrenrettungen verschaffte, in Folge des ‚elenden' Unterrichts in der Jugend sich zur Erkenntniß und Unkenntniß der vollen, von Christo geoffenbarten und seiner heil. Kirche überlieferten Wahrheit durchzuwinden nicht vermochte. (Lit. Handw. 1868. Nr. 69.)

durch ihre weltlichen Beamten zu regieren. Die armen verheiratheten, von der fürstlichen Gnade abhängigen Pfarrer sanken in Verachtung. Wie hätte man sich da nicht wieder erinnern sollen, daß doch in der alten Kirche vieles besser gewesen sei! Wie hätte jetzt nicht unter den Katholiken der Gedanke auftauchen sollen, die lieblose Reformation, die nur zu Trennung und Verderben geführt, durch eine liebevolle zu ergänzen, die da erhalten und wiedervereinigen sollte. Diesen Gedanken faßte ein frommer Spanier und so edeln Ursprungs war die von ihm gestiftete Gesellschaft Jesu.'[1]

Und da hat man noch die Stirne, im Lutherthum das Deutschthum zu erblicken und zu sagen: Lutherthum und Deutschthum seien conforme Begriffe. Ein Evangelisches Kirchenblatt hat im Jahre des Heils 1868 geradezu auszusprechen beliebt, ‚daß Deutschthum und Protestantismus eigentlich eins und dasselbe seien, daß die Größe Deutschlands auf dem Protestantismus, der Protestantismus auf Deutschland beruhe.[2] Und in einem deutschen Staate, dessen Bevölkerung zu zwei Drittel aus Katholiken besteht, durfte in der Kammer, wo das Land vertreten sein sollte, ein solcher Vertreter sagen, die Katholiken seien fremde Eindringlinge und hätten demnach gar kein Recht in politischen Fragen des Landes mitzusprechen.

Ziehen wir betreffs Luthers die Bilanz.

Was hat Luther eigentlich gethan? Antwort: **Zwei Dingen hat er alles geopfert. Diese zwei Dinge sind das individuelle Privaturtheil und die Schrift. Aber diese Dinge, bemerkt Nicolas[3] schlagend, hat er wieder durcheinander beschränkt und zu Grunde gerichtet. Nachdem er der Schrift und dem Privaturtheil Alles geopfert hatte, hat er das Urtheil der Schrift, und die Schrift dem Urtheile geopfert.**

Seine erste Losung war: die Schrift, nichts als die Schrift. Mit diesem Schrei hat er das Gebäude der katholischen Civilisation umgestürzt überall, wo er die Macht dazu besaß. Seine leeren und nackten Tempel, die nichts darbieten statt alles Bedeutsamen, als ein Buch, sind der treue Ausdruck der Leere, welche er in den intellectuellen

---

[1] Geschichte der Deutschen. Stuttgart, Cotta, 1855. III. 134 f. (Vgl. mit dieser Stelle des Geschichtsschreibers jene Invectiven des Gustav-Adolf-Kalenders der Protestanten, die wir gleich hernach zu bringen Gelegenheit nehmen müssen.

[2] Heidelberger Süddeutsches evangelisch-protestantisches Wochenblatt 1868 Nr. 28.

[3] A. a. O. S. 455.

Tempel der menschlichen Vernunft gebracht hat, aus dem er gleichermaßen jedes Licht, jede andere Nahrung außer der Schrift ausgeschlossen hat. Hätte diese Lehre die Oberhand gewonnen, so würde die Welt jetzt einer protestantischen Kirche gleichen.

Noch auf einen weitern, und zwar ganz besondern, wenn auch sehr heiklen Punct müssen wir leider aufmerksam machen. Leider! sagen wir, denn wir thun es fürwahr ungern. Aber wir sehen uns dazu gezwungen und verpflichtet.

Wer kennt nicht die Gemeinheit, mit welcher man protestantischerseits die katholische Kirche unaufhörlich zu verläumden wagt. Wir erinnern nur an den weiland Heidelberger Privatdocent Nippold und den Gustav-Adolph-Kalender, geschweige vieler anderer protestantischer Tractätchen, Wartburg- und anderer Fest- und Kanzel-Reden, da jeder Landvicar die ehrenrührigsten Invectiven der katholischen Kirche und ihren Dienern zuschleudern darf.

Die Verleumdungen z. B., welche besonders jener Kalender gegen einen von der Kirche approbirten Orden und darum gegen die katholische Kirche überhaupt schleuderte, sind das non plus ultra aller Gemeinheit. Man höre:

In jenem erwähnten Kalender (Jahrg. 1867) nennt der Verfasser die Jesuiten 1) ‚eine Meute, die zur Ausführung ihres abenteuerlichen Unternehmens zu hinterlistigen Schändlichkeiten jeder Art griff, so daß es kein durch göttliches und menschliches Recht verbotenes Verbrechen gibt, das sie nicht zur Ausführung ihres Planes angewendet hätten.'

Dann heißt es weiterhin 2) ‚Der Jesuitenorden erlaubt, durch die ihm eigenthümliche Moral, seinen einzelnen Mitgliedern alle Sittenlosigkeiten, Schändlichkeiten, Sünden, Verbrechen, Umgehung der Naturgesetze, der göttlichen, staatlichen und menschlichen Gesetze, so daß es keine Schandthat, keine Sünde, kein Laster und keine Leidenschaft gibt, wofür nicht die Moral der Jesuiten ein Hinterpförtlein aufgelassen hätte. Eine in solcher Moral erzogene Brüderschaft muß im großen Ganzen schon dadurch, daß einzelne jesuitische Moralbücher Lüge und Betrug, Diebstahl, Selbstsucht, Unzucht und ganz besonders das Laster der Selbstbefleckung theils erlauben, theils befehlen, nothwendig vollständig entsittlicht, entmannt und durch und durch einer fortwährenden Sündenepidemie überliefert werden' (pag. 7 und 8).

3) „Da ist keine Lüge so ungeheuerlich, keine Verleumdung so niederträchtig und kein Mittel so schmutzig, daß sie es nicht anwendeten, den Geist des Protestantismus zu ersticken" (pag. 11).

4) „Sie vollbringen ihre Werke mit dem abscheulichen Grundsatze: der Zweck heiligt die Mittel" (pag. 11).

5) „Den Schutz (der Regierungen) erhalten sie durch Bestechung, denn sie sind im Besitze von unermeßlichen Geldmitteln, durch Schmeichelei, nachgebende Höflichkeit, Lob, Dienstfertigkeit; dadurch, daß sie sich unentbehrlich machen, in alle Geheimnisse — vornehmlich durch die Beichte — eindringen, die Schwächen der Leute ausspähen... Die Regierung denunciren sie dem Volke als tyrannisch; das Volk denunciren sie umgekehrt den Machthabern als rebellisch" (pag. 11 und 12).

Was daselbst aber pag. 5 und 6 von dem Stifter des Jesuitenordens selbst gesagt ist, das zu sagen empört sich das sittliche Schamgefühl.[2]

In dem Jesuitenorden und seinen Gliedern ist hier die ganze katholische Kirche, der ganze katholische Clerus verleumdet.

„Denn die Jesuiten," so heißt es mit Recht in der von dem hessischen Clerus an den Großherzog gerichteten diesfälligen Beschwerdeschrift[3] (vom 31. Januar 1867), „sind ein von dem Oberhaupte der katholischen Kirche genehmigter Orden." Indem man die Jesuiten insgesammt als sittliche Scheusale und Verbrecher an den Pranger zu stellen sucht, stellt man auf gleiche Stufe alle diejenigen, die sie zur Ausübung des priesterlichen Amtes berufen und wirken lassen... Wer die Sittenlehre der Jesuiten verdächtigt, greift die Moral an, welche die der katholischen Kirche ist; denn jene haben keine andere als diese!" —

[1] Der Jesuit P. Roh hat seiner Zeit in Frankfurt von der Kanzel dem 1000 Gulden versprochen, der ihm einen einzigen Fall erbrächte, welcher bewiese, daß die Praxis des Grundsatzes, der Zweck heilige das Mittel, bei den Jesuiten geübt worden sei. Noch hat unseres Wissens Niemand es profitirt; immer noch aber liegen die 1000 fl. parat.

[2] Vgl. Ketteler: Die wahren Grundlagen des religiösen Friedens. Antwort auf die von Herrn Prälaten Dr. Zimmermann und der evangelischen Geistlichkeit Hessens erhobenen Anschuldigung wegen Verunglimpfung des evangelischen Glaubens, Mainz, Kirchheim 1868.

[3] Auf diese Beschwerde hin antwortete der evang. Kirchenrath damit, daß er dem Bischof von Mainz Verunglimpfung der evangel. Kirche vorwarf durch seine Hirtenbriefe(!). So entstand dann die beregte Schrift des berühmten Bischofs, welcher von jenem Artikel des Gustav-Adolphs-Kalenders erst durch seinen Clerus Kenntniß erhielt und zwar als dessen Immediateingabe schon in vollem Gange war.

Wird man uns nun im Angesicht solch' himmelschreiender Lüge und Verleumdung übel nehmen dürfen, wenn wir kennzeichnen, wie es vielmehr bei denjenigen theuern Gottesmännern aussahe, auf welche die Diener am Wort und Prediger des lautern Evangelii sich zu stützen pflegen als die Grundsäule ihrer Lehre, vermöge welcher sie so colossale Verleumdungen ausbreiten dürfen? Wir müssen dies thun, so bitter es uns ankommt. Denn wir thun es nur mit großem innern Widerstreben. Warum Todtes noch lebendig wähnen? Warum Dinge wieder an den Tag heranziehen, welche die Geschichte froh war zu bestatten? Wir wiederholen: Die **Pflicht** zwingt uns, Lüge und Verleumbung mit offen baliegenden **Thatsachen** zu widerlegen und, indem wir dies thun, zu zeigen, in welchem Boden jene Lüge uud Verleumdung wurzelt.

— Man meint in jenem Gustav-Adolph-Kalender Calvin, Luther oder Zwingli zu hören. Calvin hat ja folgende ganz hieher passende Zeilen geschrieben: ‚Was die Jesuiten betrifft, die uns den stärksten Widerstand leisten, so muß man sie entweder ermorden oder, wenn das nicht wohl angeht, vertreiben, oder wenigstens durch Lüge und Verleumdung unterdrücken!' Jesuitae vero, qui se maxime nobis opponunt, aut **necandi**, aut si hoc commode fieri non potest, *ejiciendi*, aut certe *Mendaciis et Calumniis opprimendi sunt.*[1]

Wenn irgend ein obscurer Jesuit, ein wahnsinniger Mensch, wie sie unter dem menschlichen Geschlecht, vielleicht auch unter den Jesuiten vorkommen können, jemals ähnliche Zeilen geschrieben hätte, was für ein Geschrei hätte er auf den ganzen Orden gezogen, wie sehr ihn auch dieser durch seine gesammte Lehrwirksamkeit und vor Allem durch die Fülle seiner Tugenden zurückgewiesen haben würde! Ueberhaupt flossen aus der Feder Calvins beständig Worte, wie: Schurken, Trunkenbolde, Thoren, Narren, Wütheriche, Bestien, Büffel, Schweine, Esel, Hunde und andere dergleichen Artigkeiten.

Und die Sprache Luthers! Niemals ist in irgend einer Sprache etwas vorgebracht worden, was an blutiger Heftigkeit den Schriften Luthers nahe käme. Sein Buch: ‚**das Papstthum vom Teufel gestiftet**' ist ein Flecken, welcher auf ewige Zeiten nicht allein die deutsche Literatur verunehrt, sondern auch die Annalen des menschlichen Geschlechtes: — ‚Der Pabst' (die Feder sträubt sich, jene gräßlichen Zeilen wiederzugeben) — ‚der Pabst ist der Teufel. So wir Diebe

---

[1] Ch. Maur. Schenkl, Institut. Juris eccles. Landish. 1830. T. I. p. 500; bei Alzog: Allg. Kirchen-Gesch. T. III. p. 364; vgl. Nicolas a. a. O. S. 455 f.

mit Strang, Mörder mit Schwert, Ketzer mit Feuer straffen, Warumb greiffen wir nicht vielmehr an diese schebliche Lerer des Verberbens, als Bepste, Cardinal, Bischove, und das ganze Geschwärm der Römischen Sodama (die Gottes Kirche on unterlas vergifften und zu grund verderben) mit allerley Woffen und waschen unsere Hende in ihrem Blut'?[1]

‚Nu greiffe zu Kahser, König, Fürsten, und Herren und wer greiffen kann! Gott gebe hie faulen Henden kein Glück, und erstlich neme man dem Bapst Rom, Romandiol und alles, was er hat als ein Bapst. Darnach soll man ihm selbst dem Bapst, Cardinal und was seiner Abgötterey und Bepstlicher Heiligkeit gesindlein ist, nemen und jnen die Zunge hinten zum Hals herausreißen und an den Galgen nageln.[2]

Offene Thatsachen haben wir versprochen für Lüge und Verleumbung; wir müssen Wort halten.

Wir schicken voraus, daß man kein Recht hat zum Exempel dem Leben Heinrichs VIII. von England das Leben gewisser katholischer Monarchen gegenüberzustellen; denn die Handlungsweise dieser ist jeder Zeit von der Kirche verdammt worden, die ununterbrochen über ihren

---

[1] Witt. 1561. T. VII. Eol. 545a.
[2] T. IX. f. 24. B. ed. Witt.

Häufig sucht man den Eindruck, den hier die historische Wahrheit auf reine Gemüther machen müßte, durch die Ausflucht zu schwächen, daß die Sprache der s. g. Reformatoren der Rauheit und Rohheit ihrer Zeit zuzuschreiben sei; allein in der ganzen Geschichte der Menschheit gibt es kein Zeitalter, in dem eine solche Sprache herrschend gewesen wäre; und die Schriftsteller derselben Zeit, z. B. Erasmus, klagen selbst über die den s. g. Reformatoren eigene unerhörte Rohheit der Sprache; unter ihnen sind nicht wenige, welche für heutige protestantische Schriftsteller eine Schule des Anstandes und der Würde sein könnten. ‚Es ist durchaus unwahr‘, sagt auch Döllinger, ‚daß Luther in dieser Beziehung (nämlich auf seine Sprache) nur einer in jener Zeit überhaupt herrschenden Unsitte gefröhnt habe; das Gegentheil weiß jeder Kenner der gleichzeitigen und unmittelbar vorausgegangenen Literatur; Luthers Schriften erregten gerade durch diesen Charakter allgemeines Erstaunen, und während Alle, die nicht zu seinen unbedingten Anhängern gehörten, ihr Befremden darüber ausdrückten, oder ihm deshalb die schärfsten Vorwürfe machten, und auf die verderblichen Wirkungen dieser schmähenden Ergüsse hinwiesen, pflegten seine Jünger und Bewunderer sich mit dem ‚heroischen Geiste‘ des Mannes zu trösten, dem Niemand Maß und Ziel zu setzen sich unterfangen dürfe, und der, eben durch eine Art von Inspiration von der Beobachtung des Sittengesetzes dispensirt, sich das gestatten dürfe, was bei andern unsittlich und frevelhaft sein würde. (Im Kirchenlexikon von Wetzer und Welte, Freiburg, Herder 1853. 6. Band S. 687. Art. Luther. Dieser Artikel ist auch separat ausgegeben worden: Luther. Eine Skizze von J. Döllinger. Freiburg, Herder 1851.)

Häuptern das unbeugsame Sittengesetz aufrecht hielt, während die Reformation die Führung Heinrichs VIII. legitimirt hat, und Heinrich VIII. selbst ein Reformator war, der sich die Wohlthat der Reformation für seine Person zu Nutz machte. Hierauf allein kommt es an.

Man weiß, wie weit Heinrich VIII. die Ausschweifung getrieben, zu der die s. g. Reformation ihm den Weg eröffnet hatte und zu ebnen fortgefahren ist. Nachdem er Katharina von Aragonien verstoßen, um seine Leidenschaft für Anna von Boleyn zu befriedigen, ließ er diese vier Jahre später unter dem Vorwande des Ehebruches enthaupten, und heirathete Johanna Seymour, die in den Wochen starb, Anna von Kleve, welche er wegen Häßlichkeit verstieß, Katharina Howart, welche er aus demselben Vorwande, wie Anna Boleyn, enthaupten ließ, und endlich Katharina Parr, welche ihn überlebte. Man muß auf die Zeit des verfallenden Heidenthums zurückgehen, auf die schmutzigen und blutigen Gräuel eines Caligula und Nero, um etwas zu finden, was diesen Thaten nahe kommt, mit welchen Luthers Reformation die Bühne der christlichen Welt betreten hat.

Die Secte der Wiedertäufer hat die Polygamie proclamirt, und in unbeschränktem Maße practicirt. Johann von Leyden, einer ihrer Führer, hatte zwanzig Frauen. Ein wilder Wahnsinn, mag man sagen, der nicht auf Rechnung der Reformation kommt. Wir wollen sehen.

Der Landgraf Philipp von Hessen, der eifrigste und mächtigste Vertheidiger Luthers und seiner Lehre, hatte sich berechtigt geglaubt, obwohl verheirathet, mit einer anderen Frau zu leben außer seiner gesetzlichen Gattin, der tugendhaften Christine, welche ihm acht Kinder geboren hatte. Dennoch bekam er zuletzt Gewissensbisse, und um eine kirchliche Ermächtigung zu diesem Verhältnisse zu erlangen, oder vielmehr um es zur Ehe erheben zu lassen neben seiner gesetzmäßigen Ehe, wandte er sich an Luther und Melanchthon. Seine kräftige Constitution, so sagt er, und seine häufige Anwesenheit bei den Reichstagen und bei den Landtagen, wo man ein fröhliches Leben führe, gestatte ihm nicht, dort allein zu sein, und doch könne er die Landgräfin, seine Gemahlin, mit dem ganzen kostspieligen Gefolge des Hofes nicht dahin führen. Sollte er also nicht berechtigt sein, außer ihr noch Margaretha Saal, ein Ehrenfräulein seiner Schwester Elisabeth, zu heirathen, und als Nebenfrau zu besitzen? ... Die drei Reformatoren prüften den Fall, und ertheilten die Ermächtigung zu dieser Doppelehe, um, so lautet die von den drei Hauptuhrhebern und sechs anderen hessischen Theologen unterzeichnete Entscheidung, um hierdurch das Heil seines Leibes und seiner Seele, gleich wie den Ruhm Gottes zu fördern.[1]

Diese That Luthers war nicht blos eine That feiger Gefälligkeit gegen einen mit der Gewalt seiner Waffen ihn unterstützenden (und den Abfall von ihm drohenden) Fürsten; es war vielmehr der wirkliche Ausdruck seiner Lehre. So finden wir diese Lehre von der Polygamie freimüthiglich dargelegt in seinem Commentar zur Genesis, und auch in seinem Briefe vom 13. Januar 1533 an Georg Bruck, Kanzler des Herzogs von Sachsen-Weimar, der, unzufrieden mit seiner Frau, eine andere zu nehmen wünschte. Er hatte sich deßhalb an Luther gewandt, der ihm einen wahrhaft delphischen Spruch zur Antwort gab: es sei ihm der heiligen Schrift gegenüber unmöglich, irgend einem Manne zu verbieten, mehrere Frauen zugleich zu nehmen; aber er möchte doch nicht der Erste sein, der diesen löblichen Brauch bei den Christen einführte.

Etwas Schlimmeres noch, als die Vielweiberei, findet sich in jener berüchtigten Stelle in Luthers Schriften, welche eine heidnische Feder niederzuschreiben verschmäht hätte, und welche eine christliche Feder nur abschreiben kann, indem sie sich durch die Absicht, der Wahrheit zu dienen, reinigt; die Stelle, wo er sagt, ‚daß Derjenige, dem seine Ehefrau sich entziehe, zur Magd greifen, und, wenn diese nicht wolle, sich eine Esther anschaffen, und die Vasti laufen lassen solle, wie es König Assuerus gethan.'

Die Stelle findet sich nicht in seinen Tischreden, bis zu denen wir nicht herabsteigen wollen; sie ist aus seiner Abhandlung über das eheliche Leben.[2]

Endlich wäre sogar ein vollkommen viehischer Weiberwechsel durch Luther gepredigt worden, wenn man dem Briefe Glauben schenken darf, welchen im Jahre 1526 der fromme Georg, Herzog von Sachsen, an ihn richtete, und welchen Surius in seinem Commentare S. 150, Schleiden und Andere angeführt haben. „Zu welcher Zeit", so heißt es in dieser kräftigen Protestation, „war Wittenberg von so vielen entlaufenen Mönchen und Nonnen bevölkert? Zu welcher Zeit sind die Weiber ihren Männern entrissen worden, um anderen Männern gegeben zu werden, was Dein Evangelium gestattet? Zu welcher Zeit ist der Ehebruch so häufig gewesen, wie in unsern Tagen, nachdem Du zu schreiben wagtest: „Wenn eine Frau von ihrem Mann nicht empfangen kann, so muß sie einen andern zu finden suchen,

---

[1] Th. IV. der Jen. d. Ausg. 103. a.
[2] Jen. Ausg. Th. II. S. 168.

um von ihm Kinder zu bekommen, die der Mann zu ernähren hat; und der Mann hat seinerseits dasselbe Recht."[1]

Luthers Lehre schien keine andere Bestimmung zu haben, als die Keuschheit und die Enthaltsamkeit zum Verbrechen zu machen, und alles Andere eher zu erlauben, mehr anzuempfehlen, als die Scham und die Tugend. So gab es nämlich nach Luther nicht allein eine Befugniß, es bestand die Verpflichtung, Gelöbnisse der Art zu brechen; alle seine Schriften sind eine fortdauernde Anreizung zur Entfesselung des Fleisches, zur freien Befriedigung der Sinnlichkeit; und nachdem er die Enthaltsamkeit in dem Cölibate mit seinen Bannflüchen verfolgt hat, erlaubt er ihr auch nicht einmal, sich in die Ehe zu flüchten. Dieser heilige Bund ist es für ihn nur, insofern er gestattet, nicht insofern er zügelt; man sieht ihn denselben um die Reihe preisen oder schmähen, je nachdem der eine oder der andere dieser beiden Charaktere hervortritt. Die Ehe ist für ihn gewissermaßen nur die Thüre zur Ausschweifung und Lüderlichkeit. Wir übertreiben keineswegs; wir schenken ihm vielmehr jene äußersten Infamien, in denen die Obscönität mit dem Sakrilegium und der Blasphemie wetteifert. Wer irgend in den Werken Luthers geblättert hat, wird unseren Rückhalt zu würdigen wissen.[2]

---

[1] Man vergleiche außer dem Obigen folgende Stelle aus Luthers Predigt über das eheliche Leben aus dem Jahre 1522: „Wenn ein zur Ehe tüchtig Weib einen zur Ehe untüchtigen Mann überkäme und könnt doch keinen andern öffentlich nehmen und wollte auch nicht gern wider Ehre thun, sintemal der Pabst hier viel Wesens fordert, so soll sie zu ihrem Manne also sagen: Siehe, lieber Mann, du kannst mein nicht schuldig werden und hast mich um meinen jungen Leib betrogen, dazu in Gefahr der Ehre und der Seelen Seligkeit bracht, und ist von Gott keine Ehe zwischen uns beiden; vergönne mir, daß ich mit deinem Bruder oder nächsten Freunde eine heimliche Ehe habe, und du den Namen habest und laß dich widerwilliglich betrügen durch mich, weil du mich ohne meinen Willen betrogen hast. Der Mann ist schuldig solches zu bewilligen und ihr die eheliche Pflicht und Kinder zu verschaffen. Will er das nicht thun, so soll sie heimlich von ihm laufen in ein ander Land und daselbst freien. Solchen Rath habe ich zu der Zeit geben, als ich noch scheu war; nun wollte ich ganz anders rathen." — Wenn es heute auch minder gefährlich ist, den ‚Reformator' so darzustellen, wie er sich selbst gezeichnet hat, so mögen wir doch um des Anstandes und um des Friedens willen das Aergste hier nicht anführen, und verweisen auf Riffels Kirchengeschichte (nebst den in Mainz 1842 erschienenen actenmäßigen Beiträgen zur Geschichte der Kirchenspaltung); auch auf die durch wissenschaftliche Gediegenheit und edle Mäßigung gleich ausgezeichneten berühmten Schriften Döllingers. (Vgl. Nicolaus a. a. O. S. 510 f.)

[2] Auf seine eigene Ehe dichtete Luther folgendes Hochzeitsgedicht, welches seine Stimmung und Gesinnung deutlich zu erkennen gibt:

Mit diesen wenigen Worten wollen wir es bezüglich dieser für eine christliche Feder so widrigen Materie bewenden lassen. Nur drängt es uns, die Frage hier noch zu stellen: Was wäre aus der Civilisation geworden, welche die Kirche mit so großen Anstrengungen auf dem Boden germanischer Barbarei großgezogen, hätte nicht diese nämliche Kirche ihre Reform der Reform Luthers entgegengestellt, und durch Wunder der Heiligkeit Wunder der Zügellosigkeit bekämpft?[1]

Nun noch etliche Worte über die Individualität Luthers, dessen Seelenleben und tiefinnerste Gemüthsanlage, wie ein katholischer Apologet[2] treffend bemerkt, bedeutend bei Würdigung seiner Handlungsweise in Betracht kommen muß.

Luther war zunächst, um einen Ausdruck des Protestanten Leo zu gebrauchen, viel zu beengt, als daß er hätte einerseits die Folgen und Consequenzen seiner neuen Lehre übersehen und demgemäß anderseits ermessen können, wie viel Großes und Schönes er durch sein Treiben gegen den Katholicismus zerstöre, welch colossale Verheerungen auch im

---

O Gott, durch deine Güte — Bescher' uns Kleider und Hüte,
Auch Mäntel und Röcke, — Fette Kälber und Böcke,
Ochsen, Schaf und Rinder, — Viel Weiber, wenig Kinder!

(Diese Verse finden sich von seiner Hand in die Bibel zu den Sprüchwörtern eingetragen.) Er spricht sich auch mit der größten Verachtung über die ehelichen Verhältnisse aus, und er spricht von seiner Frau in Ausdrücken, er schreibt ihr Briefe, wie der wüsteste Ausschweifling sie an die Gefährtin seiner schändlichen Freuden nicht zu richten, ja nicht einmal da, wo er über sie spräche, zu gebrauchen wagen würde. (Alles dies bei Nicolas a. a. O. S. 507.)

[1] Zum Glück für die Civilisation hat, während Luthers Reformation also den Zügel der Unsittlichkeit lockerte, die Kirche denselben Zügel mit einer übernatürlichen Kraft an sich gezogen. ‚Die römischen Päpste', so sagt ein protestantischer Schriftsteller, ‚zeigten in ihren Personen die ganze Strenge der ersten Anachoreten Syriens. Paul IV. bewies auf dem päpstlichen Throne dieselbe Glut des Eifers und der Andacht, welche ihn in das Kloster der Theatiner geführt hatte. Der heilige Pius V. verbarg unter seinem glänzenden Gewande den Bußgürtel eines Mönches, schritt baarfuß an der Spitze der Prozession, und erbaute die Welt durch unzählige Beispiele der Demuth, der Mildthätigkeit und der Versöhnlichkeit gegen Beleidigungen; Gregor XIII. bemühte sich, Pius V. in den strengen Tugenden seines Amtes nicht allein zu erreichen, sondern zu übertreffen! — So war das Haupt, so waren die Glieder. — Ein innerer Reformgeist hatte sich der Kirche bemächtigt, und sie in einem einzigen Menschenalter vom Palaste des Vaticans bis zur abgelegensten Einsiedelei der Apenninen erneuert." (Ranke, Geschichte der Päpste; — Macauley Edinb. Rev. October 1840. Bei Nicolas a. a. O. S. 508, welchem vortrefflichen Werke wir meistens folgten.)

[2] Bosen, Katholicismus 1. S. 152 f.

staatlich-politischen Leben er anrichte. Immer höher schlugen um ihn und über ihm, nachdem er einmal sein Reformiren begonnen, die herbeigezauberten Wasserwogen zusammen. Immer weniger war er im Stande, jene ‚Schwarmgeister' zu bannen. Calviner und Zwinglianer machten ihm viel zu schaffen. Ihm blieb späterhin nicht verborgen, daß selbst sein Freund Melanchthon zu Zwingli's Lehre vom Abendmahl hinneige. Luther stand, bemerkt Döllinger,[1] vor dem Werke seiner Hände mit dem Gefühle eines Mannes, dem die Macht und Herrschaft über seine Schöpfung genommen ist, und der der weiteren Entwicklung unthätig zusehen muß. Fürsten, Abel, Bürger und Bauern bereicherten sich mit der Beute des Kirchengutes, ließen die Prediger barben, oder mißhandelten sie, trösteten sich fleißig mit dem neuen Evangelium und führten dabei ein Leben, das den ethischen Charakter der protestantischen Lehre in ein höchst ungünstiges Licht stellte. Die Prediger aber haderten allenthalben unter einander und brachten ihre Streithändel auf die Kanzel. Luther konnte den Zusammenhang, in welchem Alles dieß mit seinen Lehren und Thaten stand, sich nicht abläugnen, und so wurde der Kummer und zornige Mißmuth seiner spätern Jahre nur hie und da durch einzelne Lichtblicke, wie z. B. die Niederlage und Gefangenschaft des von ihm so gehaßten und geschmähten Herzogs Heinrich von Braunschweig — aufgeheitert. Luther wurde gegen seine spätern Jahre immer verbissener.'

Lassen wir unsern Blick auf seinen letzten Lebensjahren etwas verweilen. Wir folgen hier Döllinger in seiner soeben genannten Skizze.

‚Früher schon hatte er (Luther) sich mit seinem alten Hausfreunde Agricola entzweit, und nun verfolgte er diesen Mann mit jener Beharrlichkeit und Energie des Hasses, die ihm eigen war; er verleumdete seine Lehre, suchte ihm jede Anstellung zu verschließen und allenthalben Feinde zu erwecken, verdächtigte ihn in Briefen und ließ ihm die Herausgabe von Schriften verbieten — denn Luther ließ durch den weltlichen Arm des Churfürsten eine strenge, auf alle ihm mißfälligen Schriften sich erstreckende Censur üben, und suchte Alles, was Bedenken oder Zweifel gegen seine Lehre erregen konnte, so weit sein Arm und der seiner Anhänger reichte, zu unterdrücken. War irgendwo eine schreiende Gewaltthat verübt worden, so war er, falls sie nur im Interesse seiner Lehre und Partei geschehen war, sofort bereit, sie zu beschönigen. Als der König von Dänemark alle Bischöfe seines Landes ohne irgend einen gesetzlichen Grund an Einem Tage hatte ge-

[1] A. a. O. S. 51 f.

fangen setzen lassen, bloß um sich ihrer Güter zu bemächtigen und das Land ungehindert protestantisch zu machen, bezeugte ihm Luther brieflich sein Wohlgefallen, daß er die Bischöfe „ausgerottet" habe, versprach auch gleich, er wolle „solches, wo er könne, zum Besten helfen deuten und verantworten." Im August 1543 brach er denn auch noch einmal gegen die Zwinglianer los; die Veranlassung gab ihm der Züricher Buchhändler Froschauer durch Uebersendung der Bibelübersetzung von Leo Jud; in seiner Antwort drohte er den Zürichern mit dem Strafgerichte, welches ihren Meister Zwingli erreicht habe. Einige Monate nachher erschien sein „kurzes Bekenntniß vom Sacramente wider die Schwärmer", die vollständigste Lossagung von der Schweizer Fraction des Protestantismus und von der Wittenberger Concordie, denn durch die „überflüssige Liebe und Demuth, die er zu Marburg bewiesen, sei nur Alles ärger geworden, und da er nun auf der Grube gehe, wolle er dieß Zeugniß vor den Richterstuhl Christi bringen, daß er die Schwärmer und Sacrament-Feinde, Carlstadt, Zwingli, Oecolampadius, Stenkfeld (der Schlesier Schwenkfeld) und ihre Jünger zu Zürich und wo sie sind, mit ganzem Ernste verdammt und gemieden habe, sie und ihre lästerliche und lügenhafte Ketzerei." Noch im folgenden Jahre (1545) fand Major, als er, im Begriffe nach Regensburg zum Colloquium zu gehen, sich von Luther verabschieden wollte, an der Studirstube des Reformators die Worte von seiner Hand geschrieben: Nostri Professores examinandi sunt de coena Domini. Das galt Melanchthon und dessen Freunden. Während er so voll Argwohnes gegen seine alten Waffengefährten und nächsten Umgebungen war, faßte er noch einmal den ganzen Grimm, den er gegen die alte Kirche im Herzen nährte, in zwei Schriften zusammen; die eine war seine „Schrift wider die 32 Artikel der Theologisten zu Löwen"; sie bestand aus 76 Thesen, in denen er die von ihm verworfenen katholischen Lehren nicht etwa widerlegte, sondern nur verneinte, verzerrte, und mit jenen giftigen und ungeheuerlichen Schmähworten, wie sie nur ihm eigen waren, zu besudeln strebte; er meinte, scheint es, den durch die Menge der theologischen Schmähschriften und polternden Predigten abgestumpften Gaumen des Volkes nur noch mit so drastischem Stoffe kitzeln zu können; oder er befand sich fortwährend in einer Stimmung, deren natürlicher Ausdruck diese Art der Polemik war. Fast gleichzeitig erschien „das Papstthum zu Rom vom Teufel gestiftet," eine Schrift, deren Entstehung sich kaum anders als durch die Annahme erklären läßt, daß Luther sie großentheils im Zustande der Erhitzung durch berauschende

Getränke geschrieben habe. War er wirklich bei Abfassung dieses Buches nüchtern, so verstand er es, sich bis zu jener Stufe des exaltirtesten Ingrimmes hinaufzuschrauben, wo der Geist, der Selbstherrschaft baar, der Verrücktheit zu verfallen beginnt. Gleich als ob es ihm an Objecten des Grolles fehle, schrieb er in jenen letzten Jahren seines Lebens auch noch gegen die Juden. Schon in den ersten der gegen sie gerichteten Schriften forderte er förmlich die Christen auf, die Synagogen der Juden mit Feuer zu verbrennen, und jeder, der könne, solle Schwefel und Pech zuwerfen; dann solle man ihnen alle ihre Bücher, auch die Bibel nehmen; ihnen allen Gottesdienst bei Todesstrafe verbieten, mit ihnen nach aller Unbarmherzigkeit verfahren, und sie zuletzt aus dem Lande jagen. Die zweite Schrift, ‚vom Schem Hamphoras‘, begann gleich mit der Erklärung, die Juden seien junge zur Hölle verdammte Teufel; im Verlauf aber ergeht er sich in so widerwärtigen, ekelhaften, gemeinen Bildern und Schilderungen, daß selbst seine Anhänger später dieser Schrift nur mit Scham gedachten. Ueberhaupt brachte Luther die letzten Jahre seines Lebens in einer düsteren Stimmung, in fortwährender Bitterkeit, in fruchtlosen Klagen und Zornesergüssen und in dem stets wiederkehrenden Wunsche zu, recht bald durch den Tod dem Anblicke so vieler ihm unerträglichen Dinge entrückt zu werden. Die katholische Kirche hatte seine Hoffnung und Voraussetzung eines baldigen gänzlichen Zerfalles getäuscht, und ihr Fortbestand drückte seiner Genossenschaft das Brandmal einer von dem alten Stamme der Kirche losgerissenen ahnenlosen Secte auf; die Schweizer Kirchenpartei breitete sich weiter aus, die Versöhnung zwischen den beiden großen protestantischen Körpern war mißlungen, die Spaltung eine vollendete Thatsache. Wenn er mit der ihm bereits zur andern Natur gewordenen Bitterkeit und Schmähsucht auch die Juristen zuletzt noch anfiel, so lag der Grund davon wohl weniger in der nächsten und äußerlichen Veranlassung, dem Streite wegen der Gültigkeit der Verlöbnisse, als in der Wahrnehmung, daß die Herrschaft über die neue Kirche und deren Prediger immer mehr diesem Stande zufalle, und daß eben darum auch das gesammte Kirchenwesen in die Zwangsweste der juristisch-büreaucratischen Verwaltungsform sich einschnüren lassen müsse — eine Wahrnehmung, doppelt drückend für einen Mann, der noch die alte bischöflich-kirchliche Verwaltung gekannt hatte, und der sich gestehen mußte, daß er es sei, der diese, bei allen ihren Gebrechen doch Kirchliches auf kirchliche Weise behandelnde Verfassung zertrümmert und der neuen so durch und durch unkirchlichen Ordnung die Wege gebahnt habe. In Wittenberg war unterdeß die Zuchtlosigkeit so arg geworden, daß Luther, wie er seiner Frau im Juli 1545 schrieb, eher umherschweifend das Bettelbrod essen wollte, als in diesem Sodoma leben.[1] Zuletzt trug er sich noch mit mancherlei Entwürfen: er wollte noch einmal wider die Papisten schreiben, da ihm sein vor zwei Jahren erschienenes Buch noch nicht derb genug zu sein schien, dann wollte er an der Austreibung der Juden arbeiten, am 19. Januar 1546 ‚übte er sich im Schreiben wider die Parisischen und Löwen'schen Esel', und zwei Tage vorher hatte er sich mit den Worten des Psalmes selig gepriesen, daß er nicht im Rathe der Zwinglianer und auf dem Lehrstuhle der Züricher sitze. In solcher Stimmung ereilte ihn der Tod am 22. Februar 1546 zu Eisleben, wohin er, um einen Streit der Grafen von Mansfeld zu schlichten, gekommen war.[2]

Wir bemerken hier am Schlusse, daß wir Luthers persönliche Eigenschaften nur erörtern wollten, insoweit und insofern sie mit seinem reformatorischen Werke in Zusammenhang standen. Man hat ihn in Worms jedenfalls nur als Reformator gefeiert; nicht als vortrefflichen Menschen: Luther war — das wird Niemand läugnen — ein theilnehmender Freund, frei von Habsucht und Geldgier, und Andern zu helfen stets bereitwillig. Auch hat sein ganzes Auftreten, wie vorhin erwähnt,[3] seinen Hauptursprung in seinem krankhaften Gemüthsleben; voll von Anfechtungen, Scrupeln und Zweifeln. Deshalb verdient er gegenüber Zwingli und Calvin noch unsere Theilnahme an seinem beklagenswerthen Geschick, ohne allen und jeden Beruf dem klösterlichen Leben zugefallen zu sein, in welchem sein Gemüth noch mehr Nahrung und Zeit fand, sich zu zermartern.

Folgende Bemerkungen Döllingers, in seiner genannten Schrift, mögen auch von dieser Seite den Mann uns noch veranschaulichen.

Die Sprache der zweifellosesten Zuversicht, der unfehlbarsten Gewißheit in allen seinen Behauptungen wußte Luther mit der größten Leichtigkeit zu handhaben; er versicherte in den mannigfaltigsten Wendungen, er habe seine Lehre vom Himmel und durch göttliche Eingebung, er sei ganz gewiß, daß sein Wort nicht sein, sondern Christi Wort, sein Mund also auch der Mund Christi sei; Christus selbst habe ihn zu einem Evangelisten berufen, mit seiner Lehre sei er Richter nicht nur der Menschen, sondern auch aller Engel, und wer sie nicht annehme, der sei unfehlbar verdammt. Mit solchen Aeußerungen war er stets zur Hand, und es kostete ihn keine Ueber-

[1] Vgl. S. 12. [2] Döllinger a. a. O. S. 55. [3] S. 40.

windung, sich alles Ernstes für den größten und begabtesten Lehrer zu halten, der seit der Apostel Zeiten unter den Christen aufgestanden. Bei solchem Glauben vermochte er leicht sich und Andere zu überreden, Gott wirke fort und fort Wunder zu seinen Gunsten, und hier kam ihm seine angeborene Neigung zum Argwohn, und die Lieblingsidee, daß der größte Theil der Menschen eigentlich unter der Herrschaft des Teufels stehe, sehr zu statten. Er bildete sich nun ein, seine Gegner seien nicht nur seiner Lehre abhold, sondern auch gegen sein Leben verschworen, und hätten viele Menschen in Sold genommen, um ihn zu vergiften; diese Vergiftungsversuche aber wurden immer durch ein Eingreifen Gottes wunderbarlich vereitelt; er habe, behauptete er, oft Gift getrunken, es habe ihm aber nie schaden können; ja die natürlichen Folgen eines allzureichlich genossenen Abendschmauses schrieb er solchen Vergiftungen zu; selbst die Predigtstühle und Lehnen, auf denen er gepredigt, waren, wie er nicht zweifelte, oft vergiftet, und doch kam er immer wohlbehalten davon. Indeß eigneten sich dergleichen Wunder nicht zu Beweisen seiner göttlichen Sendung und der Wahrheit seiner Lehre, und Luther, der es mehrfach theils als nothwendig, theils als sehr wünschenswerth anerkannte, daß seinem Systeme auch die Bestätigung durch Wunder und Zeichen nicht fehle, sah sich daher nach Ereignissen um, die als solche außerordentliche Wirkungen der unmittelbar eingreifenden göttlichen Allmacht gelten könnten. ‚Denn — meinte er — wenn es die Noth erforderte, so müßten wir wahrlich daran, und müßten auch Zeichen thun, ehe wir uns das Evangelium ließen schmähen und unterdrücken.' Er wußte jedoch nichts anzuführen, als daß es einzelnen Nonnen gelungen sei, aus ihren wohlverwahrten Klöstern zu entkommen. Das seien Wunder, die sein Evangelium thue, die aber freilich die Gottlosen nicht sehen wollten. Indeß behauptete er auch wieder, es sei nicht mehr Noth, Wunder zu thun, und berief sich dann lieber auf die schnelle Ausbreitung seiner Lehre und auf die Uneinigkeit, die sie in der Welt angerichtet habe, dieß sei der stärkste Beweis und Wunderzeichen, daß er die Sache in Gottes Namen angefangen, und das rechte Wort Gottes lehre. Er vergaß nur dabei, daß dieß bei so vielen älteren und neueren Irrlehren auch der Fall gewesen, oder, wie er selbst einmal schrieb, ‚daß die Welt fast allen Ketzereien anfänglich mit ausgebreiteten Armen, sie zu empfahen, entgegengelaufen sei.' — Aber jene Zuversicht und jener Ton einer unerschütterlichen Festigkeit war bei Luther zum großen Theil nur das Erzeugniß der polemischen Erhitzung und eines künstlich gesteigerten

Taumels, sowie des Bewußtseins seiner natürlichen Ueberlegenheit, seiner dialectischen Stärke und rhetorischen Gewandtheit. Es findet sich in dieser Beziehung die charakteristische Aeußerung von ihm: ‚Die äußeren Anfechtungen machen mich nur stolz und hoffärtig, wie ihr das in meinen Büchern seht, wie ich die Wiedersacher verachte; ich halte sie stracks für Narren.' War er aber sich selbst überlassen und im einsamen Verkehr mit seinem Gewissen, dann wollte diese Zuversicht, die eben oft nur erzwungen und ertrotzt war, nicht Stich halten. Oft schlug die Qual der Reue und der Gewissensangst ihren scharfen Zahn in seine häuslichen Freuden und öffentlichen Triumphe. Diese mahnenden Stimmen eines erschreckten und gequälten Gewissens nahmen verschiedene Formen an, und immer suchte Luther sich mit der Vorstellung zu beruhigen, daß es satanische Versuchungen, Einflüsterungen des Erzfeindes seien, der ihm vor allen Menschen aufsätzig sei, weil Niemand noch dem Reiche Satans so großen Abbruch gethan. Hauptsächlich war es der Zweifel an der Wahrheit seiner eigenen Lehre, ein beängstigendes Gefühl dogmatischer Unsicherheit, was ihn peinigte; er gestand oft, er könne selber nicht glauben, was er Anderen lehre; als der Prediger Anton Musa von Rochlitz einmal Luthern klagte, er könne nicht glauben, was er predige, erwiederte dieser: Gott sei Dank, daß es Andern auch so geht; ich meinte, mir wäre allein so. Der Satan, äußerte er ein anderes Mal, habe ihn mit Sprüchen der Schrift also zerplagt, daß ihm Himmel und Erde zu enge geworden, und im ganzen Papstthum kein Irrthum gewesen sei. Dazwischen war es dann wieder das sich aufbrängende Bewußtsein, daß er ohne Beruf und göttliche Sendung sich zum Gründer einer neuen Lehre und Kirche aufgeworfen habe, und die kläglichen Trostmittel, an denen er sich wie ein Versinkender an einem Strohhalm zu halten suchte, beweisen, wie niederbeugend dieses Bewußtsein für ihn war. ‚Ich hab' oft gesagt, und sag' es noch, ich wollte der Welt Gut nicht nehmen für mein Doctorat, denn ich müßte wahrlich zuletzt verzagen und verzweifeln in der großen und schweren Sache, die auf mir liegt, wo ich sie als ein Schleicher ohne Beruf und Befehl hätte angefangen.' Der Teufel, äußerte er ein anderes Mal, hätte mich mit diesem Argument getödtet; Du bist nicht berufen, wenn ich nicht wäre Doctor gewesen. Er übersah nur dabei, daß ihm das Doctorat bloß für den gelehrten Vortrag in der Schule, und nur mit der Bedingung und dem Auftrage, die heilige Schrift nach der Ueberlieferung und herrschenden Lehre der katholischen Kirche auszulegen, verliehen worden war. Häufig waren es aber auch — so fährt Döllinger weiter, die traurigen Folgen seiner Lehre, die mahnend vor sein Gewissen traten, die Zerreißung der vor ihm einigen Kirche, die in seinem eigenen Kirchenwesen aufgehende Saat der Zwietracht, die allenthalben sich kundgebende Sittenlosigkeit, die mit dem neuen Rechtfertigungs-Dogma sich tröstende Sicherheit, und das Schwinden aller ernsteren Religiosität, und dazu kam noch das mehrfach von ihm ausgesprochene, niederschlagende Bewußtsein, daß er selber seit seiner Trennung von der Kirche ethisch herabgekommen und erkaltet sei. So gestand er zum Beispiel: ‚Ich bekenne für mich selbst, und ohne Zweifel auch Andere müssen bekennen, daß mir's mangelt an solchem Fleiß und Ernst, den ich jetzt viel mehr denn zuvor, haben soll, und viel nachlässiger bin, denn zuvor unter dem Papstthum, und ist jetzt nirgend kein solcher Ernst beim Evangelium, wie man zuvor hat gesehen bei Mönchen und Pfaffen.' Alle diese Vorwürfe und Gedanken mit ihren daran sich knüpfenden unabweisbaren Consequenzen suchte er nun mit äußerster Anstrengung durch die Vorstellung zu entkräften und sich aus dem Sinne zu schlagen, daß es der Teufel sei, der sie ihm eingebe, um ihn damit irre zu machen und zur Verzweiflung zu treiben. Darum ist in seinen Schriften und besonders in seinen Briefen und vertrauten Aeußerungen so viel die Rede davon, daß er ‚in der Hand des Teufels sei, daß der Satan sich in Christus selbst umgestalte, und er, Luther, mit seiner Kenntniß der heiligen Schrift gegen ihn nicht ausreiche, daß er ganze Nächte hindurch mit dem Satan kämpfen müsse, der es ihm oft mit seinem Disputiren so nahe bringe, daß ihm der Angstschweiß darüber ausgehe' u. s. f. Mitunter suchte Luther einen eigenthümlichen Trost und eine Befriedigung seines Selbstgefühles in der Vorstellung, daß der Teufel für ihn ganz besondere große und außerordentliche Anfechtungen ersonnen habe, von denen seine Gegner, die Papisten, freilich nichts wüßten, gleichwie auch die Kirchenväter sie ehemals nicht gekannt hätten. Verglichen mit diesen Anfechtungen seien die gewöhnlichen Versuchungen zu Fleisches-Sünden und dergleichen nur Kleinigkeiten; er beschreibt nun diese allerschwersten Anfechtungen als einen Zustand, in welchem man nicht wisse, ob Gott der Teufel, oder der Teufel Gott sei, und vor Angst gleich den Geist aufzugeben fürchte. Aus allen seinen hyperbolischen Wendungen und paradoxen Beschreibungen ergibt sich aber am Ende nur dieß, daß es die Vorwürfe seines Gewissens und die Zweifel an der Richtigkeit seines Systemes, besonders seiner Rechtfertigungslehre, waren, die er vor sich selbst und vor Anderen gerne dem Satan als dessen ganz besondere

Kunstgriffe zugeschoben hätte. Es waren also Versuchungen, wie sie wohl jeder aufrichtige und ernst gesinnte Christ zu bestehen hat, nur mit dem freilich sehr großen Unterschiede, daß dieser nicht das zu verantworten hat, was Luther unternommen hatte, und daß ein in der Kirche wurzelnder Christ Zweifel und Regungen des Unglaubens viel leichter überwindet, da sein Glaube von dem Zeugniß und Ansehen der ganzen Kirche getragen wird. Wenn demnach Luther von jenen höchsten Anfechtungen redet, die ihn an seinem Leibe so erschöpft und gemartert hätten, daß er kaum lechzen und Athem holen konnte, wenn er in seiner Schwermuth gräuliche Gesichte gesehen haben wollte, so liegt der Schlüssel dazu in der gleich darauffolgenden einfachen Erklärung: „Der traurige Geist ist das Gewissen selbst,' und in dem Geständnisse, daß er dem Satan, wenn dieser ihm so zusetze, den „Gräuel des Papstes' vorwerfe, der so groß sei, daß er nach Christo sein größter Trost sei. „Darum — fügt er hinzu — sind das heillose Tropfen, die da sagen, man solle den Papst nicht schelten. Nur flugs gescholten, und sonderlich, wenn dich der Teufel mit der Justification anficht.' Es bedarf wohl keiner Ausführung, welch' einen Blick uns diese Aeußerungen in das Innere des Mannes thun lassen.[1])

Wir schließen hier ab.

Hat einer der berühmtesten, in der protestantischen Doctrin erzogenen Deutschen, Göthe, gesagt, das Lutherthum habe jede ruhige Bildung zurückgedrängt, so klingt es wie die bitterste Ironie, wie der einschneidendste Sarkasmus, wenn ein, in der Jugend sehr sorgfältig im katholischen Geiste erzogen gewesener aber bald verirrter „deutscher Classiker'[2] singt:

> Das Licht vom Himmel läßt sich nicht versprengen,
> Noch läßt der Sonnenaufgang sich verhängen
> Mit Purpurmänteln oder dunkeln Kutten —
> Auf Hus und Ziska folgen Luther, Hutten,
> Die dreißig Jahre, die Cevennenstreiter,
> Die Stürmer der Bastille und so weiter. !!!

[1] Döllinger a. a. O. S. 60.
[2] Lenau: am Schluß der Albigenser. Hier ist in wenigen Worten eines Dichters die ganze moderne und protestantische Anschauung so prägnant ausgesprochen, wie man sie nicht bestimmter ausdrücken könnte.